GOLDMANN

Buch

Tief in den Weiten Rußlands existiert eine Institution, die die Sicherheit Amerikas bedroht und gefährlicher als die meisten Raketen ist. Niemand im Westen hat von ihr eine Ahnung, bis eines Tages ein junger amerikanischer Tourist auf der Straße nach Moskau eine überraschende Begegnung hat. Er stößt auf einen Landsmann in Not, einen Luftwaffenoberst, der vor zehn Jahren in Vietnam vermißt wurde. Dieser übermittelt dem jungen Mann eine verzweifelte, kaum glaubliche Nachricht und fleht ihn an, koste es, was es wolle, die US-Botschaft in Moskau zu informieren. Kaum in seinem Hotel angekommen, nimmt der junge Amerikaner den gewünschten Kontakt auf.

Dann ist er wie vom Erdboden verschwunden...

Sam Hollis, der Luftwaffenattaché der US-Botschaft, begibt sich nun in die Höhle des Löwen, um den gefährlichsten Auftrag seiner Laufbahn auszuführen. An seiner Seite ist Lisa Rhodes, die ihn liebt und plötzlich vor einer Situation steht, in der sie über ihrer beider Schicksal entscheiden muß. Was nun folgt, ist eine abenteuerliche Irrfahrt durch ein Land voller Trugbilder, die schließlich in einem »potemkinschen« Gebilde endet – in einer amerikanischen Kleinstadt mitten in den russischen Wäldern. Und Hollis enttarnt hier ein Komplott, das bisher nicht seinesgleichen hatte, ein Überbleibsel aus den Zeiten des Kalten Krieges, den man längst überwunden glaubte...

Autor

Nelson DeMille wurde 1943 in New York geboren und lebt heute in Garden City, N.Y. Nach seinem Einsatz in Vietnam begann er zu schreiben. Der durchschlagende Erfolg gelang ihm 1980 mit dem Roman »An den Wassern von Babylon«; seither gilt er als einer der profiliertesten Thrillerspezialisten, dessen Bücher weltweit in Millionenauflagen verbreitet sind. Außer »In den Wäldern von Borodino« sind von ihm als Goldmann-Taschenbücher erschienen:

An den Wassern von Babylon. Roman (9647)
Das Ehrenwort. Roman (9425)
Die Kathedrale. Roman (6795)
Wolfsbrut. Roman (8574)
Mayday. Roman (zusammen mit Thomas H. Block, 6636)

Nelson DeMille

In den Wäldern von Borodino

Roman

Einzig berechtigte Übersetzung
aus dem Amerikanischen
von Thomas Schlück

GOLDMANN VERLAG

Ungekürzte Ausgabe
Titel der Originalausgabe: The Charm School

Der Goldmann Verlag
ist ein Unternehmen der Verlagsgruppe Bertelsmann

Made in Germany · 2. Auflage · 10/91

Lizenzausgabe mit Genehmigung des
Scherz Verlags, Bern und München
Umschlagentwurf: Design Team München
Umschlagfoto: Meola / The Image Bank, München
Druck: Elsnerdruck, Berlin
Verlagsnummer: 9756
MV · Herstellung: Peter Papenbrok/SC
ISBN 3-442-09756-8

I

«Sie sind schon zwei Tage in Smolensk geblieben, Mr. Fisher?» fragte sie.

Gregory Fisher hatte sich bereits an das seltsame Englisch gewöhnt, das in diesem Teil der Welt gesprochen wurde. «Ja», antwortete er. «Ich bin seit zwei Tagen in Smolensk.»

«Warum treffe ich Sie nicht, als Sie ankommen?»

«Sie waren unterwegs. Dafür habe ich mit der Polizei gesprochen – der Miliz.»

«Ja?» Mit besorgtem Gesicht blätterte die Intourist-Vertreterin die Unterlagen durch und begann dann zu lächeln. «Ach, ja. Gut. Sie wohnen im Hotel *Zentralnaja*. Tourist?»

«Richtig. Tourist.»

Die Frau beugte sich vor. «Sie finden Aufenthalt in Smolensk gut?»

«Ja, sehr. Ich wünschte, ich könnte länger bleiben.»

«Wir sehen hier nicht viele Amerikaner. Überhaupt nicht viele aus dem Westen. Dafür Autobusse aus unseren sozialistischen Bruderländern.»

«Wenn Sie wollen, mache ich ein bißchen Reklame.»

«Ja?» Sie stempelte seine Dokumente und nickte geistesabwesend. «Sie interessieren sich für Sozialismus?» fragte sie schließlich.

«Für Rußland.»

«Ich interessiere mich für Ihr Land.»

«Kommen Sie uns doch mal besuchen.»

«Ja. Irgendwann.» Sie begann von einem Vordruck abzulesen: «Sie müssen auf den vorgeschriebenen Straßen bleiben. Zwischen hier und Moskau ist kein Übernachtungsstop genehmigt. Ausländische Touristen dürfen nachts nicht über Land fahren. Sie müssen bei Einbruch der Dunkelheit die Moskauer Stadtgrenze erreicht haben.»

«Mir bekannt.»

«In Moskau melden Sie sich sofort beim Intourist-Vertreter im Hotel *Rossija*, wo Sie übernachten. Unterwegs dürfen Sie nur zum Tanken halten und um bei der Miliz nach dem Weg zu fragen.»

«Und um die *tualet* zu benutzen.»

«Also, ja, natürlich.» Sie warf einen Blick auf seinen Reiseplan. «Sie haben Erlaubnis für einen kleinen Umweg über Borodino, aber das würde ich lassen.»

«Wieso?»

«Es ist schon spät, Mr. Fisher. Sie müssen sich beeilen, wenn Sie Moskau vor Abend erreichen wollen. Würde ich Ihnen raten, heute lieber noch in Smolensk zu bleiben.»

«Danke, aber ich habe mich im Hotel schon abgemeldet und schaffe es bestimmt bis Moskau.»

Achselzuckend schob sie ihm die Papiere hin. «Gute Fahrt», sagte sie. «Seien Sie vorsichtig, Mr. Fisher.»

Fisher grübelte beim Hinausgehen einen Augenblick lang über diese rätselhafte Bemerkung nach. Dann atmete er in der kühlen Smolensker Luft tief durch, ging auf die Menschenmenge zu, die seinen Wagen umstand, und drängte sich nach vorn. «Verzeihung, Leute...» Er öffnete die Tür des metallicblauen Pontiac TransAm, schob sich in den Wagen und schloß die Tür. Er ließ den Motor an und fuhr vorsichtig aus der Gruppe hinaus. «*Da swedanja*, Smolensk!»

Langsam rollte er durch das Stadtzentrum und richtete sich dabei nach einer auf dem Nebensitz liegenden Karte. Keine zehn Minuten später fuhr er in östlicher Richtung der sowjetischen Hauptstadt entgegen. Zahlreiche landwirtschaftliche Fahrzeuge, Lkws und Busse waren unterwegs, doch bekam er kein einziges Personenauto zu Gesicht. Der Wind jagte graue Wolken an der blassen Sonne vorbei.

Je weiter er nach Osten kam, desto herbstlicher schien es zu werden. Anstelle der Erntearbeiten, die auf gleichem Breitengrad in Ostdeutschland und Polen noch in vollem Gange gewesen waren, erstreckten sich links und rechts der Straße leere Stoppelfelder, und wenn einmal eine Obstplantage vorüberglitt, waren die Bäume kahl.

Fisher fand die strengen Vorschriften, die er beachten mußte, nicht nur ärgerlich, sondern schon ein wenig beängstigend. Dabei war er von den Sowjetbürgern, mit denen er in Berührung kam, stets freundlich behandelt worden. Umgekehrt fand er die Einheimischen nett und genoß das Aufsehen, das sein Wagen, ein in westlichen Augen typisch amerikanisches Angeberauto, überall erregte. Natürlich war solch ein Auto noch nie auf russischen Straßen zu sehen gewesen. Seine Bewunderer hatten ihm unterwegs, wenn er anhielt, duftendes Obst und frisches Gemüse geschenkt, die nun auf dem Rücksitz lagen. Fisher hatte dafür Filzstifte, amerikanische Kalender, Wegwerfrasierer und andere billige Luxusgüter verteilt, die er vorsorglich mitgebracht hatte. Er fühlte sich wie ein Botschafter auf einer Goodwillreise – und genoß diese Rolle.

Ein Markierungsstein zeigte noch 290 Kilometer bis Moskau an. Es war kurz vor halb drei.

Gregory Fisher hatte Auto und Urlaub für seinen Abschluß an der Yale-Universität geschenkt bekommen. Der TransAm war nach Le Havre verschifft worden, wo Greg seine sommerliche Europatour begonnen hatte. Den Gedanken an einen Abstecher in den Ostblock hatte er erst unterwegs gehabt. Leider hatten die Formalitäten um Visum und Automitnahme unerwartet lange gedauert, so daß es ihm nun ähnlich erging wie Napoleon und Hitler: Sein Vorstoß nach Rußland erfolgte etwa einen Monat zu spät, um ihm noch gutes Wetter zu garantieren.

Die Landschaft, fand er, galt zu Recht als unendlich und monoton. Der Himmel schien das Gelände zu reflektieren: grau und unbegrenzt, seit acht Tagen ungebrochen düster. Fisher hätte schwören können, den letzten Sonnenstrahl vor der polnischen Grenze gesehen zu haben. Tatsächlich hatte seine touristische Begeisterung wenig zu tun mit der Landschaft (langweilig), den Leuten (grau) oder dem Klima (schrecklich). Sie hatte viel mehr mit der Tatsache zu tun, daß er sich an einem Ort befand, den relativ wenige Westler je besuchten, und daß er ein Land bereiste, das ein Polizeistaat war, das den Tourismus nicht förderte und in dem Xenophobie einen unausrottbaren Teil der nationalen Psyche ausmachte. Urlaub, auf die Spitze getrieben – ein gefährliches Unternehmen.

Hinter Tumanowo wurde die Landstraße breiter und besser, doch deutete sonst nichts darauf hin, daß er sich der Metropole Moskau näherte. Auf den Stoppelfeldern lasen Frauen Ähren nach.

Weiter vorn erschien ein Dorf, das nicht auf der Karte eingezeichnet war. Schon mehrfach hatte er solche Orte durchfahren und hier und dort auch Ansammlungen modernerer Gebäude entdeckt – vermutlich Staatsgüter. Einzeln stehende Bauernhäuser schien es hingegen gar nicht zu geben. Die Dörfer waren nicht gerade malerisch zu nennen. Oberflächlich gesehen glich das ländliche Rußland dem ländlichen Amerika; im Zentrum beider Länder gab es kaum malerische oder historische Bauwerke, keine Burgen oder Schlösser wie in Westeuropa, nur wenige Spuren der Vergangenheit. Fisher war statt dessen von einer funktionellen, wenn auch nicht sonderlich leistungsfähigen Landwirtschaftsindustrie umgeben, die von Moskau aus gesteuert wurde. «Nicht mein Bier», sagte er vor sich hin.

Das Dorf, durch das er jetzt fuhr, bestand vorwiegend aus Holzhütten, *isbas*, deren Türen, Fenster und Blumenkästen im gleichen Blau gestrichen waren. Einige ältere Leute und Kinder ernteten in einem kleinen umzäunten Vorgarten Möhren. Ein alter Mann strich Mörtel in eine Fuge der Hüttenwand, während andere Kinder eine Hühnerschar herumjagten.

Diese Szene geriet ins Stocken, als der metallicblaue TransAm vorüberrollte: Menschen verhielten den Schritt, schauten dem Wagen nach. Fisher winkte kurz und beschleunigte, sobald er die letzte Hütte passiert hatte. Über die rechte Schulter schauend, sah er die Sonne schon ziemlich tief über dem südwestlichen Horizont stehen.

Etwa eine halbe Stunde später verließ er die Landstraße und folgte einer parallel verlaufenden, schmaleren Route, der früheren Hauptstraße von Moskau in Richtung Westen. Nach wenigen Minuten erreichte er die Ausläufer von Moschaisk, das 128 Kilometer vor Moskau lag. Der Intourist-Führer meldete, daß die Stadt seit dem dreizehnten Jahrhundert existierte, doch ließen die schlichten Beton- und Holzgebäude nichts von dieser Vergangenheit erkennen. Die Karte wies in der Gegend ein Kloster aus, außerdem sichtete Greg die Turmspitze der St.-Nikolaus-Kathedrale, hatte aber weder Zeit noch Lust, sich umzuschauen. Als Amerikaner mit einem Pontiac TransAm im tiefsten Rußland konnte einem die Aufmerksamkeit, die man erregte, schon manchmal lästig werden. Auch hier in Moschaisk schauten die Leute mit offenem Mund hinter dem Wagen her. Er hielt lediglich an, um an der offenbar einzigen Tankstelle seine Intourist-Coupons gegen fünfunddreißig Liter 93-Oktan-Benzin einzutauschen.

Als er die Stadt hinter sich gebracht hatte, gab er Gas. Verkehrspolizisten hatte er hier wohl kaum zu befürchten! Er dachte an das Hotel *Rossija* in Moskau, vermutlich die erste anständige Unterkunft seit Warschau. «Hoffentlich kriegt man da ein Steak und einen Scotch.» Er überlegte, was er mit dem Obst und Gemüse anfangen sollte.

«Erotische Verstrickungen vermeiden», fiel ihm plötzlich ein. So hatte es der Botschaftsangestellte in Bonn formuliert, als Fisher sein sowjetisches Visum abholte, und bis jetzt war ihm das auch gelungen;

in Warschau allerdings nur knapp. Trotzdem – im Gepäck hatte er fünfzehn Paar Strumpfhosen und ein Dutzend Lippenstifte. «Mal sehen, was im *Rossija* so läuft.»

Er suchte nach Schildern, die ihn zur großen Landstraße zurückführten, und hielt schließlich an. Ein Kilometerstein zeigte 108 Kilometer an, ein Pfeil deutete auf einen schmalen rissigen Asphaltstreifen, der offenbar zur Hauptstraße führte. Ein zweiter Pfeil wies nach links auf eine ansteigende Straße, die in besserem Zustand zu sein schien. Das dazugehörige Schild trug eine kyrillische Inschrift, doch konnte er das Wort «Borodino» ausmachen. Fisher schaute auf die Uhr am Armaturenbrett: halb fünf; dann gab er impulsiv Gas und bog auf die Straße nach Borodino ein, nach Westen, der untergehenden Sonne entgegen.

Er wußte nicht, was er in Borodino zu sehen erwartete, doch spürte er, daß er sich die Gelegenheit nicht entgehen lassen durfte. Noch im Juni hatte er an einem Strand in der Normandie gestanden, bewegt von den Ereignissen, die sich dort abgespielt hatten. Nun wollte er den Ort besuchen, an dem sich Napoleon und Kutusow gegenübergestanden hatten, an dem fünfzig Jahre später Leo Tolstoi über sein Epos «Krieg und Frieden» nachgedacht hatte. Vielleicht war er den Russen zumindest soviel schuldig, ehe er Moskau erreichte.

Die leicht ansteigende, von Pappeln gesäumte Straße führte im Bogen nach rechts. Langsam passierte Fisher zwei Steinpfosten, die ein geöffnetes Metalltor stützten. Nach einer leichten Steigung erstreckte sich vor ihm das Schlachtfeld von Borodino, auf dem Napoleons *Grande Armée* der von Feldmarschall Kutusow geführten russischen Armee entgegengetreten war. Hinter einem kleinen Parkplatz erhob sich ein weißes Kalksteingebäude mit Ziegeldach und neoklassischer Säulenfront. Zu beiden Seiten des Portikus waren schmale hohe Bogenfenster eingelassen. Zwei uralte Vorderladerkanonen flankierten den Eingang. Fisher wußte aus dem Reiseführer, daß er das Borodino-Museum vor sich hatte. Aber es war geschlossen.

Er stieg aus, machte ein paar Schritte und schaute über die grasbedeckten Felder und Erhebungen, auf denen an jenem Septembertag 1812 zweihundertfünfzigtausend französische und russische Soldaten gekämpft hatten – die Franzosen wollten Moskau nehmen, die Russen ihre Hauptstadt verteidigen. Die Kontrahenten hatten sich fünfzehn Stunden lang beschossen, bis sich die Russen gegen Abend in Richtung Moskau zurückzogen und die Franzosen das Borodino-Feld und das gleichnamige Dorf einnehmen konnten. Hunderttausend Mann waren tot oder tödlich verwundet.

Das totenstille Schlachtfeld, über dem der Abend hereinbrach, verfehlte seine Wirkung nicht. Fisher spürte förmlich den Atem der Geschichte und der Tragödie und wanderte in Gedanken versunken zu seinem Wagen zurück. Es war kälter geworden. Er schloß die Tür, legte Tschaikowskis «Ouvertüre 1812» ins Kassettenradio und fuhr langsam über die Wege, vorbei an dem schwarzen Obelisk, der Kutusow ehrte, vorbei am anonymen Grab der sowjetischen Gardisten, die hier 1941 gegen die Deutschen gefallen waren. In der zunehmenden Dämmerung glaubte er gedämpften Schlachtlärm und das Schreien von Männern zu hören.

Er hatte jedes Zeitgefühl verloren und merkte erst jetzt, wie dunkel es geworden war. Er versuchte zwischen den flachen Hügeln und Birkenhainen hindurch zum Eingang zurückzufinden, wußte aber nicht mehr, wo er war.

Links und rechts rückten dunkle Kiefern näher, und der schmale, befestigte Weg führte aufwärts. Zögernd fuhr er weiter und suchte nach einer passenden Stelle zum Wenden. Er schaltete die Scheinwerfer ein, die links und rechts aber nur den undurchdringlichen grünen Wald zeigten.

Plötzlich fiel das Licht auf ein großes Holzschild an einem Baum, und Fisher hielt an. Inmitten der kyrillischen Buchstaben machte er das Wort *stop* aus; der Rest war unverständlich bis auf die anschließenden Buchstaben *CCCP*. Regierungsgelände. Aber was gehörte hier eigentlich nicht der Regierung? Während er noch überlegte, was zu tun sei, bemerkte er weiter vorn eine Art Öffnung zwischen den Bäumen, allerdings hinter dem Schild. Da er mit dem Wagen nicht weiterfahren wollte, ergriff er eine Taschenlampe, stieg aus und legte die zehn Meter bis zur Öffnung zu Fuß zurück. Es handelte sich um eine etwa fünfundzwanzig Quadratmeter große Kiesfläche, offenbar als Wendeplatz gedacht. Diese Gelegenheit wollte er nutzen.

Als er sich zum Wagen umwandte, erstarrte er. Es war absolut windstill, aber er hatte ganz deutlich das Rascheln von Zweigen gehört. Erschrocken blieb er stehen und atmete flach durch die Nase. Es war kalt und feucht geworden. Da war das Geräusch wieder – das Knacken und Knistern von Kiefernästen, diesmal näher.

«Die Scheinwerfer haben ein Reh angelockt», sagte er, wie um sich

Mut zu machen, laut vor sich hin. «Das muß es sein.» Er machte einen Schritt in Richtung Wagen. In der Ferne bellte ein Hund – unfreundliche Laute.

Die Scheinwerfer blendeten, und er legte die Hand vor die Augen, ehe er die zehn Meter mit großen Schritten in Angriff nahm: «Eins, zwei, drei, vier, fünf...», zählte er laut.

«Guten Abend», sagte eine Stimme wenige Meter rechts von ihm.

Fisher wurden die Knie weich.

2

Lisa Rhodes sah auf die Uhr. Es war fünf. Sie trat an das Fenster ihres Büros in der Presseabteilung der amerikanischen Botschaft. Aus dem sechsten Stock konnte sie nach Westen über die Moskwa blicken; am anderen Ufer erhob sich das Hotel *Ukraina*, ein bombastischer neunundzwanzigstöckiger Bau aus der Stalin-Zeit.

Das Viertel, das drüben von der großen Moskwa-Schleife umschlossen wurde, hatte im neunzehnten Jahrhundert zu den ärmeren der Stadt gehört. Die Sowjets hatten viel abgerissen und wieder aufgebaut und den Bezirk sauberer, wenn auch weniger interessant gemacht. In den zwei Jahren, die Lisa in Moskau war, hatte sie nicht nur den Abbruch zahlreicher Holzhäuser, sondern auch prächtiger Steinbauten und Kirchen erlebt.

Vor der Botschaft führte die Kalinin-Brücke über den Fluß, dahinter begann der Kutusow-Prospekt, der am Hotel *Ukraina* vorbei nach Westen hin in der Landstraße Minsk–Moskau aufging. Mit den Blicken folgte Lisa der Straße bis zu der Stelle, wo sie mit der bleichen untergehenden Sonne zu verschmelzen schien. Rußland... Ein immenses, abweisendes Land, eher für wilde Reiter und Wandervölker geeignet als für ein mächtiges Reich von Europäern, die in Städten lebten. Ein frostiges Reich und eine Zivilisation, deren Wurzeln so dünn zu sein schienen wie die der empfindlichen Weißbirke.

Das Haustelefon klingelte. Sie wandte sich vom Fenster ab.

«Rhodes.»

«Hallo», sagte die Männerstimme. «Heute ist der erste Sukkot-Tag.»

«Ach?»

«Man hat mich zu einer Feier nach Sadowniki eingeladen. Religiöse Dissidenten. Könnte dich interessieren, dachte ich.»

«Ich habe heute Dienst.»

«Ich könnte das verschieben.»

«Nein... nein, vielen Dank, Seth. Ich muß auch noch eine Presseerklärung fertigmachen.»

«Schade», sagte er und legte auf.

Lisa schüttelte den Kopf. Er wollte es einfach nicht wahrhaben. Seth Alevy, der Moskauer CIA-Chef, konnte nicht verstehen, daß die leidenschaftliche Affäre mit der Pressereferentin Lisa Rhodes zu Ende war. Oder war sie vielleicht doch noch nicht zu Ende?

Lisa zündete sich eine Zigarette an und blickte zur schallisolierten Decke empor. Die neue amerikanische Botschaft, die sich auf einem zehn Morgen großen Grundstück etwa auf halbem Wege zwischen der Moskwa und der alten Botschaft an der Tschaikowski-Straße erhob, war gut zehn Jahre lang im Bau gewesen. Den Auftrag hatte in erster Linie eine westdeutsche Firma ausgeführt – Subunternehmerin eines New Yorker Konzerns. Infolgedessen hatte die sowjetische Regierung nichts unversucht gelassen, bürokratische Hürden zu errichten – einer der Gründe, warum das Vorhaben etwa fünfmal länger gedauert hatte als geplant.

Ein anderer Grund lag in dem Umstand, daß jedes vorgefertigte Betonstück, das von den Sowjets angeliefert wurde, mit Lauschgeräten gespickt gewesen war. Nach diesem Abhörskandal hatte es dann an der alten Botschaft Aufruhr wegen sexueller Ausschweifungen von Wachsoldaten gegeben; es folgten Anklagen und gegenseitige Beschuldigungen zwischen Moskau und Washington. Gut ein Jahr lang war die amerikanische Mission in der Sowjetunion ziemlich lahmgelegt – was in der Heimat wiederum für Schlagzeilen sorgte.

Lisa fand das alles ziemlich peinlich. Seth Alevys Quellen zufolge hatten sich allerdings die Russen sehr amüsiert. Die amerikanischen Diplomaten kamen sich hingegen bloßgestellt vor und gingen eine Zeitlang jedem gesellschaftlichen Kontakt mit anderen Botschaften aus dem Weg.

Schließlich hatten sich die Amerikaner auf ihr Können und ihre Dollars besonnen und in der neuen Botschaft zum Rechten gesehen. Trotzdem herrschte beim Personal noch eine ziemlich schlechte Stimmung, die auf den täglichen Dienstbetrieb abfärbte. Was immer an Goodwill zwischen dem Botschaftspersonal und den sowjetischen Gastgebern bestanden hatte, war verflogen und einem beinahe offenen Kleinkrieg gewichen, und das Außenministerium trug sich ernsthaft mit dem Gedanken, das gesamte Personal auszutauschen. Lisa hoffte, daß es nicht dazu kam, denn sie hätte ihre Dienstzeit in Moskau gerne normal zu Ende gebracht.

Sie schloß die Augen und blies Zigarettenrauch zur Decke. Ihre Gedanken wanderten zu Seth Alevy. Eine Affäre mit dem Moskauer

CIA-Chef konnte ihrer Karriere kaum abträglich sein. Und sie hatte ihn geliebt. Oder liebte sie ihn noch? Sie war sich ihrer Gefühle nicht sicher. Aber das Verhältnis mit ihm wollte sie wirklich beenden. Mit ihm liiert zu sein bedeutete zugleich, daß sie mit seiner Berufswelt in Berührung kam – einer Welt, die ihr nicht gefiel und die nicht auf ihre Karriere oder ihr Leben Einfluß nehmen sollte. Überdies war diese Welt gefährlich. Es war schon gefährlich genug, überhaupt in Moskau zu leben.

3

Gregory Fisher vermochte sich schließlich mit Hilfe des mondbeschienenen Kutusow-Obelisken zu orientieren. Er fand den Weg, der an den Denkmälern für die russischen Regimenter entlangführte, dann entdeckte er das weißgekalkte Museum und bog eine Minute später auf die pappelgesäumte Auffahrtsstraße ein. So schnell es ging, durchfuhr er mehrere S-Kurven, entdeckte nach einer besonders langen Biegung die alte Moskauer Straße vor sich und nahm mit quietschenden Reifen die Kurve.

Erst jetzt schaltete er die Scheinwerfer ein und sah in ihrem Licht den schon bekannten Wegweiser. Diesmal zog er den Wagen energisch nach rechts auf den Asphaltweg, der zur breiten Straße Minsk–Moskau zurückführte. «Hätte gleich so fahren sollen! Mußte ich Borodino unbedingt sehen? Nein! Hab doch ‹Krieg und Frieden› gesehen ... und außerdem das Buch gelesen ... Mehr hätte ich über Borodino gar nicht zu wissen brauchen ...»

Mit heftig pochendem Herzen steuerte er den Pontiac über den holprigen Weg. Jenseits der flachen, abgeernteten Felder schimmerten Lichter. Es machte ihm angst, zu verbotener Zeit an einem verbotenen Ort zu sein, zumal er genau wußte, daß es noch einige Zeit dauern würde, bis er sich dort befand, wo man ihn erwartete – in seinem Zimmer im *Rossija* –, und noch länger, ehe er dort sein konnte, wo er jetzt am liebsten gewesen wäre: zu Hause in Connecticut. «Ich wußte es doch gleich!» rief er und hieb mit der Hand auf das Steuerrad. «Ich *wußte*, dieses beschissene Land bringt nur Ärger!» Trotz der Nonchalance, die er während der vergangenen zwölfhundert Kilometer an den Tag gelegt hatte, war er seit dem Grenzübertritt recht nervös gewesen. Eine Nervosität, die sich nun in einem wahren Alptraum bestätigte.

Der schmale Weg schien kein Ende zu nehmen; endlich erfaßten seine Scheinwerfer einige Strommasten. Wenige Minuten später hatte er die Kreuzung mit der Überlandstraße erreicht, und er konnte endlich nach Osten, in Richtung Moskau fahren.

Die Wolken waren zurückgekehrt, und die schwarze Nacht gab ihm das Gefühl, sich durch eine Leere zu bewegen. Er versuchte sich einzureden, die Ereignisse der letzten Stunde hätten nicht stattgefunden. Doch als er schließlich Akulowo erreicht hatte, war ihm klar, daß er sich mit den Realitäten auseinandersetzen mußte. «Himmel Herrgott... was mache ich nur?»

Aus seinen Gedanken hochschreckend, entdeckte er am Horizont einen gespenstischen Lichtschimmer. Verwirrt und nervös starrte er einige Sekunden darauf, konsultierte dann Uhr und Tachometer. «Moskau!»

Weiter vorn führte die Straße unter einer Brücke hinweg. Es mußte sich um die Äußere Ringstraße handeln, die inoffiziell die Stadtgrenze markierte. Außer dem Lichtschimmer war von der Stadt noch nichts zu erkennen, keine Bauten, keine Straßenlaternen, keine Schilder. Nur abgeerntete Kornfelder, als müsse jeder Quadratmeter Ertrag bringen, bis er schließlich zur Baustelle wurde. Der Wechsel vom Land zur Stadt ging Fisher ein wenig zu schnell. Es gab keinen allmählichen Übergang.

Er befand sich inzwischen auf einer Einfallstraße, die sich auf vier Fahrbahnen verbreiterte und am Triumphbogen vorbei zum Kutusow-Prospekt führte. Plötzlich gab es Straßenlaternen und Verkehr.

«Willkommen in Moskau» – ein solches Schild bemerkte Fisher nicht, doch nun war er in Moskau. Mit dem Glück des Verdammten war er in seinem auffälligen Wagen nachts unterwegs gewesen und nicht angehalten worden. Langsam begann er sich ein wenig wohler zu fühlen. Er rekapitulierte im Geiste die markanten Punkte der Stadt, an denen er sich orientieren mußte: Botschaft, Hotel, Brükken. Die Karte lag neben ihm auf dem Sitz, aber er hatte nicht viele Möglichkeiten, sie zu konsultieren, weil der Abendverkehr seine volle Aufmerksamkeit erforderte. Sein Auto verursachte fast einen Verkehrsstau, als er vor der ersten roten Ampel halten mußte. Fußgänger liefen zusammen, musterten zuerst den Wagen und das Kennzeichen, dann ihn. Autos hielten an, Busfahrer starrten und vergaßen, weiterzufahren.

Fisher genoß den Stadtverkehr, die Menschen und das Aufsehen, das er erregte. Er hatte Moskau, das Herz Rußlands, erreicht. Die Hauptstadt. «He, ich bin in Moskau!» rief er sich selbst aufmunternd zu. Aber seine innere Nervosität legte sich nicht. Er mußte jetzt als erstes so rasch und so unauffällig wie möglich zur Botschaft gelangen...

Die Ampel sprang um, und Fisher fuhr an. Die Straße gabelte sich, doch wußte er, daß er nach links fahren mußte. Er überquerte auf der Kalinin-Brücke die Moskwa. Weiter links am anderen Ufer konnte er ein modernes Hochhaus aus dunkelroten Backsteinen erkennen und war ziemlich sicher, daß es sich um die amerikanische Botschaft handelte. «Vielen Dank, lieber Gott.»

Hinter der Brücke war die Straßenführung verwirrend. Fisher suchte nach einer Möglichkeit, nach links zur Botschaft abzubiegen, als neben ihm ein grün-weißer Streifenwagen auftauchte. Der Polizeibeamte auf dem Beifahrersitz winkte ihn zur Seite. Fisher tat, als bemerkte er nichts. Der Polizist brüllte: *«Stoi!»*

Sollte er versuchen, zur Botschaft durchzubrechen? Aber eine Autojagd durch den Moskauer Stadtkern war wohl keine gute Idee. Fisher atmete tief durch und hielt am Straßenrand. Seine Knie zitterten so heftig, daß er kaum die Bremse bedienen konnte.

Der Streifenwagen stoppte hinter ihm, und beide Insassen, gekleidet in grüne Mäntel und Pelzmützen, kamen nach vorn. Sie trugen weiße Gummiknüppel. Einer trat ans Fenster, und Fisher ließ die Scheibe herunter.

«*Amerikanez?*»

Genau. *«Da.»*

«Visa. Pasport.»

Gregory Fisher unterdrückte das Zittern seiner Hände und kam der Aufforderung nach.

Der Beamte studierte ausführlich die Dokumente; sein Kollege wanderte unterdessen um den Wagen herum und berührte ihn hier und dort. Der Heckspoiler schien ihn besonders zu interessieren.

Lange Zeit fiel kein Wort. Plötzlich tauchte ein Mann in Zivil auf. Er musterte Fisher durch die Windschutzscheibe und näherte sich dann der Fahrerseite des Wagens. Er sprach mit Akzent, aber fehlerfrei englisch. «Bitte die Wagendokumente. Ihren internationalen Führerschein. Ihre Versicherungsunterlagen, Ihren Reiseplan.»

«Jawohl.» Fisher gab dem Mann einen großen Umschlag.

Der Zivilist studierte einige Zeit die Unterlagen und schnipste schließlich mit den Fingern, woraufhin ihm einer der Beamten Fishers Paß und Visum reichte. Der Zivilist sagte zu Fisher: «Stellen Sie den Motor ab, geben Sie mir Ihre Schlüssel, und steigen Sie aus.»

Fisher kam der Aufforderung nach. Der Mann war für einen Russen ziemlich groß und schlank und wirkte mit seinem blonden Haar sogar ausgesprochen nordisch.

Der Mann verglich Fishers Gesicht ebenso gründlich mit den Paß- und Visumfotos wie die anderen, dann sagte er: «Sie sind jetzt, von Smolensk kommend, in Moskau eingetroffen?»

«Ja, gewiß.»

«Sie sind bei Nacht über Land gefahren.»

«Ja.»

Der Mann war etwa vierzig und trug einen Ledermantel und eine schwarze Pelzmütze, vermutlich Zobel. Er wirkte weder freundlich noch abweisend, nur neugierig. Fisher kannte den Typ. «Also, ich bin in Smolensk zu spät losgekommen.»

«Wirklich?» Der Mann schaute auf Fishers Reiseplan. «Dabei steht hier, daß Sie das Intourist-Büro um 13.50 Uhr verlassen haben.»

«Ich hab mich verirrt.»

«Wo?»

«In Bor – in Moschaisk.»

Der Mann starrte Fisher an, und Fisher erwiderte den Blick trotzig.

«Was haben Sie in Moschaisk gesehen?»

«Die Kathedrale.»

«Und wo haben Sie sich ... verirrt?» In sarkastischem Ton fügte der Mann hinzu: «In der Kathedrale?»

Fishers Zorn siegte über seine Angst. «Verirrt heißt, daß ich nicht mehr wußte, *wo* ich war.»

Der Mann lächelte plötzlich. «Ja, da haben Sie recht. Sie bleiben also dabei?»

Fisher antwortete nicht, und der Beamte musterte ihn unangenehm lange, ehe er ihn hinter sich herwinkte. Zu zweit gingen sie nach hinten, und der Mann öffnete den Kofferraum. Die kleine Lampe erhellte Fishers Vorrat an Ersatzteilen und Schmier- und Reinigungsmitteln. Der Mann ergriff eine Dose Autowachs, betrachtete sie, legte sie zurück.

Passanten verlangsamten den Schritt, blieben aber nicht stehen und starrten nicht herüber; zum erstenmal rief der Pontiac keinen Volksauflauf hervor. Plötzlich begriff Greg Fisher, was das Wort «Polizeistaat» bedeutete.

Er bemerkte, daß sich die beiden Uniformierten für das auf dem Rücksitz liegende Gepäck und die Tüten mit Obst und Gemüse interessierten. Der Zivilist schien damit nichts anfangen zu können. Er betrachtete das USA-Länderkennzeichen, das Fisher in Brest hatte anbringen müssen, und schnipste herausfordernd mit dem Finger dagegen. Dann winkte er die beiden Polizisten zu sich und führte mit ihnen auf dem Bürgersteig ein etwa fünfminütiges Gespräch. Schließlich wandte er sich wieder Fisher zu: «Bei Nacht über Land zu fahren, ist eine Gesetzesübertretung. Schlimm für einen Ausländer.»

Fisher schwieg.

Der Mann fuhr fort: «Wenn Sie sich verfahren hatten, hätten Sie unterwegs in einer Stadt anhalten müssen.»

«Sie haben völlig recht.»

«Zunächst schlage ich vor, daß Sie direkt zum *Rossija* fahren und dort heute auch bleiben. Es kann sein, daß Sie noch heute abend über Ihren Verbleib Auskunft geben müssen.»

«Okay.» Fisher wagte keinen Widerspruch. Mit der Botschaft konnte er auch vom Hotel aus Kontakt aufnehmen. «Also gut. Ins *Rossija.*»

Der Mann gab Fisher die Papiere und Schlüssel zurück. «Willkommen in Moskau, Mr. Fisher.»

«Vielen Dank. Ich bin sehr gern hier.»

Der Mann entfernte sich und verschwand in einer U-Bahn-Station. Die beiden Polizisten stiegen wortlos in ihren Wagen und warteten.

Greg Fisher schloß den Kofferraum und die rechte Tür, schob sich hinter das Steuer und ließ den Motor an. Nun begann sich doch eine neugierige Menge zu bilden. Im Geiste ging er den Vorfall noch einmal durch und kam zu dem Schluß, daß er richtig gehandelt hatte. Er schaltete und fädelte sich in den Verkehr ein. Der Streifenwagen folgte.

«Arschlöcher!» Fisher zitterte jetzt so heftig, daß er am liebsten wieder gehalten hätte, aber das ging nicht. Da der Streifenwagen ihm auf den Fersen blieb, konnte er sich auch nicht zur Botschaft schleichen – jedenfalls nicht sofort.

Fisher befand sich wieder auf dem Kalinin-Prospekt und achtete zunächst kaum auf seine Umgebung. Dann aber erkannte er, daß er den Inneren Ring überquert hatte und direkt auf den Kreml zuhielt. Er erinnerte sich an die Stadtkarte und bog nach rechts auf den Marx-Prospekt ab, fuhr zur Uferstraße hinab und hielt sich links. Die Scheinwerfer des Streifenwagens hatten Fishers Rückspiegel nicht verlassen. Weiter vorn gewahrte er einen runden Tunnel, der unter der Rampe einer Flußbrücke hindurchführte. Dahinter ragte das Hotel *Rossija* auf, ein massives, modernes Gebäude mit Glas- und Aluminiumfassade, das trotz seiner zehn Stockwerke sehr gedrungen wirkte, weil es so weitläufig war. Fisher fiel auf, daß die meisten

Fenster dunkel waren. Er fuhr unter der Rampe hindurch und steuerte, den Intourist-Anweisungen folgend, die Ostseite des Hotels an. Vor dem Osteingang lag eine kleine Parkzone, die auf drei Seiten von einer niedrigen Steinmauer umgeben war. Etwa fünfzehn Meter vor dem Eingang hielt er und sah sich um. Der Parkplatz war leer. Die Front des Hotels zeigte sich nackt und kahl. Links vom Eingang befand sich eine Tür, die in einen Berioska-Laden führte, wie sie in beinahe allen sowjetischen Hotels zu finden waren. Hier konnten Westtouristen mit eigener Währung russische Waren und gelegentlich auch Toilettenartikel und andere Importe aus dem Westen kaufen. Der Berioska war geschlossen.

Unter dem überhängenden Parkplatz fiel der Hang steil zur Moskwa ab. Das Hotel, umgeben von kleinen, alten Gebäuden und einem halben Dutzend winziger Kirchen, die dringend einer Renovierung bedurften, war eines der häßlichsten Bauwerke, das Fisher je gesehen hatte.

Im Rückspiegel konnte Fisher den Streifenwagen in der Parkplatzeinfahrt stehen sehen. Er rollte zum Eingang und stellte den Motor ab.

Im gläsernen Außenfoyer des Hotels stand ein Portier in grüner Uniform. Der Mann musterte den TransAm, machte aber keine Anstalten, die Tür zu öffnen. Fisher stieg aus und hängte sich die Schultertasche um. Er ging auf den Portier zu, drückte ihm die Wagenschlüssel in die Hand und sagte: «*Garasch*. Okay?»

Der Mann schaute ihn fragend an.

«Himmel Herrgott...» sagte Fischer müde, verärgert und beklommen. Ihm fiel ein, daß er keinen einzigen Rubel mehr besaß. Er griff in die Tasche und reichte dem Mann eine etwa zwanzig Zentimeter hohe Nachbildung der Freiheitsstatue.

Der Pförtner schaute in die Runde und untersuchte das Gebilde mißtrauisch. *«Religiosni?»*

«Nein, nein – die Freiheitsstatue. Für Sie. Kümmern Sie sich um das Auto. Okay?»

Der Pförtner steckte die Statue ein. «Okay.»

Durch die gläserne Pendeltür betrat Fisher das leere Foyer, das wie alle öffentlich zugänglichen Orte überheizt war. Er sah sich um. Graue Steinwände, mit Aluminium abgesetzt. Auf halber Höhe verlief ein Zwischengeschoß. Es gab keine Bar, keinen Zeitungsstand, keine Läden – nichts deutete auf eine Hotelhalle hin, mit Ausnahme einer Art Schalterfenster in der linken Wand, bei dem es sich vermutlich um die Anmeldung handelte. Fisher ging hinüber und stellte sich dem uninteressierten Blick einer Frau. Er händigte ihr Intourist-Reservierung, Paß und Visum aus. Sie betrachtete den Paß einen Augenblick lang und verschwand dann wortlos durch eine Tür nach hinten.

Fisher ließ den Blick durch die lange, schmale Halle wandern, die ihm irgendwie unheimlich vorkam. «Das ist doch kein Hotel hier!»

Neben einer Säule saßen ein Mann und eine Frau, beide gut gekleidet, und stritten sich auf französisch. Die Frau schien den Tränen nahe zu sein. Der Mann zuckte auf typisch französische Weise die Achseln.

Fisher sah durch die Glastüre, daß man seinen Wagen vom Eingang fortgefahren hatte, doch schien niemand das Gepäck hereinzubringen, was ihn beunruhigte. Wo war der Wagen? Nahm man ihn schon auseinander? Auch der Streifenwagen war verschwunden.

Fisher brauchte dringend etwas zu trinken. Er schaute auf die Uhr. Halb neun. Hinter ihm sagte eine Stimme: «Grii-gory Fiisher.»

Er wandte sich dem Schalter zu. Eine nicht mehr ganz junge Frau mit kurzem rotem Haar, das an den Wurzeln dunkel nachwuchs, sagte: «Ich komme von Intourist. Darf ich Ihre Papiere sehen?» Sie trug einen marineblauen Hosenanzug aus Polyester.

Fisher händigte ihr den großen Umschlag aus. Sie studierte gründlich jedes Dokument, dann hob sie den Blick. «Warum kommen Sie zu spät?»

In diesem Ton war Fisher die Frage noch nicht gestellt worden, und wieder regte sich sein Zorn. «Zu spät wozu?»

«Wir haben uns Sorgen um Sie gemacht.»

«Na, das hat sich ja nun erledigt, oder? Darf ich nun auf mein Zimmer?»

«Selbstverständlich. Sie müssen müde sein.» Sie fügte hinzu: «Es ist einige Zeit her, daß ich einen Amerikaner hier hatte, der die ganze Strecke mit dem Auto gefahren ist. Die Jugend ist eben abenteuerlustig.»

«Und blöd.»

«Mag sein.» Sie behielt Paß und Visum zurück und gab ihm den Rest der Papiere mit einer grünen Hotelkarte zurück. «Dies ist Ihr *propusk*, den Sie immer bei sich tragen müssen. Paß und Visum erhalten Sie bei der Abreise. Sie müssen den *propusk* vorzeigen, wenn Sie von autorisierter Seite dazu aufgefordert werden.»

Fisher sagte müde: «Ist schon gut. Ich werde alles tun, was Sie sagen. Wo ist mein Gepäck?»

Sie starrte ihn einen Augenblick lang an, und Fisher hatte das unangenehme Gefühl, sie wüßte, daß er in Schwierigkeiten steckte.

«Kommt gleich», sagte sie.

Ja, zum Durchsuchen war inzwischen genug Zeit. «Wird man meinen Wagen sicher abstellen?» fragte er.

«Natürlich. Wer könnte hier ein amerikanisches Auto stehlen?»

Fisher lächelte. «Nein, der käme nicht weit.»

Plötzlich erschien ein Hotelpage, führte den Gast zu einer Reihe von Fahrstühlen und fuhr mit ihm in die siebente Etage. Die Fahrstuhltür öffnete sich auf ein kleines Vestibül mit einer hübschen jungen Frau an einem Tisch. In Paris oder Rom wäre ihm diese Etagenpförtnerin sehr willkommen gewesen. Hier aber fungierte die Frau als *deschurnaja*, als Hüterin der öffentlichen Moral, und sie war außerdem Schnüfflerin für das KGB – wenn seine Informationen, die er von einem Polen in Warschau erhalten hatte, stimmten.

Die blonde Frau blätterte in einer Zeitschrift.

«*Allo*. Ihr *propusk*, bitte.»

Fisher gab ihr die Karte, und sie reichte ihm den Zimmerschlüssel. «Geben Sie mir Schlüssel, wenn Sie gehen, ich gebe Ihnen *propusk*.»

«In Ordnung.»

Der Page deutete in den Flur, und Fisher ging voraus. Hinter einer Biegung entdeckte er sein Zimmer, Nr. 745, und schloß auf. Der Page folgte ihm über die Schwelle.

Es war ein mittelgroßes Zimmer in hellem skandinavischem Holz. Die beiden Einzelbetten wirkten klein, die Matratzen bestanden vermutlich nur aus einer dünnen Schaumgummischicht, das Bettzeug war aus rauher Baumwolle. Bis auf den Teppich und die Fensterscheiben wirkte alles ziemlich sauber. Ein Geruch nach Tannennadeln erinnerte ihn an seinen Borodino-Abstecher.

Der Page sagte: «Gutes Zimmer.»

Nach einem kurzen Blick ins Badezimmer breitete er die Arme aus, als wollte er ausdrücken: «Gehört alles Ihnen.»

Seufzend kramte Fisher eine Parfümprobe hervor. «Das macht die Frauen verrückt.»

Der Page roch daran und lächelte. «Ah! Vielen Dank», sagte er und ging.

Fisher untersuchte die Tür. Wie in allen Hotelzimmern östlich des Eisernen Vorhangs gab es hier kein Guckloch, keinen Riegel, keine

Sicherheitskette. Er ließ sich auf das Bett fallen und befreite sich von den Stiefeln. Nachdem er eine Weile zur Decke gestarrt hatte, studierte er das interne Telefonverzeichnis. Er wählte eine dreistellige Nummer und bestellte beim Zimmerservice eine Flasche Wodka. «Das erste, was heute richtig läuft.»

Dann kehrte er in Gedanken zu den Ereignissen der letzten Stunden zurück. Bisher hatte er seine Angst vor der Polizei verheimlichen und bei der Anmeldung ganz unbefangen und sogar ein wenig frech auftreten können. In dem ruhigen, leeren Zimmer aber schmolz seine Willenskraft dahin. Er begann zu zittern, sprang schließlich aus dem Bett und marschierte hin und her. «Was ist, wenn man mich gleich abholt? Vielleicht sollte ich sofort versuchen, in die Botschaft zu kommen. Man beobachtet mich. Kann man hier überhaupt schon wissen, was in Borodino passiert ist?»

Er blieb stehen. «Es geht hier nicht um geschäftliche Dinge, sondern um Leben und Tod.» Er mußte sich beruhigen, ehe er vernünftig überlegen konnte.

Fisher ging zum Fenster und schaute durch die Schmutzschicht hinaus. Links konnte er in den Kreml schauen. Die zehn märchenhaften Zwiebeltürme der Basilius-Kathedrale hingen wie große Heliumballons über dem dunklen Kopfsteinpflaster, dahinter ragte das riesige GUM-Warenhaus auf. Die Straßen waren verlassen, die Gebäude abgedunkelt. Dagegen wurden die Denkmäler hell angestrahlt. Nächtlicher Nebel rollte vom Fluß herauf und wogte um die Ecken, als wäre er auf der Suche nach etwas. Moskau war irgendwie unheimlich.

Es wurde laut geklopft, und Fisher zuckte zusammen. Durchatmend ging er zur Tür und machte auf. Eine mütterlich wirkende Frau stand vor ihm, im Arm einen Eiskübel mit einer Literflasche Moskowskaja. Fisher entließ die Frau mit einer Tube Zahnpasta.

Mit zitternder Hand schenkte er sich den kalten Wodka ein und leerte das Glas in einem Zug. Das Wasser schoß ihm in die Augen. Er goß nach und setzte seine Wanderung fort. «Wenn es das nächstemal klingelt, ist es mein Gepäck oder das KGB.»

«Das verdammte K–» Er hielt inne, denn er konnte sich vorstellen, daß alles abgehört wurde. Irgendwo hatte er sogar gelesen, daß die Zimmer mittels einer Fiberoptik auch visuell überwacht werden konnten. Er stellte das Glas beiseite, machte das Licht aus, zog die Schuhe an und griff nach seiner Schultertasche. Dann verließ er sein Zimmer.

Die *deschurnaja* studierte noch immer ihre Zeitschrift und blickte erst auf, als Fisher ihr den Schlüssel auf den Tisch legte. «*Allo*, Mr. Fisher», sagte sie und gab ihm seinen *propusk*.

Er drückte den Fahrstuhlknopf und richtete sich auf eine längere Wartezeit ein. Allmählich begann der Alkohol zu wirken. Er fühlte sich etwas ruhiger.

Der Fahrstuhl kam, und Fisher trat ein. Zwei nach Salami riechende Russen standen stumm hinter ihm. Fisher spürte, wie ihm der Schweiß aus den Achselhöhlen lief.

Schließlich erreichte er das Foyer und fühlte sich an diesem öffentlich zugänglichen Ort gleich etwas sicherer. Der Geldwechselschalter war allerdings geschlossen, und die Frau am Empfang weigerte sich, ihm einen Intourist-Gutschein über fünf Rubel einzutauschen. Fisher erkundigte sich nach der Intourist-Repräsentantin und erfuhr, daß sie gegangen war.

Er schaute sich um. Ihm fehlte nichts weiter als ein dämliches Zweikopekenstück. «Verdammt!» Sein Blick fiel auf das französische Paar, das sich nicht vom Fleck gerührt hatte. *«Pardonnez, monsieur, madame. J'ai besoin de... de deux kopeks. Pour le téléphone.»*

Während der Mann ihn unfreundlich musterte, begann die Frau zu lächeln und ihre Handtasche zu durchsuchen. *«Voilà.»*

«Merci, madame. Merci.» Fisher wanderte weiter und fand in dem Korridor, der zum Berioska-Laden führte, eine einsame Telefonzelle. Er trat ein, zog die Tür hinter sich zu und suchte in seinem Reiseführer die Nummer der Botschaft heraus. Dann schob er das Zweikopekenstück in den Schlitz und wählte.

Er hörte das kurze Freizeichen, das ganz anders klang als zu Hause, räusperte sich mehrmals und sagte zweimal «Hallo», um seine Stimme in Schwung zu bringen. Das Blut pulsierte ihm in den Ohren. Immer wieder schaute er in den Korridor hinaus. Das Telefon läutete weiter.

4

Lisa Rhodes saß in ihrem Büro im Erdgeschoß des Botschaftsgebäudes. Die Wanduhr stand auf 20.45 Uhr. Das Telefon hatte den ganzen Abend geschwiegen. Sie zündete sich eine Zigarette an und konzentrierte sich auf ihre Presseerklärung.

Die Tür ging auf. Kay Hoffman, Lisas Vorgesetzte, steckte den Kopf durch den Spalt. «Hallo. Ist was Aufregendes im Gang?»

«Ja – aber in Rom. Hallo, Kay, kommen Sie doch rein.»

Kay folgte der Aufforderung und setzte sich auf die Heizöffnungen eines Fensterbretts. «Ah, das tut gut. Draußen ist es kalt.»

Lisa lächelte. Kay Hoffman war beinahe fünfzig und hatte dichtes kastanienbraunes Haar und große braune Augen. Man hätte sie als angenehm vollschlank bezeichnen können. Mit ihrer unkomplizierten, offenen Art kam sie bei Männern gut an.

«Ich kann Ihnen leider nichts zu trinken anbieten», sagte Lisa bedauernd.

«Schon gut. Ich wollte sowieso bei der Freitagsparty vorbeischauen.»

Lisa nickte. Der Cocktailempfang, der jeden Freitagabend stattfand, hatte den Zweck, alle in Moskau zu Besuch weilenden Amerikaner zusammenzuführen; dies war noch möglich gewesen, als man die anwesenden Amerikaner an zehn Fingern abzählen und einzeln verständigen konnte. Inzwischen hatten Handel und Tourismus zugenommen, und nun bestand eine Art automatische Einladung, von der man nur wissen mußte. Das Botschaftspersonal interessierte sich sehr für neue Gesichter, und amerikanische Besucher genossen das Ereignis.

«Woran arbeiten Sie?» fragte Kay.

«Ach, es geht um Van Halen, die Rockgruppe, die im *Kolonnji Sal* gespielt hat.»

«Und?»

«Die Musik hat mir Kopfschmerzen gemacht. Dafür war die Menge begeistert...»

«Schreiben Sie was Nettes.» Kay senkte den Blick. «Sagen Sie – was ist eigentlich aus der Sache mit Seth Alevy geworden? Nicht, daß es mich was anginge. Aber ich mag Sie beide zufällig leiden...»

«Ich möchte lieber nicht darüber sprechen.»

«Na gut.» Kay blickte auf die Uhr. «Die letzte halbe Stunde der Party nehme ich noch mit. Dann bin ich unten in der Bar der Bowlinganlage.»

Lisa lächelte, als sich Kay verabschiedete. «Vielleicht sehen wir uns noch.»

Wenige Minuten später klingelte das Telefon, dazu blinkte das rote Licht, das anzeigte, daß der Anruf von der Station der Marinesoldaten durchkam. Sie hob ab. «Rhodes.»

«Corporal Hines, Ma'am. Ich habe hier einen Mann in der Leitung, der sich als US-Staatsbürger bezeichnet. Sagt, er möchte mit einem Militärattaché sprechen.»

Lisa hob die Augenbrauen. «Mit einem Militärattaché? Und weshalb?»

«Will er nicht sagen. Die Stimme klingt jung. Will auch nicht angeben, von woher er anruft.»

«Stellen Sie durch.» Es klickte in der Leitung.

«Hallo...?» fragte eine männliche Stimme.

«Hier spricht Ms. Rhodes. Kann ich Ihnen helfen?»

Mehrere Sekunden lang wurde nicht geantwortet, dann sagte die Stimme: «Ich muß mit einem Militärattaché sprechen. Wenn möglich von der Air Force.»

«Aus welchem Grund, Sir?»

«Es ist sehr wichtig. Es geht um die nationale Sicherheit.»

Lisa Rhodes vergewisserte sich, daß das Aufnahmegerät lief. «Dann ist es vielleicht keine gute Idee, am Telefon zu sprechen.»

«Das weiß ich. Aber ich habe keine andere Wahl. Ich muß es gleich loswerden – ehe man mich hier wegholt.»

«Wer sollte Sie wegholen?»

«Sie wissen schon.»

«Na gut...» Lisa überlegte kurz. Es bestand natürlich die Möglichkeit, daß man sie täuschen oder ihr einen Streich spielen wollte, doch sprach ihr Instinkt dagegen. «Wie heißen Sie, Sir?»

«Warum kann ich nicht mit einem Militärattaché sprechen?»

«Wissen Sie denn, was ein Militärattaché ist?»

«Nein... aber man hat mir aufgetragen, mit einem zu reden.»

«Wer hat Ihnen das aufgetragen?»

«Wird Ihr Telefon abgehört?»

«Davon müssen Sie ausgehen.»

«Himmel, Herrgott! Können Sie mich nicht abholen lassen? Ich brauche Hilfe.»

«Wo sind Sie?»

«Vielleicht kann ich mich zu Ihnen durchschlagen. Läßt man mich durch das Tor?»

Der Mann klang immer nervöser. «Hören Sie», sagte Lisa entschlossen. «Sprechen Sie mit mir, und wenn ich es für ratsam halte, setze ich mich mit einem Militärattaché in Verbindung. Einverstanden?»

«Ja... ja, okay.»

Sie zog das Handbuch für diensthabende Offiziere aus der Schublade und blätterte es beim Sprechen durch. «Sind Sie amerikanischer Staatsbürger?»

«Ja, ich...»

«Wie heißen Sie?»

Nach kurzer Pause antwortete die Stimme: «Fisher, Gregory Fisher.»

«Wo sind Sie?»

«Im Hotel *Rossija.*»

«Sind Sie dort Gast?»

«Ja.»

«Hat man Ihnen bei der Ankunft den Paß abgenommen?»

«Ja.»

«Also – ohne Paß kommen Sie an den Milizionären vor der Botschaft nicht vorbei.»

«Ach.»

«Zimmernummer?»

«Siebenhundertfünfundvierzig. Aber ich bin nicht auf meinem Zimmer.»

«Wo dann?»

«In einer Telefonzelle im Foyer.»

«Was tun Sie in der Sowjetunion?»

«Ach, ich bin als Tourist unterwegs.»

«Wann sind Sie eingereist, Mr. Fisher?»

«Letzte Woche.»

«Zu welcher Reisegruppe gehören Sie?»

«Reisegruppe? Ich bin allein. Ich fahre...»

«Sie sind nach Moskau *gefahren*?»

«Ja, mit eigenem Wagen. Das gehört ja zu dem verdammten Problem.»

«Was gehört zu Ihrem Problem?»

«Na, der Wagen. Ein TransAm ist ziemlich auffällig...»

«Ja. Also, jetzt erzählen Sie mir in kurzen Worten, warum Sie Hilfe brauchen und warum Sie mit einem Militärattaché sprechen wollen.»

Es ertönte ein Geräusch wie ein Seufzen, dann sagte er leise: «Für den Fall, daß Sie nicht rechtzeitig hier sein können... werde ich Ihnen sagen, was ich kann... bevor man mich schnappt.»

Lisa Rhodes fand, daß Gregory Fisher die Situation durchaus richtig einschätzte. «Dann sollten Sie schnell sprechen», sagte sie.

«Okay, ich war in Borodino, heute abend gegen fünf Uhr – auf dem Schlachtfeld. Ich verfuhr mich im Wald...»

«Wurden Sie von der Polizei angehalten?»

«Nein. Ja, aber erst in Moskau.»

«Warum?»

«Weil ich bei Nacht über Land gefahren war.»

Irgendwie paßte das nicht zusammen. Eine Abweichung von der Reiseroute war eine Sache. Der Wunsch, mit einem Militärattaché zu sprechen – einer Person, die mehr oder weniger dem Geheimdienst angehörte –, stand dagegen auf einem anderen Blatt. «Sprechen Sie weiter, Mr. Fisher.»

«Auf der Straße nördlich vom Schlachtfeld begegnete ich einem Mann, einem Amerikaner...»

«Amerikaner?»

«Ja, er behauptete, amerikanischer Air-Force-Pilot zu sein...»

«Und er war nachts auf einer Straße nördlich von Borodino? Allein? In einem Wagen?»

«Allein. Zu Fuß. Er war verwundet. Hören Sie, ich weiß nicht, wieviel Zeit ich noch habe.»

«Sprechen Sie weiter.»

«Er stellte sich mir als Major Jack Dodson vor.»

«Dodson.» Lisa hatte zunächst angenommen, der Anrufer spreche von einem Militärattaché der Botschaft, doch kam ihr dieser Name nicht bekannt vor.

«Dodson sagte, er wäre vermißt und in Kriegsgefangenschaft... abgeschossen in Vietnam...»

«Was?» Lisa Rhodes fuhr auf. «Das hat der Mann behauptet?»

«Ja. Und er sagte, er würde seit fast zwanzig Jahren hier in Rußland gefangengehalten. An einem Ort, den er ‹Die Fabrik der Spione› nannte. In der Nähe von Borodino. Er konnte fliehen. Ich überließ ihm Landkarten und Geld. Er wollte nicht mit mir im Wagen fahren. Er will sich irgendwie nach Moskau durchschlagen. Zur Botschaft. Es werden dort noch andere Amerikaner gefangengehalten, die –»

«Stop. Bleiben Sie dran.» Lisa drückte auf den Unterbrecherknopf. Eigentlich wäre das eine Sache für Seth Alevy – aber der war bei der blöden Sukkot-Feier. Hastig suchte sie nach der Privatnummer von Colonel Sam Hollis, der als Luftfahrtattaché fungierte und den sie vage kannte. Sie rief bei ihm in der Wohnung an, doch es meldete sich niemand. Sie überlegte, ob sie Hollis suchen lassen sollte, versuchte es dann aber zunächst in seinem Büro, das zwei Stockwerke höher lag. Nach dem ersten Klingeln wurde abgenommen. «Hollis.»

Sie bezwang ihre Stimme und sagte: «Colonel Hollis, hier Lisa Rhodes, diensthabender Offizier.»

«Ja?»

«Ich habe da einen US-Bürger in der Leitung, der aus dem *Rossija* anruft. Er scheint ziemlich durcheinander zu sein. Er möchte unbedingt mit einem Militärattaché sprechen, vorzugsweise von der Air Force.»

«Wieso?»

«Ich spiele Ihnen das Band vor.»

«Ja, bitte.»

Lisa Rhodes ließ die Aufnahme ablaufen; als sie fertig war, sagte Hollis: «Stellen Sie ihn durch.»

Lisa stellte ihren Apparat auf Konferenzschaltung und gab die Leitung frei. «Mr. Fisher? Sind Sie noch da?»

Keine Antwort.

«Mr. Fisher?»

«Ja... Da steht jemand...»

«Ich habe jetzt jemanden, mit dem Sie sprechen können.»

Hollis meldete sich. «Mr. Fisher, Sie rufen aus dem Foyer des Hotels *Rossija* an?»

«Ja, ich...»

«Sind viele Menschen im Foyer?»

«Nein. Wieso?»

«Wer steht neben der Telefonzelle?»

«Ein Mann. Hören Sie, ich wollte versuchen, zur Botschaft zu gelangen...»

«Nein, Sir. Sie bleiben an Ort und Stelle. Sie verlassen das Hotel nicht und gehen auch nicht wieder auf Ihr Zimmer. In der obersten Etage gibt es ein Restaurant. Gehen Sie in die dazugehörige Bar, machen sich mit Leuten aus dem Westen bekannt, vorzugsweise Engländern oder Amerikanern, und bleiben Sie bei ihnen, bis ich eintreffe. Ist das klar?»

«Ja... ja.»

«Was haben Sie an?»

«Bluejeans – eine schwarze Windjacke.»

«Okay, mein Sohn. Gehen Sie sofort in die Bar. Sollte man Sie aufhalten wollen, treten Sie um sich, schreien Sie, wehren Sie sich. Klar?»

«Ja... ja, ich...» Fishers Stimme klang gepreßt. «O Gott... machen Sie schnell!»

«Zehn Minuten, Greg», sagte Hollis beruhigend. «Los, gehen Sie ins Restaurant.»

Lisa hörte das Klicken, als Fisher auflegte. Hollis' Stimme meldete sich. «Ms. Rhodes, ich brauche einen Wagen...»

«Ich habe bereits einen gerufen, Colonel. Mit Fahrer.»

«Ich bringe Mr. Fisher hierher. Lassen Sie in der Residenz ein Gästezimmer fertigmachen, und alarmieren Sie die zuständigen Sicherheitsbeamten.»

«Jawohl, Sir.»

«Bleiben Sie in Ihrem Dienstzimmer.»

«Selbstverständlich.»

Nach kurzem Schweigen sagte Hollis: «Das haben Sie gut gemacht, Ms. Rhodes.»

Ehe sie antworten konnte, hatte er die Verbindung unterbrochen. Lisa Rhodes legte auf. «Sie ebenfalls, Colonel Hollis.»

5

Colonel Sam Hollis, Luftfahrtattaché an der amerikanischen Botschaft in der Sowjetunion, fuhr mit dem Lift in das Erdgeschoß und eilte zum Büro des wachhabenden Offiziers.

Lisa Rhodes drehte sich um. «Ja?»

«Hollis.»

«Ach...» Sie stand auf. «In Zivil habe ich Sie gar nicht erkannt.»

«Sind wir uns schon begegnet?»

«Ein paarmal.» Sie betrachtete ihn. Er trug eine lederne Fliegerjacke, Jeans und hohe Stiefel. Ende Vierzig, groß, schlank, männlichanziehend. Seine hellblauen Augen und das unmilitärisch lange sandbraune Haar waren ihr früher schon aufgefallen.

«Daß Sie mir zu keinem von der Sache sprechen», mahnte Hollis.

«Ist mir klar.»

«Gut... es gibt allerdings eine Ausnahme. Kennen Sie Seth Alevy? Attaché für politische Angelegenheiten.»

«Ja.»

«Mr. Alevy nimmt in der Stadt an einer Party teil...»

«Das ist mir bekannt.»

«Woher?»

«Er hatte mich dazu eingeladen.»

«Aha. Sie wissen also, wie man ihn erreicht?»

«Ja, durch seine Mitarbeiter hier im Haus.»

«Gut. Veranlassen Sie das.»

Nach kurzem Zögern sagte Lisa: «Ich habe bereits nach ihm schikken lassen.»

Hollis musterte sie kritisch.

Sie hielt dem Blick stand. «Ich weiß eben, daß er mit solchen Dingen zu tun hat.»

An der Tür drehte sich Hollis um. «Und was haben *Sie* mit solchen Dingen zu tun?»

«Nichts. Ich bin nur für Presseinformationen zuständig. Seth und ich kennen uns privat.»

Hollis schätzte sein Gegenüber auf Ende Zwanzig. Ihr leicht sommersprossiges Gesicht war von kastanienbraunem Haar umrahmt. Sie war ein Typ, den man nicht so leicht vergaß, und er hatte sie natürlich schon in der Botschaft gesehen. Ihm war ebenso bekannt, daß sie und Alevy in jüngster Zeit eine Affäre gehabt hatten. Aber Instinkt und Ausbildung forderten, daß er Informationen stets nur suchte und sie nicht freiwillig aus der Hand gab. «Halten Sie die Stellung. Bis später.»

Sam Hollis trat in die feucht-neblige Nacht hinaus. Er zog den Reißverschluß seiner Jacke hoch und stieg in einen blauen Ford Fairlane, der mit laufendem Motor wartete. «Hallo, Bill.»

Der Fahrer, ein Sicherheitsbeamter namens Bill Brennan, fuhr über den Hof und um das Rondell, in dessen Mitte sich der angestrahlte Flaggenmast erhob. «Wohin, Colonel?»

«Zum Hotel *Rossija.*» Hollis musterte den untersetzten Mann neben sich. Brennan war Mitte Fünfzig und hatte ein Halbglatze. Irgendwann hatte ihm mal jemand die Nase gebrochen. «Sie haben eine Knarre dabei?»

«Ja. Und Sie?»

«Nein, hatte keine Zeit, mir eine zu schnappen.»

«Kann Ihnen ja meine leihen.»

Das Tor ging auf, und der Wagen passierte das Wachhäuschen der Marinesoldaten, dann das der sowjetischen Miliz draußen auf dem Bürgersteig. Brennan fuhr langsam, um die KGB-Bewacher in den umliegenden Gebäuden nicht mißtrauisch zu machen, bis Hollis sagte: «Geben Sie ruhig Gas. Man weiß, wohin ich will.»

«Okay.» Schwungvoll fuhr Brennan durch die dunkle, leere Seitenstraße und im Bogen auf die breite, erleuchtete Tschaikowski-Straße. Da nur wenig Verkehr herrschte, kam er gut voran. «Halten wir an, wenn die Polizei sich meldet?»

«Nein. Kennen Sie das Hotel *Rossija*?»

«Verkehrstechnisch – Anfahrt, Parkplätze und so. Drin war ich noch nicht.» Brennan kannte sich in Moskau besser aus als mancher einheimische Taxifahrer, dagegen schien ihm die Stadt selbst wenig zu sagen. Sein Reich waren die Straßen, und er behauptete sogar, er hätte noch nie den Roten Platz gesehen – weil man den nicht mit dem Auto überqueren könne.

«Wird's 'ne kitzlige Sache?»

«Vielleicht. Ein Amerikaner, der im *Rossija* irgendwie in Schwierigkeiten ist.»

«Was hat er denn angestellt?»

«Abweichung von der vorgeschriebenen Reiseroute.»

«Wieso rase ich mit einem Militärattaché durch Moskau, um einen jungen Burschen zu retten, der in den beschissenen Zoo gegangen ist anstatt in den beschissenen Park?»

Hollis antwortete nicht. Er schaute auf den Tacho, der über hundert zeigte. Es waren zwölf Minuten seit ihrer Abfahrt von der Botschaft vergangen.

Etwa einen halben Kilometer voraus tauchte die Moskworezkij-Brücke auf, dahinter das Hotel *Rossija*. Die wenigen anderen Wagen schienen stillzustehen. Plötzlich vernahm Hollis ein anhaltendes Hupen. Er drehte sich um. «Die Bullen.»

«Schon gehört.»

«Was für ein Wagen?»

«Lada.»

«Lachhaft. Der hat soviel PS wie ein Rasierapparat.»

Der Ford schoß los, und der neutrale Lada blieb zurück; sein Hupen wurde leiser.

Brennan donnerte mit hundertvierzig Stundenkilometern über die schmale Brücke, machte auf der anderen Seite eine Art Luftsprung und fegte schräg am Eckturm des Kremls vorbei auf die Einfahrt zum *Rossija* zu. «Ostseite?» wollte er wissen.

«Ja. Aber Sie fahren weiter. Zurück zur Botschaft.»

Brennan zog den Colt aus dem Schulterhalfter. «Brauchen Sie den?»

«Nein.»

Brennan fuhr zur Ostseite des Hotels. Auf dem kleinen Parkplatz stand kein TransAm. Das konnte nur ein schlechtes Zeichen sein.

«Gut gemacht», sagte Hollis, sprang aus dem langsamer werdenden Wagen und knallte die Tür wieder zu. Brennan winkte und raste zur Ausfahrt.

Hollis stürmte durch den Eingang, und der Portier sagte: *«Propusk.»*

«Komitet», antwortete Hollis und drängte sich vorbei.

Der Mann machte förmlich einen Satz rückwärts und versuchte die Innentür zu öffnen, doch war Hollis bereits beim Fahrstuhl und drückte den Knopf für die oberste Etage. *Komitet.* Komitee. Das Komitee für Staatssicherheit – KGB. Magische Worte. Sesam, öffne dich. Die Tatsache, daß er in einem amerikanischen Wagen gekommen war und amerikanische Kleidung trug, machte für den Portier keinen Unterschied. Jemand, der nicht dazugehörte, würde es auf keinen Fall wagen, dieses Wort zu äußern.

Der Fahrstuhl kam. Hollis fuhr in das zehnte Stockwerk und ging auf das Restaurant zu, dessen Tür von einer jener allgegenwärtigen Frauen bewacht wurde, wie sie an jeder Moskauer Tür zu sitzen schienen.

«Bar», sagte er.

Sie nickte knapp und deutete auf die Tür. Hollis betrat ein großes Foyer. Links ging es in die Bar, geradeaus in ein riesiges Restaurant, das bis auf den letzten Platz besetzt war. Der Lärm, die Trinksprüche, das Lachen, die Kleidung – Hollis wußte, daß hier vorwiegend Russen speisten. Eine Kapelle spielte amerikanischen Jazz, und die Tanzfläche war brechend voll. An einem Tisch saß eine lärmende Hochzeitsgesellschaft. Hollis ließ den Blick durch den Raum wandern. Ein Mann wie Fisher war nirgends zu sehen. Er machte kehrt und betrat die Bar, in der man für hartes Westgeld Getränke erstehen konnte. Es war voll, doch herrschte hier im Gegensatz zum Restaurant eine gedämpftere Atmosphäre. Die Gäste waren vorwiegend Westeuropäer, die im Hotel wohnten. Das *Rossija* lockte nur wenige Amerikaner an, und Hollis fragte sich, wieso Fisher hier gelandet war. Zwischen den Europäern waren immer ein paar sowjetische Angeber zu finden, die zu Westlern und ihrem Geld Zugang hatten. In jede Moskauer Westgeld-Bar gehörte außerdem ein KGB-Lauscher, der zehn Sprachen beherrschte.

Hollis wanderte einmal durch den Barraum, sah aber auch hier niemanden, der Gregory Fisher sein konnte. Das war schlimm.

An der Bar mußten sich die Gäste ihre Drinks selbst abholen. Hollis schob sich durch die Menge und wandte sich in fließendem Russisch an den Barmann: «Ich suche einen Freund von mir. Amerikaner. Jung, Bluejeans und schwarze Jacke.»

Der Barmann sah kurz auf und arbeitete weiter, während er antwortete. «Amerikaner? Nein, so einen habe ich nicht gesehen.»

Hollis beugte sich über die Theke und fragte noch mal: «Sind Sie sicher?»

«Ja, tut mir leid. Drei Dollar.»

Ein gutgekleideter Mann schob sein Glas über die Bar und sagte mit britischem Akzent: «Gin und Tonic – Gordon's und Schweppes. Diesmal eine Scheibe Zitrone.»

«Man hat hier seit der Revolution keine Zitrone mehr gesehen», sagte Hollis.

Der Engländer lachte. «Ein tolles Land, nicht wahr, Yank?»

Der Gin kam ohne Zitrone und kostete drei Pfund. Hollis wandte sich ab, und der Engländer folgte ihm: «Seit der Revolution gibt's auch kein Barpersonal mehr. Man muß sich das Zeugs selbst abholen, zu Wechselkursen, die in den Sternen stehen. Drei Dollar, drei Pfund – ist für die hier alles dasselbe. Ich glaube, mein Gin war teurer als Ihr Whisky.»

«Sie sollten's das nächte Mal mit Lire versuchen.»

Der Mann lachte. «So blöd sind die nicht. Mein Name ist übrigens Wilson.»

«Richardson», antwortete Hollis und hob prostend sein Glas. «Ach, wie lange sind Sie eigentlich schon hier?»

«Etwa eine Stunde. Wieso?»

«Ich suche einen Freund von mir, Amerikaner, in den Zwanzigern, Bluejeans und Windjacke.»

«Ich glaube, den habe ich gesehen. In diesem Land zieht sich ja niemand richtig an. Die verdammten Roten haben alles verdorben, kein Stil, kein Benehmen, wenn Sie verstehen, was ich meine.»

«Ist Ihnen aufgefallen, ob er mit jemandem gesprochen hat?»

Wilson sah sich im Barraum um. «Er hat irgendwo da hinten gesessen. Ja, und mit Leuten gesprochen – sehen Sie die beiden? Franzmänner, glaube ich. Wenigstens die putzen sich ordentlich heraus. Vielleicht war das Ihr Mann. Schien ein bißchen geladen zu haben, denn zwei Leute vom Hotel mußten ihm raushelfen. Der Junge regte sich darüber auf und wurde hinausgedrängt. Ich glaube nicht, daß man eine große Sache daraus macht. Eine Hälfte dieses Landes ist ja sowieso ständig betrunken.»

«Wann war das?»

«Vor fünfzehn, zwanzig Minuten.»

«Vielen Dank.» Hollis drängte sich durch die Cocktailtische und setzte sich zu dem Paar. «Darf ich?»

Der Mann brummte etwas vor sich hin.

Hollis beugte sich über den Tisch und sagte leise und deutlich: «Ich suche einen Freund von mir, einen jungen Amerikaner. Wie ich höre, hat er vorhin bei Ihnen gesessen.»

Die Frau schaute ihren Begleiter an, ehe sie antwortete. «Ja.» Sie fügte in gutem Englisch hinzu: «Er war krank. Man hat ihn aufs Zimmer geführt.»

«Hat er Ihnen seinen Namen genannt?»

«Ja.»

«Fisher?»

«Ja.»

«Kam er Ihnen... aufgeregt vor? Beunruhigt?»

Die Frau antwortete nicht, nickte aber unmerklich.

«Hat er Ihnen gesagt, was ihn beunruhigt?»

Der Mann stand auf und sagte zu der Frau: *«Allons.»*

Sie blieb sitzen. «Er hat nicht davon gesprochen. Aber er sagte, vielleicht würde man ihn abholen. Ich glaube, der Drink war... nun ja...?»

«Versetzt... mit einem Mittel versetzt?»

«Ja.» Sie stand auf. «Mein Mann möchte gehen. Ich weiß nicht mehr. Es tut mir leid.»

Hollis erhob sich ebenfalls. Ungeduldig entfernte sich der Franzose. Die Frau schien noch zu zögern.

«Sind Sie der Attaché?»

«Ja.»

«Er sagte, Sie würden kommen. Ich soll Ihnen etwas ausrichten, was er am Telefon nicht erwähnt hat.» Die Frau überlegte kurz und sagte dann hastig: «Dodson hat ihm gesagt, es habe sich früher um eine Schule der sowjetischen Luftwaffe gehandelt, jetzt sei es eine KGB-Schule. Es befinden sich fast dreihundert Amerikaner dort.»

«Dreihundert? Er hat von drei*hundert* gesprochen?»

Die Frau nickte.

Unwillkürlich krampfte Hollis eine Hand um den Arm der Frau. «Was hat Mr. Fisher sonst noch gesagt?»

«Nichts. Ihm wurde übel... Dann kam man ihn holen. Ein Russe erkundigte sich bei uns auf englisch, was der junge Mann gesagt hätte. Mein Mann antwortete auf französisch, sagte, wir verstünden nur Französisch und könnten weder ihn noch den jungen Mann verstehen.»

«Hat der Russe das geglaubt?»

«Ich nehme es an.»

Hollis ließ ihren Arm los. «Dann schaffen Sie es vielleicht. Vorsichtshalber sollten Sie sich aber mit Ihrer Botschaft in Verbindung setzen. Heute noch und persönlich, nicht per Telefon. Verstehen Sie? Es könnte sein, daß Sie in Gefahr geraten.»

«Ich verstehe.»

«Gut. Ich danke Ihnen, *madame.*»

Sie lächelte schwach. «Der junge Mann hat sich zwei Kopeken von mir geliehen. Ich fand ihn sehr nett... und jetzt ist er... tot?»

Hollis antwortete nicht.

«Schlimme Zeiten», sagte sie kopfschüttelnd und ging.

Hollis trank aus, verließ die Bar und fuhr mit einem der Lifte zum «Sarjadje»-Kino hinunter. Es war ihm klar, daß es keinen Sinn hatte, in Fishers Zimmer zu gehen. Er würde nicht dort sein, und eventuelle Spuren seiner Anwesenheit würden sorgfältig getilgt sein. Vermutlich hatte man schon einen anderen Gast einquartiert! Genauso sinnlos war es, am Hotelempfang oder bei der *deschurnaja* Fragen zu stellen. Aber es interessierte Hollis, was aus dem auffälligen Pontiac TransAm geworden war.

Die Kinovorstellung war gerade zu Ende. Hollis wanderte in der Menge durch das Foyer, benutzte den Ausgang gegenüber dem Flußufer und folgte einer Gruppe Menschen eine Treppe hinab in einen langen, gekachelten Unterstraßentunnel. Einige Russen musterten ihn neugierig, er blieb aber unbehelligt.

Am Ende des Tunnels erstieg er die Treppe zum Bürgersteig der Moskworezkij-Brücke, über die er vor gut einer Stunde mit Brennan gerast war. Vom Fluß stiegen Nebelschwaden auf, und die rubinroten Sterne der Kremltürme schimmerten bunt.

Hollis stellte seinen Jackenkragen hoch. Bei Nacht unterschied sich Moskau von jeder anderen Großstadt, die er kannte. Man konnte bis zum Morgengrauen durch die Straßen und über die Plätze wandern, ohne ein Abenteuer oder Unglück zu erleben. Es gab keine öffentlichen Bars, keine Discos, keine Prostituierten, keine Obdachlosen, kein Nachtleben. Es gab keine durchgehend geöffneten Läden, keine Spätvorstellungen in den Kinos – meistens war die Stadt schon um zehn Uhr sehr ruhig, um elf wie ausgestorben, und um Mitternacht verschwanden die letzten Taxis. Danach saß man fest.

Es gab allerdings eine Sorte Bürger, die so lange wie möglich unterwegs blieb; ein Vertreter dieser Gattung kam nun auf Hollis zu: Er war etwa achtzehn Jahre alt, trug einen billigen Kunstledermantel und hatte sich eine Adidas-Tasche über die Schulter gehängt. Er trug zwar amerikanische Jeans, doch stammten seine Schuhe offenkundig aus der Sowjetunion. Sein Englisch war gut. «Entschuldigen Sie, Sir – hätten Sie eine Zigarette?»

«Nein – aber Sie?»

«Ja.» Der junge Mann reichte Hollis eine Marlboro, gab ihm Feuer und zündete sich ebenfalls eine an. Dann schaute er die Brücke entlang, wo andere Schwarzmarkthändler warteten. «Ich heiße Mischa», sagte er. Die beiden Männer rauchten eine Zeitlang stumm.

«Haben Sie etwas zum Tauschen?» fragte Mischa schließlich.

«Vielleicht. Was können Sie denn bieten?»

«Dreihundert Gramm frischen Kaviar. Beste Qualität. Kostet im Berioska sechzig Dollar. Ich wäre mit einer Stange amerikanischer Zigaretten zufrieden. Oder vierzig Dollar.»

Hollis packte den Schwarzmarkthändler am Arm. «Sind Sie schon den ganzen Abend auf der Brücke?»

«Ein Weilchen schon...»

«Haben Sie vor etwa zwei Stunden auf der Uferstraße einen amerikanischen Wagen gesehen?»

Mischa zog an seiner Zigarette. «Möglich. Wieso?»

«Das geht Sie nichts an.» Hollis drängte Mischa an das Brückengeländer. «Möchten Sie sich vierzig Dollar verdienen oder ein Bad im Fluß nehmen?»

«Ich habe den Wagen nicht selbst gesehen. Ein Freund hat mir davon erzählt. Auf der Uferstraße, etwa vor einer Stunde.»

«Was für ein Wagen war das?»

«Er hielt ihn für einen Pontiac TransAm. Mit Heckspoiler. Dunkle Färbung.»

«Woher wußte Ihr Freund, daß es ein TransAm war?»

«Na, aus den Automagazinen, die wir hier tauschen. Ich gebe drei amerikanische Dollar...»

«Hat Ihr Freund gesehen, wohin der Wagen gefahren ist?»

«Zum *Rossija*.» Mischa fügte hinzu: «Meine Freunde liefen hin, um sich das Auto anzuschauen. Es hat irgend so ein junger Typ drin gesessen. Als sie aber am Intourist-Flügel ankamen, fuhr der TransAm bereits die Rasin-Straße hinauf, mit zwei älteren Männern drin.»

«Russen?»

«Russen.» Nach kurzem Zögern fuhr Mischa fort: «Männer mit verschlossenen Gesichtern. Sie wissen, was ich meine?»

Hollis machte kehrt und ging mit Mischa zur Unterführung zurück. Im dunklen Tunnel wechselten zwei Zwanzigdollarnoten den Besitzer. «Ich nehme den Kaviar.» Auf russisch fuhr er fort: «Geh nach Hause, Mischa, und komm nie wieder auf diese Brücke. Die Männer mit den verschlossenen Gesichtern werden nach dir fragen.»

Mischa riß Mund und Augen auf.

Hollis erstieg die Treppe und kehrte zur Brücke zurück. In Gedanken legte er sich eine U-Bahn-Route zurecht, die ihn mit heiler Haut zur Botschaft zurückführen würde.

6

Das Tor zum Botschaftsgebäude war noch hundert Meter entfernt. Hollis konnte bereits die Wachbude der sowjetischen Miliz ausmachen, nicht aber das Häuschen der US-Marinesoldaten direkt dahinter. Über der Mauer flatterte die US-Fahne am erleuchteten Mast.

Er hörte einen Wagen näher kommen; es klang nach einem Tschaika. Das Fahrzeug schien mit ihm Schritt zu halten. Plötzlich trat der Fahrer das Gas durch und ließ die Scheinwerfer aufblitzen. Hollis drehte sich nicht um. Das Auto hielt neben ihm. Es war tatsächlich ein Tschaika, eine schwarze viertürige Limousine, wie sie gern vom Komitee für Staatssicherheit benutzt wurde. Der Fahrer blieb am Steuer sitzen, zwei Männer stiegen aus. Sie trugen lederne Mäntel, schwarze Hosen, Lederhandschuhe und Hüte mit schmalen Krempen, eine Aufmachung, die Hollis insgeheim «KGB-Abendanzug» nannte. Er erkannte zwei Botschaftswächter, die ihn schon früher einmal verfolgt hatten. Den kleinen, gedrungenen Mann hatte Hollis in Gedanken Boris getauft, den anderen, der größer und besser gebaut war, Igor.

Boris und Igor traten Hollis in den Weg und musterten ihn von Kopf bis Fuß. Boris sagte auf englisch: «Her mit deiner Brieftasche und Uhr, sonst schlagen wir dir die Fresse ein.»

«Wird man beim *komitet* so schlecht bezahlt?»

«Du Schweinehund, für was hältst du dich?» fauchte Boris. «Gib mir die Brieftasche.»

«Verpiß dich!» sagte Hollis auf russisch, machte kehrt und ging auf die Botschaft zu. Hinter ihm waren die Schritte der Männer zu hören, ganz nahe, bis Igor sagte: «Wozu die Eile? Wir wollen mit Ihnen sprechen.»

Hollis ging weiter. Den KGB-Leuten fiel es wirklich nicht schwer, als Straßenräuber aufzutreten. Er hatte inzwischen die Mauer des Botschaftsgeländes erreicht und mußte bis zum Tor noch fünfzig Meter zurücklegen. Plötzlich spürte er einen heftigen Hieb im Rükken. Er wurde nach vorn geschleudert, fing den Sturz mit den Händen ab, wich mit Mühe einem Tritt aus und rollte in den nassen Rinnstein. Igor und Boris schauten grinsend auf ihn nieder, und Igor machte eine obszöne Bemerkung.

Am liebsten hätte Hollis sein Messer gezogen, das er in einem Spezialhalfter an der Wade trug; er bezwang sich aber, denn genau diese Provokation beabsichtigten die beiden ja. Boris warf einen Blick zum Botschaftstor hinüber. «Das nächste Mal schlage ich dir den Schädel ein!» fauchte er, spuckte Hollis an, schlug Igor auf die Schulter und sagte: «Diesem Scheißkerl haben wir's gezeigt. Gehen wir.» Die beiden kehrten zum Tschaika zurück.

Hollis rappelte sich auf und klopfte Wasser und Schmutz von seiner Kleidung. Seine Handflächen bluteten. Er spürte ein Brennen an der Wange und einen dumpfen Schmerz im Rücken.

Der junge russische Milizionär am Botschaftstor, der den ganzen Vorgang beobachtet haben mußte, trat aus seinem Häuschen und hob die Hand. *«Pasport.»*

«Sie kennen mich!» fauchte Hollis.

«Pasport.»

«Aus dem Weg!»

Der Milizionär erstarrte. *«Stoi!»*

Sein Kollege kam heraus. «Was gibt's?»

Auf der anderen Seite des Tors erschien ein Marinesoldat und rief: «Was ist da los?» Er war bewaffnet und durfte daher das Gelände nicht verlassen. Hollis rief ihm zu: «Machen Sie das Tor auf!»

Der Marinesoldat gehorchte, Hollis schob sich an den Milizionären vorbei und legte die zehn Meter zwischen dem sowjetischen Posten und dem Tor im Spurt zurück. Er erwiderte den Gruß des Wachsoldaten, der ihn erkannte. «Alles in Ordnung, Colonel?» fragte der diensthabende Sergeant.

«Bestens.»

Hollis hörte in der Ferne die Glocken des Iwansturms Mitternacht schlagen; die beiden Marinesoldaten und die Sowjet-Milizionäre brüllten sich gegenseitig an. Er betrat das Botschaftsgebäude und begab sich direkt ins Dienstzimmer des Wachhabenden.

Lisa Rhodes stand auf. «Ach, Colonel Hollis. Wir haben uns schon Sorgen gemacht. Wir –»

«Ist Bill Brennan zurückgekommen?»

«Er ist hier. Aber im Lazarett. Die Einzelheiten kenne ich nicht. Hat es was mit Ihrem Ausflug zu tun? Was ist mit Ihrem Gesicht?»

«Bin gefallen. Ist Seth Alevy schon da?»

«Er erwartet Sie im abgeschirmten Raum im sechsten Stock.»

Hollis wandte sich zur Tür.

«Darf ich mitkommen? Seth Alevy ist einverstanden, wenn Sie nichts dagegen haben.»

«Ach? Na, dann kommen Sie mit.»

Wortlos gingen sie zum Lift und fuhren in die sechste Etage. «Ihre Hände bluten ja», stellte sie fest.

«Weiß ich.»

Sie zuckte die Achseln. «Ist Bill Brennan ein Freund von Ihnen?»

«Nein. Wieso?»

«Weil Sie sich als erstes nach ihm erkundigt haben.»

«Er war in meiner Verantwortung unterwegs.»

«Das gefällt mir.»

Er warf ihr einen kurzen Blick zu.

Seth Alevy winkte seine Besucher herein und deutete auf einen runden Eichentisch mit zwölf lederbespannten Chromstühlen.

Lisa Rhodes ließ den Blick durch den schwach erleuchteten Raum wandern. Die Botschaft verfügte über mehrere abhörsichere Zonen, doch besuchte sie diese Einrichtung im sechsten Stock zum erstenmal. Wie alle abgeschirmten Räume lag er fensterlos im Innenbereich. Die indirekte Beleuchtung verbreitete ein weiches Licht. Jeder Platz verfügte über ein zusätzliches Leselicht. Der königsblaue Teppichboden vertrug sich gut mit den gelblichen Wänden. Die Decke bestand wie üblich aus schwarzem Schaumgummi. Der Raum schützte vor unterirdischen Lauschgeräuschen, Schwingungsverstärkern und Richtungsmikrofonen und wurde zwei- oder dreimal am Tag gründlich nach Wanzen abgesucht. Lisa wußte, daß sich hier vorwiegend die Geheimdienstleute trafen.

«Etwas zu trinken?» wandte sich Alevy an sie.

«Nein, danke, ich bin noch im Dienst.»

«Schön. Dann also Kaffee.»

«Wodka, pur», sagte Hollis.

Alevy reichte Lisa einen schwarzen Kaffee und Hollis einen kalten Wodka.

Hollis' Blick ruhte einen Augenblick lang auf dem anderen. Mit etwa vierzig war Seth Alevy mehrere Jahre jünger als Hollis. Er trug einen maßgeschneiderten Anzug mit passender Weste, dazu eine grüne Strickkrawatte. Er war groß und hager und erinnerte Hollis an einen bartlosen Lincoln, allerdings besser aussehend. Er war verheiratet gewesen, doch mehr wußte man nicht.

«Wie war die Party?» fragte Hollis.

«Interessant. Jede Menge Dissidenten. Es gab gut zu essen. Sukkot ist ein fröhliches Fest. Sie hätten mitmachen sollen.»

«Ja, aber wer wäre dann quer durch Moskau gehetzt?»

«Ich bin sicher, meine Leute hätten das auch gebracht», bemerkte Alevy kühl.

Er sprach nicht davon, daß seine Mitarbeiter die Situation besser gemeistert hätten, doch lag das Wort in der Luft.

«Der junge Mann wollte einen Militärattaché sprechen», sagte Hollis.

«Bestimmt kann er einen Militärattaché nicht von einem Außenverteidiger unterscheiden. Ich selbst habe da so meine Schwierigkeiten. Sam, sollte so etwas noch einmal passieren, rufen Sie doch bitte mich oder einen meiner Leute an.»

Hollis schwieg. Seth Alevy war gebürtiger Philadelphier, Jude und Princeton-Abgänger, aber nicht unbedingt in dieser Reihenfolge. In seltener Offenheit hatte er Hollis einmal anvertraut, daß er die Sowjets hasse und für die CIA arbeite, um «dem Regime maximal zu schaden». Es war für ihn kein Problem gewesen, die Aufmerksamkeit der CIA zu erwecken, immerhin hatte er im Hauptfach russische Geschichte und Russisch studiert.

Alevy schenkte sich einen Wodka ein.

Hollis warf die Dose Kaviar auf den Tisch. «Kann uns dazu jemand die Zutaten besorgen?»

Alevy untersuchte die Dose. «Gutes Zeug.» Lisa kümmerte sich um Cracker, Butter und saure Sahne, während Hollis die Dose mit dem Messer öffnete.

«Hat man Sie durch die Mangel gedreht, Colonel?» fragte Alevy.

Hollis starrte Alevy an und führten einen Cracker zum Mund. «Sie wissen so gut wie ich, was passiert ist.»

«Nun ja», sagte Alevy, «meine Leute hätten sich eingemischt, wenn die Sache ausgeufert wäre. Sie hatten jedenfalls Deckung. Wie ich höre, haben Sie die Nerven behalten.»

«Was ist mit Brennan?»

«Der hatte nicht soviel Glück. Ist den Bullen in die Hände gefallen. Die ließen ihn eine halbe Stunde im Regen stehen, verwarnten ihn und zogen ab. Aber ehe Brennan wieder einsteigen konnte, tauchten Hooligans auf, schlugen mit Eisenrohren zu, raubten ihn aus und schlugen den Wagen zu Schrott. Und natürlich ist nie ein Bulle in der Nähe, wenn man ihn braucht. Er kam mit einem Nasenbeinbruch und kleineren Verletzungen davon. Doktor Logan meint, er kommt wieder in Ordnung, aber er muß nach Hause, um richtig behandelt zu werden.»

Hollis nickte. Noch ein Punkt für das KGB.

Alevy griff nach einem Cracker mit Kaviar. «Wenn Sie sich allmählich danach fühlen, würden wir Ihnen gern ein bißchen zuhören.»

Hollis' Blick wanderte zu Lisa.

«Alles in Ordnung», sagte Alevy. «Ich habe schon vor Monaten veranlaßt, daß Ms. Rhodes für die höchste Geheimhaltungsstufe zugelassen wurde.»

«Warum?»

«Vorschrift. Wir waren auch privat verbunden.»

Hollis schenkte sich einen zweiten Wodka ein. «Wieso muß sie darüber Bescheid wissen?»

«Das lassen Sie mal meine Sorge sein.»

Nach kurzem Überlegen nickte Hollis. «Also gut. Von Anfang an. Ich war in meinem Büro und arbeitete an dem Bericht, den Sie verlangt hatten. Das Telefon klingelte. Ms. Rhodes...» Hollis schilderte die Ereignisse des Abends und ließ nur aus, was die Dame aus Frankreich ihm mitgeteilt hatte. Eine halbe Stunde später schenkte er sich ein Mineralwasser ein und sagte: «Als ich dann zur Botschaft zurückkam, rechnete ich mit einem Empfangskomitee. Durch unsere Seite. Sie aber fanden wohl, es täte mir gut, wenn ich mal ein paar persönliche Worte mit dem *komitet* wechselte.»

«Sie haben diplomatische Immunität», sagte Alevy knapp.

«Klar, Seth, aber das KGB schätzt diesen Status irgendwie anders ein.»

«Nun ja – aber Sie sind wieder hier, und für Ihre Schnittwunden genügt ein bißchen Jod. Wenn Sie wollen, bezahle ich Ihnen sogar die Reinigung.»

Hollis wollte etwas antworten, aber Lisa kam ihm zuvor: «Colonel, was ist Ihrer Meinung nach mit Gregory Fisher geschehen?»

«Wir müssen davon ausgehen, daß er in diesem Augenblick von KGB-Spezialisten verhört wird.»

Nach kurzem Schweigen sagte Alevy: «Sam, ich möchte klarstellen, daß niemand Ihnen Vorwürfe macht. Sie haben so schnell wie möglich gehandelt.» Er zündete sich eine Zigarette an und lief nachdenklich auf und ab. «Also – ab jetzt übernehme ich», sagte er schließlich. Hollis schwieg, und Alevy wandte sich an Lisa. «Natürlich sprichst du mit niemandem darüber. Von Ihnen, Hollis, bekomme ich einen Bericht, den ich nach Langley weiterleiten werde. Sie werden bestimmt Ihren Leuten im Pentagon eine Kopie zusenden wollen.»

«Richtig», sagte Hollis und stand auf.

«Wir müssen dem Botschafter irgend etwas liefern – immerhin haben wir einen Schrottwagen und einen Mann im Lazarett. Ich kümmere mich darum.» Alevy wandte sich an Hollis. «Ich sehe in der Sache keinerlei Ansatzpunkt für den Militärgeheimdienst, Sam.»

«Nein.»

Alevy bedachte Hollis mit einem scharfen Blick und sagte: «Sie glauben vielleicht, die Sache hätte Sie zu interessieren, weil Major Dodson, wenn es ihn gibt, Kriegsgefangener war oder ist. Aber ich gebe Ihnen Bescheid, wenn ich Sie brauche.»

Hollis ging zur Tür. «Vielen Dank, Mr. Alevy.»

«Ich wüßte gern, was sich hinter der ‹Fabrik der Spione› verbirgt», sagte Lisa. «Und wo ist Major Dodson? Irrt er irgendwo durch die Gegend? Können wir ihm helfen? Können wir Greg Fisher helfen?»

Alevy schaute auf die Uhr. «Es ist schon spät, und ich muß noch Depeschen absetzen. Gute Nacht und vielen Dank, Sam. Vielen Dank, Lisa.»

Stumm fuhren Lisa und Hollis ins Erdgeschoß. Durch die Hintertür des Botschaftsgebäudes traten sie in die kalte Oktobernacht hinaus. Einen Augenblick lang blieben sie auf der überdachten Steinterrasse stehen. «Ich muß nach links», sagte Lisa.

«Ich nach rechts.»

«Begleiten Sie mich?»

Neugepflanzte russische Birken, um diese Jahreszeit kahl, säumten den Weg. Rechts erstreckte sich der quadratische Platz, der auf drei Seiten von den Reihenhausunterkünften des diplomatischen Personals und den Kasernengebäuden der Marinesoldaten umgeben war, während sich auf der vierten das Botschaftsgebäude erhob. Auf dem Rasen zeichneten sich die Spuren von Softball- und Footballspielen ab. Manchmal spielten die wenigen Kinder der Botschaft auf diesem Innenplatz; der erste Schnee würde Schneemänner und Schneeballschlachten auslösen, während im Frühling das Drachensteigen an der Reihe war und im Sommer Sonnenbaden. Dieses kleine Terrain – etwa drei Morgen groß – war der Dorfplatz, ein kleines Stück Amerika.

Lisa blieb vor einem der Reihenhäuser stehen. «Hier wohne ich. Eigentlich gar nicht so übel. Nur ein bißchen steril.»

«Acht Millionen Moskauer würden liebend gern mit Ihnen tauschen.»

«Ach, ich weiß. Ich fühl mich manchmal nur ein bißchen eingeengt.»

«Machen Sie mal Urlaub.»

«Ja, im Januar. Auf Jumby Bay, einer kleinen Insel vor Antigua. Sehr abgeschieden und wunderschön.»

Ihr Gesicht, ihre Haare schimmerten feucht im Laternenlicht. Hollis wurde bewußt, daß sie etwa zwanzig Jahre jünger war als er. «Also, wir sollten aus dem Regen kommen», sagte er und reichte ihr die Hand.

Sie schien es nicht zu bemerken. «Seth ist sehr gründlich», sagte sie.

«Ach?»

«Ja. Manche Leute halten ihn fälschlicherweise für aggressiv.»

«Wirklich?»

«Sie beide haben einen ziemlich barschen Umgangston. Sind Sie Feinde oder nur Rivalen?»

«Weder – noch. Die Gegenwart des anderen regt uns an. Wir reden nun mal so miteinander.»

Sie überlegte. «Er hat nie erwähnt, daß er Sie kennt.»

«Warum auch?»

«Vielleicht gibt es viele Dinge, die er nicht mit mir besprochen hat.» Sie fügte hinzu: «Er nimmt seinen Beruf sehr ernst. Es hat keinerlei Bettgeflüster gegeben.»

«Aber Sie wissen, daß er nicht Berater für politische Angelegenheiten ist?»

«Ja. Außerdem weiß ich, daß die meisten Militärattachés dem militärischen Geheimdienst angehören.»

«Woher?»

«Solche Dinge weiß man eben. War Ihnen von meiner Verbindung zu Seth Alevy nichts bekannt?»

«Er hat nie davon gesprochen.»

«Ich dachte, in der Kantine würden alle darüber klatschen. So kann man sich irren. Haben Sie ein Antiseptikum gegen die Schnitte im Haus? Im Ausland muß man sich vorsehen.»

«Ich habe schon drei Gläser eines russischen Desinfektionsmittels intus. Außerdem gehe ich jetzt ins Lazarett, um mich nach Brennan zu erkundigen.»

«Ja, lassen Sie sich dort etwas geben.»

«Sicher. Gute Nacht.»

«Ich habe morgen frei und wollte eigentlich ins Marx-und-Engels-Museum gehen. Ich war noch nie dort. Und Sie?»

«Das steht nicht auf meiner Liste.»

«Ich habe doch etwas Angst, allein auszugehen. Vermutlich weiß man jetzt, wer ich bin. Vom Band. Habe ich recht?»

«Ja. Aber ich glaube nicht, daß Sie sich Sorgen machen müssen.» Nachdenklich fuhr Hollis fort: «Wissen Sie, Ms. Rhodes, Sie dürfen sich von diesen Leuten nicht Ihr Leben vorschreiben lassen. Die Sowjets sind nicht allmächtig, auch nicht allgegenwärtig. Man möchte nur gern diesen Eindruck erzeugen. Das erleichtert ihnen die Arbeit.»

«Ja, das weiß ich, aber...»

«Aber vielleicht haben Sie doch recht. Vielleicht sollten Sie auf dem Gelände bleiben, bis wir die Sache besser im Griff haben.»

«Das wollte ich nicht sagen, Colonel», antwortete Lisa ungeduldig. «Ich wüßte vielmehr gern, ob Sie mich morgen nicht begleiten wollen.»

Hollis räusperte sich. «Also... warum verabreden wir uns nicht zum Mittagessen und heben uns das Marx-Engels-Museum für einen besonderen Anlaß auf?»

7

«Ja... ja, ich... O Gott... machen Sie schnell!»

«Zehn Minuten, Greg. Los, gehen Sie ins Restaurant.»

Charles Banks, Sonderberater des amerikanischen Botschafters in der Sowjetunion, saß im abgeschirmten Raum seines Chefs am Kopfende des langen Mahagonitisches und machte ein besorgtes Gesicht.

Rechts von ihm saß Hollis, links Seth Alevy. Hollis war schon mehrmals in diesem Raum gewesen, der ihm immer erstaunlich altehrwürdig vorkam, obwohl die Botschaft hier erst seit einem Jahr residierte. Offenbar war die gesamte Einrichtung einschließlich der Wandverkleidung und Stukkaturen importiert worden. Der Botschafter, ein reicher Mann, sollte selbst dafür bezahlt haben.

Alevy sagte zu Charles Banks: «Wir haben heute morgen als erstes eine Streßanalyse der Stimme vornehmen lassen. Unser Fachmann meint, Gregory Fisher habe mit ziemlicher Sicherheit die Wahrheit gesagt und tatsächlich unter Druck gestanden.»

Banks schaute Alevy von der Seite an. «Ach, kann man das wirklich feststellen?»

«Jawohl, Sir.»

«Erstaunlich.»

Charles Banks, ein Mann um die sechzig, hatte schneeweißes Haar, ein gerötetes Gesicht und funkelnde blaue Augen. Im letzten Jahr hatte sich Banks für die Kinder in der Botschaft als Weihnachtsmann verkleidet. Ansonsten trug er dunkle Nadelstreifenanzüge mit Weste. Er war Karrierediplomat, ausgestattet mit der üblichen Ostküstenerziehung, einem gelassenen Auftreten und der Stimme eines Radiosprechers aus den vierziger Jahren. Dennoch spürte Hollis unter der Weihnachtsmannfassade und der diplomatischen Gewandtheit eine verwandte Seele; seiner Meinung nach war Charles Banks der dritte Spion in diesem Raum. Hollis wußte allerdings nicht, für wen Banks arbeitete.

Alevy fuhr fort: «Und wie gesagt, glaubt Colonel Hollis beweisen zu können, daß Mr. Fisher gestern abend im Hotel *Rossija* war.»

Banks wandte sich an Hollis. «Sie haben den Engländer, das Paar aus Frankreich und den Schwarzmarkthändler.»

«Ich *habe* sie nicht», antwortete Hollis. «Habe nur mit ihnen gesprochen.»

«Ja, natürlich. Aber die Leute könnten Mr. Fisher identifizieren.»

«Ich hoffe es. Wir lassen uns Faksimiles der Fotos aller Paßanträge unter dem Namen Gregory Fisher übermitteln. Etwa ein Dutzend.»

«Sie wollen den Leuten die Fotos zeigen?»

«Ich habe heute früh meinen Kollegen von der französischen Botschaft angerufen», erklärte Hollis. «Nach seiner Auskunft hat sich ein Ehepaar Besnier bei ihm gemeldet und gesagt, sie wären im *Rossija* in eine unangenehme Sache verwickelt worden. Sie verlassen Moskau mit dem heutigen Finnair-Flug um 12.45 Uhr. Wenn wir sie mit den Fotos hier verpassen, spüren wir sie in Helsinki oder Frankreich auf. Bitte vergessen Sie nicht, Sir, daß die Frau den Namen ‹Gregory Fisher› kannte.»

«Ja, aber ich möchte, daß sie ein Foto identifiziert.»

«Gewiß. Der Engländer ist jedoch noch im *Rossija*. Das weiß ich von John Crane von der britischen Botschaft. Er heißt Wilson und hat irgend etwas mit Gas-Pipelines zu tun. Der Schwarzmarkthändler behauptete, seine Freunde hätten nur den Wagen gesehen, und ich bin überzeugt, daß es sich um Mr. Fishers Auto handelte. Es gibt in Moskau nur wenige Pontiac TransAms, vielleicht gar keine. Das sind meine konkreten Beweise, Sir.»

«Vielen Dank», sagte Banks, nickte und schaute Alevy an. «Obwohl das *Rossija* und Intourist behaupten, Mr. Fisher wäre nie im Hotel gewesen, sind Sie beide überzeugt, daß er doch da war und von dort aus hier anrief. Dazu meine Frage: Sind Sie sicher, daß sich ein Amerikaner namens Gregory Fisher in der Sowjetunion aufhält?»

«Das sowjetische Außenministerium», antwortete Alevy, «hat uns verdächtig schnell bestätigt, daß einem gewissen Mr. Gregory Fisher aus New Canaan, Connecticut, ein Visum ausgestellt wurde. Intourist war ausnahmsweise sehr hilfsbereit und teilte mit, daß dieser Mr. Fisher die Grenze vor einer Woche in Brest überquert hatte. Er verbrachte eine Nacht in Brest, drei in Minsk und eine in Smolensk. Dazwischen war er unterwegs.»

«Und Sie glauben, das ist derselbe Gregory Fisher, der hier angerufen hat?» fragte Banks.

Alevy reagierte ein wenig ungeduldig. «Er ist der einzige Gregory Fisher, den wir im Augenblick im Lande haben, Sir. Intourist hat uns darüber hinaus bestätigt, daß dieser Gregory Fisher im Hotel *Rossija* hätte übernachten sollen. Die Beweise scheinen mir lückenlos zu sein, Sir.»

«Hat man schon mit seiner Familie gesprochen?»

«Das wäre voreilig», sagte Alevy. «Es hat keinen Sinn, die Leute jetzt schon zu beunruhigen.»

«Bis wir sicher sind, daß der Mann wirklich verschwunden ist, wie Sie angeben», fügte Banks hinzu.

«Genaugenommen ist er nicht verschwunden», meinte Alevy. «Ich glaube, wir können alle offenen Fragen in Kürze aufklären. Wir wissen nämlich, wo Gregory Fisher ist.»

«Wo denn, Mr. Alevy?»

«In Moschaisk, Sir. Im Leichenschauhaus.»

Banks beugte sich über die Tischkante. «Tot?»

«Jawohl, Sir», antwortete Alevy trocken. «Ich glaube, deshalb ist er im Leichenschauhaus. Peterson von der Konsularabteilung wurde vor etwa zwanzig Minuten angerufen. Von einem Mann, der sich als Beamter der sowjetischen Regierung ausgab. Mr. Fisher soll einen Autounfall gehabt haben.»

«Wie schrecklich!» sagte Banks.

«Gewiß, Sir.» Alevy schob einige Papiere zurecht, die vor ihm lagen, und warf einen Blick auf ein blaues Blatt. «Nach dem Milizbericht wurde Mr. Fishers Wagen, der als ‹transamerikanisches Sportfahrzeug› bezeichnet wird, bei Tagesanbruch von Bauern in einer Schlucht gefunden, achtzehn Kilometer westlich von Moschaisk, abseits der Überlandstraße Minsk–Moskau. Anscheinend war der Wagen in Richtung Moskau unterwegs, kam bei Nacht von der Straße ab und prallte gegen einen Baum. Der Schaden läßt darauf schließen, daß der Lenker zu schnell gefahren ist und eine überraschend auftauchende Straßenkurve nicht geschafft hat. Mr. Fisher hatte sich nicht angeschnallt und erlitt Brust- und Kopfverletzungen. Er starb an seinen Verletzungen, ehe die Bauern den Unfall entdeckten. Man ersucht uns, die Leiche zum Rücktransport in die USA zu übernehmen.»

Banks schien die Informationen zu analysieren und sagte schließlich: «Damit wird unterstellt, daß Mr. Fisher nie in Moskau gewesen ist.»

«Und auch nicht in Borodino», fügte Hollis hinzu, «da sich der Unfall nach meiner Karte etliche Kilometer vor der Borodino-Abzweigung ereignet hat.»

Banks fixierte Alevy. «Da scheint sich wirklich einiges zu widersprechen. Wäre es möglich, daß Mr. Fisher Moskau doch nicht erreicht hat? Daß er vielleicht von unterwegs anrief und uns nur eine Art Streich spielen wollte?»

«Fishers Anruf kam nicht übers Fernamt», antwortete Alevy, «er mußte also aus dem Moskauer Stadtgebiet kommen. Außerdem haben wir den Streßtest der Stimme und die Zeugen. Was brauchen Sie mehr, Charles? Eine Videoaufzeichnung?»

«Ich brauche völlige Klarheit.» Banks schaute auf die Uhr und stand auf. «Sie beide haben angesichts der bestehenden Schwierigkeiten eine lobenswerte Ermittlung durchgeführt. Ich bin stolz auf Sie. Ich finde, der Botschafter sollte die sowjetischen Behörden auf die Tatsachen hinweisen und auch darauf, daß wir üble Machenschaften vermuten und eine umfassende Aufklärung anstreben.»

Alevy und Hollis wechselten einen Blick, dann sagte Alevy: «Mr. Banks, was wir hier unterstellen, ist, daß die Sowjetbehörden Gregory Fisher *ermordet* haben.»

«Oh.» Banks nickte langsam. «Ja, ich verstehe. Wegen der Dinge, die Mr. Fisher über Major Dodson gesagt hat.»

Alevy musterte Banks. «Charles, führen Sie uns hier an der Nase herum, oder sind Sie wirklich so begriffsstutzig?»

Banks kniff ein Auge zusammen. «Also, ich spreche sofort mit dem Botschafter über die Angelegenheit. Ich gehe davon aus, daß Sie beide die politischen Aspekte, die sich aus dem Vorfall ergeben könnten, in Rechnung stellen.»

«Als Attaché für politische Angelegenheiten steht das für mich stets im Vordergrund, Sir. Natürlich.»

«Prächtig. Und Sie, Colonel Hollis?» Hollis blieb sitzen und antwortete nicht. «Colonel?»

Hollis sagte zu Banks: «Es gab mal eine Zeit, da habe ich ausschließlich politisch genehme Ziele bombardiert. Trotzdem haben wir den Krieg verloren.»

«Wie Sie wissen», antwortete Banks besänftigend, «ist jeder Einheit der sowjetischen Streitkräfte ein politischer Kommissar zugeteilt. Die Offiziere sind damit nicht zufrieden, anerkennen aber, daß ein Krieg heutzutage zu ernst wäre, um ihn allein den Generälen und Colonels zu überlassen. Vor allem ein kalter Krieg. Guten Tag, meine Herren.» Banks verließ den Raum.

«Warum haben Sie nicht einfach ‹Okay› gesagt?» fragte Alevy. «Mehr wollte er ja nicht hören.»

«Ein amerikanischer Staatsbürger ist ermordet worden, und ich bin deswegen ein bißchen sauer.»

«Zu Hause werden täglich Amerikaner ermordet», bemerkte Alevy. «Fühlen Sie sich etwa für Fishers Tod mitverantwortlich?»

«Ja, irgendwie. Sie nicht?»

«Möglich. Hören Sie, Sam, ich bin zwar weder Politiker noch Diplomat, doch muß man auch deren Standpunkt sehen, wenn die Sache jetzt heißer wird. Es gibt wieder Kräfte, die die Entspannung fördern wollen, und Entspannung steht im Moment auch für uns ganz im Vordergrund. Wenn ich unten im Keller zwei KGB-Agenten dabei erwischte, wie sie eine Bombe legten, würde der Botschafter mich auffordern, die Sache zu vergessen.»

«Und was wäre, wenn Sie einen KGB-Mann mit der Frau des Botschafters im Bett fänden?»

Alevy lächelte. «Das wäre dasselbe. Man darf sich nicht persönlich einbringen. Entspannung. Friede.» Er hob zwei Finger. «Friede.»

«Na, okay, vergessen wir, daß Fisher ermordet wurde. Aber *warum* wurde er ermordet?»

«Das wissen Sie doch. Er hat etwas gesehen. Etwas gehört.»

«Etwas Wichtiges.»

«Offenbar», stimmte Alevy zu.

«Es ist unsere Aufgabe herauszufinden, um was es sich handelt. Deshalb sind wir hier.»

«Ja. Das stimmt. Mal sehen, was Washington verfügt.»

Alevy ging zur Tür. «Wenn Sie sonst nichts Wichtiges haben, gehe ich jetzt in die Snackbar. Dort gibt's frische Croissants aus Paris.»

«Ich hole die Leiche ab.»

«Das ist Sache der Konsularabteilung.»

«*Ich* fahre – und ich nehme noch jemanden mit.»

«Wen?»

«Lisa Rhodes.»

«Ach? Woher wissen Sie, daß sie mitwill?»

«Jeder hier in der Botschaft möchte mal aus Moskau raus. Selbst wenn es nur darum geht, eine Leiche abzuholen.»

«Ihnen ist klar, daß das Außenministerium das KGB über die Reiseerlaubnis orientieren wird?»

«Das habe ich wohl schon begriffen.»

«Das *komitet* mag Sie nicht mehr als mich. Vielleicht können die Leute der Versuchung nicht widerstehen, Sie im Leichenhaus von Moschaisk mal tüchtig durch den Wolf zu drehen.»

«Lassen Sie das meine Sorge sein.»

«Ich mache mir nicht Ihretwegen Sorgen. Sie sind eine Nervensäge. Mir geht es um Lisa Rhodes. Ich kann Sie beide in Moschaisk nicht schützen.»

«Das können Sie fünfzig Meter vor der Botschaft offenbar auch nicht. Ich hätte gern zwei Reisegenehmigungen in meinem Büro, noch heute morgen.»

Alevy öffnete schon die Tür, als Hollis fragte: «Wissen Sie schon, ob ein Major Dodson in Vietnam vermißt gemeldet war?»

«Die Sache läuft. Ich informiere Sie umfassend.»

«Das weiß ich, Seth. Es macht wirklich Spaß, mit der CIA zusammenzuarbeiten.»

Alevy klopfte Hollis im Hinausgehen auf die Schulter. «Sehen Sie zu, daß Sie Ihren Ausflug lebend überstehen.»

Hollis sah auf die Uhr. Zehn Uhr früh. Er war die ganze Nacht auf den Beinen gewesen. Brennan lag im Lazarett, die Besniers packten ihre Koffer, um die Sowjetunion zu verlassen, Charles Banks und der Botschafter ließen die Drähte nach Washington heißlaufen, und Alevy verzehrte in der Snackbar Croissants. «Ich sorge schon dafür, daß ich den Ausflug lebend überstehe. Ich muß doch wissen, wie die Sache ausgeht.»

8

Sam Hollis zog Bluejeans und Lederstiefel an. In den linken Stiefel schob er sein Messer, und über dem rechten schnallte er ein Fußgelenkhalfter fest. Dann überprüfte er seine sowjetische Tokarow 7.62-mm-Automatic, bei der es sich im Grunde um eine Colt-Browning-Nachahmung handelte. Er fand die Waffe zuverlässig, außerdem kannte er das amerikanische Vorbild. Und wenn er schon mal schießen mußte, war es besser, in der Leiche eine sowjetische Kugel zurückzulassen.

Hollis schraubte einen kurzen Schalldämpfer auf den Lauf, steckte die Automatic in den Halfter und schob die Jeans darüber. Dann zog er einen schwarzen Rollkragenpullover an und darüber seine Lederjacke, in der er vier Ersatzmagazine mit je acht Schuß verstaute.

Kurze Zeit später verließ er seine Wohnung und lief über den feuchten Mittelplatz, auf dem einige Jungen Football spielten. Hollis streifte sie mit einem Blick. Sie mußten sich in der Botschaft oft einsam fühlen: keine Tanzveranstaltungen der Schule, keine Verabredungen am Sonnabend, keine Strände, keine Skiausflüge, Freunde oder Mädchen. Kein Amerika.

Die Reihenhäuser für unverheiratete Botschaftsangehörige waren schmal, verfügten aber über insgesamt drei Ebenen. Im Erdgeschoß befand sich ein Wäsche- und Vorratsraum. Aus einem Foyer führte eine Treppe ins Wohnzimmer mit Eß- und Küchenecke. Im zweiten Stock befanden sich ein oder zwei Schlafzimmer, manchmal auch ein Arbeitszimmer, je nach Rangstufe. Lisa wohnte in einem Haus an der Ostseite mit einem Schlafzimmer. Hollis klingelte und hörte ihre Schritte auf der Treppe. Dann ging die Tür auf, und sie lächelte ihn an. «Hallo. Bin ich unauffällig genug gekleidet?»

Sie trug knöchellange Stiefel, eine schwarze Kordhose, darüber eine dunkelblaue Steppjacke, die von den Russen *vatnik* genannt wurde. Ihr Rollkragenpullover war dem seinen sehr ähnlich.

«Dürfte ich jetzt erfahren, warum ich mich dunkel und unauffällig kleiden sollte?»

«Das ist so eine Marotte von mir. Gehen wir.»

Sie schlugen den Weg ein, der an den Wohngebäuden entlang zum hinteren Fußgängertor führte. «Im Ernst, Sam... darf ich Sie Sam nennen?»

«Natürlich!»

«Warum dunkle Kleidung?»

«Das erzähle ich Ihnen später.»

Sie passierten das rückwärtige Tor unweit der Unterkünfte der Marinesoldaten, und der einsame Posten grüßte. Hollis begab sich zum Wachhäuschen der sowjetischen Miliz auf dem Bürgersteig und begrüßte die beiden jungen Männer auf russisch. Sie antworteten förmlich. «Wenn Sie heute Schluß machen», sagte Hollis, «sagen Sie bitte den beiden Männern, die gestern abend am Haupttor Dienst hatten, daß sich Colonel Hollis dafür entschuldigt, nicht korrekt gehandelt zu haben.»

Nach längerer Pause erwiderte einer der beiden: «Wir richten es aus, Colonel.»

«Guten Tag.»

Hollis und Lisa folgten der Dewatinski-Straße. «Was sollte denn das?» wollte Lisa wissen.

«Ach, ich bin gestern abend ein bißchen ausgeflippt, als man meinen Paß sehen wollte. Nach dem Vorfall auf der Straße war ich wohl ein bißchen gereizt.»

«Dann war es ja gut, daß Sie sich entschuldigt haben.»

«Auf jeden Fall militärisch korrekt. Außerdem sollen die Kerle nicht denken, sie könnten bei mir einen Nerv treffen.»

Hollis und Lisa erreichten die Tschaikowski-Straße, in der sich die alte Botschaft befunden hatte. «Wo essen wir zu Mittag?»

«Im ‹Prag›.»

«Dann können wir ja die Arbat-Straße nehmen. Ich muß etwas besorgen.»

Sie gingen den breiten Boulevard entlang. «Zur Abwechslung scheint mal die Sonne», bemerkte Lisa.

«Sehe ich.»

«Gehen Sie oft ins ‹Prag›?»

«Nein.»

«Jemand hat mir erzählt, Sie wären über Nordvietnam abgeschossen worden.»

«Stimmt.»

«Aber Sie waren nicht in Kriegsgefangenschaft?»

«Nein, man hat mich noch rechtzeitig aus dem Meer gezogen.»
«Die Sache mit Major Dodson geht Ihnen ziemlich nahe.»
«Möglich.»
«Sie sprechen nicht gern in langen Sätzen, wie?»
«Hängt vom Thema ab.»
«Entschuldigung.»
Es herrschte Schweigen, bis sie die Tschaikowski-Straße überquert hatten und in die Arbat-Straße einbogen. Die alte Arbat-Straße war vor kurzem in die erste und einzige Fußgängerzone der Sowjetunion umgestaltet worden. Hunderte von Menschen waren an diesem schönen Samstag unterwegs, und alle trugen große Taschen. Das Ziegelsteinpflaster war frisch gelegt, und junge Bäume versuchten in Steinwannen zu überleben. Auf diesem einen Kilometer langen Streifen, der sich durch den alten Arbat-Distrikt wand, gab es außerdem Bänke, hübsche Laternen und Blumenkästen.

Das Arbat-Viertel wurde zuweilen mit dem linken Seine-Ufer, Georgetown, Greenwich Village oder Soho verglichen. Hollis fand, daß es jedoch ganz eigenständig war, ein einzigartiges Fenster in eine längst vergangene Welt, die schon zur Zeit ihrer Existenz kaum bekannt gewesen und von der daher wenig überliefert war. Aus irgendeinem Grund versuchte das derzeitige Regime das Arbat-Viertel zu erhalten. So wurden die ansehnlichen Gebäude instand gesetzt und die Fassaden ehemals vornehmer Läden renoviert. Hollis konnte sich nicht vorstellen, was die Regierung damit bezweckte. «Gefällt es Ihnen hier?» fragte er Lisa.

«Irgendwie schon. Aber es wirkt alles so – steril, wenn Sie verstehen, was ich meine.»

«Kennen Sie auch die nicht sterilen Teile des Arbat-Viertels?»

«O ja. Ich kenne jeden Häuserblock des alten Moskau, der noch steht.»

«Ach?»

«Ich habe ein fotografisches Essay in Arbeit.»

«Interessant. Als Hobby?»

«Sozusagen. Ich möchte es mal irgendwann veröffentlichen.»

«Viel Glück.» Nach kurzer Pause fragte er: «Sind Sie Rußland-Fan?»

In Lisas Lächeln lag ein Anflug von Verlegenheit. «Vielleicht, ja. Mir gefallen ... die Leute ... die Sprache ... das alte Rußland.»

«Sie brauchen nicht so abwehrend zu reagieren. Ich lasse Sie nicht gleich verhaften.»

«Sie machen sich über mich lustig, aber in unserem Beruf muß man darauf achten, was man sagt – in der Öffentlichkeit wie auch unter vier Augen.»

«Ich weiß.»

Lisa und Hollis schlenderten von einer Straßenseite zur anderen und betrachteten die Auslagen in den Schaufenstern. Die Läden dienten zumeist der Grundversorgung: Lampengeschäfte, Apotheken und so weiter. Es gab auch etliche Kleincafés und Eiskremstände, außerdem Läden für Gesundheitsnahrung, wie die Russen es nannten; hier wurden vor allem Milchprodukte verkauft.

«Wenn Sie es genau wissen wollen», fing Lisa wieder an, «ich habe russisches Blut in den Adern.»

«Ach? Da bin ich ja vorhin ins Fettnäpfchen getreten.»

Im Gehen hakte sich Lisa bei ihm unter. «Ich vergebe Ihnen», sagte sie. «Meine Großeltern väterlicherseits hießen Putjatow. Ihnen gehörte ein großes Gut mit einem riesigen Backsteinhaus bei Kasan an der Wolga. Ich habe ein Bild von dem Haus.»

«Steht es noch?»

«Keine Ahnung. Als meine Großmutter Evelina Wasilewa es am Tag ihrer Flucht zum letztenmal sah, war es intakt. Mein Großvater herrschte über fünfhundert Bauern. Ich würde das Haus ja gerne suchen, bekomme aber keine Erlaubnis vom Außenministerium.»

«Haben Sie auf Ihrem Antrag etwa angegeben, daß Sie Aristokratin und Erbin von fünfhundert leibeigenen Bauern sind?»

«Natürlich nicht.» Nach kurzem Auflachen fuhr sie nachdenklich fort: «Ich wette, daß man sich dort noch an den Namen Putjatow erinnert.»

«Gern?»

«Wer weiß? Und was würde ich tun, wenn ich wirklich das Haus oder eine Person mit Namen Putjatow fände?»

«Keine Ahnung. *Sie* wüßten es aber bestimmt, denn Sie haben ja eine russische Seele.»

Lisa Rhodes lächelte und führte ihn zu einem Geschäft, über dem vergoldete Holzbuchstaben das Wort *Antikwar* bildeten. «Dies ist der beste der drei Moskauer Antiquitätenläden», sagte sie.

Die elegant gekleidete Besitzerin begrüßte Lisa freundlich. «Anna», sagte Lisa auf russisch, «dies ist mein Freund Sam.»

«Guten Tag», sagte Hollis auf russisch.

Die Frau taxierte ihn kurz und fragte dann in ihrer Muttersprache: «Arbeiten Sie auch in der Botschaft?»

«Manchmal.»

«Dann kennen Sie bestimmt meinen guten Freund Seth Alevy.»

«Ich habe von ihm gehört.»

«Richten Sie ihm meine Grüße aus, wenn Sie ihn sehen.»

«Gern.»

Hollis wartete, während Lisa sich im Laden umsah. Er war vollgestellt mit Möbelstücken, Teppichen und Lampen, die allerdings nicht sehr antik aussahen. Dagegen waren auf Tischen interessante kleinere Stücke ausgebreitet aus Silber, Elfenbein, Keramik, Jaspis, Porphyr und Halbedelsteinen aus dem Ural – Überbleibsel einer untergegangenen Welt. Hollis nahm ein Tintenfaß aus litauischem Bernstein in die Hand. In das Gestein war ein ihm unbekanntes Insekt eingebettet. Während er es betrachtete, beschäftigten sich seine Gedanken mit Seth Alevy, Lisa Rhodes und der Ladenbesitzerin, die zuviel wußte.

«Gefällt Ihnen so etwas?» rief Lisa und hielt eine glänzende Lackdose hoch. Auf dem Deckel war ein ungewöhnlich schlankes russisches Melkmädchen mit einem Joch und zwei Eimern zu sehen. Der Lack schimmerte tiefschwarz, die Kleidung des Mädchens leuchtend bunt. Am Griffknopf war das Döschen mit vierhundert Rubel ausgezeichnet.

«Ich halte das für eine echte Palech-Dose», sagte Lisa. «Vielleicht aus vorrevolutionärer Zeit. Kennen Sie sich damit aus?»

Hollis hatte nicht viel Ahnung von Palech-Dosen und konnte alte Stücke nicht von denen unterscheiden, die noch heute im Dorf Palech hergestellt wurden. Jedenfalls wurde nach wie vor gute Qualität im alten Stil geliefert – trotz der Revolution und der Tatsache, daß die Künstler jetzt ausnahmslos Staatsangestellte waren. Bei Palech-Dosen kam es nicht auf das Alter an, sondern auf die Größe. Ein solches Stück war in einem Berioska für etwa hundert Rubel zu haben. «Ich glaube nicht, daß das Ding vierhundert wert ist.»

«Mit so einer Antwort muß man bei einem Mann rechnen. Aber ich mag Anna nun mal.»

«Der Laden gehört nicht Anna, sondern dem großen Sowjetvolk. Anna arbeitet für die Regierung.»

«Genaugenommen ist das Arrangement ziemlich einmalig. Ein Kommissionsladen. Wissen Sie, was das ist?»

«Nein.»

«Die Leute bringen Sachen auf eigene Rechnung her. Von allen Verkäufen nimmt Anna eine Provision. Der Rest geht an den Lieferanten. Anna teilt ihren Anteil mit der Regierung. Nahezu freies Unternehmertum.»

«Noch nie davon gehört.»

«Anna ist also gut motiviert. Außerdem ist sie nett. Ich kaufe die Dose.»

Lisa ging zur Kasse, plauderte noch ein wenig mit Anna und blätterte schließlich vierhundert Rubel hin. Anna wickelte die Palech-Dose in ein Stück Seidenpapier.

«Geben Sie mir Bescheid», bat Lisa, «sobald Sie Porzellan mit Silber- oder Goldeinschmelzung erhalten?»

«Sicher, ich rufe an.»

«Das war eben ein Batzen Geld», sagte Hollis draußen.

«Ich weiß.»

«Haben Sie immer vierhundert Rubel bei sich?»

«Ich bin eine echte Russin. Keine Kreditkarten, keine Schecks. Nur Hunderte von Rubeln für den Fall, daß ich mal unbedingt etwas kaufen will.»

«Den Leuten geht es beim Einkaufen normalerweise um Lebensmittel und Kleidung. Die Dose war ... Also, eigentlich geht mich das nichts an.»

Eine Zeitlang wanderten sie schweigend durch die Fußgängerzone, dann fragte Hollis: «Woher weiß die Frau, daß Sie und Alevy zur Botschaft gehören? Warum geht Seth Alevy in den Laden?»

«Eine gute Frage. Ich dachte, Sie könnten mir die Antwort verraten.»

«Ich habe keine Ahnung.»

«Seth gibt mir Geld, damit ich dort einkaufen gehe. Er sagt mir genau, was ich nehmen soll. Immer Dinge, die viel zu teuer sind. Diesmal die Dose. Eigentlich dürfte ich Ihnen das nicht sagen, aber er hat mir keinen reinen Wein eingeschenkt.»

Hollis antwortete nicht.

«War das ein Vertrauensbruch von mir?»

«Schulden Sie ihm Loyalität?»

Sie zuckte die Achseln. «In mancher Hinsicht schon. Außerdem habe ich Ihnen davon erzählt, damit Sie mich nicht für völlig verblödet halten. Ich hatte Anweisung, die Dose zu kaufen.»

Hollis nickte. «Ja, es schien mir nicht recht zu Ihnen zu passen.»

«Sowohl das Stück als auch der Preis», sagte Lisa Rhodes und setzte hinzu: «Sie wissen also gar nichts über den Antiquitätenladen?»

«Nein.» Aber vielleicht konnte er sich ein wenig dafür interessieren.

Lisa hatte sich wieder bei Hollis untergehakt, und er betrachtete sie von der Seite. Wenn er es genau bedachte, schien sie wirklich einen russischen Einschlag zu haben. Er fand sie hübsch. Auffällig waren für ihn die hohen Wangenknochen und ausgeprägten Züge, wie sie bei manchen slawischen Frauen zu finden waren. Dagegen hatte sie einen hellen Teint und große blaue Augen. Das kastanienbraune Haar war zu einer Art Bubikopf geschnitten, wie er bei vielen jüngeren Moskauerinnen beliebt war. Ihre Lippen sahen aus, als neigten sie zum Schmollen, obwohl ihm das bisher nicht aufgefallen war. Meistens lächelte sie oder biß sich nachdenklich auf die Unterlippe.

Lisa bemerkte seinen Blick. «Sitzt mir eine Fliege auf der Nase?» fragte sie.

«Nein... ich... ich hab nur nach was Russischem gesucht.»

«Nicht im Gesicht. Die Füße und Beine. Kurze Beine und große Füße, dicke Schenkel.»

«Das möchte ich bezweifeln.»

«Wetten daß?»

«Also... klar.»

Sie lächelte und führte ihn in eine Gasse, die Kalatschnijstraße hieß – Straße der Konditoren. «Wohin führen Sie mich?» fragte Hollis. «Soll ich mir Ihre russischen Körperteile anschauen?»

«Nein. Zum Mittagesen. Sie hatten mich doch eingeladen?»

«Ja, aber ich habe mit Mühe und Not einen Tisch im ‹Prag› bekommen.»

«Ach, ich dachte, ich könnte mir etwas aussuchen.»

«Na gut – aber hier gibt's keine Restaurants.»

«Ich weiß eins.»

«Und das heißt...?»

«Ich glaube nicht, daß es einen Namen hat.» Lisa überquerte die Konditorstraße, und er folgte ihr über die Vortreppe eines stuckverzierten alten Hauses, in dem wohl früher ein reicher Kaufmann gewohnt hatte. In der großen Vorhalle roch es nach Kohl und altem Fisch. «Der Geruch kommt nicht vom Restaurant, sondern von den Mietern», sagte Lisa und deutete auf die Tür unter einer breiten Treppe. Es ging in den Keller hinab.

Unten öffnete Lisa eine zweite Tür, und Hollis schaute in einen großen, schwach erleuchteten Raum mit niedriger Holzdecke. Boden und Wände waren mit Orientteppichen bedeckt, in der Luft hing ein Schleier aromatischen Tabakrauchs. Eine alte Frau trat lächelnd vor und sagte: «*Salaam aleihum.*»

Lisa erwiderte den Gruß und folgte der Frau zu einem niedrigen Tisch mit schmutzigrotem Tuch und nicht zueinander passendem Geschirr. Lisa und Hollis nahmen Platz, und Lisa wechselte freundliche Worte mit der Frau, deren Russisch fehlerhaft war. «Mag Ihr Freund unser Essen?» fragte die Frau.

«Sehr gern. Bringen Sie uns eine Flasche Pflaumenwein?»

Hollis schaute sich um. «Steht das Lokal im Michelin?»

«Nein, Sir. Aber eigentlich gehört es hinein. Das Essen ist toll.»

«Jüdisch?»

«Nein. Aserbeidschanisch. Ich habe eben *salaam aleihum* und nicht *sholom aleichem* gesagt. Dicht dran, aber eher arabisch.»

«Verstehe.» Der Raum war voll, und offensichtlich waren die anderen Gäste, vorwiegend Männer, keine reinen Russen. Überhaupt wurde kein Russisch gesprochen. Nicht zum erstenmal konstatierte Hollis, daß immer mehr sowjetische Minderheiten zum Mittelpunkt des Reiches vordrangen und Moskau ethnisch aufspalteten. Das Regime versuchte vergeblich, dieser Einwanderung entgegenzuwirken, die die russischen Moskauer entsetzlich fanden. Ihm fiel auf, daß die meisten anderen Gäste zu ihnen herüberschauten. «Ist es hier auch sicher?» fragte er.

«Ich glaube schon.»

«Dieser Laden scheint nicht der Regierung zu gehören.»

«Es handelt sich um ein Gaststättenunternehmen, beinahe einen Privatklub. Besitzer und Betreiber ist eine aserbeidschanische Gemüsekooperative. Ganz legal.»

«Okay.»

«In solchen Kooperativen ißt man besser als in den besten Restaurants. Besonders wenn man wie hier frisches Gemüse kriegt.»

Ein Junge stellte Schalen mit kleinen weißen Trauben und Mandarinen auf den Tisch.

«Was habe ich gesagt? Wann haben Sie das letztemal eine Mandarine gesehen?»

«Letzte Woche im Traum.» Hollis schälte eine Frucht und begann sie zu zerteilen.

«Alle Aserbeidschaner, die in Moskau leben, kommen hierher», erklärte Lisa. «Die Küche ist echt regional.»

Hollis nickte. In Moskaus anderen sogenannten ethnischen Restaurants, ob sie nun «Prag», «Bukarest» oder «Budapest» hießen, wurde eindeutig nach russischem Speiseplan gekocht. Und im «Havanna» stammte sogar nur der Zucker aus Kuba. Im «Peking» kam Borschtsch auf den Tisch. «Wie haben Sie das Lokal gefunden?» fragte er.

«Das ist eine lange Geschichte.»

Hollis sagte sich, daß sie wohl mit einem Wort erzählt werden konnte: Seth.

«Solche Lokale sind uns nicht verboten. Die meisten Westler wissen allerdings nichts davon oder würden nicht herkommen, selbst wenn sie Bescheid wüßten.»

«Warum nicht?»

«Riechen Sie die Gewürze?»

«Schwach. Aber es gibt noch Luft im Tabaksqualm.»

Der Pflaumenwein wurde serviert, und Lisa schenkte ein. Hollis stieß mit ihr an. «Ein Trinkspruch der Bauern: ‹Auf einen kurzen Winter, ausreichend Fleisch und trockenes Holz für das Feuer.›»

«Sie haben die letzte Zeile vergessen.»

«Ach ja. ‹Und auf eine warme Frau für mein Bett.›»

Sie tranken.

Lisa musterte ihr Gegenüber über den Rand ihres Glases. «Woher kommen Sie eigentlich, Sam?»

«Von überallher. Ich bin ein Kind der Air Force.»

«Wollen Sie sich jedes Wort einzeln entlocken lassen?»

Er lächelte. «Na schön – mein Lebenslauf in Kürze: Ich wurde im Zweiten Weltkrieg auf dem Air-Force-Stützpunkt Travis geboren. Bis zu meinem achtzehnten Lebensjahr zog ich überall in der Welt herum. Dann verbrachte ich vier Jahre in der Air Force Academy. Nach meinem Abschluß ließ ich mich zum Jagdflieger ausbilden. 1968 leistete ich eine Runde Kriegsdienst in Vietnam, eine zweite Runde 1972. Die endete damit, daß ich über Haiphong abgeschossen wurde. Ich konnte noch aufs Meer hinaussteuern, stieg aus und wurde von einem Rettungstrupp aufgefischt. Ich war verwundet, und die Ärzte verboten weiteres Fliegen. Mein Vater war Brigadegeneral und verschaffte mir vorübergehend einen Posten im Pentagon, bis ich wieder aktiver werden konnte. Irgendwie kam es dazu, daß ich einen bulgarischen Sprachkurs belegte. Sie wissen bestimmt, daß das Bulgarische die slawische Kernsprache ist, ähnlich dem Latein bei den romanischen Sprachen. Jedenfalls war ich drei Jahre lang Luftfahrtattaché in Sofia, dann kamen Posten in anderen Ländern des Warschauer Pakts, und im Nu steckte ich viel zu tief drin, um in den regulären Dienst zurückzukehren.» Hollis trank einen Schluck Wein. «Ich vermutete von Anfang an, daß mein Vater dahintersteckte.»

«Ein Spion wider Willen?»

«Nein, nicht wider Willen. Nur irgendwie... ach, ich weiß nicht.»

«Na gut. Und vor etwa zwei Jahren schickte man Sie hierher. In die Oberliga.»

«Die einzige Liga, die es in diesem Geschäft gibt.»

«Und Ihre Familie?»

«Mein Vater wurde vor einigen Jahren pensioniert und lebt jetzt mit meiner Mutter in Japan, ich weiß nicht, wieso. Ich glaube, sie fahren auf Zen ab. Sind zuviel herumgereist. Amerika ist ihnen fremd geblieben.»

«Geschwister?»

«Eine jüngere Schwester, hat einen Jetpiloten geheiratet und wohnt irgendwo auf den Philippinen. Keine Kinder. Ein älterer Bruder, Broker an der Wall Street. Er trägt gelbe Krawatten und verdient viel zuviel Geld. Verheiratet, zwei Kinder. Der einzige echte Amerikaner in der Familie. Aber nun erzählen Sie mal von sich. Was für ein Mensch ist Lisa?»

Sie tat, als hätte sie die Frage nicht gehört. «Da war doch noch eine Ehefrau...»

«Ehefrau? Richtig, Katherine. Die ist nach London zum Einkaufen geflogen.»

«Soviel ich weiß, ist sie schon ein halbes Jahr fort.»

«Ach, ist das schon so lange her?»

«Haben Sie sich legal getrennt?»

«Illegal.»

Am liebsten hätte Lisa dieses Thema weiterverfolgt, begnügte sich dann aber damit, die Gläser aufzufüllen.

Die Wirtin kam an den Tisch, und Lisa bestellte für sich und Hollis. «Festpreis», sagte sie schließlich. «Nur drei Rubel. Das Menü ändert sich von Stunde zu Stunde, je nachdem, was es auf dem Markt gibt.» Sie brach ein Stück Pitabrot ab und legte ihm die Hälfte auf den Teller. «Bulgarisch, aha», sagte sie dann. «Ich dachte mir gleich, daß Ihr Russisch irgendwie seltsam klingt. Nicht mit amerikanischem Akzent oder so, aber auch nicht von hier.»

«Die Russen sind davon überzeugt, daß nur ein Russe *russisches* Russisch sprechen kann. Allerdings ist Seth Alevy so gut wie perfekt.

Wenn er sich Mühe gibt, könnte ein Moskauer ihn für einen Leningrader halten und umgekehrt.»

«Vielleicht am Telefon. Aber Russe sein – das ist mehr als nur die Sprache. Das gilt zwar für jede Nationalität, doch sind die Russen irgendwie anders. Ist Ihnen schon aufgefallen, daß sich die Leute hier beim Gehen von der Schulter abwärts bewegen? Amerikaner benutzen nur die Beine.»

«Ja.»

«Außerdem haben sie eine andere Mimik», fuhr Lisa fort, «und ganz eigene Verhaltensformen. Russe sein bedeutet, die gesamte nationale und kulturelle Erfahrung in sich zu bergen. Sie, Seth oder ich könnten uns niemals als Russen ausgeben, da könnten wir gleich versuchen, Orientalen zu spielen.»

«Könnte es nicht doch möglich sein?» fragte Hollis. «Ich meine, wenn man eine vernünftige Ausbildung und die richtige kulturelle Einbindung und so weiter voraussetzt, könnte da ein Amerikaner in einer Gruppe Russen nicht doch als Russe durchgehen? Oder ein Russe als Amerikaner?»

Lisa überlegte. «Vielleicht eine gewisse Zeit, solange niemand nach etwas Falschem, Aufgesetztem sucht. Doch nicht bei genauer Durchleuchtung. Durch irgend etwas würde sich die Person verraten.»

«Ach? Was wäre, wenn ein Russe, der bereits Englisch kann, eine spezielle Schule besuchte? Eine Schule mit einem amerikanischen Lehrer? Total auf amerikanische Lebensart eingestellt? Sagen wir, ein Jahr lang oder länger. Wäre das Resultat nicht eine perfekte Kopie des amerikanischen Lehrers?»

Lisa antwortete nach kurzem Überlegen: «Lehrer und Studenten müßten schon sehr intensiv arbeiten ... Es müßte einen sehr guten Grund geben, warum ein Amerikaner eine solche Aktion ... Wir sprechen doch über Spione, oder?»

«Sie tun das. Ich nicht. Sie sind sehr clever.» Hollis wechselte das Thema. «Ihr Russisch ist grammatikalisch perfekt. Auch Ihre Umgangssprache. Trotzdem ist mir aufgefallen, daß Ihr Akzent, Ihr Sprachrhythmus und Ihre Sprechweise nicht von hier sind – allerdings hören Sie sich auch nicht an, als hätten Sie Ihr Russisch in Monterrey oder Wiesbaden studiert.»

«Nein, ich bin nicht auf unseren Sprachschulen gewesen. Mein Russisch habe ich bei meiner Großmutter gelernt.»

«Evelina Wasilewa Putjatowa?»

«Ah, Sie haben also doch aufgepaßt. Das ist bei einem Mann ungewöhnlich.»

«Ich bin Spion. Ich höre zu.»

«Und Sie ordnen alles fein säuberlich ein. Wie auch immer, meine Großmutter war eine wunderbare Frau.» Lisa drückte ihre Zigarette aus. «Geboren und aufgewachsen bin ich in Sea Cliff, einem hübschen Dorf aus viktorianischen Häusern an der Nordküste von Long Island. Es gibt dort eine große russische Gemeinde, deren Wurzeln noch in der zaristischen Zeit liegen. Revolution und Bürgerkrieg trugen eine zweite Immigrantenwelle ins Land, zu der auch meine Großeltern gehörten. Sie waren Anfang Zwanzig und frisch verheiratet. Der Vater meines Großvaters war zaristischer Offizier und kam im Kampf gegen die Deutschen um, daraufhin erbte mein Großvater, Michail Alexandrowitsch Putjatow, Anwesen und Titel, aber das war damals weniger eine Ehre als eine Gefahr. Michail und Evelina ahnten, daß die guten Zeiten vorüber waren, schnappten sich Familienschmuck und Gold und verließen das Land. Sie kamen nicht als arme Leute nach Amerika und landeten schließlich in Sea Cliff – das nun wirklich weit von der Wolga entfernt ist.»

«Ja, da haben Sie recht. Und wie ging's weiter?»

«Nun ja, im Wohnzimmer unseres hübschen alten viktorianischen Hauses in Sea Cliff hatten wir einen silbernen Samowar. Als Kind durfte ich immer daneben sitzen, und Evelina erzählte mir russische Sagen. Als ich dann älter wurde, schilderte sie mir das Leben auf dem Gut ihrer Eltern und erzählte von Großvater. Als ich etwa sechzehn war, erfuhr ich von Revolution, Bürgerkrieg, Seuchen und Hungersnöten. Ich war zutiefst betroffen, aber vermutlich waren ihre Geschichten verdunkelt vom Haß auf die Kommunisten, und dieser Haß dürfte auf mich abgefärbt haben, auch wenn ich nicht weiß, ob das ihre Absicht war.»

Hollis schwieg.

Lisa fuhr fort: «Aber sie lehrte mich auch die Liebe – die Liebe für das alte Rußland, für die Menschen, die Sprache, die orthodoxe Kirche ...» Einen Augenblick lang starrte sie ins Leere und fuhr dann fort: «Im Zimmer meines Großvaters hingen drei wunderschöne Ikonen. In einem Schrank wurde allerlei Volkskunst aufbewahrt, außerdem winzige Porzellanporträts der Familie und des Zarenpaares. In unserer Gemeinde herrschte selbst noch zu meiner Zeit eine vage antikommunistische Stimmung – antibolschewistisch müßte man sie wohl nennen. Wissen Sie, Evelina Wasilewa hatte wirklich einen großen Einfluß auf mich. Sie starb, während ich im College war.»

Lisa schwieg. Dann fuhr sie fort: «Ich studierte Sowjetik an der Universität von Virginia, bestand die Aufnahme für den diplomatischen Dienst, wurde gründlich durchleuchtet und kam in eine Geheimhaltungsstufe. Zwar stand ich ziemlich weit oben auf der Liste des US Information Service, mußte aber ein Jahr warten, bis ich eingesetzt wurde. Meinen einjährigen Konsulardienst leistete ich in Medan in Indonesien. Ich wohnte mit fünf anderen in einem heruntergekommenen Haus und hatte nicht die geringste Ahnung, wie dort den amerikanischen Interessen zu dienen war. Wir tranken viel Bier und spielten Karten. Ich drehte beinahe durch. Dann bekam ich meinen ersten richtigen USIS-Job in der amerikanischen Bibliothek im indischen Madras; dort blieb ich zwei Jahre. Darauf folgte eine einjährige Fortbildung in Washington und der Einsatz in der USIS-Zentrale. Anschließend zwei Jahre Ost-Berlin, wo ich endlich mein Russisch einsetzen konnte. Eine interessante Botschaft – aufregend, geheimnisvoll, überall Spione, und nur zehn Minuten mit dem Wagen bis zum Westen. Nach Berlin bekam ich endlich, was ich wollte – Moskau. Und da bin ich nun. Schon wieder mit einem Spion.»

«Sie mögen Spione.»

«Ich bin ein Spion-Groupie.»

Hollis lächelte.

«Ich war nie verheiratet», fuhr Lisa fort, «und auch nie verlobt. Nächsten Monat werde ich neunundzwanzig.»

«Und Ihre Eltern?»

«Die wohnen noch immer in Sea Cliff. Mein Vater arbeitet in einer Bank, meine Mutter ist Lehrerin. Beide sind sehr stolz auf meine Diplomatenkarriere, auch wenn ihnen mein Einsatz hier nicht schmeckt. Vor allem Mutter hat eine Rußland-Phobie. Bei ihnen lebt meine ältere Schwester, die geschieden ist. Sonst keine Geschwister.»

Das Essen wurde serviert. «Was ist denn das?» fragte Hollis.

«*Dowta*, eine Suppe aus saurer Milch und Reis. Es gibt da gewisse Verbindungen zur türkischen Küche. Und das Zeug auf dem angestoßenen blauen Teller heißt *gulubtsij*.» Sie lachte, und Hollis lachte mit. Weitere pikant gewürzte Speisen wurden aufgetragen. Dazu gab es schwaches Moskauer Bier. Hollis warf einen Blick auf die Uhr.

«Sie haben heute nachmittag doch frei, nicht wahr?» sagte er. «Was würden Sie zu einem kleinen Ausflug aufs Land sagen? Oder wollen Sie lieber ins Marx-Engels-Museum?»

«Sie machen Witze!»

«O nein», antwortete Hollis. «Ich muß in amtlichem Auftrag nach Moschaisk und habe für Sie eine Reiseerlaubnis.»

«Wirklich? Ich würde gern mitkommen. Um was für einen Auftrag handelt es sich?»

«Etwas Schlimmes, Lisa. Gregory Fisher liegt im Leichenschauhaus von Moschaisk.»

Lisa hörte auf zu essen und blickte starr auf die Tischplatte. Dann räusperte sie sich. «O Gott, Sam. Der arme Kerl...»

«Möchten Sie noch immer mitkommen?»

Sie nickte.

Die Wirtin seriverte starken türkischen Kaffee und Honigbällchen. Hollis trank, doch Lisa saß nur stumm da. Schließlich zündete sie sich eine Zigarette an. «Wollte er... fliehen oder was...?»

«Nein. Es heißt, er fuhr in Richtung Moskau. Angeblich hatte er vor der Abzweigung nach Borodino einen Verkehrsunfall. Man behauptet, er habe das *Rossija* nie erreicht.»

«Das ist eine Lüge!»

«Wie dem auch sei – dieses Land gehört nicht uns. Ich werde Sie unterwegs ins Bild setzen. Ich muß Ihnen aber deutlich sagen, daß ich für Ihre Sicherheit nicht einstehen kann, wenn Sie mich begleiten.»

«Sicherheit?»

«Die Sowjets wissen, daß Sie Fishers Anruf angenommen haben, sie wissen, daß Ihr Name auf der Reiseerlaubnis steht. Das allein dürfte Sie noch nicht zur Zielscheibe machen – aber man weiß nie, was sich diese Leute so einreden. Sie denken nicht mit einer uns verständlichen Logik – deshalb sind sie unberechenbar. Möchten Sie noch immer mit?»

«Ja.»

«Wieso?»

«Warum fahren Sie, Sam? Die Konsularabteilung könnte das ohne weiteres übernehmen.»

«Ich will ein bißchen herumschnüffeln.»

«Und deshalb habe ich dunkle Freizeitkleidung angezogen, und Sie tragen eine Waffe im Wadenhalfter.»

«Genau.»

«Na gut, ich helfe Ihnen herumschnüffeln. Ich bin irgendwie gern mit Ihnen zusammen.»

«Vielen Dank.»

«Bitte sehr. Außerdem stecke ich schließlich von Anfang an in dieser Sache drin... Sie verstehen?»

«Ja.» Hollis stand auf und legte sechs Rubel auf den Tisch. «Das Essen war nicht übel. Das Lokal hat ein gewisses Ambiente und kommt ohne Mätzchen aus. Zweieinhalb Sterne.»

«Vielen Dank für die Einladung. Das nächste Mal bezahle ich.»

«Das nächste Mal suche ich das Lokal aus – ich kenne da ein Plätzchen, das das KGB frequentiert.»

«Sie nehmen mich auf den Arm!»

«Nein.»

«Interessant. Das muß ich sehen.»

Sie verließen das Restaurant, und Hollis wurde sich bewußt, daß er zum ersten Mal seit langer Zeit ziemlich gut gelaunt war.

9

Sam Hollis und Lisa Rhodes überquerten den Arbat-Platz. Sie passierten das Gogol-Denkmal und näherten sich dem sternförmigen Bauwerk der U-Bahn-Station Arbatskaja. Durch die Menschenmassen im Metro-Pavillon ging es zu den Rolltreppen. Im letzten Augenblick zog Hollis seine Begleiterin am Arm zur gegenüberliegenden Tür, durch die sie im Schutze eines Brunnens auf den Platz zurückkehrten. «Was soll das?» fragte Lisa.

«Wir fahren nicht mit der U-Bahn in die Botschaft.»

«Ach ... müssen wir uns dort nicht einen Wagen besorgen?»

«Folgen Sie mir! Kein Trödeln.»

Er führte sie mit schnellen Schritten zur Ostseite des Platzes, wo ein schwarzer Schiguli mit laufendem Motor vor einem Kino parkte. Hollis ging zur Fahrerseite hinüber. Ein Mann, den Lisa aus der Botschaft kannte, stieg aus. Hollis schob sich hinter das Steuer, wies Lisa den Beifahrersitz zu, und der Mann schloß die Tür mit den Worten: «Tank voll, Getriebe ein bißchen schwerfällig, Ihre Aktentasche auf dem Rücksitz. Viel Glück.»

«Danke.» Hollis legte den Gang ein, wendete in engem Bogen auf dem Kalinin-Prospekt und fuhr nach Westen. Sofort schaute er in den Rückspiegel.

Lisa schwieg.

Kurz darauf kreuzte der Boulevard die Tschaikowski-Straße und ging hinter der Kalinin-Brücke in den Kutusow-Prospekt über. Wenige Minuten später verließen sie am Triumphbogen den inneren Stadtbereich. Hollis beschleunigte auf fünfzig Stundenkilometer. «Wie viele Achtmillionenstädte kann man innerhalb von zehn Minuten verlassen? Moskau ist ein Paradies für Autofahrer.»

Lisa antwortete nicht.

Hollis griff unter seinen Sitz und zog eine schwarze Wollmütze und ein dunkelblaues Kopftuch hervor. Er setzte die Mütze auf. «Eine *babuschka* für die Dame. Bitte probieren Sie mal.»

Achselzuckend drapierte Lisa sich das Tuch um den Kopf und

band es am Hals zusammen. «Eigentlich dürften wir kein Auto ohne Diplomatenkennzeichen fahren.»

«Ach?»

«Woher stammt der Wagen?»

«Aus dem Intourist-Hotel. Gemietet mit einer American-Express-Kreditkarte.»

«Das bringt der Gegenseite harte Währung, die sie in Washington einsetzen kann. Ein hübscher Spion sind Sie!»

«Es waren doch nur vierzig Dollar. Dafür kann man einen Beamten des Pentagons kaum zum Essen ausführen.»

Wieder zuckte Lisa die Achseln.

«Moskau wird allmählich zu groß für das KGB», fuhr Hollis fort. «Zuviel westlicher Einfluß. Mietwagen, Kreditkarten, die ersten Westbanken. Wir können hier schon besser arbeiten als früher.»

«Sie reden wie er.»

«Wie wer?»

«Seth. Ein sehr enger Horizont.»

«Ich weiß.» Hollis spürte, daß ihre gute Laune verflogen war. Vermutlich war sie wegen Fishers Tod bekümmert und beunruhigt.

Daß er eine Amateurin mit in den Einsatz nahm, eine Unschuldige, war nicht gerade eine Großtat. Andererseits spürte er, daß ihr so etwas nur guttun konnte. Alevy hätte das nachvollziehen können. Außerdem bot eine Frau ohne bekannte Geheimdienstverbindungen eine gute Ablenkung. Hätte er sich zusammen mit Alevy um die Reiseerlaubnis bemüht, wäre das KGB sofort mit einer Panzereinheit angerückt.

Er zog ein dünnes graues Blatt Papier aus der Tasche. «Ihre Reiseerlaubnis.»

Lisa studierte die roten kyrillischen Buchstaben und den Stempel des Außenministeriums. «Gilt nur bis Mitternacht.»

«Bis dahin sind wir längst zurück.»

«Ich dachte, wir könnten über Nacht bleiben.»

Hollis antwortete nicht sofort. «Ich habe keine Zahnbürste mit», sagte er schließlich.

Lisa lächelte ihn an und konzentrierte sich dann auf die Landschaft. Ein Dorf, etwa zwei Dutzend Häuser, hob sich von den umliegenden Feldern ab. Einfache Zäune trennten Gartenflächen von Geflügel- und Schweinegehegen, verschlammte Wege führten zu freistehenden Toiletten. Die Behausungen waren mit Wellblech gedeckt; bei schwerem Regen mußten die Bewohner verrückt werden.

Außerdem konnte sich Lisa nicht vorstellen, wie die Häuser bei extremer Kälte zu heizen waren. «Unglaublich!»

«Ja, eindrucksvoll, nicht wahr? Und fünfzehn Kilometer hinter uns liegt die Hauptstadt einer Weltmacht.»

«Ich war noch nie auf dem Land.»

«Ich bin schon ein bißchen herumgekommen. Im Osten, zum Ural hin, oder nach Norden in Richtung Leningrad wird es noch schlimmer. Über die Hälfte der Landbevölkerung ist miserabel untergebracht, unzureichend gekleidet und schlecht ernährt – obwohl *sie* alles erzeugt.»

Sie nickte geistesabwesend und sagte nach längerem Schweigen: «Was meinen Sie, kommen wir rechtzeitig nach Moschaisk?»

«Irgend jemand werden wir schon antreffen.» Plötzlich drehte Hollis das Steuer und lenkte den Schiguli auf einen Feldweg.

«Was ist?»

«Nichts.» Er fuhr den Wagen hinter einen der Hügel, die ab und zu die Niederungen westlich von Moskau unterbrachen. Außer Sichtweite von der Straße hielt er an, griff nach hinten, nahm einen Feldstecher aus der bereitliegenden Aktentasche und stieg aus. Lisa folgte ihm die grasbestandene Anhöhe hinauf. Unterhalb des Kammes kniete Hollis nieder und zog Lisa neben sich ins Gras. Er richtete das Fernglas auf die lange gerade Straße und sagte: «Ich glaube, wir sind allein. Schauen Sie mal.»

Lisa nahm das Glas und stellte es auf den östlichen Horizont ein. «Moskau ... ich sehe die Kremltürme ... Ach, was ist das für ein Land», sagte sie, gab ihm den Feldstecher zurück und richtete sich auf. «Riechen Sie das?»

«Was?»

«Die Erde. Die spürt man in Moskau nicht. Das echte, unverfälschte Rußland», fuhr sie fort. «Nicht Moskau oder Leningrad, sondern *Rußland.* Sehen Sie dort die weißen Birken? Die kleinen Blätter, rot, gelb, golden. Beobachten Sie, wie der Wind mit ihnen spielt. Was könnte russischer sein als die winzigen goldenen Birkenblätter, die durch einen grauen Himmel, durch eine endlose Landschaft geweht werden? Irgendwie trostlos, aber auch wunderschön, Sam. Daran kann der Kreml nichts ändern – so etwas ist unverrückbar, zeitlos. Eben *Rußland.*»

Hollis schaute sie kurz an, und ihre Blicke begegneten sich. Als er wieder nach vorn schaute, *spürte* er zum erstenmal das Land, das ihn umgab.

«Sehen Sie den Rauch, der dort aus den Dorfschornsteinen steigt!» fuhr sie mit wachsender Begeisterung fort. «Am Horizont ballen sich die Wolken. Die Herdbrände sollen die Feuchtigkeit vertreiben. Tee wird aufgebrüht, Kartoffeln und Kohl gekocht. Im Nieselregen flickt der Mann einen Zaun oder Pflug. An seinen Filzstiefeln klebt schwarzer Lehm. Er freut sich auf den Tee und die Wärme der Hütte ... Sam, können wir nicht mal in einem Dorf anhalten?»

«Sie wären vielleicht enttäuscht», sagte er leise.

«Bitte. Es ist bestimmt unsere einzige Chance.»

«Vielleicht später... wenn wir noch Zeit haben.»

Sie lächelte. «Die nehmen wir uns.»

Ein freundschaftliches Schweigen trat ein, als sie wieder im Auto waren. Zwei Menschen, die der untergehenden Sonne entgegenfuhren – abgeschnitten von der Botschaft, der Stadt, der Welt, allein.

Hollis warf seiner Begleiterin von Zeit zu Zeit einen Blick zu, und sie lächelten sich an. Er merkte, daß er sie mochte, weil sie genau wußte, was ihr gefiel. Schließlich sagte er: «Das muß man dem Jungen lassen – die Fahrt war eine gute Idee. Hoffentlich war sie ein Höhepunkt in seinem Leben.»

«Was wissen Sie über ihn und seine Familie, über seinen Tod?»

Hollis berichtete, was er wußte; es war nicht viel.

«Er wurde ermordet», stellte Lisa fest. «Kann unser Auflug gefährlich werden?»

«Sehr.»

«Warum haben Sie mich mitgenommen?»

«Ich hatte von Anfang an den Eindruck, Sie hielten den Fall für äußerst suspekt. Ich wollte Ihnen Gelegenheit geben, der Sache auf den Grund zu gehen. Unser Ausflug ist weder ein soziologisches Experiment noch eine persönliche Sache. Ich fand, Sie könnten mir nützlich sein, und Sie geben außerdem eine gute Tarnung ab.»

«Okay.»

«Und ich bin gern mit Ihnen zusammen.»

«Vielen Dank.»

Es waren nur wenige Privatwagen unterwegs, doch fiel der kleine Schiguli weniger auf als ein amerikanischer Ford mit Diplomatenkennzeichen. Hollis und Lisa mochten durchaus als Iwan und Irina durchgehen, die einen Wochenendausflug unternahmen.

«Gestern abend, vor Fishers Anruf», sagte Lisa, «saß ich in meinem Büro und bildete mir ein, wir befänden uns mal wieder auf dem Weg zur Besserung. Glasnost und so weiter. Dieser Fall wird alles wieder zunichte machen, oder? Wir werden auf beiden Seiten Diplomaten und Botschaftspersonal ausweisen und kulturelle und wissenschaftliche Austauschprogramme streichen und dann weiter Richtung Raketensilos gehen. Habe ich nicht recht?»

«Das geht mich nichts an», erwiderte Hollis.

«Das geht jeden etwas an, Sam. Schließlich leben Sie auch auf diesem Planeten. Warum sind wir eben abgebogen?»

Hollis deutete auf ein Blatt Papier in seiner Rechten, bog erneut scharf nach links auf einen Feldweg ein und fuhr gleich darauf wieder nach rechts. «Vor Jahren hat mal ein Engländer allerlei Nebenstraßen aufgezeichnet, auf denen sich größere Städte bei Moskau umfahren lassen. Wir schleichen hier um Moschaisk herum. Ohne Straßennamen, Navigation nach besonderen Landschaftsmerkmalen. Als nächstes müssen wir auf eine tote Kuh achten.»

Obwohl Lisas Nervosität zunahm, lächelte sie. «Das verstößt gegen unsere Reiseerlaubnis.»

«Es wird noch besser.»

«Vermutlich wollen wir nach Borodino.»

«Ganz recht.» Hollis fuhr durch ein Gewirr von Feldwegen. Ab und zu kam er an Lkws oder Traktoren vorbei und wechselte wieder die Richtung. Sie überquerten die Belorussische Eisenbahn, sahen kurz darauf die Leitungsmasten der alten Landstraße Minsk–Moskau, und in der Ferne lag Moschaisk. Hollis kreuzte die Hauptstraße und hielt sich weiter an die Nebenwege. Nach knapp fünfzehn Minuten erreichte er die pappelgesäumte Straße zum Borodino-Schlachtfeld und bog darauf ein. Weiter vorn erhoben sich Steinsäulen und das Tor, das mit Ketten verhängt war.

«Ich glaube, solche Freilichtanlagen schließen um diese Jahreszeit schon früh», sagte Lisa.

«Ja, das hatte ich gehofft.» Hollis lenkte den Schiguli um die Torpfosten herum und dann wieder auf die Straße. Der kiesbestreute Parkplatz tauchte auf, rechts davon das Denkmal.

«Irgendwie gespenstisch», stellte Lisa fest. Die Sonne war ganz untergegangen; es war ein sehr stiller Abend. Sterne funkelten zwischen Wolkenfetzen.

«Aber auch romantisch.»

Lisa mußte lächeln. Der Mond trat hinter den Wolken hervor und beleuchtete ein Dutzend schimmernder Obeliske, die die Toten zu bewachen schienen.

«Borodino», sagte Hollis. «Fisher muß hier durchgekommen sein, vorbei am Museum. Wir müssen rekonstruieren, wie er sich verfahren hat. Nehmen Sie mal die Satellitenkarte aus der Aktentasche.»

Lisa kam der Aufforderung nach. «Ist sie das?»

«Ja. Legen Sie sie aufgeklappt auf den Schoß. Sollten wir gestoppt werden, halten Sie sofort das Feuerzeug daran. Das Papier löst sich im Nu auf, ohne viel Hitze, Rauch oder Asche. Unter Ihrem Sitz müßte sich außerdem noch eine Rotfilterlampe befinden.»

Lisa holte das Gewünschte.

«Wir wissen», sagte Hollis, «daß er über das Schlachtfeld fuhr, dann will er nördlich davon einen Waldweg befahren haben, etwa um diese Abendzeit. Weiter nördlich liegen die Moskwa und ein Kraftwerk mit Reservoir. Er muß sich also zwischen hier und dem Fluß befunden haben. Der einzige Wald auf der Karte ist ein Kiefernwald. Sehen Sie ihn?»

«Ja.» Lisa ließ den Blick wandern. «Dort stehen Kiefern.»

«Das sind die Hügel südlich der Moskwa. Da vorn gabelt sich die Straße.»

Lisa richtete den roten Lichtstrahl auf die Karte. «Ja, hier. Der Weg links schwenkt zurück und führt dann in den Hügel.»

Hollis nickte. Der linke Weg schien zum Museum zurückzuführen, aber das sah nur so aus. Hier mußte Fisher sich verfahren haben. Hollis wählte die linke Abzweigung.

Mit abgeschalteten Scheinwerfern fuhr er den Weg entlang, der anzusteigen begann und bald in den dichten Wald führte. Es wurde sehr dunkel.

«Können Sie was erkennen?» fragte Lisa und räusperte sich.

«Leuchten Sie mal ab und zu mit der Lampe.»

Lisa drehte das Fenster herunter; Luft strömte herein. Das rote Licht erhellte den schmalen Weg. Der Schiguli jaulte im ersten Gang bergauf.

«Kann ich rauchen?» fragte Lisa. «Mir ist irgendwie komisch.»

«Lieber nicht. Möchten Sie zurück?»

Sie zögerte. «Später», sagte sie schließlich.

Nach zehn Minuten erreichten sie ein Schild, und Hollis hielt an. *Halt! Sperrgebiet! Umkehren!*

«Hier muß es sein», sagte Hollis. «Ich dachte schon, wir hätten die falsche Abzweigung erwischt.»

Er stieg aus und schaute sich um. Dabei entdeckte er den kleinen Wendeplatz rechts vom Weg. Er öffnete den Kofferraum, riß die Leitungen für Rückwärtsscheinwerfer und Bremsleuchten heraus und stieg wieder ein. Dann steuerte er den Wagen auf den Wendeplatz, nutzte ihn aber nicht, sondern fuhr etwa zwanzig Meter tief zwischen die Bäume. Dort wendete er, bis der Wagen wieder mit der Front zur Straße stand, und stellte den Motor ab.

Lisa sagte kein Wort.

«Passen Sie gut auf», flüsterte Hollis. «Vielleicht müssen wir hier schnell wieder abhauen. Wenn ich in einer Stunde nicht zurück bin, fahren Sie nach Moschaisk und kümmern sich um die Leiche. Behaupten Sie einfach, ich wäre nicht mitgekommen.»

Hollis stieg aus, schloß leise die Tür und entfernte sich langsam parallel zur Straße.

Lisa folgte ihm. «Sie sind ja verrückt.»

«Warten Sie im Wagen.»

«Nein.»

Sie gingen nebeneinander. Der Boden aus Nadeln und Kiefernzapfen war weich. Zwischen den Bäumen wuchsen nur Farne und Kiefernschößlinge. Es war windstill, durchdringender Harzgeruch lag in der Luft. «Sam, wir haben hier nichts verloren ... wir haben keine Deckung ... nicht einmal unsere diplomatische Immunität ...»

«Wir behaupten einfach, wir wollten Pilze sammeln. Die Russen sind große Pilzesammler.»

«In einem Kiefernwald gibt es keine Pilze.»

«Ach? Na, dann treiben uns eben erotische Motive.»

«Die ließen sich auf dem Rücksitz des Schiguli viel besser verwirklichen.»

«Also gut, dann denken Sie sich selbst was aus.»

Hier und dort hingen Warnschilder an den Bäumen. *Halt! Umkehren! Sie befinden sich in einem Sperrgebiet. Unbefugte werden verhaftet.*

Hollis flüsterte Lisa zu: «Vielleicht gibt's hier akustische Sensoren. Treten Sie leichtfüßig auf wie ein Reh.»

Sie nickte.

Hollis spürte ihr Zittern. «Möchten Sie lieber zum Wagen zurück?»

Lisa schüttelte den Kopf.

Hollis zog seine Tokarow aus dem Beinhalfter und steckte sie in die Tasche. Ein Halbmond ging auf und legte einen schwachen blauen Schimmer auf die wenigen Lichtungen, die sie umschritten. Weitere Schilder tauchten auf, dann deutete Lisa auf einen neuen Text: *Halt! Wächter haben Schießbefehl.*

«Wir sind gleich am Ziel», flüsterte Hollis.

Ein Geräusch ließ sie herumfahren. Hollis stützte sich auf ein Knie und zog die Automatic. Lisa kauerte neben ihm. Auf der anderen Seite einer kleinen Lichtung erschien ein Reh, witterte, warf sich herum und floh.

Hollis steckte die Waffe fort und stand auf. Die Wanderung ging weiter. Keine fünf Minuten später stießen sie auf einen etwa zweieinhalb Meter hohen Stacheldrahtzaun, der von gerolltem Spitzdraht gekrönt war. Ein Metallschild warnte vor Hochspannung.

Auf der anderen Seite war der Wald in einer Breite von fünfzig Metern abgeholzt; am inneren Rand der baumlosen Zone erhob sich ein zweiter Stacheldrahtzaun, dahinter ein Wachturm. «Die Fabrik der Spione.»

Lisa nickte. «Nicht sehr einladend.»

Hollis schaute zum Wachturm hinüber und suchte mit den Augen schließlich den inneren Zaun ab, hinter dem Lichter schimmerten. Er nahm Lisas Arm und ging mit ihr am Zaun entlang. Dabei stießen sie auf die verwesten Überreste eines Rehs, das an der elektrischen Absperrung den Tod gefunden hatte. «Sam, wir wollen umkehren», sagte Lisa.

Er zog sie in eine geduckte Stellung. «Hören Sie!»

Ein Dieselmotor dröhnte durch den Wald, Scheinwerfer näherten sich. «Hinlegen!» kommandierte Hollis. Langsam bewegte sich ein Fahrzeug über den sauberen Sand des Todesstreifens. Es war ein Panzerspähwagen mit offenem Aufbau. In der Kabine saßen zwei Mann, auf der Ladefläche sechs Soldaten mit Helmen. Zwei hockten hinter einem MG auf einem Drehgestell, zwei an einem Suchscheinwerfer, und zwei schienen sich bereitzuhalten, aus dem Wagen zu springen. Hollis hoffte, daß es sich um eine reguläre Patrouille handelte, aber dazu schienen die Männer zu angespannt zu sein. Der Wagen war noch zehn Meter entfernt, und Hollis erkannte die grünen Uniformen der KGB-Grenzeinheiten. «Ziehen Sie sich das Tuch über das Gesicht», flüsterte er. «Bedecken Sie Ihre Hände.»

Hollis zerrte an seiner Strickmütze, die sich als Skimaske entpuppte. Dann zog er schwarze Nylonhandschuhe an.

Der Spähwagen befand sich nun auf gleicher Höhe, keine fünf Meter entfernt. Hollis vermutete, daß die Geräusch- oder Bewegungssensoren etwas aufgefangen hatten und die Patrouille nun feststellen sollte, ob es sich um ein zwei- oder vierbeiniges Lebewesen handelte. Er hörte die Männer miteinander sprechen, dann drang eine unverständliche Funkstimme aus der Kabine des Wagens.

Der Fahrer bremste und brachte den Spähwagen in Augenhöhe von Hollis und Lisa zum Stehen. Der Suchscheinwerfer schickte seinen Strahl über den Todesstreifen und begann den Wald abzusuchen. Er tauchte die Farnkräuter und Baumstämme über dem Boden in ein grellblaues Licht. Der Strahl fuhr auf Hollis und Lisa zu, strich über sie dahin und kehrte dann hastig zu dem toten Reh zurück, ehe er seine Wanderung fortsetzte.

Hollis spürte Lisa neben sich zittern und griff nach ihrer Hand. Gleich darauf rollte der Spähwagen weiter.

Nach fünf Minuten stemmte sich Hollis vorsichtig auf ein Knie und ließ eine Hand warnend auf Lisas Rücken liegen. Aufmerksam schaute er in die Runde und lauschte, dann half er seiner Begleiterin hoch. Als sie sich vom Zaun abwandten, erblickte Hollis zwei Grenzsoldaten, die zwischen den Bäumen näher kamen. Sie waren keine drei Meter entfernt und hielten ihre AK-47-Gewehre schußbereit.

Hollis erkannte sofort, daß Lisa noch nichts gemerkt hatte und die beiden Uniformierten ebenfalls ahnungslos waren. Erst als Lisa sich zu ihm drehte, um etwas zu sagen, wurden die Männer auf die Bewegung aufmerksam. Hastig stieß Hollis seine Begleiterin zu Boden, duckte sich und zog die schallgedämpfte Tokarow-Automatic. Nach dem ersten Schuß fuhr sich der vorderste Mann mit der Hand an die Brust. Der zweite starrte verblüfft auf seinen umsinkenden Gefährten, fuhr zu Hollis herum und hob das Gewehr. Hollis gab zwei Schüsse auf ihn ab und stürmte vor. Die beiden Soldaten lebten noch, befanden sich aber offenbar im Todeskampf. Sie waren noch sehr jung, bestimmt unter zwanzig. Hollis ergriff die beiden Gewehre und warf sie sich über die Schulter. Lisa stolperte fassungslos herbei. «M-mein … Gott … Sam!»

«Still!»

Er gab ihr ein Gewehr und zog sie am Arm hinter sich durch den Wald. Auf Sensoren brauchte er keine Rücksicht mehr zu nehmen.

Nach kaum zehn Sekunden erreichten sie in einiger Entfernung vom Wagen den Waldweg. Hollis orientierte sich und machte das Fahrzeug ausfindig. Sie warfen die Gewehre auf den Rücksitz und sprangen hinein. Hollis ließ den Motor an, fuhr aber nicht zum Weg, sondern tiefer in den Wald. Zum Glück boten die Bäume dafür genug Platz.

«Sam, wohin fahren Sie?»

«Auf keinen Fall zurück zur Straße. Leuchten Sie!»

Lisa beugte sich mit der Taschenlampe aus dem Fenster.

Im Zickzack fuhren sie durch den Kiefernwald. Auf der Waldstraße begannen Motoren zu brummen, Scheinwerfer blitzten auf. «Die Bäume stehen enger», sagte Lisa. «Passen Sie auf.»

Hollis verkeilte den Schiguli zwischen zwei Baumstämmen. Mühsam legte er den Rückwärtsgang ein, befreite sich aus der Falle und suchte einen besseren Weg. «Leuchten Sie, Lisa, leuchten Sie!»

Plötzlich richtete sich der rote Schein auf eine breite Öffnung weiter vorn. Ein Wildwechsel, der wie ein Tunnel durch den Wald führte. Der Schiguli paßte bestens dazwischen und konnte auf fünf Stundenkilometer beschleunigt werden.

Lisa schaute nach hinten. «Ich glaube, da sind Lichter im Wald. Ob wir es schaffen?»

«Kein Problem.» Noch wußten die Russen vermutlich nicht, ob sie es mit Spionen oder Bären zu tun hatten. Doch sobald die beiden Toten gefunden waren, würde es hier von Miliz, Armeesoldaten und KGB nur so wimmeln.

Das Gelände fiel steiler ab, und der Schiguli begann zu rutschen, obwohl Hollis auf der Bremse stand. Plötzlich brach der Wagen zwischen den Bäumen hervor und stürzte in eine Senke. «Festhalten!» Der Schiguli prallte auf den Boden der Niederung, in der ein Bach verlief, und wäre beinahe umgestürzt. Hollis steuerte energisch nach rechts und beschleunigte im Bachbett. Die Ufer senkten sich, der Wasserlauf verbreiterte sich und wurde tiefer. Der Motor begann zu stottern. «Zu naß.» Hollis steuerte eine flache Uferstelle an und trat das Gaspedal bis zum Boden durch. Der Wagen mahlte das Ufer hinauf und geriet ins Stocken, dann brüllte der Motor auf und zog den Wagen aus der Bachniederung. Ein bläulicher Halbmond leuchtete durch die Wolkenfetzen. Weiter vorn lag das Schlachtfeld.

Mit zitternder Hand zündete sich Lisa eine Zigarette an und inhalierte. «So hatte ich mir die Fahrt aufs Land nicht vorgestellt.»

«Nun ja», gab Hollis zurück, «wir sind auf dem Land, und wir fahren noch.» Er steuerte den Wagen in einen Birkenhain und hielt an. Die beiden Gewehre warf er ins hohe Gras, auch Pistole, Wadenhalfter und Munitionsclips. «Verbrennen Sie die Karte.»

Lisa hängte die Karte aus dem Fenster und hielt das Feuerzeug daran. Das Material loderte auf und verschwand in einer Rauchwolke. «Noch sind wir aus dem Gröbsten nicht raus.»

«Das wird schon noch.» Hollis legte den Gang ein und fuhr querfeldein durch hohes Gras. Dabei hielt er sich parallel zur Straße.

Vor einem herbeiknatternden Hubschrauber brachte er sich im Mondschatten eines Granitobelisken in Sicherheit. Er wartete, bis die Maschine im Wald niederging.

«Mir ist übel», sagte Lisa schließlich.

«Ist auch keine Kleinigkeit, Menschen zu erschießen. Atmen Sie mal tief durch.»

Sie steckte den Kopf aus dem Fenster und ließ sich wieder in den Sitz sinken. Hollis legte ein hohes Tempo vor. Zeit und Ort waren von entscheidender Bedeutung. Wenn sie das Moschaisker Leichenschauhaus, wo sie erwartet wurden, noch rechtzeitig erreichten, konnten sie sich vielleicht durchbluffen. Erwischte man sie allerdings in offenem Gelände, würden die Indizien gegen sie sprechen.

Sie erreichten einen schmalen Feldweg, der die Grenze des historischen Schlachtfeldes bildete. Hollis beschleunigte, bis der Wagen zu schlingern begann. Der Feldweg endete an der Flußstraße, und Hollis bog nach rechts ab und näherte sich nun Moschaisk aus Richtung Westen und nicht auf der Moskauer Straße, wo man ihn vielleicht erwartete. Er schaltete die Scheinwerfer ein und warf die Wollmütze aus dem Fenster. Lisa tat es ihm mit dem Kopftuch nach, klopfte sich ab und las auch Hollis die Kiefernnadeln von der Kleidung. Sie erreichten Moschaisk, ohne einem Fahrzeug zu begegnen.

Die Stadt wirkte verlassen, obwohl es erst früher Samstagabend war. Hollis gab Lisa ein Stück Papier. «Wegbeschreibung zum Leichenschauhaus.»

Sie richteten sich nach den Angaben, und nach einiger Zeit erreichten sie ein gedrungenes weißes Gebäude in der Nähe der Eisenbahngleise. Auf einem Holzschild über der Tür prangte das Wort *Morg*. Es war kurz nach zwanzig Uhr.

«Schaffen Sie das noch, oder wollen Sie im Wagen bleiben?» fragte Hollis Lisa.

«*Das* schaffe ich jetzt auch noch», meinte sie leicht erschöpft.

«Sie haben sich gut gehalten.»

«Vielen Dank. Und Sie haben Nerven wie Stahl.»

«Ich gebe gern vor Frauen an. Deshalb habe ich Sie ja mitgenommen.» Hollis drückte auf einen Knopf mit der Bezeichnung «Nachtglocke». Er legte Lisa die Hand auf die Schulter und stellte fest, daß sie nicht mehr zitterte. Hart im Nehmen, diese Dame, dachte er.

Die schwere Holztür ging auf und gab den Blick auf einen Mann in der Uniform eines KGB-Obersten frei. «Treten Sie ein», sagte der Mann auf englisch.

10

Hollis und Lisa folgten dem Obersten durch einen dunklen, muffigen Raum mit Sitzmöbeln in einen kalten, gekachelten Saal, dessen Geruch keinen Zweifel daran ließ, wozu er diente. Der Russe zog an einer herabhängenden Schnur und ließ grelles Licht aufflackern. Ohne Umstände öffnete er den Deckel einer emaillierten Kühltruhe und gab den Blick auf eine nackte Leiche frei.

Arme und Beine waren unnatürlich verrenkt, der Kopf lag schief. Fishers Augen standen offen, und Tränen waren auf den Wangen festgefroren. Hinter den geöffneten blauen Lippen sah man gesplitterte Zähne.

Hollis bemerkte tiefe Schnittwunden an der Brust und im Gesicht, die nicht restlos gesäubert waren. Er fragte sich, ob Fisher gefoltert worden war, ehe er sein Geheimnis verriet.

Der KGB-Oberst übergab Hollis einen Paß. Das Farbfoto zeigte das gebräunte, lächelnde Gesicht eines gutaussehenden jungen Mannes. Welch ein Kontrast! Er reichte das Dokument an Lisa weiter. Sie schaute sich die Aufnahme und die Leiche an und nickte. Dann steckte sie den Paß ein.

Der Oberst knallte das Kühlfach zu und führte seine Besucher in eine kleine Kabine mit einem alten Birkenholztisch und drei nicht zueinander passenden Stühlen. Er deutete auf zwei Stühle, setzte sich selbst auf den bequemsten hinter dem Tisch und schaltete eine Leselampe ein. «Sie sind natürlich Colonel Hollis», sagte er auf englisch, «und dies muß Lisa Rhodes sein.»

«Stimmt», antwortete Hollis. «Und Sie sind Oberst des KGB. Ich habe allerdings Ihren Namen noch nicht gehört.»

«Burow.» Er fügte hinzu: «Sie müssen verstehen, wenn ein Ausländer ums Leben kommt, schreibt das Gesetz vor, daß sich das KGB um den Papierkram kümmert. Etwas anderes sollten Sie hinter meiner Anwesenheit nicht vermuten.»

«Wenn Sie meinen.»

Burow beugte sich vor und starrte Hollis an. «Ich meine es. Aber darf ich etwas anderes hinter *Ihrer* Anwesenheit vermuten, Colonel Hollis?»

«Nein.» Natürlich logen beide. Als man im sowjetischen Außenministerium registriert hatte, daß nicht ein normaler Konsularbeamter, sondern Hollis den Reiseantrag stellte, wurde das KGB verständigt, das sofort losjagte, um festzustellen, was Colonel Hollis im Schilde führte. So war der einfache Vorgang einer Leichenübergabe zu einer Art Gegenspionage-Aktion eskaliert.

«Sie kommen mehrere Stunden später als erwartet», stellte Burow fest. «Sie haben mich warten lassen.»

«Ich hatte ja keine Ahnung, daß Sie hier warteten, Oberst.»

«Ich bitte Sie, Sie wußten durchaus ... Wie auch immer, worauf ist Ihre Verspätung zurückzuführen?»

Hollis betrachtete Burow im dämmerigen Licht. Der Oberst war etwa Mitte Vierzig. Ein großer, gut gebauter Mann mit jungenhaften Schmollippen, wie sie im Norden bei Leningrad und im Grenzgebiet zu Finnland verbreitet waren. Die helle Haut, die blauen Augen und flachsgelben Haare verstärkten Hollis' Eindruck, daß der Mann eher nordischer als slawischer Abstammung war. Vielleicht hatte er finnisches Blut in den Adern, vielleicht gehörte er auch zu den Erbstükken, die die deutsche Wehrmacht zurückgelassen hatte. Altersmäßig konnte es stimmen.

«Colonel Hollis – warum sind Sie zu spät gekommen?»

«Ihr Außenministerium hat mit der Reiseerlaubnis geschlampt», antwortete Hollis, beugte sich vor und fragte heftig: «Warum dauert in diesem Land alles doppelt so lange wie in der zivilisierten Welt?»

Burows Gesicht rötete sich. «Was meinen Sie damit?»

«Ihr Englisch ist ausgezeichnet. Sie wissen genau, was ich meine.»

Hollis' Ausbruch überraschte Lisa ein wenig; vermutlich wollte er Burow in der Frage der Verspätung von vornherein nicht die Offensive überlassen.

Burow lehnte sich zurück und zündete eine ovale Troika-Zigarette an. Die ersten beiden Züge ließen das Papier und den lockeren Tabak zusammenschrumpfen. Automatisch strich Burow die Zigarette glatt. «Das war nicht sehr diplomatisch von Ihnen, Colonel», sagte er ruhig. «Ich dachte, Diplomaten würden sich eher die Zunge abbeißen, als ihr Gastland zu beleidigen.»

Hollis blickte ungeduldig auf die Uhr. «Das mag für Diplomaten zutreffen. Aber Sie wissen, wer ich bin, und ich weiß, wer Sie sind. Also: Haben Sie nun was für uns zu unterschreiben?»

Burow starrte auf seine Zigarette und warf sie auf den Boden. «Viele Papiere», sagte er, öffnete einen grünen Aktenordner und nahm einen Stapel Dokumente heraus.

«Ich finde», sagte Lisa zu Burow, «die Leiche hätte besser behandelt werden können. Ich muß darum bitten, daß der Tote besser gesäubert und anständig verhüllt wird.»

«Ach», sagte Burow sarkastisch, «kränkt Sie der Anblick eines nackten jungen Mannes?»

«Nein, aber die Art und Weise, wie er in das Fach *geworfen* wurde. Wie eine Tierleiche, Oberst.»

«Ach? Hören Sie, der Zustand der sterblichen Überreste von Mr. Fisher kümmert mich nicht. Wenden Sie sich deswegen an den Bestatter.»

Mit verächtlicher Miene, als wären diese Dinge unter seiner Würde, blätterte Burow die Papiere durch.

«Wie sollen wir den Toten zum Flughafen bringen?» Lisa ließ nicht locker.

«Der Bestatter wird Ihnen einen Flugsarg aus Aluminium zur Verfügung stellen, mit Trockeneis. Wie in jedem *zivilisierten* Land. Dafür müssen Sie die Kosten übernehmen. Wie in Amerika.» Er fügte hinzu: «Ich sehe, Sie sind in einem Schiguli gekommen. Wie wollen Sie den Sarg darin unterbringen?»

«Wir haben nicht die Absicht, den Sarg selbst zu transportieren», antwortete Lisa. «Sie werden uns ein passendes Fahrzeug mit Fahrer zur Verfügung stellen. Wie in jedem *zivilisierten* Land.»

Burow lächelte, als wollte er zeigen, wie amüsant er Lisa fand. Er betrachtete ihren Anorak und bemerkte: «Ihrer Kleidung nach scheinen Sie beide durchaus darauf eingerichtet zu sein, ein Grab auszuheben und Sargträger zu spielen. Nun ja, wir werden eine Lösung finden. Dürfte ich mir jetzt mal Ihre Reiseunterlagen und Pässe anschauen?»

Hollis und Lisa überreichten Reiseerlaubnis und Diplomatenpässe, und Burow schrieb ganz offen die Ein- und Ausreisedaten ab.

Hollis beobachtete den Obersten. Der Mann sprach ein ungewöhnlich gutes Englisch und verstand diese Sprache intelligent, kränkend und sogar sarkastisch einzusetzen. Ausländer, vor allem Besucher aus dem Westen, wurden von den Russen normalerweise höflich behandelt, allenfalls kurz angebunden und barsch, selten aber so scharfzüngig, wie sie es hier erlebten. Vermutlich hatte Burow große Erfahrung im Umgang mit englischsprechenden Ausländern, vielleicht war er auch auf das Institut für Kanadische und Amerikanische Studien in Moskau gegangen, eine Organisation, die mindestens ebenso viele KGB-Agenten hervorbrachte wie Gelehrte und Diplomaten. Hollis hatte einige dieser wortgewandten Russen im amerikanischen Fernsehen erlebt, wo sie sehr geschickt die Positionen ihres Landes vertraten. Er hätte Burow gern mal näher unter die Lupe genommen, doch vermutlich lag weder bei Alevy noch bei anderen etwas vor. Bestimmt hieß der Mann gar nicht Burow, auch wenn sein KGB-Rang und die Uniform echt sein mochten.

Burow gab die Pässe zurück und behielt die Reiseunterlagen. Dann schob er einen Stapel Papiere über den Tisch. «Erstens: Das Automobil des Toten wurde beschlagnahmt, und es wäre das beste, wenn Sie dieses Abtretungsdokument unterzeichneten.»

«Ich möchte den Wagen sehen.»

«Wieso?»

«Um festzustellen, ob er noch einen Wert hat.»

«Ich versichere Ihnen, das ist nicht der Fall. Im übrigen wurde der Wagen nach Moskau gebracht. Wenn Sie wollen, lasse ich der Botschaft Bescheid geben, wo er sich befindet. Unterschreiben Sie nun?»

Hollis betrachtete die Verzichterklärung, die auf russisch und englisch abgefaßt war. Zahlenkolonnen belegten, daß der Transport aus der Sowjetunion mehr kosten würde, als das Fahrzeug noch wert war. Die eigentliche Schlußfolgerung war wohl, daß es keine Möglichkeit gab, den Wagen in die USA zu verbringen, damit er von FBI-Fachleuten untersucht werden konnte. Hollis gab das Papier nicht unterschrieben zurück. «Ich entscheide, was mit dem Wagen passiert, nachdem ich ihn mir angeschaut habe.»

Burow schob das Dokument wieder über den Tisch. «Dann notieren Sie das bitte hier, damit wir weitermachen können.»

Hollis ahnte, daß es ein langer Abend werden würde. Er machte einen Vermerk auf der Verzichterklärung, gab sie aber nicht sofort zurück. «Ich brauche eine Kopie davon», sagte er.

«Selbstverständlich.» Burow reichte ihm eine kaum leserliche Durchschrift und nahm Hollis gleichzeitig das Original aus der Hand.

Lisa hatte das Gefühl, daß Hollis und Burow Verhandlungen dieser Art schon mehrfach hinter sich gebracht hatten: das diplomatische Protokoll, das Geben und Nehmen, das gegenseitige Übertrumpfen, das Bluffen und Verstellen. Es war gleichgültig, ob es dabei um eine Leiche oder die nukleare Abrüstung ging. Männer liebten das Feilschen.

«Zweiter Punkt», fuhr Burow fort, «eine Aufstellung der persönlichen Habe des Toten. Die Dinge befinden sich in einem Luftfrachtbehälter und können auf Kosten Ihrer Botschaft an die Heimatanschrift des Verstorbenen versandt werden, wenn Sie das genehmigen.» Er reichte Hollis die Aufstellung.

Hollis beugte sich zusammen mit Lisa über das Papier. Es schien sich um eine sehr vollständige Aufstellung zu handeln: Kleidung, Gepäck, zwei Uhren, ein Schulring, ein Fotoapparat und sogar Dinge, die als kleine Geschenke gedacht waren, wie Bleistifte, Rasierapparate und Postkarten. Hier schien sich niemand bedient zu haben. Dies bedeutete entweder, daß die Bauern, die hiesige Miliz und die Angestellten des Leichenschauhauses alles besaßen, was sie an westlichen Konsumgütern brauchten, oder daß die Sache von A bis Z eine KGB-Operation war – und diese zweite Möglichkeit war viel wahrscheinlicher.

«Schmiermittel und andere Dinge aus dem Kofferraum sind feuergefährlich und befinden sich nicht in dem Luftfrachtbehälter. Außerdem waren Obst und Gemüse im Wagen, die man nicht in die USA einführen kann. Alle Intourist-Gutscheine werden natürlich eingelöst und Mr. Fishers Angehörigen rückerstattet. Hier sind ferner sechshundertachtzig Dollar in Reiseschecks, zweiundsiebzig Dollar in amerikanischer Währung, verschiedene Summen in europäischen Devisen. Außerdem haben wir zweiunddreißig Rubel und achtundsiebzig Kopeken gefunden, die ich Ihnen ebenfalls aushändigen kann.»

Hollis dachte an Fishers Äußerung am Telefon. «Ich habe ihm Landkarten und Geld gegeben.» Und an die Bemerkung der Französin, daß sich Fisher zwei Kopeken von ihr geliehen habe. Hollis schloß daraus, daß Burow das russische Geld zugeschossen hatte, um keine Fragen aufkommen zu lassen. «Ich sehe in dieser Aufstellung keine Landkarten.»

Burow schwieg.

«Fisher muß Karten gehabt haben.» Hollis ließ Burow nicht aus den Augen. «Vielleicht hat sie jemand genommen.»

Burow schwenkte die Hand. «Die wären nicht viel wert.»

«Trotzdem möchte ich wetten, Sie wüßten zu gern, wo sich die Karten im Augenblick befinden, Oberst Burow.»

Burow erwiderte seinen Blick ungerührt.

Hollis war ziemlich sicher, daß Dodson dem KGB noch nicht in die Hände gefallen war – weder tot noch lebendig. «Sollten die Karten in der US-Botschaft auftauchen, gebe ich Ihnen Bescheid, damit Sie sich nicht unnötig Sorgen machen.»

Burow schützte nachdenklich die Lippen, als finde er diese Möglichkeit irgendwie peinlich. «Ich wette», sagte er, «wir finden die Karten vor Ihnen.»

«Die Wette nehme ich an. Und der Einsatz?»

«Ist sehr hoch, Colonel Hollis.»

Hollis nickte. Wenn Dodson es bis zur Botschaft oder zu einem westlichen Journalisten in Moskau schaffte, wurden die Beziehungen zwischen der UdSSR und den USA bestimmt um zehn Jahre zurückgeworfen.

«Drittens: Wir haben alle belichteten Filme des Toten einbehalten», kehrte Burow zum Thema zurück. «Wir lassen sie entwickeln und schicken Ihnen die Abzüge in die Botschaft. Ihnen ist klar, daß das KGB keine Filme freigeben kann, ohne sie sich vorher anzuschauen.»

Hollis hob den Kopf und stellte trocken fest: «Und Zimmerschlüssel und Zimmernachweis haben Sie natürlich im Hotel abgegeben.»

«Es gab weder Zimmerschlüssel noch -nachweis, Colonel Hollis, Fisher war nie in Moskau.»

«Sie wissen genau, daß er dort war. Wir wissen es auch.»

Burow ging auf diese Provokation nicht ein. Er lehnte sich zurück und stellte überraschend fest: «Sie sind im Wald herumgewandert.»

Hollis schaute gerade ein Schriftstück durch. «Wir haben Pilze gesammelt.»

«Ach? Sie sind ja schon echte Russen. Erkennen Sie den giftigen *gribi*?»

«Ich nehme es an. Aber leider hatten wir kein großes Glück.»

«Das wäre in einem Kiefernwald auch sehr überraschend.»

Vermutlich hatte Burow einzelne Kiefernadeln gesehen oder den Geruch wahrgenommen, der Hollis und Lisa vielleicht noch umgab, möglicherweise hatte er aber auch konkretere Informationen. Man kannte sich nicht recht aus bei den Sowjets, die prinzipiell besser informiert zu sein schienen – über alle Angehörigen der Botschaft bis hinab zu den niedrigsten Angestellten. Hollis wußte dagegen sehr wenig über die Russen, mit denen er in Berührung kam, und gar nichts über Oberst Burow, was im Augenblick wirklich ein großer Nachteil war. Er stand auf. «Besorgen Sie uns jetzt einen Lkw mit Fahrer? Wir würden gern zum Flughafen fahren.»

Burow blieb sitzen. «Das ist um diese Zeit nicht möglich. Sie müssen über Nacht bleiben.»

«Soll das heißen», fragte Hollis sarkastisch, «daß ein KGB-Oberst keinen Fahrer mit Wagen bekommt, weil es schon nach achtzehn Uhr ist?»

«Das soll heißen, Colonel Hollis, daß Ausländern bei Nacht das Fahren ohne Begleitung nicht gestattet ist. Das gilt auch für Diplomaten.»

«Dann besorgen Sie uns eine Begleitung.»

«Zweitens fiel mir bei Ihrer Ankunft auf», fuhr Burow fort, «daß Rück- und Bremslichter Ihres Wagens nicht funktionieren. Das müssen Sie morgen ausbessern lassen. Leider gibt es in Moschaisk weder eine Werkstatt noch ein Hotel. Dafür befindet sich zwei Kilometer von hier eine Sowchose, ein Staatsgut. Im Gemeinschaftsgebäude wird man Ihnen Zimmer anweisen. Es gibt dort auch einen Mechaniker. Da wird man Ihnen gern helfen.»

Hollis schaute kurz zu Lisa hinüber und sagte dann: «Anscheinend haben wir keine andere Wahl. Ich gehe aber davon aus, daß wir morgen früh um acht Uhr einen Lkw zur Verfügung haben.»

Burow lachte. «Wir sind hier nicht in den USA, und ich bin kein amerikanischer Boss, sondern ein einfacher Oberst der Staatssicherheit. Sie können zwischen neun und zehn mit dem Fahrer rechnen.» Er schob seine Unterlagen in eine Aktentasche und nahm auf den Reisepapieren eine Eintragung vor. «Gültigkeit verlängert bis morgen mittag. Außerdem kommen Sie damit auf das Gelände des Staatsgutes. Sorgen Sie dafür, daß Sie morgen um zwölf wieder innerhalb der Moskauer Stadtgrenzen sind.» Burow deutete zur Tür. «Folgen Sie mir.»

Auf der Vortreppe des Leichenschauhauses beschrieb Burow den Weg zum Gut. «Über dem Eingang befindet sich ein großes Holzschild mit der Aufschrift ‹Vierzig Jahre Oktober – Getreide- und Vieh-Unternehmen.› Sie können es nicht verfehlen. Ein altes Verwalterehepaar schläft im Verwaltungsgebäude. Sie müssen laut klopfen.»

«Wo finden wir ein Telefon?» fragte Lisa.

«Auf dem Gut. Da gibt's auch eine Dusche, wo Sie sich von dem Harz befreien können ...» Burows Finger berührte einen klebrigen Streifen an Lisas Hand.

Lisa zuckte zurück.

Burow trat ans Auto heran und schaute auf das Zulassungsschild. «Ein Mietwagen?»

«Die Botschaft hatte keine Fahrzeuge zur Verfügung.»

«Trotzdem ist es nicht zulässig, daß Sie diesen Wagen fahren, Colonel Hollis.»

«Nun regen Sie sich mal nicht wegen dieser Kleinigkeit auf, Oberst.»

Burow ging um den Wagen herum. «Eine ziemlich wilde Fahrt, würde ich sagen – Dreck, Tannenzweige...» Unter einer Chromleiste zupfte er einige Nadeln hervor und drehte sie zwischen den Fingern. «Außerdem sind Türen und Kotflügel frisch verbeult. Das wird man Ihnen in Rechnung stellen. Wo haben Sie den Wagen gemietet?»

«Das haben Mitarbeiter für mich erledigt.»

«Dürfte ich die Mietdokumente sehen?»

«Nein.»

«Nein?»

«Nein.» Hollis öffnete die Tür auf der Fahrerseite. «Guten Abend, Oberst Burow.»

Lisa stieg auf der anderen Seite ein, doch legte Burow eine Hand auf die Tür, ehe sie sie schließen konnte. «In und bei Moschaisk gibt es drei Sehenswürdigkeiten: die St.-Nikolaus-Kathedrale, die Ruinen des Luschezki-Klosters und Borodino. Vielleicht schaffen Sie alle drei, wenn Sie morgen früh genug losfahren. Für Leute aus dem Westen ist Borodino besonders interessant – wegen ‹Krieg und Frieden›.»

«Ich interessiere mich nicht für Schlachtfelder», antwortete Hollis.

«Ach nein? Für uns Russen sind sie eine Leidenschaft. Es hat in unserem Land zu viele Kriege gegeben. Wir müssen anderen immer wieder eine Lektion erteilen.»

«Ich habe nicht das Gefühl, daß irgendeine Seite aus Borodino gelernt hat», bemerkte Hollis undiplomatisch.

Burow musterte ihn fragend. «Da müssen Sie wohl noch einmal in die Geschichtsbücher schauen. Es war ein großer russischer Sieg.»

Hollis musterte sein Gegenüber über das Wagendach hinweg. Ihm lag eine böse Bemerkung auf der Zunge, aber er unterdrückte sie. «Wenn das alles war, schließen Sie doch bitte Ms. Rhodes' Tür.»

Burow trat zurück und rief: «Verfahren Sie sich nicht! Und seien Sie vorsichtig auf der Landstraße.»

Beide salutierten voreinander und wünschten sich einen guten Abend; immerhin kannten sie die Spielregeln.

11

«Ein ziemlich unangenehmer Patron», stellte Lisa fest. «Wußte er nun über unseren Ausflug nach Borodino Bescheid oder nicht?»

«Zumindest hat er den richtigen Schluß gezogen. Seine Zweifel werden verfliegen, sobald man die beiden Grenzsoldaten findet.»

«Wird man uns deswegen umbringen wollen?»

Hollis überlegte einen Augenblick. «Nein, nicht deswegen. Burow versteht eine solche Situation.»

«Aber wegen der Dinge, die wir gesehen haben.»

«Das kann sein. Aber ich sagte Ihnen schon, daß diese Leute unberechenbar sind. Am besten wehrt man sich dagegen, indem man ebenso unberechenbar handelt.»

«Mit anderen Worten – wir fahren nicht zum Staatsgut.»

«Genau.»

«Zurück nach Moskau?»

«Das klappt nicht.» Hollis schaute in den Rückspiegel, in dem sich eine schwarze Tschaika-Limousine abzeichnete. «Wir haben nämlich Gesellschaft.»

Lisa nickte. «Vielleicht finden wir ein Plätzchen, wo wir allein sein können.»

Hollis lächelte. Er erreichte die Stadtmitte, eine Art Kreisverkehr, umgeben von zweistöckigen Häusern, zum Teil verputzt, zum Teil aus Holz. Nur die Straßenbeleuchtung zeigte an, daß der Ort bewohnt war. Die Hauptstraße war mit der alten Verbindung Minsk–Moskau identisch, und Hollis hielt nach Westen auf das Staatsgut zu. Der Tschaika folgte.

Die überaus schlechte Straße entfernte sich im Bogen von der Moskwa und führte bei absoluter Dunkelheit durch die weite russische Ebene. Kein Licht war zu sehen außer den Scheinwerfern des Tschaika. Hollis wußte nicht, was die Verfolger vorhatten. Er bedauerte, seine Waffe fortgeworfen zu haben, doch galt er in der Sowjetunion als Verbrecher und mußte sich entsprechend verhalten. Hätten die Leute aus dem Tschaika ihn angehalten und die Tokarow bei ihm gefunden, wäre er trotz seiner diplomatischen Immunität mindestens wegen Mord vor Gericht gekommen. Oder man hätte ihn sofort liquidiert. Andererseits hätte er mit der Waffe die Verfolger im Tschaika eliminieren können.

Lisa schaute den Umschlag mit Papieren und Reiseschecks durch, den Burow ihr ausgehändigt hatte. «Mag ja sein, daß die Sowjets den Jungen ermordet haben – mit den Formalitäten nehmen sie es jedenfalls sehr genau.»

«Wenn es ihnen in den Kram paßt. Hatten Sie übrigens auch den Eindruck, daß sich Oberst Burow wegen Major Jack Dodson Sorgen macht?»

«O ja. Major Dodson ist irgendwo da draußen unterwegs – mit Gregory Fishers Rubeln und Landkarten.»

«Richtig. Und schafft er es bis in die Botschaft, die vermutlich sein Ziel ist, dann schwappen die Wogen bis nach Washington. Im Handumdrehen sind wir alle zu Hause, und der Nachtportier spielt den Chargé d'affaires.»

Lisa antwortete nicht.

Drei Kilometer außerhalb der Stadt entdeckten sie das riesige Holzschild über der Einfahrt zum Staatsgut.

Hollis bog auf die Kiesstraße ein und hielt auf das Gut zu. Zu erkennen war eine große Ansammlung nüchterner Holzbauten und Wellblechbaracken und ein zweistöckiges Betongebäude, das vermutlich die Kommune darstellte. Hier wohnten die festangestellten Arbeiter und Techniker des Staatsguts mit ihren Familien, außerdem die ledigen und durchreisenden Arbeiter. Küchen, Eßräume und Badezimmer wurden gemeinschaftlich benutzt.

Lisa schaute durch das Rückfenster. «Der Tschaika ist noch immer hinter uns... Jetzt haben sie die Scheinwerfer gelöscht.»

Hollis fuhr am Gemeinschaftsgebäude vorbei und entdeckte das kleine Backsteinhaus, das nach Burows Beschreibung die Verwaltung enthielt. Ein Fenster war erleuchtet. Hollis schaltete die Scheinwerfer aus und fuhr an dem Gebäude vorbei in die Nacht.

«Sie halten das für eine Falle?» fragte Lisa.

«Könnte sein.»

«Was machen wir?»

«Auf der Hauptstraße hätte unser kleiner Schiguli keine große Chance, aber hier auf den Feldwegen können wir es dem Tschaika zeigen.»

«Verstoßen wir damit wieder gegen unsere Reiseerlaubnis?»

«Ziemlich sicher.» Obwohl es dunkel war, konnte Hollis den Kiesweg zwischen den Feldern einigermaßen erkennen. Er gab Gas und benutzte die Bremse nur, wenn er einen kreuzenden Weg entdeckte und darauf einbog. Ohne Bremslichter und Scheinwerfer war der Schiguli in der mond- und sternenlosen Nacht praktisch unsichtbar, und nachdem er eine Viertelstunde lang willkürlich die Richtung gewechselt hatte, verkündete Hollis: «Wir haben den Tschaika abgeschüttelt. Dafür wissen wir nicht mehr, wo wir sind. Na, besser verirrt als verscharrt. Am besten suchen wir uns einen Traktorschuppen für die Nacht.»

«Es ist erst neun und schon frostkalt. Wir müssen uns eine bessere Unterkunft suchen, Sam.» Nach kurzer Überlegung fuhr Lisa fort: «Ich glaube, wir haben das Gelände des Staatsguts verlassen. Wenn wir eine Kolchose fänden, könnte uns dort ein Bauer für ein paar Rubel aufnehmen, ohne daß Fragen gestellt werden.»

«Ohne Fragen? In der Sowjetunion?»

«Ein Kollektiv ist etwas anderes als ein Staatsgut. Dort findet man noch russische Gastfreundschaft. Ich traue den Leuten zu, daß sie den Mund halten.»

«Sie waren doch noch gar nicht auf dem Land – woher wissen Sie, daß uns die Bauern so freundlich gesonnen sind?»

«Das sagt mir mein Instinkt.»

«Ich glaube eher, Sie haben zu viele russische Romane aus dem letzten Jahrhundert gelesen.» Hollis zuckte die Achseln. «Na schön, ich verlasse mich auf Sie.»

Sie fuhren jetzt auf einem Lehmweg, der von Ackerfahrzeugen tief ausgefurcht war. Eine Viertelstunde später kamen sie zur ersten Hütte einer kleinen Siedlung. Hollis verlangsamte die Fahrt auf dem Weg, der zwischen den beiden Hüttenreihen hindurchführte. «Ich sehe keine Lichter.»

«Es ist schon neun durch, Sam», sagte Lisa. «Die Leute schlafen. Wir sind hier nicht in Moskau.»

«Stimmt. Wir scheinen hier irgendwie ins letzte Jahrhundert geraten zu sein.» Hollis stellte den Motor ab und stieg aus. Man sah Lichtmasten, aber es schien keine Telefonleitungen oder Autos zu geben. Nicht einmal ein Pferd schien man hier zu besitzen. Die Siedlung war abgelegen, und das gefiel Hollis.

In einer *isba* ging ein Licht an, dann wurde es auch in anderen Hütten hell. Eine Tür ging auf, und ein Mann trat heraus. «Übernehmen Sie das Reden», sagte Hollis.

Der Mann kam näher. Er mochte zwischen vierzig und sechzig sein, trug Filzstiefel und schien sich hastig angekleidet zu haben.

«Hallo», sagte Lisa auf russisch. «Wir sind amerikanische Touristen.»

Der Mann antwortete nicht. Andere Türen gingen auf, immer mehr Gestalten erschienen.

Etwa zehn *isba*s säumten jede Seite des Feldweges, dahinter gab es Schweinekoben und Hühnerhöfe. Die Nutzgärten waren umzäunt, und in jeder Grundstücksecke stand ein Toilettenhäuschen. Zehn Meter entfernt befand sich der Dorfbrunnen mit Handpumpe. Der Ort wirkte sehr heruntergekommen.

Inzwischen hatten sich etwa fünfzig Menschen – Männer, Frauen und Kinder – um die Besucher und den Schiguli versammelt.

Lisa sprach den Mann an, der als erster ins Freie gekommen war: «Wir haben Probleme mit dem Auto. Können Sie uns über Nacht aufnehmen?»

Nach längerem Schweigen fragte der Mann zurück: «Sie wollen eine Unterkunft? Hier?»

«Ja.»

«In der Nähe gibt es ein Staatsgut. Dort hat man bestimmt ein Bett für Sie.»

«Ich glaube, das schafft unser Wagen nicht mehr», antwortete Hollis. «Haben Sie ein Telefon oder ein anderes Fahrzeug?»

«Nein, aber ich kann einen Jungen mit dem Fahrrad losschikken.»

«Nein, sparen Sie sich die Mühe», sagte Hollis mit einer Höflichkeit, die den Mann zu überraschen schien. «Meine Frau und ich möchten lieber bei den Leuten bleiben.» Er benutzte das Wort *narod* – das gemeine Volk, die Volksmasse –, und der Mann lächelte.

Die Gestalten ringsum hatten rauhe, ledrige Haut, dunkel wie die Erde, auf der sie standen. Ihre Kleidung wirkte zerschlissen, die Männer waren unrasiert, die Frauen rundlich, doch im Gesicht ausgezehrt, wie überall in Rußland. Die Zähne waren schwarz oder ausgefallen, und von der Gruppe ging ein säuerlicher Geruch aus, vermengt mit verschiedenen Wodka-Aromen.

Lisa sagte auf englisch: «Vielleicht war meine Idee doch nicht so gut. Wollen wir gehen?»

«Zu spät.» Hollis sagte zu dem Mann: «Wir würden für die Unterkunft gern bezahlen.»

Der Mann schüttelte den Kopf. «Nein, nein, aber ich kann Ihnen

Butter und Gemüse verkaufen, damit können Sie dann in Moskau guten Profit machen.»

«Vielen Dank. Ich stelle den Wagen so ab, daß er nicht die Straße versperrt.» Zu Lisa sagte er: «Machen Sie sich schon mal bekannt.» Rückwärts fuhr er zu einem Heuhaufen, der ihm bei der Einfahrt ins Dorf aufgefallen war. Er parkte den Schiguli so, daß er von der Straße aus nicht gesehen werden konnte, ergriff seine Aktentasche und kehrte zu Lisa zurück, die sich inzwischen mit zehn Leuten gleichzeitig unterhielt. «Unser Gastgeber heißt Pawel Fedorowitsch, dies ist seine Frau Ida, und er ist sehr beeindruckt von unserem Russisch. Außerdem habe ich erfahren, daß das Dorf Jablonja heißt, also Apfelbaum, und zu einem großen Kollektivhof mit Namen Krasnja Plamennij gehört – Rote Flamme. Die Verwaltung des Kollektivs liegt etwa fünf Kilometer weiter westlich. Dort wohnt zwar keiner, aber im Traktorschuppen gibt es ein Telefon, das wir bestimmt benutzen können, sobald morgen die Mechaniker kommen.»

«Sehr gut. Sie sind hiermit befördert.» Hollis stellte sich als Joe Smith vor. «Nennen Sie mich Josif.»

Pawel stellte jede der etwa zwanzig Familien einzeln vor, darunter seinen Sohn Michail, etwa sechzehn Jahre alt, und seine ein Jahr ältere Tochter Sina. Hollis drängte es, von der Straße wegzukommen, denn jeden Augenblick konnte ein schwarzer Tschaika auftauchen. «Meine Frau ist müde», sagte er zu Pawel.

«Ja, ja. Folgen Sie mir.» Er führte Hollis und Lisa zu seiner *isba*. Niemand fragte nach Gepäck.

Der vordere Raum der *isba* entpuppte sich als Küche. Es gab einen Holzherd zum Heizen und Kochen, darum herum war ein halbes Dutzend Paar Filzstiefel angeordnet. In der Ecke stand ein Kiefernholztisch mit Stühlen, an den Holzwänden hingen allerlei Gebrauchsgegenstände. An der hinteren Wand lehnten zwei lehmverschmierte Fahrräder. Überrascht entdeckte Hollis einen Eisschrank, versorgt von einer Deckensteckdose, von der auch eine nackte Glühbirne herabhing. Auf einem zweiten Tisch zwischen Herd und Eisschrank stand eine Waschwanne mit schmutzigem Geschirr.

Pawel stellte zwei Stühle zurecht. «Setzen Sie sich doch.»

Die Tür ging auf, und ein Mann und eine Frau traten ein, ihnen folgten ein etwa fünfzehnjähriges Mädchen und ein kleiner Junge. Die Frau stellte eine Schale Gurkenscheiben auf den Tisch und wich mit ihren Kindern zurück. Der Mann setzte sich dicht neben Hollis und lächelte. Eine zweite Familie kam, und die Szene wiederholte sich. Es dauerte nicht lange, da standen zahlreiche Frauen an der Wand und hatten die runden Arme vor der Brust verschränkt. Die Kinder hockten zu ihren Füßen. Die etwa fünfzehn Männer saßen in weitem Bogen um den Tisch auf Stühlen, die die Kinder hereingetragen hatten. Es wurde Wodka und armenischer Branntwein angeboten. Man trank aus angestoßenen und nicht allzu sauberen Teetassen. Gesprochen wurde nicht viel. Der Geruch, der von den vielen Menschen ausging, war zunächst überwältigend gewesen, doch achtete Hollis nach dem vierten Wodka nicht weiter darauf.

Lisa schaute in die Runde und erwiderte die Blicke der Umstehenden. Spontan sagte sie: «Es freut mich, daß ich hier bin.»

Vierzig Gesichter lächelten. Der Mann neben ihr fragte: «Woher können Sie so gut Russisch?»

«Von meiner Großmutter.»

«Ah», sagte ein Mann auf der anderen Seite des Tisches. «Sie sind Russin.» Das schien ein Grund für eine neue Runde zu sein, die sofort ausgeschenkt wurde.

Man schlug Hollis von hinten auf die Schulter. «Und Sie?» fragte ein Mann. «Wo haben Sie Ihr schlechtes Russisch gelernt?»

Allgemeines Gelächter.

Hollis hob ein Litergefäß mit Honigwodka. «In dieser Flasche.»

Es war eine spontane Feier. Hollis schaute in die Runde. Die Menschen schienen mit den braunen Holzwänden zu verschmelzen; ihr Geruch, ihr Teint, ihr inneres Wesen schienen eins zu sein mit dem Holz und der schwarzen Erde. Sein Blick blieb an Lisa hängen, die mit einem jungen Mann scherzte, und er mußte daran denken, daß er sie heute noch nie so lebhaft und gut gelaunt gesehen hatte. Ihm gefiel es, wie bedingungslos sie diese Menschen akzeptierte, und plötzlich realisierte er, daß er Lisa sehr mochte.

Die Frauen und die älteren Kinder tranken Tee. Wie erwartet, wurden dann Fragen über die USA gestellt, ausnahmslos von den Männern, während die Frauen stumm blieben. Einer fragte: «Stimmt es, daß eine Bank den Hof eines Bauern übernehmen kann, wenn er seine Schulden nicht bezahlt?»

Ein anderer wollte wissen: «Wird man bestraft, wenn man nicht die ganze Ernte abliefert?»

«Ich habe gelesen, drüben tötet man lieber das Vieh, als es unter Preis zu verkaufen.»

«Was passiert, wenn es eine Mißernte gibt? Woher bekommt der Bauer dann etwas zu essen?»

«Was geschieht, wenn seine Schweine oder Kühe an einer Seuche sterben? Bekommt er Hilfe vom Staat?»

Hollis und Lisa versuchten zu antworten, so gut sie konnten, wiesen aber darauf hin, daß sie sich mit landwirtschaftlichen Problemen nicht so gut auskannten. Verstohlen schaute Hollis auf die Uhr: beinahe Mitternacht. Er hätte die Feier gern noch weitergehen lassen, doch mußte er immer wieder an den schwarzen Tschaika denken, der die Straßen absuchte. Er stand auf und sagte zu Pawel: «Meine Frau braucht Schlaf, und wir haben Sie lange genug wach gehalten. Vielen Dank für Ihre Gastfreundschaft und vor allem für den Wodka.»

Alle lachten. Die Grüppchen gingen familienweise, wie sie gekommen waren. Die Männer gaben Hollis die Hand und wünschten Lisa leise eine gute Nacht. Die Frauen gingen ohne Gruß.

Pawel führte Lisa und Hollis schließlich durch eine Öffnung, vor der eine Steppdecke hing. Dahinter befand sich ein Schlafzimmer, und Hollis erkannte, daß es im Haus gar kein eigentliches Wohnzimmer gab. Der Raum enthielt zwei Betten, in denen dicke Decken lagen; Pawel wies auf eine grob zugehauene Tür aus Kiefernholz, hinter der das hintere Zimmer der Hütte lag, in dem vermutlich die Eltern schliefen. Der mittlere Raum war für Sohn und Tochter bestimmt, die heute wohl in der Küche übernachten würden.

«Hier ist Ihr Bett», sagte Pawel.

Wie schon in der Küche hing eine nackte Glühbirne an der Decke. Ein kleiner elektrischer Heizofen neben dem Bett verbreitete Wärme. Das Doppelbett und zwei Holztruhen füllten das Zimmer aus, auf dessen Dielen ein einfacher Teppich lag. Nägel dienten als Kleiderhaken; an einem hing eine schmutzige Hose. Ein Fenster in der Schmalwand führte zum rückwärtigen Garten hinaus. Die Trennwand zwischen den Schlafräumen bestand aus groben Kiefernbrettern, deren Astlöcher mit Zeitungspapier zugestopft waren.

«Wundervoll!» sagte Lisa zu Pawel und Ida. «Vielen Dank, daß Sie uns das echte Rußland gezeigt haben.»

Pawel lächelte und richtete seine Antwort an Hollis: «Ich glaube nicht, daß Sie Touristen sind, aber wer Sie auch sein mögen, Sie sind ehrlich, und Sie können hier gut schlafen.»

«Es wird keinen Ärger geben», sagte Hollis, «wenn die Einwohner von Jablonja gegenüber Außenstehenden den Mund halten.»

«Mit wem sollten wir nach der Ernte wohl sprechen? Für die anderen sind wir doch tot, bis es darum geht, die Frühjahrssaat auszubringen.»

Ida überließ Lisa eine Rolle dickes Toilettenpapier. «Falls Sie nach hinten müssen.»

Die beiden gingen. Hollis begab sich zum Bett, hob eine Ecke der Steppdecke an und suchte an den Nähten nach Ungeziefer.

Lisa schien die schmutzige Matratze nicht zu beachten.

Schließlich prüfte Hollis das gardinenlose Fenster: Es hatte Klappflügel und stammte aus der Fabrik, war aber einige Zentimeter kürzer als die Fensteröffnung. Der Putz, der die Lücke füllte, hatte zu bröckeln begonnen. Ein kalter Lufthauch kam hindurch. Hollis drehte den Griff und überzeugte sich, daß das Fenster zu öffnen war. Vielleicht mußten sie ja nach hinten hinaus verschwinden.

Ein verlegenes Schweigen trat ein. Hollis wußte nicht recht, was er tun oder sagen sollte.

«Es ist sehr kalt hier», sagte Lisa schließlich, legte sich angekleidet auf das Bett und deckte sich mit den beiden Bettdecken zu. «Sehr kalt.» Sie gähnte.

Hollis zog die Lederjacke aus und hängte sie an einen Nagel, dann stieß er sein Messer in einen Wandbalken neben dem Bett. Er setzte sich auf eine Truhe und zog die Stiefel aus. Seltsamerweise schlug sein Herz plötzlich unnatürlich schnell, und er suchte nach Worten. Schließlich fragte er: «Wäre es bequemer für Sie, wenn ich auf dem Boden schliefe?»

«Nein. Für Sie?»

Nach kurzem Zögern zog Hollis Pullover und Jeans aus und warf sie über die Truhe. Er löschte das Licht und schob sich neben Lisa ins Bett.

«Sind Sie müde?» fragte Lisa. «Ich bin ziemlich aufgekratzt. Was für ein Tag!»

«Können wir ja bald mal wiederholen.»

«Sind Sie böse? Ihre Stimme klingt irgendwie verärgert.»

«Ich bin nur müde.»

Sie legte ihm eine Hand auf die Schulter. Er drehte sich um und betrachtete sie im schwachen Licht, das durch das Fenster drang.

«Du hast zwei bewaffnete KGB-Männer erschossen, ohne mit der Wimper zu zucken», flüsterte Lisa. «Jetzt aber zitterst du.»

«Es ist kalt.»

«Ich bin auch nervös. Aber ich möchte mit dir zusammen sein.» Sie fügte hinzu: «Vielleicht gibt's gar keine Zukunft für uns.»

«Solche Sprüche gibt's sonst nur bei uns Kampfpiloten. Was ist, wenn wir doch eine Zukunft hätten?»

«Dann tun wir einen Schritt nach dem anderen.»

«Schön. Und Seth? Wie wird der reagieren?»

Lisa antwortete nicht. Hollis spürte ihren nackten Fuß, umfaßte ihren Kopf und küßte sie.

Sie entkleideten sich unter den dicken Bettdecken und lagen engumschlungen nebeneinander. Lisa ließ ihre Hände über Sams Rücken wandern und spürte dabei einige verhärtete Stellen.

«Narben.»

«Oh.»

Hollis zog sie unvermittelt ganz eng an sich und drang mühelos in sie ein. «Sam ... das ist schön und ... warm.»

«Ja ... warm.» Er umarmte sie zärtlich und bewegte sich in ihr. Sie antwortete überraschend kraftvoll auf seine Bewegung, drängte sich ihm entgegen und stöhnte auf, als seine Stöße fordernder wurden. Sie fanden ihren Rhythmus und genossen die Lust, die in ihnen aufstieg. Den Höhepunkt erlebten sie gemeinsam, und danach lagen sie in enger Umarmung aufeinander. Lisa schmiegte den Kopf an seine Brust, und er fuhr ihr mit den Fingern durch das Haar.

«Ich höre dein Herz», sagte sie.

«Ich spüre deinen Atem.»

Sie küßte ihn. «Jetzt kann ich bestimmt einschlafen.»

Hollis lag noch lange Zeit wach, starrte in die Dunkelheit und lauschte in die Stille. Er roch Zigarettenrauch aus dem Nebenzimmer. Jemand hustete. Das Fenster klapperte.

Eine Stunde später hörte er einen Tschaika-Motor auf dem Weg, kurz darauf das Klappern eines Kettenfahrzeugs, vermutlich eines Truppentransporters.

Er wartete auf das Knirschen der Stiefel im gefrorenen Garten, auf das Aufbrechen der Hüttentür, aber der Motorenlärm verhallte, und die Stille kehrte zurück. Suchte man nach ihm und Lisa oder nach Jack Dodson? Es gab in diesem Land nur wenige Bürger, über deren Verbleib man nichts wußte, da stellten drei frei herumlaufende Ausländer ein katastrophales Versagen des Systems dar, eine Situation, die nicht geduldet werden konnte.

Hollis schloß die Augen und ließ sich treiben. Lisa murmelte im Schlaf vor sich hin, dann hörte er sie sagen: «Der Wagen steckt fest!» und: «Ich bin der diensthabende Offizier.» Schließlich: «Er ist auch dein Freund, Seth.»

Lisa war die erste Frau, mit der er geschlafen hatte, die auf russisch träumte.

12

Ein Geräusch im Garten weckte Lisa. Sie schüttelte Hollis. «Da draußen ist jemand.»

Hollis öffnete die Augen und hörte eine Tür quietschen. «Die Toilette ist im Garten.»

Auch in der Küche rührte sich etwas, und irgendwo krähte ein Hahn.

«Es ist Sonntag, Sam.»

Hollis nickte, und Lisa sagte leise: «Magst du's morgens auch?»

«Was? Ach...»

Sie liebten sich ein zweites Mal. Schließlich lagen sie ausgestreckt unter den Decken und sahen ihren Atem weiß emporsteigen.

Lisa legte ihm den Arm auf die Brust und rieb ihm mit den Zehen über den Fuß. Dann sagte sie: «Dreh dich mal um.»

Hollis legte sich auf den Bauch. Im schwachen Licht betrachtete Lisa die weißen und purpurnen Narben, die vom Hals bis zur Hüfte reichten. «Du bist ja ziemlich in die Mangel genommen worden. Tut's noch weh?»

«Nein.»

«Brandwunden?»

«Heiße Granatsplitter.»

«Das Flugzeug ist explodiert?»

«Nicht von allein – eine Boden-Luft-Rakete am 29. Dezember 1972. Ausgerechnet beim letzten amerikanischen Einsatz über Nordvietnam. Die Weihnachtsbombardierung. Weißt du noch?»

«Nein.»

«Ich war über Haiphong, warf meine Bomben und drehte nach Südvietnam ab. Plötzlich sagt Ernie Simms, mein Radaroffizier, ganz gelassen: ‹Rakete im Anflug!› und gibt mir Ausweichinstruktionen. Die Rakete hatte uns aber schon aufs Korn genommen und ließ sich nicht wieder abschütteln. Ernie sagte noch: ‹O nein!› Dann weiß ich nur noch, daß es eine Explosion gab, die Instrumente dunkel wurden und die Maschine sich nicht mehr steuern ließ. Blut spritzte. Ich dachte erst, es wäre meins, aber es kam von Ernie. Die F-4 lag gerade in einer engen Kurve und kippte direkt ins Südchinesische Meer. Ich sprengte die Kabinenverkleidung ab, und Simms und ich wurden aus dem Cockpit geschleudert. Unsere Fallschirme öffneten sich, und wir landeten im Wasser. Ich dümpelte eine Zeitlang herum, sah feindliche Kanonenboote näher kommen und betrachtete mich schon als Kriegsgefangenen.»

Hollis richtete sich auf und starrte aus dem Fenster. «Simms hing etwa hundert Meter entfernt in seinem Schwimmsitz. Er hatte sich am Hals mit einem Druckverband beholfen und schien einigermaßen munter zu sein. Ich rief ihm etwas zu, und er antwortete. Ein Kanonenboot nahm ihn aufs Korn. ‹Sam, sie haben mich!› rief er. Ich schwamm auf ihn zu, aber er winkte mich fort. Ich hätte sowieso nicht viel machen können. Ich sah, wie die Viets ihn an Bord zerrten. Dann wollten sie mich holen. Aber da schalteten sich unsere Marinerettungshubschrauber ein und vertrieben die Boote mit MGs und Raketen. Ein Hubschrauber zog mich aus dem Wasser. Ich konnte das Boot sehen, das mit Simms in den Schutz der nordvietnamesischen Küstenbatterien zurückkehrte, woraufhin unsere Hubschrauber die Verfolgung abbrachen. Ich kam auf ein Lazarettschiff.»

Lisa schwieg.

«Ich erfuhr später, daß ich der letzte Pilot war, der über Nordvietnam abgeschossen wurde. Mein Name steht sogar in einem Geschichtsbuch. Eine ziemlich zweifelhafte Ehre. Und Simms ist der letzte Vermißte.»

«Eine... schreckliche Sache», sagte Lisa und fragte stockend: «Glaubst du, Simms ist... ich meine, ist er nie wieder aufgetaucht?»

«Nein, vermißt.»

Sie legte ihm eine Hand auf die Schulter.

Hollis schwieg eine Zeitlang und sagte dann: «Um die Sache abzuschließen – der Name Ernie Simms ist bis heute auf keiner nordvietnamesischen Gefallenen- oder Gefangenenliste aufgetaucht, so daß er offiziell noch als vermißt gilt. Ich habe aber gesehen, daß er lebend an Bord genommen wurde. Deshalb stimmt mich die Sache mit Dodson besonders nachdenklich, wegen all der Jungs, deren Fallschirme sich nach Augenzeugenberichten geöffnet hatten, die aber nie wieder aufgetaucht sind. Ich frage mich, ob Ernie Simms und tausend andere nicht vielleicht in der Sowjetunion stecken.»

«In der Sowjetunion?» Lisa zog ihre Jacke aus dem Bett und steckte sich eine Zigarette an. «Das wäre ja unfaßbar.»

«Ja... unfaßbar.» Hollis verließ das Bett und ging zu seinen Sachen, die auf der Truhe lagen.

Sie zogen sich an und gingen durch das Mittelzimmer in die Küche. Ida wies auf eine Schale mit heißem Wasser; daneben lagen ein Handtuch und ein Seifenstück. Nach dem Waschen ging Lisa nach hinten in den Garten, und Hollis schlenderte zur Straße, auf der allerdings nur der Kettenwagen eine Spur hinterlassen hatte. Warum das Dorf nicht durchsucht worden war, konnte er nur vermuten. Vielleicht wachte irgendwo ein Schutzengel. Nach einem Ausflug ins Toilettenhäuschen kehrte Hollis in die Küche zurück. Pawel, Lisa und die Kinder saßen am Tisch. Michail und Sina beugten sich über ein Mathematikbuch. Ida servierte gekochte Eier und ausgezeichneten Tee. Auf dem Tisch stapelte sich braunes Brot, daneben stand Butter. Sie aßen schweigend, und dann sah Hollis auf die Uhr. Es war fast sieben. «Es wird Zeit», sagte er und folgte Pawel ins Freie. Dieser schaute zum Himmel. «Regen, vielleicht auch Schnee. Sehen Sie die Wolken dort? Wenn sie nicht mehr weiß oder schwarz sind, sondern flauschiggrau, können sie Schnee bringen.»

Pawel schaute über die braunen Felder hinter seinem Grundstück. In seiner Stimme lag jener Fatalismus, den Hollis allzugut kannte. «Manchmal liegt der Schnee so hoch, daß die Kinder nicht zur Schule können und wir im Haus festsitzen. Eigentlich soll die Straße freigehalten werden, aber das geschieht selten. Ich sitze im Haus und trinke zuviel. Ich hatte noch eine zweite Tochter, Katja, aber die ist im Winter an einem Blinddarmdurchbruch gestorben. Es heißt, irgendwann kommen wir alle in eine Sowchose. Mag sein. Aber ich weiß nicht, ob ich dieses Haus verlassen möchte. Was machen amerikanische Bauern im Winter?»

«Sie reparieren, räumen ihre Scheune auf, gehen auf die Jagd. Manche lassen sich irgendwo einstellen. In Amerika ist es im Winter nicht so kalt.»

«Ja, das ist mir bekannt.»

Er blickte Hollis an: «Sehnen Sie sich nach Ihrer Heimat?»

«Ich habe keine Heimat.»

«Keine Heimat?»

«Ich habe schon an vielen Orten gelebt.» Hollis schaute auf die Uhr. «Wir müssen los.» Nach kurzem Schweigen fuhr er fort: «Vergessen Sie nicht: Es wäre nicht gut für Jablonja, wenn irgend jemand unseren Besuch herumerzählte.»

«Das weiß ich. Wir besprechen das, wenn Sie fort sind.»

Hollis drückte Pawel einen Zehnrubelschein in die Hand.

Pawel betrachtete das Geld und steckte es in die Tasche. «Fahren Sie Ihr Auto vor, ich gebe Ihnen fünf Kilo Butter. Dafür bekommen Sie in Moskau zwanzig Rubel.»

«Wir fahren nach Leningrad. Außerdem ist das Geld für Ihre Gastfreundschaft. Auf Wiedersehen.» Hollis machte kehrt und ging zum Haus zurück, wo Lisa bereits auf ihn wartete. Sie hielt einen Leinenbeutel in der Hand. «Ida hat mir Honig und einen Beutel Birnen geschenkt», sagte sie.

Hollis zog seine Aktentasche unter dem Tisch hervor. «Vielen Dank, Ida. Leb wohl.» Er nahm Lisas Arm und verließ mit ihr das Haus. Der Schiguli erwartete sie hinter dem Heuhaufen. Sie stiegen ein, und Hollis ließ den Motor an. Er wartete, bis die Heizung sich bemerkbar machte.

«Ich habe zehn Rubel im Schlafzimmer liegenlassen«, sagte Lisa.

«Wirklich. Ich habe Pawel auch einen Zehner gegeben. Die Leute haben's verdient.»

«Alle waren so nett.»

Hollis versuchte den Gang einzulegen, aber das Getriebe klemmte wieder einmal. Er spielte mit Kupplung und Schalthebel und bekam schließlich den zweiten Gang hinein. «Na endlich!»

Er fuhr auf den Feldweg und folgte der Richtung, die sie gestern abend schon gefahren waren.

«Wollen wir zum Telefon?» fragte Lisa.

«Das möchte ich lieber nicht riskieren.»

«Wohin fahren wir dann? Moschaisk liegt entgegengesetzt.»

«Unser Ziel ist nicht Moschaisk, sondern Gagarin.» Hollis hupte und winkte Pawel, Ida, Michail, Sina und den anderen zu, die winkend in ihren Vorgärten standen. «Jablonja», sagte er. «Dieses Dorf werde ich so schnell nicht vergessen.»

«Ich auch nicht. Warum nach Gagarin?»

«Zwischen Moschaisk und Moskau müssen wir mit Leuten rechnen, die Dodson suchen – und vielleicht auch uns. Folglich fahren wir in westlicher Richtung nach Gagarin, wo hoffentlich keine umfassende Fahndung nach flüchtigen Amerikanern im Gange ist. Wir lassen den Wagen stehen und fahren mit dem Zug nach Moskau. Okay?»

«Habe ich überhaupt eine Wahl?»

«Du kannst dich auf den Rücksitz setzen – links oder rechts.»

Lisa zündete sich eine Zigarette an. «Du bist ein ziemlich cleverer Bursche.»

«Auslandsreisen bilden. Und wie clever ich wirklich bin, werden wir noch sehen. Machst du mal ein bißchen das Fenster auf?»

Der Feldweg führte schnurgerade nach Westen.

«Kennst du dich hier aus?» wollte Lisa wissen.

«Gagarin müßte etwa fünfzig Kilometer weiter westlich liegen, an der alten Straße Minsk–Moskau. Und ja, auch ich weiß, daß wir wieder mal –»

«– unsere beschissene Reiseerlaubnis übertreten!»

Hollis fuhr, so schnell es der Schiguli zuließ. Es war kurz nach acht Uhr, und in den Fahrrillen schimmerte bereits ein wenig Wasser. Er hatte noch etwa eine Viertelstunde Zeit, ehe der Frost ganz gewichen war und der Schlamm den Schiguli verschlingen würde.

«Ob es den Leuten aus Jablonja gut ergeht, was meinst du?»

«Nun ja, wenn sie den Kontakt mit Ausländern nicht melden und die Behörden selbst dahinter kommen, müssen sie sich auf Schlimmes gefaßt machen.»

Lisa schwieg und sagte dann: «Ich hätte mir klarmachen müssen, welche Schwierigkeiten unser Besuch bringen kann ... es war nur ein so schöner Ausweg für uns.»

«Mach dir deswegen keine Sorgen. Ich hoffe nur, daß das KGB nicht gleich heute früh dort herumschnüffelt. Wir brauchen ein paar Stunden Vorsprung.» Hollis spürte, daß der Weg weicher wurde. Schlamm spritzte in die Kotflügel. Der Auspuff stieß dröhnend auf den Boden. Weiter vorn mühte sich ein Pferd mit einem Kartoffelwagen in gleicher Richtung. «Verdammt.» Hollis konnte hinter dem Gefährt nicht anhalten, ohne im Schlamm steckenzubleiben. «Festhalten.» Schwungvoll steuerte er hinter dem anderen Fahrzeug nach links. Die rechte Seite des Autos war Zentimeter von dem Karren entfernt, während die linken Räder bereits im Graben versanken. Der Schiguli begann umzustürzen, wurde dann hochgelenkt und kippte förmlich wieder auf die Straße, dicht vor dem Pferd, das sich schlammbespritzt aufbäumte. Der Wagen schlingerte heftig, verlor aber kaum an Geschwindigkeit.

«O Mann!» rief Lisa und atmete tief durch.

Keine fünf Minuten später kreuzte eine Kiesstraße, und Hollis bog nach Norden ab. Schnell brachte er den Schiguli auf fünfzig Stundenkilometer und lauschte dem Klappern des lockeren Auspuffs. Weiter vorn tauchten die Strommasten der alten Minsk–Moskau-Straße auf. «Noch etwa zwanzig Minuten bis Gagarin», meldete Hollis.

Zehn Minuten später tauchten links und rechts der Straße niedrige *isbas* auf, danach Gebäude mit bemalten Holzwänden. Hollis ging mit der Geschwindigkeit herunter. «Gagarin.»

«Benannt nach dem Kosmonauten?»

«Ja. Er ist in einem Dorf dieser Gegend geboren. Aus einer bescheidenen *isba* bis in die Raumkapsel – aus der Holzhütte zu den Sternen.»

Gagarin war das Zentrum eines Distrikts, der sich zu beiden Seiten des Bolschaja-Gschat-Flusses erstreckte. Mit seinen zehntausend Einwohnern war es groß genug, daß der Schiguli und seine nicht sehr russisch wirkenden Insassen nicht weiter auffallen mochten. Die Stadt rühmte sich eines Restaurants und des Museums zur Erinnerung an seinen weltbekannten Bürger. Und sie schien menschenleer zu sein.

In der Stadtmitte bremste Hollis den Wagen mitten auf der leeren Straße und drehte ein Fenster herunter. Eine unförmige, in ein schwarzes Tuch gehüllte Babuschka trug eine schwere Kiste auf der Schulter wie ein Mann. «Wollen Sie mitfahren?» fragte Hollis auf russisch.

«Gut, gut.» Sie öffnete die Hintertür, hievte die Kiste auf den Sitz und stieg ebenfalls ein. Das Heck des Schiguli sackte ab. Hollis warf Lisa einen Blick zu, lächelte und zuckte die Achseln. «Bahnhof?»

«Dort, dort, biegen Sie dort ab. Woher kommen Sie?»

Hollis folgte der angezeigten Straße und erblickte gleich darauf den Bahnhof, einen überdachten Betonbahnsteig. «Aus Estland.»

«Ach? Und läßt die estländische Polizei euch mit verbeulten Kotflügeln fahren? Sie müssen das hier in Ordnung bringen lassen.»

«Ja, Mütterchen.»

«Wo haben Sie Hüte und Handschuhe? Wollen Sie sich eine Lungenentzündung holen?»

«Nein.» Hollis hielt auf einem kleinen, leeren Parkplatz neben dem Bahnsteig. Er stieg aus und half der alten Frau die Treppe hinauf. Lisa folgte mit seiner Aktentasche. Durch die Menge gingen sie zum hölzernen Bahnhofshäuschen auf dem Bahnsteig. Nach Fahrplan mußte der nächste Moskauer Zug in zwanzig Minuten kommen. Hollis klopfte an das Schalterfenster, und eine Holzklappe wurde zur Seite geschoben. Dahinter stand eine Frau mittleren Alters in einem grauen Eisenbahnermantel. Hinter ihr glühte ein rundlicher alter Kanonenofen. «Zwei einfache Fahrkarten nach Moskau.»

Die Frau musterte ihn.

Hollis wußte, daß sie ihn eigentlich nach einem Binnenpaß fragen mußte, was aber auf Bahnhöfen selten wirklich geschah. Vielleicht machte sie in seinem Fall aber eine Ausnahme. «Wäre es möglich», fügte er hinzu, «die Fahrkarten gleich bis Leningrad und Tallinn zu lösen?»

«Nein. Sie kommen aus Estland?»

«Ja.»

Die Frau verrenkte sich den Hals, um einen Blick auf Lisa zu werfen, dann schaute sie wieder Hollis an. «Die Fahrkarten nach Leningrad und Tallinn müssen Sie sich in Moskau besorgen. Zweiundzwanzig-fünfundsiebzig.»

Hollis zahlte mit fünfundzwanzig Rubeln und nahm Fahrkarten und Wechselgeld entgegen.

Lisa blickte zum Schalter zurück. «Ob sie wohl die Miliz ruft?»

Hollis wanderte im Bogen um das Häuschen herum, schaute sich um, zog das Messer und schnitt die Telefonleitung durch. «Nein, aber wenn sie ihr Fahrkartenhäuschen verläßt, müssen wir in den Schiguli zurück.»

Lisa hängte sich bei ihm ein. «Irgendwie habe ich das Gefühl, daß du uns hier herausholst.» Sie fügte hinzu: «Du hast uns ja auch reingeritten.»

Hollis antwortete nicht.

«Was hättest du getan, wenn sie Pässe oder Ausweise hätte sehen wollen?»

«Na, was meinst du?»

Lisa überlegte einen Augenblick und sagte dann: «Ich würde so tun, als könnte ich die Dokumente nicht finden, würde verschwinden und einem Bauern Geld dafür geben, daß er die Fahrkarten für mich kauft.»

«Nicht schlecht», sagte Hollis nickend.

Zu zweit wanderten sie über den kalten grauen Betonbahnsteig. Überall drängten sich schwarzgekleidete Gestalten mit dunklen Kopftüchern. Alte Bauern, Männer und Frauen, unterstützt durch dreizehn- bis sechzehnjährige Jungen, mühten sich mit Kisten, Schachteln und Koffern, die mit Milchprodukten und dem letzten frischen Gemüse des Jahres gefüllt waren. Sie alle hatten ein Ziel – Moskau, das Zentrum, wo acht Millionen Menschen zu ernähren waren, eine Aufgabe, die das Verteilungssystem der Regierung nicht schaffte.

Der Belorussische Express näherte sich grollend. Die Menschenmenge geriet in Bewegung und rückte die Lasten an den Bahnsteigrand. Der Zug hielt, die Türen gingen auf, und Hollis und Lisa stiegen ein. Sie fanden zwei leere Sitze nahe dem Teeabteil des Zugbegleiters.

Zehn Minuten später, als sich der Zug in Bewegung setzte, war der Waggon bis in den letzten Winkel mit Passagieren und Paketen gefüllt. Hollis schaute auf die Uhr. Halb zehn. Trotz Zwischenaufenthalten in Moschaisk und Golizjno müßte der Zug noch vor zwölf Uhr in Moskau sein.

Die ernste Stimmung des Bahnhofs verflog; lebhafte Gespräche kamen in Gang, es wurde gescherzt und gelacht. Ein seltsames Band schien zwischen diesen Menschen zu bestehen, obwohl sich viele offenbar zum erstenmal begegneten.

Hollis und Lisa sprachen so wenig wie möglich. Die Schaffnerin, eine Frau mittleren Alters, entwertete die Fahrkarten mit einem Strich. «Kommen Sie aus Moskau?»

«Nein, aus Estland», antwortete Hollis. «Von Moskau fahren wir nach Leningrad weiter, dann heimwärts nach Tallinn.»

«Ah. Ihr Russisch ist gut.» Ihr Blick fiel auf Lisa. «Das sind sehr hübsche Stiefel.»

«Vielen Dank.»

«In unseren Ostseerepubliken gibt es manchmal viel bessere Waren. Ich begreife das nicht.» Sie gab Hollis die Fahrkarten zurück. «Gute Reise.»

«Vielen Dank.»

Auf dem schnurgeraden Gleis fuhr der Zug ziemlich schnell. Musik klang aus den Lautsprechern.

Auch in Moschaisk drängten sich die Menschen auf dem Bahnsteig, sie wurden allerdings in die letzten beiden Waggons umgeleitet. Soldaten und Milizionäre säumten das Gleis. Hollis und Lisa blieben geduckt sitzen und stellten sich schlafend. Der Zug setzte seine Fahrt durch die öde russische Landschaft fort.

In Golizjno wurde nur fünf Minuten gehalten, und keine Viertelstunde später kam auf den Lenin-Hügeln die Spitze der Moskauer Universität in Sicht. «Fast zu Hause», sagte Lisa und berichtigte sich: «Nein, nicht wirklich zu Hause.»

Der Zug hielt kurz in mehreren Vorortbahnhöfen. «Warum steigen wir nicht schon hier aus?» fragte Lisa unruhig. «Wir könnten zu Fuß zur Botschaft gehen.»

«Wir haben als Reiseziel Leningrad angegeben, also steigen wir auch am Belorussischen Bahnhof aus.»

«Ich möchte hier raus. Ich habe genug!»

«Sitzen bleiben!»

Lisa sank zurück. «Tut mir leid. Die Nerven.»

Zehn Minuten vor zwölf hielt der Belorussische Express aus Minsk im Belorussischen Bahnhof von Moskau. Hollis und Lisa stiegen aus und schoben sich durch das Menschengewimmel in der hundert Jahre alten Halle, passierten Doppelpatrouillen der KGB-Grenzeinheiten, wie sie an jedem Verkehrsknotenpunkt der Sowjetunion anzutreffen waren, und betraten den Gorki-Platz mit seinem riesigen Denkmal. Der Himmel zeigte das übliche Grau, und nach der frischen Landluft machten sich die übelriechenden Auspuffgase besonders bemerkbar.

Sie überquerten den Platz und folgten der Gorki-Straße in Richtung Kreml. Hollis führte seine Begleiterin schließlich in das Hotel *Minsk* und verschwand in einer Telefonzelle neben dem Foyer. Er rief die Botschaft an, sprach mit dem wachhabenden Marinesoldaten und anschließend mit dem diensthabenden Offizier, der sich als sein Assistent Captain O'Shea entpuppte. «Ed, ich bin's – okay?»

«Jawohl, Sir.»

«Blitzlicht», sagte Hollis und benutzte damit das Kodewort für eine persönliche Notlage. «Schicken Sie mir einen Wagen auf Position Delta. In zehn Minuten.»

«Jawohl, Sir. Ich übernehme das selbst.»

«Nein, bleiben Sie, wo Sie sind, wenden Sie sich an Mr. Neun. Ich möchte ihn sprechen.»

«Mr. Neun war Ihretwegen schon sehr besorgt. Er ist in seinem Büro.»

«Zehn Minuten.»

«Jawohl, Sir. Willkommen zu Hause.»

Hollis hängte ein und sagte zu Lisa: «Seth macht sich Sorgen um dich.»

Lisa antwortete nicht. Sie verließen das Hotel *Minsk* und folgten der Gorki-Straße. «Eine saubere Sache», sagte sie. «Wo liegt Position Delta?»

«‹Gastronom Eins›. Bekannt?»

«Aber ja.» Sie fügte hinzu: «Wir schaffen es doch, oder?»

«Ich denke.»

Sie erreichten den Puschkin-Platz und durchquerten den Gartenring, der früher die Wehrmauer der Stadt gewesen war. Vor der reich verzierten Fassade von «Gastronom Eins» kehrten sie um. «Ich gehe davon aus, daß ‹Position Delta› dem KGB nichts sagt, denn wir ändern den Ort, sobald wir ihn einmal benutzt haben. Deshalb wird uns vermutlich niemand vom KGB erwarten. Unser Wagen dürfte allerdings ein oder zwei Verfolgerfahrzeuge im Schlepptau haben. Sobald der Wagen von der Botschaft abbremst, springst du hinten rein, rutschst sofort weiter, und ich folge dir. Okay?»

«So was hab ich schon mal in einem Film gesehen.»

Sie warteten. Lisa zündete sich eine Zigarette an. Ein schwarzer Ford kam ziemlich schnell die Gorki-Straße herauf. Hollis erkannte zwei Sicherheitsbeamte auf den Vordersitzen und hinten einen Mann, der wie Seth Alevy aussah. Dem Ford folgte ein schwarzer Tschaika. Abrupt schwenkte der Ford zum Bordstein ab und bremste energisch. Die Hintertür klappte auf. Lisa schob sich neben Alevy, Hollis sprang hinein und knallte die Tür zu. Sofort beschleunigte der Ford wieder. «Hallo, Seth», sagte Lisa.

Alevy wandte sich an Hollis: «Ich hoffe, Sie haben für das alles eine gute Erklärung, Colonel.»

Hollis antwortete nicht.

«Wo ist der Wagen?» fragte Alevy.

«Am Bahnhof.»

«An welchem Bahnhof?»

«In Gagarin.»

«Gagarin? Zum Teufel, was haben Sie denn da gemacht?»

«Na, wir sind in den Zug nach Moskau gestiegen.»

Alevy verschränkte wortlos die Arme und schaute aus dem Fenster.

Der Tschaika schloß dicht auf, aber der Fahrer beschleunigte, bis plötzlich ein zweiter Tschaika vor dem Ford erschien und ihn mit dem Verfolger in die Zange nahm. Der amerikanische Fahrer wich nach links aus, und die drei Wagen begannen eine gefährliche Schlängelfahrt über den Kalinin-Prospekt.

Nach knapp zehn Minuten erreichte der Ford die Botschaft, schoß an der Miliz-Bude vorbei, überquerte den Bürgersteig und passierte das Tor. Der verfolgende Tschaika hupte, und der Beifahrer hob wütend den Mittelfinger. Hollis erwiderte den Gruß der Marinesoldaten. Der Ford fuhr im Bogen um den Flaggenmast und hielt vor dem Eingang zum Botschaftsgebäude. Hollis, Lisa und Alevy stiegen aus. «Ich will euch ja nicht zu nahe treten», sagte Alevy, «aber ihr riecht ziemlich unangenehm.»

«Ich gehe sofort duschen», verkündete Lisa.

«Keine schlechte Idee.»

Hollis sagte zu Alevy: «Rufen Sie im Leichenschauhaus Moschaisk an. Sie sollen nicht auf eine Eskorte warten, sondern den Toten zum Frachtterminal in Scheremetjewo schaffen. Wegen der Formalitäten schicken Sie einen Konsularbeamten zum Flughafen.» Er zog einen großen Umschlag aus der Aktentasche. «Hier sind die erforderlichen Dokumente, einschließlich Exporterlaubnis und Rechnung für den Sarg, die vor Versand bezahlt werden muß.»

«Ich dachte schon, *Sie* steckten in dem verdammten Sarg. Ich habe überall herumtelefoniert – im Außenministerium, beim KGB ...»

«Das wäre nun wirklich die falsche Adresse, Seth.»

«Wo haben Sie die Nacht verbracht?»

«Wir haben uns in einem Dorf namens Jablonja versteckt», sagte Lisa.

«Versteckt. Vor wem?»

«Vor einem Burschen namens Burow», antwortete Hollis. «Ein KGB-Typ, Oberst.» Hollis beschrieb den Mann. «Kennen Sie ihn?»

«Kann sein. Ich erkundige mich mal. Okay, kommen Sie in einer halben Stunde in den abgeschirmten Raum im sechsten Stock. Sie beide. Schaffen Sie das?»

«Ich brauche eine Stunde», sagte Lisa, machte kehrt und betrat das Gebäude.

Alevy starrte Hollis an, der den Blick erwiderte. «Es war ein Fehler, zuzulassen, daß Sie sie mitnehmen», sagte Alevy schließlich.

«Aber sie hat sich bestens gehalten.»

«Vielleicht sollte ich sie anwerben.»

«Sie hat auf jeden Fall das Zeug dazu. Außerdem haben wir im Augenblick keine Frauen hier.»

«Ich melde es nach Langley. Was war ihr größter Vorzug?»

«Humor im Angesicht der Gefahr.»

«Wir müssen mal ausführlich darüber sprechen.»

«Klar – aber nicht im Freien, wo alle möglichen Mikrofone auf uns gerichtet sind.» Hollis machte kehrt, durchquerte das Foyer der Botschaft und betrat die hintere Terrasse, wo Lisa auf ihn wartete.

«Worüber hast du mit Seth gesprochen?»

«Über deine Vorzüge.»

Sie folgten dem birkengesäumten Weg zu Lisas Wohnung. «Ich hatte mich ehrlich gefragt, ob ich das alles wiedersehen würde.»

«Keine Klagen mehr über deine Wohnung?»

«Nein, Sir. Ich liebe mein Badezimmer!» Sie verstummte.

«Also ...» Hollis schaute auf die Uhr.

«Also...» wiederholte Lisa. «Wie steht es mit uns?»
Hollis steckte die Hände in die Taschen und zuckte die Achseln.
«Ist das eine Antwort?»
«Wie stehst du zu Seth?»
«Das ist aus und vorbei.»
«Weshalb ist er dann so ärgerlich?»
Sie drehte sich um und ging. «Na, denk mal drüber nach», rief sie über die Schulter zurück.

13

Seth Alevy sagte zu Charles Banks: «John Uhlman aus der Konsularabteilung fährt jetzt nach Scheremetjewo, um sich um die Angelegenheit zu kümmern, die Colonel Hollis nicht zu Ende gebracht hat.»

Er sagte es so, als seien Hollis und Lisa Luft für ihn.

«Aus offenkundigen Gründen», fuhr Alevy fort, «können wir den gemieteten Schiguli nicht zurückholen. Deshalb haben wir im Intourist-Hotel mitgeteilt, daß er in Gagarin einen Defekt hatte und am Bahnhof steht. Dafür steht uns eine saftige Rechnung ins Haus.»

Hollis wußte, daß sich Alevy nicht im geringsten für diese nebensächlichen Verwaltungsdetails interessierte – im Gegensatz zu Charles Banks. Es lag in der Natur eines Diplomaten, das Gastland niemals vor den Kopf zu stoßen, indem gültige Regeln übertreten wurden, und selbst wenn man dem Außenminister eine Kriegserklärung überreichte, wahrte man die gebotene Höflichkeit. Offenkundig wollte Alevy bei Banks auf Hollis' Kosten Punkte machen – dazu konnte er zur Abwechslung mal beitragen. «Am Wagen müssen auch gehörig Karosseriearbeiten vorgenommen werden», bemerkte er.

Banks wandte sich fragend zu ihm um.

«Ich bin gegen einen Baum gefahren», erklärte Hollis. «Der wurde allerdings nur minimal beschädigt.»

«Gut.» Banks räusperte sich und schaute von Hollis zu Lisa. «Sie beide sind gestern abend nicht in Ihre Quartiere zurückgekehrt und haben die Botschaft auch nicht über Ihren Aufenthaltsort informiert. Das ist ein gravierender Sicherheitsverstoß, gar nicht zu reden von der persönlichen Gefahr für Sie. Haben Sie eine Erklärung dafür? Ms. Rhodes?»

«Wir konnten unseren Auftrag in Moschaisk nicht bis zum Abend beenden», antwortete Lisa. «Da es kein Hotel gab, verbrachten wir die Nacht in einer Kolchose. Es gab dort kein Telefon.»

Banks sagte: «Ich weiß um die besonderen Verhältnisse auf dem Land. Aber es ist Ihre Pflicht, mit der Botschaft Kontakt zu halten – nicht umgekehrt.»

«Als Dienstältester übernehme ich natürlich die volle Verantwortung», sagte Hollis.

Banks nickte zufrieden.

«Ich begreife nur nicht», warf Alevy ein, «wieso Sie so spät losgekommen sind, daß Sie diesen Routinefall nicht bis zum Abend abschließen konnten.»

«Es war ein ziemlicher Papierkrieg, Seth – und jetzt lassen wir das lieber, denn ich kann mir nicht vorstellen, daß Mr. Banks mit diesen Einzelheiten gelangweilt werden möchte.»

Alevy nickte. «Schön. Aber vielleicht können Sie *mich* später damit langweilen.»

Banks wandte sich an Lisa: «Der Botschafter schickt ein offizielles Kondolenzschreiben an die Eltern von Mr. Fisher. Bitte legen Sie einen persönlichen Brief bei, in dem Sie erklären, mit dem Leichentransport und der Weiterleitung der persönlichen Habe befaßt gewesen zu sein – und so weiter. Und daß die sowjetischen Behörden Ihnen versichert hätten, Gregory Fisher wäre sofort gestorben und hätte keine Schmerzen gelitten. Sie wissen schon ...»

Lisa klopfte mit dem Finger auf den Tisch. «Kann ich auch erwähnen, daß ich mit ihrem Sohn noch gesprochen hatte? Daß er die Botschaft aus dem Hotel *Rossija* anrief und um Hilfe bat?»

«Auf keinen Fall. Ich habe eben genau skizziert, was Sie schreiben sollen, Ms. Rhodes.» Banks wirkte plötzlich gar nicht mehr konziliant. Er fügte hinzu: «Vielleicht kann Colonel Hollis auch noch etwas darunterschreiben.»

«Ich schaue es mir mal an», versprach Hollis.

Lisa sagte: «Auf meinem Schreibtisch liegen Telefonnachrichten verschiedener Presseagenturen. Anscheinend hat während meiner Abwesenheit jemand eine Pressemitteilung über Gregory Fisher herausgegeben. Einige Journalisten riechen offenbar eine größere Story.»

Banks wiegelte ab. «Es gibt keine Story – außer der Tatsache, daß ein amerikanischer Tourist bei einem Autounfall ums Leben gekommen ist. Ihre Abteilung hat tatsächlich eine Mitteilung veröffentlicht. Kay kümmert sich darum; Sie haben damit nichts zu tun.»

Lisa atmete tief ein. «Warum stehen in der Mitteilung nicht alle Tatsachen? Der Anruf aus dem *Rossija* – »

«Das geben wir vielleicht später heraus», warf Alevy ein. «Im Augenblick behalten wir es noch für uns. Wir wissen genausogut wie Sie, daß mehr dahintersteckt. Aber wir versuchen an die Tatsachen heranzukommen, ehe wir Anschuldigungen äußern. Ihnen ist doch klar, daß zur Zeit diplomatisches Tauwetter herrscht. Haben Sie Vertrauen zu uns.»

Lisa nickte widerstrebend.

Hollis zog eine entschlüsselte Funkmeldung aus der Tasche. «Ich habe gestern im Verteidigungsministerium angefragt, ob ein Major Jack oder John Dodson auf der Vietnam-Vermißtenliste steht. Antwort negativ.» Er warf das Blatt auf den Tisch.

«Dieselbe Anfrage haben wir an das Außenministerium gerichtet – dort ist ebenfalls nichts bekannt. Und schon erscheint Mr. Fishers Geschichte in einem anderen Licht, nicht wahr?»

«Ach?» fragte Hollis. «Eben wurde doch von Vertrauen gesprochen. In meinem Job, der mit dem von Seth identisch ist, lautet die erste Grundregel, niemandem zu trauen, auch den eigenen Leuten nicht.» Hollis schenkte sich ein Glas Mineralwasser ein. «Deshalb bin ich gestern in unsere Bibliothek gegangen und habe dort ein Buch von einem früheren Marineflieger gefunden, der Kriegsgefangener in Vietnam war. Das Buch hat einen Anhang mit einer Namenliste von etwa tausend Männern, deren Verbleib noch ungeklärt ist. Darunter Jack Dodson, Major der Air Force.»

Niemand sagte etwas.

Hollis fuhr fort: «Ich weiß, meine Anfrage brachte eine negative Antwort, aber ich weiß nicht, ob das auf die Ihre wirklich auch zutrifft. Ich glaube, hier will jemand ein Süppchen kochen.»

«Sam, lassen Sie die Sache ruhen», sagte Alevy.

«Colonel», schaltete sich Charles Banks ein, «auf diplomatischer und anderer Ebene läuft eine offizielle Untersuchung. Während die im Gange ist, haben sich weder Sie noch Ms. Rhodes irgendwie damit zu befassen, es sei denn, Sie werden zu einer Aussage aufgefordert. Diese Angelegenheit geht offenkundig über Ihren regulären Dienstbereich hinaus.» Nach kurzem Schweigen fügte er hinzu: «Der Botschafter erbittet einen schriftlichen Bericht über alles, was Sie getan haben, seit Sie Moskau gestern verlassen haben. Vielen Dank, daß Sie sich um den Toten gekümmert haben.»

Hollis stand auf. «Mr. Banks, bitte teilen Sie dem Botschafter mit, daß ich in dieser Angelegenheit eigene Ermittlungen anstellen werde, bis ich gegebenenfalls andere Anordnungen von meinen Vorgesetzten erhalte.»

Lisa erhob sich ebenfalls. «Charles, ein amerikanischer Staatsbürger namens Gregory Fisher ist unter rätselhaften Umständen in der

Sowjetunion ums Leben gekommen. Darüber hinaus erzählte mir Gregory Fisher am Telefon von einem zweiten US-Staatsbürger, dem er in einem Kiefernwald nördlich von Borodino begegnete und der offensichtlich vor den sowjetischen Behörden auf der Flucht war –»

Seth Alevy unterbrach sie: «Ich erinnere mich, daß Mr. Fisher auf dem Band von einem Wald gesprochen hat, nicht aber von einem Kiefernwald.» Er schaute von Lisa zu Hollis. «Um welchen Kiefernwald geht es hier?»

Hollis antwortete: «Wir müssen uns mal zusammensetzen und unsere Informationen austauschen.» Dann machte er kehrt und verließ den Raum.

Am Fahrstuhl wartete er auf Lisa. Er gab ihr zwei Minuten, dann fünf, schließlich fuhr er allein nach unten.

14

Sam Hollis schlenderte den Kalinin-Prospekt entlang, die Moskauer Fifth Avenue. An der Ecke Tschaikowski-Straße warteten Gäste hoffnungsvoll vor dem beliebten Restaurant «Arbat». Der Berufsverkehr war in vollem Gange, die meisten Passanten schleppten Tüten und versuchten zu kaufen, was zu haben war. Moskauer, Bauersleute und Bewohner kleinerer Städte aus dem Umland schwärmten täglich zum Einkaufen durch das Moskauer Zentrum.

Er blieb vor einem Schaufenster stehen und betrachtete sein Spiegelbild. Der dunkelblaue Wollmantel entsprach ebenso dem Moskauer Standard wie sein schmalkrempiger Hut und die übergroße Aktentasche, in der man frisches Gemüse und Fleisch transportieren konnte, wenn sich die Gelegenheit ergab. Auf den ersten Blick ging er als Einheimischer durch, nur wer genauer hinschaute, mußte ihn sofort als Mann aus dem Westen erkennen.

Hollis musterte die Passanten, die sich im Glas spiegelten, konnte aber keinen Verfolger ausmachen. Er wandte sich nach Norden und überquerte den Oktoberplatz, kam zur roten Backsteinmauer des Kremls und wurde auf zwei Männer aufmerksam, die in der Nähe des Troitski-Tores standen und miteinander sprachen. Sie trugen schmalkrempige Hüte und dunkle Mäntel wie er. Auffällig waren sie, weil sie keine Tüten oder Aktenkoffer trugen, sondern die Hände in die Manteltaschen gesteckt hatten, wie es Polizisten überall tun – man wußte nicht, was diese Hände umklammerten. Hollis tauchte geschickt in der Menschenmenge, die sich abends im Kreml zu drängen pflegte, unter, lief schräg am Lenin-Mausoleum vorbei und schaute sich um, aber die beiden Männer in Mänteln waren nicht zu sehen. Hollis wählte eine Treppe in die Tiefe, die sich unten teilte; nach rechts ging es zur Metro, nach links in einen Tunnel unter dem Roten Platz. Er wählte die U-Bahn, steckte fünf Kopeken in das Drehkreuz und sprang auf die schnelle Rolltreppe, die ihn in den riesigen Marmorbahnhof mit seinen Kristallkronleuchtern hinabtrug. Knapp eine Minute später lief ein Zug ein, er schob sich mit den Pendlern hinein und ließ sich eine Station nach Norden bringen, zum Dserschinski-Platz. Dort führte der Treppenausgang in einen kleinen Park am Südende des Platzes.

Obwohl es noch nicht ganz dunkel war, gingen die Straßenlaternen an. Hollis nahm eine Lenin-Nadel aus der Tasche und steckte sie an den Mantelaufschlag, dann nahm er auf einer Parkbank Platz, von der er zum Marx-Prospekt blicken konnte. Aus der Aktentasche holte er einen grünen Apfel, einen Brocken Ziegenkäse und ein kleines Messer. Er legte sich ein Taschentuch auf den Schoß und begann, Apfel und Käse mit dem Messer zu bearbeiten.

Er sah ihn den Marx-Prospekt herunterkommen, vorbei an den Mauerresten, die aus dem sechzehnten Jahrhundert stammten. Den maßgeschneiderten Mantel trug er mit Gürtel und wies sich damit als Soldat in Zivil aus. Auch sein Schritt hatte etwas Militärisches, überdies trug er eine flotte Pelzmütze. In der Hand hielt er eine schweinslederne Aktentasche, die für Äpfel und Käse zu dünn war.

General Walentin Surikow von der Roten Luftwaffe marschierte dicht an Hollis vorbei. Er bemerkte die Anstecknadel, die Sicherheit signalisierte, und ließ sich am anderen Ende der Bank nieder. Er zündete sich eine Zigarette an, setzte eine goldgefaßte Brille auf und zog eine «Prawda» aus der Aktentasche. Ohne den Blick zu heben, fragte er auf englisch: «Warum haben Sie diesen Ort gewählt?»

«Warum nicht?»

«Dies ist kein Spiel, mein Freund.»

«Nein, in der Tat nicht, General.»

«Wenn man Sie erwischt, genießen Sie diplomatische Immunität und werden aus dem Land geworfen. Mich aber stellt man an die Wand.»

Aus unerfindlichen Gründen empfand Sam Hollis wenig Sympathie für General Walentin Surikow.

Der General zündete sich eine neue Zigarette an, kaum daß die alte zu Ende geraucht war. «Sind Sie ganz sicher, daß man Sie nicht verfolgt hat?»

Hollis zuckte die Achseln. «Ich tue, was ich kann. Und Sie?»

«Ich kann jedenfalls keine Haken schlagen wie Sie. Ich muß mich ganz unauffällig bewegen.»

«Was haben Sie in diesem Viertel zu suchen, Genosse General?»

«Ich habe einen Tisch im Hotel *Berlin* reserviert. In einer Stunde treffe ich mich dort mit meiner Enkelin zum Essen.»

«Gut. Das gefällt mir.»

«Ihre Notiz besagte, es sei dringend», erinnerte Surikow.

Hollis nickte. Das Arrangement war simpel. Wurde ein Treffen gewünscht, bat Hollis seinen direkten Gegenspieler im sowjetischen Verteidigungsministerium, Oberst Andrejew, um irgendeine unwichtige Information im Zusammenhang mit den laufenden Rüstungsbegrenzungsverhandlungen. Natürlich gab Andrejew die Bitte nach oben weiter, und sie landete bald auf General Surikows Tisch. Dieser brauchte Hollis' Zettel nur über eine kleine detaillierte Karte von Moskaus Stadtkern zu legen. Ein Nadelstich im Papier kennzeichnete den Treffpunkt. Als feste Zeit war 17.30 Uhr desselben Tages verabredet. Befand sich in einer Ecke ein Bleistiftfleck, galt der Vorschlag für den folgenden Tag. Das Wort «Antwort» deutete an, daß die Sache dringend war.

«Ja, es ist dringend», erwiderte Hollis, «aber Sie brauchen sich keine Sorgen zu machen.»

Der General blätterte die Zeitung um und hielt sie ins Abendlicht. «Worum geht es?»

«Ich brauche Informationen über eine frühere Schulungsanlage der Roten Luftwaffe.»

«Ja?»

«Nördlich von Borodino.»

Surikow antwortete nicht.

«Ein ehemaliges Schulungslager für Bodenpersonal. Das *komitet* benutzt es heute für andere Zwecke. Sie wissen doch, welche Anlage ich meine, nicht wahr?»

Wieder antwortete Surikow nicht.

«Wenn Sie nichts darüber wissen, gehe ich jetzt.»

Surikow ließ eine ganze Minute verstreichen. Dann sagte er: «Das Lager ist so wichtig, Colonel, so potentiell gefährlich für die künftigen sowjetisch-amerikanischen Beziehungen und den Weltfrieden, daß man lieber nicht daran rühren sollte.»

Hollis schaute seinen Gesprächspartner nicht an, doch verriet ihm die Stimme, daß der sonst so eiskalte Surikow aufgeregt war. «Sagen Sie mir, was Sie wissen», forderte er ihn auf, «und wie Sie es erfahren haben.»

«Ich muß darüber nachdenken.»

«Das tun Sie schon seit dem Tag vor einem Jahr, als Sie sich mit mir in Verbindung setzten.»

«Ach? Wissen Sie, was in meinem Kopf und in meiner Seele vorgeht? Sie sind ja nicht mal Russe.»

«Sie auch nicht, General. Sie sind Moskauer, ein Produkt der Sowjetunion, und wir beide sind moderne Militärs. Wir verstehen einander.»

«Na schön», sagte Surikow entschlossen. «Ich habe darüber nachgedacht. Ich will raus.» Hollis wartete.

«Ich will weg aus Rußland. Ich will meinen Lebensabend im Westen verbringen», fuhr Surikow fort.

«Ich auch. Glauben Sie, man ist Ihnen auf die Spur gekommen?»

«Nein, aber das passiert bestimmt, wenn ich Ihnen gebe, was Sie haben wollen. Ich möchte nach London. Wenn Sie nicht mitmachen, gehe ich zu den Briten ...»

Sich von einem Agenten zu trennen, der nervös geworden war und sich zur Ruhe setzen wollte, war eine Sache, ihn aber an einen anderen Geheimdienst zu verlieren, kam nicht in Frage. Nach neuesten Richtlinien ließ man eine Informationsquelle gehen, wenn sie abspringen wollte, und preßte sie nicht wie früher bis zum letzten Tropfen aus. Ausgelaugte Agenten wurden unweigerlich erwischt. Von ihnen erfuhr das KGB, was verraten worden war, und stopfte die Löcher. Landete Surikow aber bei den Briten und wurde später festgenommen, würde Hollis vielleicht gar nicht erst erfahren, daß Surikow im Lubjanka-Gefängnis saß und alles preisgab.

«Oder zu den Franzosen», fuhr der General fort. «Mein Französisch ist ganz gut. Ich könnte auch in Paris leben.»

«Gut, ich rede mit meinen Leuten darüber», sagte Hollis. «Wir müssen an die Gefahren denken. Für Sie.» In Wirklichkeit war Hollis alles andere als angetan. Manche Politiker wünschten sich brennend einen hochrangigen Überläufer, der Furore machte; die Geheimdienste gingen allerdings davon aus, daß ein übergelaufener Spion dem KGB genausoviel verriet wie ein gefangener Spion; denn alles, was über den Schreibtisch des Mannes gelaufen war, befand sich dann in feindlicher Hand. Am besten wäre es gewesen, wenn Surikow weiterspioniert oder sich einfach zur Ruhe gesetzt hätte.

Hollis mußte an die erste Begegnung mit dem General zurückdenken. Vor etwa einem Jahr war Surikow bei einem Empfang in der jugoslawischen Botschaft auf ihn zugekommen. «Colonel Hollis», sagte er auf englisch, «ich bin Walentin Surikow.» Er trug die Uniform eines Luftwaffengenerals. «Ich möchte Ihrer Regierung wichtige Dokumente zukommen lassen. Der Mann, der sich bei Ihnen mit diesen Dingen befaßt, soll in der nächsten Woche beim Empfang in der finnischen Botschaft mit mir zusammentreffen.»

Hollis war selbst zum finnischen Empfang gegangen.

Jetzt, ein Jahr später, saß er hier auf dem Dserschinski-Platz und war sich darüber klar, daß seine gefährliche Verbindung zu Walentin Surikow demnächst auf die eine oder andere Weise zu Ende gehen würde.

Surikow blickte über den Rand seiner Zeitung hinweg auf vorbeieilende Passanten. «Sie haben eine Information verlangt, ich habe Ihnen meinen Preis genannt. Und wenn Sie auch nur eine ungefähre Ahnung von der Anlage in Borodino haben, wissen Sie, daß meine Forderung eine Kleinigkeit ist im Vergleich zu dem, was ich zu bieten habe.»

«Kennen Sie einen KGB-Obersten, der sich Burow nennt?» fragte Hollis.

«Kann sein.» Der General stand auf. «Wir sitzen jetzt lange genug hier. Ich bin Sonntag um ein Uhr an Gogols Grab.»

Wie immer hatte Surikow einen Treffpunkt gewählt, den sich Hollis erst aus dem Michelin-Führer heraussuchen mußte. «Morgen, General.»

«Sonntag, Colonel. Ich brauche Zeit.»

«Na schön. Alternative?»

«Keine. Gogols Grab. Sonntag. Ein Uhr mittags. Sie werden mir sagen, wie Sie mich in den Westen schaffen. Ich gebe Ihnen dafür ein halbes Geheimnis. Die zweite Hälfte bekommen Sie, sobald ich in London bin.» Surikow schob sich die «Prawda» unter den Arm, ergriff seine Aktentasche und entfernte sich quer über den Platz.

Manchmal wußte Hollis nicht recht, ob sich dieses Spiel, an dem er beteiligt war, wirklich lohnte. Dann aber dachte er an Greg Fisher, der hatte sterben müssen, und an Major Dodson, dessen Leben am seidenen Faden zu hängen schien. Und er dachte an Ernie Simms und die tausend anderen Piloten, die von ihren Familien und von der Air Force für tot gehalten wurden. Wenn er es richtig anstellte, konnte er diese Männer vielleicht nach Hause holen.

Nein, überlegte Sam Hollis, ich mag General Walentin Surikow nicht, auch wenn ich nicht genau weiß, warum. Allerdings wußte er, daß er den Mann nicht unterschätzen durfte. Ihn bewegten keine niederen Beweggründe; Surikow hatte sich für seinen Verrat niemals bezahlen lassen, weder in Geld noch in Waren. Soweit Hollis wußte, hatte er auch kein ideologisches Motiv. Surikows eigenen Aussagen zufolge hatte ihm das System keinerlei persönlichen Schaden zugefügt, auch war kein Familienangehöriger je zu Lager oder interner

Verbannung verurteilt worden. Vielmehr gehörte Surikow zur kommunistischen Aristokratie, zur Nomenklatura, die unvorstellbare Privilegien genoß.

Eines Tages aber, aus Gründen, die nur ihm bekannt waren, schien Walentin Surikow zu dem Schluß gekommen zu sein, daß es ihm nicht mehr gefiel. Er wollte in London leben, obwohl er, soweit Hollis wußte, die Sowjetunion noch nie verlassen hatte. Das Ganze war kein Täuschungsmanöver, wie sich bald herausstellte. Surikows Lieferungen waren von höchster Qualität: Stationierungsdetails der Roten Luftwaffe, Aufgaben der Einheiten, Postenverteilung und so weiter, Dinge, die kein Spionagesatellit liefern konnte. Anscheinend war Surikow ein – oder *der* – Personaloffizier der gesamten Roten Luftwaffe, aber diese letzte Information behielt er stets für sich.

Nun hatte der General angedeutet, daß er den Gegenwert für seinen Flug nach London zur Verfügung hätte, daß Hollis die Reise arrangieren sollte. Die eine Hälfte bei Buchung, die andere bei Ankunft. Hollis nickte und steckte seine Zeitung in die Manteltasche. Natürlich gab es für Überläufer Wege in den Westen; aber man durfte sie nicht zu oft benutzen. Er wußte nicht recht, ob er Surikow in London haben wollte...

15

Sam Hollis betrat den Bowlingsaal im Keller des achtstöckigen Botschaftsgebäudes. Er holte sich ein Bier von der Bar und nahm an einer leeren Bahn Platz. Gleich nebenan spielten vier weibliche Botschaftsangehörige in Jeans und T-Shirts. Hollis trank sein Bier und verfolgte ihr Spiel. Er fand es seltsam überdreht, wie die vier ihre Kugeln warfen, tranken und lachten.

Auf der rechten Bahn spielte ein Ehepaar mit seinen beiden Töchtern. Bill Horgan arbeitete im Landwirtschaftlichen Außendienst, seine Frau Joan war Lehrerin in der Anglo-amerikanischen Schule. Weiter hinten vergnügten sich vier Marinesoldaten in Zivil. Botschaftswächter.

Hollis nippte gedankenverloren an seinem Glas. Die Sowjetunion konnte einen Menschen verändern – mehr als jedes andere Land, in dem Hollis je gedient hatte. Wenn man sie wieder verließ, war man ein anderer Mensch. Jeder Amerikaner, ob Tourist, Geschäftsmann oder Botschaftsangestellter, stand grundsätzlich im Mittelpunkt und wurde ständig beobachtet, von den Bürgern wie auch vom Staat. Man erwachte unter Spannung, lebte unter Spannung und ging unter Spannung zu Bett. Einige – zum Beispiel seine Frau Katherine – entzogen sich dieser Situation durch Flucht. Andere zerbrachen daran oder wurden schrullig oder verrieten ihr Land, andere – wie Lisa – umarmten den russischen Bären und tanzten mit ihm, und vielleicht war das wirklich die einzige Methode, nicht den Verstand zu verlieren.

Seth Alevy schob sich auf die Bank neben Hollis. Er schwenkte einen Scotch mit Eis und schaute zu den vier Frauen hinüber. Das Lärmen der Bowlingbahn schützte nicht nur vor den Wanzen, die hier während der Bauarbeiten angebracht worden waren, sondern auch vor den KGB-Richtungsmikrofonen aus den umliegenden Gebäuden. Nicht zuletzt deshalb verabredete sich Alevy gern hier unten. Aber es gab noch einen anderen Grund, warum er keinen der abgeschirmten Räume der Botschaft beanspruchte: Alevy vermutete, daß diese Räume vom Geheimdienst des amerikanischen Außenministeriums abgehört wurden. Als CIA-Chef in Moskau, der letztlich für sämtliche US-Geheimdienstaktivitäten in der Sowjetunion verantwortlich war, wollte sich Alevy nicht von einem unwichtigen Haufen wie der Geheimdienstabteilung des Außenministeriums auf die Finger schauen lassen. Hollis' militärischer Abschirmdienst kam in Alevys Augen nur wenig besser weg.

«Hat sich Ace blicken lassen?» fragte Alevy.

«Ja.»

«Kann er uns weiterhelfen?»

«Ich nehme es an.»

Alevy nickte. «Sagen Sie, Hollis, wo wir nun unter uns sind – könnten Sie mir nicht mal verraten, was das französische Ehepaar gesagt hat, und was Sie auf dem Weg nach Moschaisk erlebt haben? Und was Ace weiß? Und alles andere, wonach ich noch gar nicht gefragt habe?»

«Seth, Sie wissen doch, wie es ist. Ich stehe mitten in den Rivalitäten zwischen den Diensten. Ich schütze mein eigenes kleines Reich – das stärkt mein Selbstbewußtsein.»

«Das klingt aber ziemlich sarkastisch. Na schön – eine Zeitlang können wir durchaus doppelgleisig fahren. Ich bitte Sie nur, genau darauf zu achten, was Sie ans Pentagon weitergeben, und ich mach's mit Langley ebenso.»

«Wieso?»

«Das wissen Sie genau. Die Sache ist so riesig, daß man sie drüben bestimmt an sich ziehen will. Dann mischen sich das Außenministerium und das Weiße Haus ein, und prompt zieht irgendein Kerl im Keller des Weißen Hauses die Strippen. Dabei halten wir hier die Köpfe hin, Sam.»

Hollis antwortete nicht.

Alevy ging zur Bar, holte zwei neue Drinks und stellte Hollis ein Bier hin. «Wissen Sie, ich habe über Ace nachgedacht. Ich weiß nicht recht, ob er echt ist. Sind Sie ganz sicher?»

Hollis wußte, was das hieß: Beweis mir, daß dein Mann kein Doppelagent ist. «Er hat immer gute Ware geliefert.»

«Sieht so aus. Meine und Ihre Leute haben seine Informationen durchleuchtet und keine Schwachstelle gefunden. Trotzdem ... Vielleicht war das alles nur die Vorbereitung für ein gewaltiges Täuschungsmanöver. Und vielleicht haben Sie ihm mit der Erwähnung von Borodino Tür und Tor geöffnet.»

«Diese Möglichkeit besteht immer.» Hollis trank einen Schluck Bier.

«Wenn wir die Verbindung zu Ace lösten, wären wir obenauf – ob er nun echt ist oder nicht. Bleiben wir dran, finden wir vielleicht heraus, was er im Schild führt. Aber vielleicht plant er ja was ganz Schlimmes, und dann wäre es bald zu spät.»

«Es hat da eine neue Entwicklung gegeben.»

«Welche denn?»

«Er will in den Westen.»

«Ach.» Alevy überlegte kurz. «Dann ist es vielleicht sein eigentliches Ziel, herauszufinden, wie wir Leute aus dem Land schleusen.»

«Mag sein. Mag auch sein, daß er wirklich nur überlaufen will.» Hollis war sich der Sache noch immer nicht sicher.

«Und was», fragte Alevy, «bietet er für die Flugkarte in den Westen? Die große Wahrheit über Borodino?»

«Ja.»

«Vielleicht haben Sie ihn erst auf die Idee gebracht. Vielleicht lügt er uns die Hucke voll, nur um hier herauszukommen.»

«Das werden wir bald erfahren.»

«Treffen Sie sich wieder mit ihm?»

«Ja – aber allein.»

«Ich möchte selbst mit ihm sprechen.»

«Es wäre sicher keine gute Idee», sagte Hollis, «wenn der CIA-Chef, der wichtigste Mann der westlichen Geheimdienste in Moskau, in der Stadt herumliefe, um sich mit russischen Informanten zu treffen. Oder was meinen Sie?»

«Lassen Sie das meine Sorge sein.»

«Bitte, bitte.» Hollis wußte ziemlich wenig über sein Gegenüber. In Langley hatte sich Alevy als Genie der politischen Analyse hervorgetan, und seine Vorhersagen über Gorbatschows Absichten waren so präzise gewesen, daß schon gemunkelt wurde, er habe einen Freund im Politbüro. Alevy war vor etwa drei Jahren als dritter Assistent des CIA-Leiters in Moskau eingetroffen. Inzwischen war er an die erste Position gerückt. Er durfte das Botschaftsgelände nur mit mindestens zwei Sicherheitsbeamten und einer Zyanidpille verlassen. Hollis wußte, daß er gelegentlich ohne Begleitschutz losging, niemals aber ohne die Pille.

Offiziell war Alevy Attaché für politische Angelegenheiten, aber das war eine dünne Tarnung. Das KGB kannte seine wahre Rolle, ebenso die meisten höheren Botschaftsmitarbeiter.

«Vielleicht geht es Ace ja darum», sagte Hollis ironisch, «Sie in die Stadt zu locken und umzulegen.»

«Das bringen nicht mal *die* fertig – hohe amerikanische Diplomaten umzubringen.»

«In Ihrem Fall würden sie vielleicht eine Ausnahme machen...»

Alevy ging nicht auf Hollis' süffisante Bemerkung ein. «Wo und wann treffen Sie Ace?»

Hollis konnte die Antwort nicht mehr verweigern. «An Gogols Grab. Nächsten Sonntag. Drei Uhr nachmittags.»

«Und wo ist Gogols Grab?»

«Keine Ahnung. Muß ich auch noch rausfinden.»

Die beiden Männer schlenderten zu den Fahrstühlen. Die Marinewächter und die jungen Damen saßen jetzt gemeinsam an der Bar. Die Horgans schienen gegangen zu sein. Die Bowlingbahnen lagen leer und ruhig da, ebenso die Spielzimmer, der Pool und die anderen Freizeitanlagen in der Botschaft. Eine Art Massenlethargie lag über diesem Ort, besonders jetzt zu Beginn des Winters. In keiner anderen Botschaft waren Hollis bisher eine solche Ziellosigkeit und Apathie begegnet.

Die beiden Fahrstühle kamen gleichzeitig. Hollis nahm den einen, Alevy den anderen.

16

Auf Sam Hollis' Schreibtisch klingelte das Telefon, und er meldete sich: «Hollis.»

Sie versuchte tief wie ein Mann zu sprechen: «Hollis – kannst du auch hallo sagen?»

«Hallo, Lisa.» Er schaute auf die Wanduhr. Es war 17.30 Uhr, und er hatte sie seit gestern, als sie zu Banks zitiert worden waren, nicht mehr gesehen.

«Ich fühle mich irgendwie in die Irre geführt», sagte sie. «Eigentlich hättest du mich anrufen oder Blumen schicken sollen – oder so.»

«Man kann hier keine Blumen ...»

«Dummkopf!»

«Hör mal – ich versteh mich nicht auf solche Sachen. Aber kann ich dich zu einem Drink einladen?»

«Nein.»

«Oh ... Verzeihung».

«Ich will ein Abendessen. Heute. In der Stadt.»

Hollis lächelte. «Wir treffen uns im Foyer. In einer halben Stunde?»

«Ich brauche fündunddreißig Minuten.» Sie legte auf.

Hollis setzte sich über die Sprechanlage mit seinem Assistenten Captain O'Shea in Verbindung. «Ed, sorgen Sie dafür, daß mich in einer Dreiviertelstunde ein Moskauer Taxi am Tor abholt.»

«Wie wär's mit einem unserer Wagen und Fahrer?»

«Nein, es geht um eine persönliche Sache.»

«Persönlich oder nicht, ich besorge Ihnen ein Fahrzeug von uns.»

«Ein Taxi geht in Ordnung.» Hollis legte auf und ging in den Waschraum. Er rückte die Krawatte zurecht und kämmte sich gedankenverloren das Haar. «Burow.» Burow war kein Landgendarm aus Moschaisk. Er war Moskauer, wenn nicht von Geburt, dann durch eigene Entscheidung. Außerdem hatte Burow irgendwie mit der «Fabrik» zu tun – davon war Hollis fest überzeugt, wenn er auch nicht recht wußte, warum.

Er holte seinen Mantel und trat ohne zu klopfen in Alevys Eckbüro weiter unten am Flur. Alevy war nicht erstaunt, ihn zu sehen. Er zog die schweren Gardinen zu und startete das Bandgerät. Bob Dylan begann «Mr. Tambourine Man» zu singen. Hollis beugte sich dicht an Alevys Ohr und sagte leise: «Burow...»

Alevy nickte. «Das ist der einzige Name, das einzige Gesicht, das wir haben, nicht wahr?»

«Wir wollen Burow aus der Reserve locken oder ihn aufs Korn nehmen und sehen, ob er mehr ist als das Phantom aus dem Moschaisker Leichenschauhaus. Können Sie im Restaurant ‹Lefortowo› anrufen und auf meinen Namen einen Tisch für zwei reservieren?»

Alevy antwortete nicht sofort. «Ziemlich an den Haaren herbeigezogen», sagte er schließlich.

«Finde ich nicht. Die Lauscher hier reagieren sofort, wenn mein Name fällt. Selbst wenn Burow sich jetzt noch irgendwo bei Moschaisk aufhält, wird er innerhalb von zwei Stunden in Moskau sein.»

«Wen nehmen Sie mit?»

«Nicht Sie.»

Alevy lächelte schief. «Na schön. Aber wenn Burow auftaucht und mehr will als nur plaudern, hätte ich im ‹Lefortowo› Mühe, Sie herauszuhauen.»

«Ich war auch in Moschaisk nicht auf Ihre Hilfe angewiesen.»

«Ich finde, Sie strapazieren Ihr Glück. Gar nicht zu reden von dem unserer Freundin.»

Hollis stand auf. «Ich lege ihr die Karten offen auf den Tisch, dann kann sie selbst entscheiden.»

Alevy schaute ihn zweifelnd an, schwieg aber.

Hollis fuhr mit dem Fahrstuhl ins Erdgeschoß des Botschaftsgebäudes, wo sich Lisa mit drei Männern aus der Handelsabteilung unterhielt. Sie kam mit einem Lächeln auf ihn zu. «Hallo, Colonel.»

«Hallo, Ms. Rhodes.»

«Kennst du Kevin, Phil und Hugh aus der HA? Soll ich dich bekanntmachen?»

«Ein andermal. Das Taxi wartet.» Er führte sie zur Tür, und sie traten in die frische Luft hinaus. Lisa fröstelte. «Mein Gott, der Nordwind ist da. Daran wird sich jetzt bis Mai nichts mehr ändern.»

«Ich wollte dich den ganzen Tag lang anrufen...»

«Ach, lassen wir das, Sam. Ein Schritt nach dem anderen. Ich hatte sowieso jede Menge zu tun.»

«Hör mal.» Er zog sie am Arm zu sich herum. «Ich meine trotzdem, daß ich dir eine Erklärung schuldig bin. Vor unserer Fahrt nach Moschaisk habe ich dir gesagt, es könnte gefährlich werden, und du hast inzwischen erlebt, wie das gemeint war. Inzwischen ist es jedesmal gefährlich, wenn wir durch das Tor dort gehen. Auch heute geht es nicht nur um das Abendessen... Ich meine – ach, kurz gefragt: Willst du dich mit mir einlassen und mit meiner Arbeit?»

«Das Taxi wartet.»

Hollis nahm ihre Hand, und sie verließen das Botschaftsgelände. Die Marinewächter salutierten, die Sowjetmilizionäre warfen kritische Blicke. Die KGB-Botschaftswächter in ihren Tschaikas senkten die Zeitungen und griffen nach den Feldstechern.

Zwei Taxis warteten am Straßenrand. Moskauer Taxis warteten gewöhnlich nirgends und für niemanden, aber westliche Botschaften waren eine Ausnahme. Hollis wählte einen weißen Lada und stieg ein. «Lefortowo», sagte er zum Fahrer. «Das Restaurant.»

Der Chauffeur ließ den Motor an. «Ich weiß Bescheid.»

Hollis schaute nach hinten. Einer der Tschaikas wendete und nahm die Verfolgung auf.

«Ist das der KGB-Treffpunkt, den du mir zeigen wolltest?» fragte Lisa.

«Richtig.»

«Aha, also auf ins nächste Abenteuer», sagte sie. «Du bist wirklich viel aufregender, als du aussiehst.»

«Vielen Dank.»

Plötzlich mischte sich der Fahrer ins Gespräch, wie es in Moskau oft geschah. «Wollen Sie nicht doch lieber ein anderes Restaurant wählen?»

«Warum?»

«Das ‹Lefortowo› ist nicht nett.»

«Wieso nicht?»

«Polizei. Zu viele Polizisten essen dort. Niemand sonst mag es.»

«Sie meinen das KGB?»

Der Fahrer antwortete nicht, sondern zündete sich eine Zigarette an und füllte das Taxi mit scharfem Rauch. «Wenn Sie mir zwei Dollar geben, vergessen wir die Taxi-Uhr.»

«Ich darf Ihnen keine Dollar geben.»

«Dann vielleicht Kaugummi, Lippenstift oder Zigaretten?»

Lisa wühlte in ihrer Tasche herum, fand einen Lippenstift und reichte ihn dem Fahrer, der sich überschwenglich bedankte.

«Sie sprechen beide gut russisch», bemerkte er. «Sind Sie Spione?»

«Ja», erwiderte Hollis.

Der Fahrer lachte. Er bog von der Ringstraße in die Enthusiasten-Chaussee, die nach Osten zum Stadtteil Lefortowo führte. Das Restaurant befand sich genau gegenüber dem berüchtigten Gefängnis gleichen Namens. Der Wagen hielt vor einem modernen Glas- und Aluminiumgebäude. «Wollen Sie wirklich hierher?»

«Ja.» Hollis gab dem Fahrer fünf Rubel, und sie schauten ihm nach, als er wendete und davonfuhr.

Lisa blickte die Straße entlang. «In diesem Stadtteil war ich noch nie. Irgendwie finster.»

«Das macht ja gerade seinen Charme aus.»

Sie blickte auf das KGB-Gefängnis, das sich auf der anderen Straßenseite erhob. Davor stand ein Wagen mit laufendem Motor. «Ist das unser Verfolger?»

«Möglich. In einem Land, in dem es nur vier Automarken gibt und die meisten Wagen auch noch schwarz sind, läßt sich schwer feststellen, ob man verfolgt wird.»

Das Restaurant war mittelgroß und unauffällig ausgestattet. Um so interessanter waren die Gäste: vorwiegend Männer, davon gut die Hälfte uniformiert. Viele Zivilisten trugen braune Anzüge von besserer Qualität, als man sie sonst in Moskau sah. Es war ziemlich dunkel, doch hatte das Zwielicht nichts Romantisches.

«Irgendwie unheimlich», bemerkte Lisa. «Gefällt mir.»

Hollis nannte der Frau am Reservierungstisch seinen Namen. Sie musterte ihn und Lisa von Kopf bis Fuß. Dann runzelte sie die Stirn, machte kehrt und ging ihnen voran zu einem Tisch in der Mitte des Raums. Auf einem weißen Tischtuch lag schweres Besteck. Hollis rückte Lisa den Stuhl zurecht. «Alle starren uns an», sagte sie. «Man weiß, daß wir Amerikaner sind.»

«Damit du etwas vom Hintergrund verstehst», erklärte Hollis, «die Herren hier sind vorwiegend Angestellte von Lefortowo – damit meine ich das Gefängnis, nicht das Restaurant. Eine Sammlung von Verhör-, Folter- und Hinrichtungsspezialisten des KGB. Die haben immer großen Appetit. Das Essen ist gut, eine schnellere Bedienung findest du in Moskau, in der ganzen Sowjetunion nicht. Außerdem sind die Preise günstig.»

Ein Uniformierter am Nachbartisch starrte Lisa an. Sie erwiderte den Blick kühl.

Eine Kellnerin brachte eine Flasche Mineralwasser und zwei Speisekarten. Hollis bestellte eine Flasche georgischen Wein und begann die Karte zu studieren. «Im Gegensatz zu den Restaurants in der Moskauer Stadtmitte gibt's hier alles, was auf der Karte steht.»

Die Kellnerin brachte den Wein, und Lisa und Hollis bestellten. «Der miese Kerl starrt mich noch immer an», sagte Lisa.

Hollis schenkte ein. «Ich bitte ihn mal eben vor die Tür.»

«Nein», meinte Lisa lächelnd. «In Restaurants gelten andere Regeln.» Sie streckte dem Mann, der sie anstarrte, die Zunge heraus. Mehrere Gäste lachten. Der Mann stand auf, und einige Gäste begannen zu pfeifen. Einer rief: «Wiktor! Sei kein ungehobelter Klotz. Spendier den Amerikanern etwas zu trinken.»

Ein anderer schrie: «Nein, zeig ihnen, was für ein Klotz du bist, und wirf sie hinaus.»

Wiktor und Hollis maßen sich mit den Augen.

Plötzlich wurde es still. An einem dunklen Ecktisch stand ein großer Mann in Zivil auf und kam quer durch den Raum näher. «Raus!» fauchte er Wiktor an, der sofort gehorchte.

Oberst Burow deutete auf den Tisch. «Darf ich?» Er nahm auf einem freien Stuhl Platz, schnipste mit den Fingern und zauberte eine Kellnerin herbei. «Mehr Wein.» Er wandte sich an Hollis und Lisa: «Ich muß mich für meinen Landsmann entschuldigen.»

«Warum?» erwiderte Hollis. «Kann er sich nicht selbst ausdrükken?»

Burow erfaßte den Sinn der Gegenfrage nicht sofort, dann lachte er. Er drehte sich um und übersetzte Hollis' Worte für die anderen, die in sein Lachen einfielen.

«Sind Sie oft hier?» fragte Hollis.

«Ja. Dies ist ein beliebtes Lokal meiner Organisation. Wußten Sie das nicht?»

Hollis ignorierte die Frage. «Kann ich davon ausgehen, daß dies kein zufälliges Zusammentreffen ist?»

«Es mag ein schicksalhaftes Zusammentreffen werden.»

«Was haben Sie im Sinn, Oberst Burow?»

«So manches, Colonel Hollis. Seit der unangenehmen Sache in Moschaisk habe ich über Sie beide nachgedacht.»

«Und wir über Sie.»

«Das schmeichelt mir. Übrigens hat man mir gemeldet, daß Sie gar nicht auf dem Staatsgut gewesen sind.»

«Na und?»

«Wir fanden den von Ihnen gemieteten Wagen am Bahnhof Gagarin und ließen ihn von der kriminaltechnischen Abteilung der Moskauer Polizei untersuchen. Reifenspuren, Bodenreste, Kiefernzweige und so weiter. Ich schließe daraus, daß Sie in ein Sperrgebiet eingedrungen sind. Um es ganz genau zu sagen: in ein Gebiet zwei Kilometer nördlich des Schlachtfeldes von Borodino.»

«Würden Sie mir bitte die Butter geben, Oberst?»

Burow schob den Butterteller über den Tisch. «Und?»

Hollis beugte sich vor. «Wenn Sie mit uns sprechen wollen, sollten Sie Ihr Außenministerium einschalten, damit es sich an meine Botschaft wendet. Guten Abend.»

Burow klopfte mit einem Löffel auf den Tisch. «Zum Teufel mit dem Außenministerium! Hier geht es um den Geheimdienst. Ich weiß doch, wer Sie sind! Ich weiß, daß Sie am Hals und auf dem Rücken Narben tragen – als Folge des Abschusses über Haiphong. Ich weiß, daß Ihre Schwester Mary heißt und Ihre Mutter Alkoholikerin war. Kommen wir zur Sache, vergessen wir das diplomatische Protokoll.»

Hollis nahm Burow den Löffel aus der Hand und sagte: «Schön, keine Diplomatie mehr. Sie haben einen US-Bürger ermordet. Sie haben meinen Fahrer zusammengeschlagen, und vielleicht hätten Sie am liebsten auch mich und Ms. Rhodes umgebracht. Trotzdem sitzen Sie hier und reden, als wären Sie ein zivilisierter Mensch. Das sind Sie nicht.»

Burow schien nicht gekränkt zu sein. Nachdenklich rieb er sich mit einem Finger über die Lippen und nickte. «Schön. Es wäre sinnlos, einige dieser Einzelheiten abzustreiten. Was Sie sich aber aus diesen Details zusammenreimen, ist vermutlich völlig falsch. Die Angelegenheit übersteigt Ihren Horizont bei weitem, Colonel Hollis, und sicherlich auch den Ihren, Ms. Rhodes. Ich gebe zu, daß sie auch etwas außerhalb meiner Reichweite liegt. Die Sache betrifft die ganz großen Tiere.»

«Warum bringen Sie dann die kleinen Wichte um, Oberst?» wollte Lisa wissen.

Burow beachtete sie nicht. «Ich werde Ihre Neugier stillen. Es ist so: Major Jack Dodson, auf den sich der verstorbene Mr. Fisher in seinem Anruf bei Ihnen bezog, war ein Verräter. Als Kriegsgefangener der Volksrepublik Vietnam schickte Major Dodson eine Nachricht an die Sowjetbotschaft in Hanoi und bat um ein Gespräch mit einem sowjetischen Militärattaché, das zustande kam. Major Dodson sagte, er würde gerne in die Sowjetunion kommen und sein militärisches Wissen zur Verfügung stellen, wenn er aus dem Lager freikäme.

Er war verbittert und fühlte sich von seinem Land verraten. Er sagte, die USA führten den Krieg nicht richtig, die Begrenzung der Luftkämpfe habe ihn gefährdet, habe seine Talente ungenützt gelassen und viele Freunde das Leben gekostet. Vielleicht war Ihnen ja ähnlich zumute, Colonel. Wie auch immer, Dodson erkundigte sich, ob wir ihn aus dem vietnamesischen Gefangenenlager herausholen könnten. Das taten wir.»

Hollis und Lisa schwiegen. Schließlich fragte Hollis: «Und warum hat die Sowjetunion diesen Vorgang nicht für Propagandazwecke ausgenutzt?»

«Das wollte Dodson nicht. Geheimhaltung gehörte zu den Absprachen, die wir mit ihm getroffen haben.»

«Und er ließ seine Familie in dem Glauben, er wäre tot?» fragte Lisa.

Burow zuckte die Achseln. «Major Dodson sprach von der Untreue seiner Frau. Ich glaube, er hatte keine Kinder.»

«Das klingt ziemlich unsinnig», sagte Hollis. «Was machte Dodson nachts in dem Kiefernwald, als Gregory Fisher ihm begegnete? Wollte er Pilze sammeln?»

«Und», fuhr Lisa fort, «warum hat Gregory Fisher das Hotel *Rossija* verlassen, obwohl Colonel Hollis ihn aufgefordert hat, dort zu warten? Warum kehrte er nach Borodino zurück, wo er bei einem Autounfall ums Leben kam?»

Burow schenkte sich Wein nach. «Mr. Fishers Unfall hat direkt nichts mit dem Fall Major Dodson zu tun», erwiderte er. «Ich hatte Gelegenheit, mir die Aufzeichnung des Gesprächs zwischen Mr. Fisher und Ihnen beiden anzuhören, und wir können uns wohl darauf einigen, daß er sehr erregt redete. In unserem Milizbericht steht außerdem, daß er betrunken war. Ich bin der Meinung, daß er in Panik geriet und wieder in seinen Wagen stieg, um ... nun ja, wer will nachvollziehen, was im Kopf eines Betrunkenen vor sich geht? Was Major Dodson angeht, so reiste er per Autostop, wie es seine Angewohnheit war. Er begegnete Mr. Fisher rein zufällig und erzählte ihm ein wenig von sich – vielleicht aus nostalgischen Gründen. Er hat Mr. Fisher aber nicht erzählt, daß er ein Gefangener wäre, denn das ist er nicht.»

Burow zog ein zusammengefaltetes Papier aus der Tasche und reichte es Hollis. «Dies ist ein handschriftlicher Brief von Major Dodson, datiert Januar 1973. Er bittet darin um Asyl in der Sowjetunion. Ihre Regierung ist inzwischen verständigt worden, und beiden Seiten liegt daran, jede Peinlichkeit zu vermeiden, die Major Dodsons Überlaufen heraufbeschwören würde. Es war ein stiller Wechsel, und das soll er nach dem Willen aller auch bleiben.»

Hollis schob das Papier zurück, ohne es anzuschauen. «Ich will das alles von Major Dodson persönlich hören.»

Burow nickte. «Meinetwegen. Wenn er damit einverstanden ist.»

«Mir ist egal, ob er einverstanden ist oder nicht. Sie werden ihn dazu bringen, mit mir zu sprechen. Morgen. Hier in Moskau. Ich schlage das Hotel im Internationalen Handelszentrum vor, das ist ein bißchen neutral.»

Burow zündete sich eine Zigarette an. «Gut, ich wende mich an die entsprechenden Stellen.»

«Sollte eine schnelle Entscheidung nicht möglich sein, was hier ja nicht ungewöhnlich wäre, möchte ich ein Foto von Major Dodson sehen, mit einer morgigen ‹Prawda› in der Hand.»

«Sehr clever.»

Hollis beugte sich vor. «Können Sie mir weder den Mann noch ein Bild von ihm zeigen, muß ich vermuten, daß Sie ihn umgebracht oder nicht im Griff haben. Ich glaube eher, daß er noch auf der Flucht vor Ihnen ist und plötzlich irgendwo auftauchen wird.»

Burow blickte zwischen Lisa und Hollis hin und her. «Leute aus dem Westen, die in die Sowjetunion kommen, sind oft paranoid, voll von dem Unsinn, den sie über uns lesen. Sie sehen uns durch eine gefärbte Brille und deuten falsch, was sie sehen. Bei Leuten wie Ihnen rechne ich allerdings mit einem qualifizierteren Urteil.»

«Sie dreschen leeres Stroh», sagte Hollis. «Rufen Sie mich morgen wegen Major Dodson im Büro an.»

«Ich will's versuchen. Allerdings habe ich morgen anderes vor. Vor allem muß ich den Mord an zwei Wächtern in besagtem Sperrgebiet aufklären. Zwei junge Männer, in die Brust geschossen, einfach liegengelassen, um eines qualvollen Todes zu sterben. Wer würde so etwas tun?» Er starrte zuerst Hollis, dann Lisa an.

Hollis nahm die Weinflasche und füllte Burows Glas. «Sie sehen aus, als könnten Sie noch etwas Wein vertragen, Oberst.»

Burow räusperte sich und sagte förmlich: «Sie beide werden mich begleiten, damit wir dieses Gespräch ungestört fortsetzen können.»

«Ich glaube, wir essen lieber zu Ende», erwiderte Hollis. «Guten Abend.»

«Kommen Sie. Es ist nur ein kurzer Weg bis zu meinem Büro.»

«Scheren Sie sich zum Teufel!»

«Haben Sie Angst?» fragte Burow spöttisch. «Es gibt zwei Methoden, ins Lefortowo zu kommen. Die eine ist freiwillig.»

Hollis schaute sich um und sah, daß mehrere Männer aufgestanden waren. Andere, die noch saßen, hatten zu lächeln begonnen.

«Unsere Botschaft weiß, wo wir sind», sagte Lisa.

«Nein, Ms. Rhodes. Sie weiß, wohin Sie wollten. Weiß sie auch, ob Sie Ihr Ziel je erreicht haben?» Burow stand auf. «Kommen Sie.»

Hollis legte seine Serviette auf den Tisch, stand auf, nahm Lisas Arm und führte sie hinter Burow zur Tür. Drei KGB-Agenten schlossen sich an. Im Foyer ließen sie sich die Mäntel geben und traten dann in die Kälte hinaus. «Nach links», bestimmte Burow.

«Ich glaube, wir werden uns hier verabschieden», antwortete Hollis, faßte Lisa unter und wandte sich zur Seite.

Die drei KGB-Agenten, zu denen auch Wiktor gehörte, reagierten blitzschnell auf ein Zeichen von Burow. Wiktor versetzte Hollis einen Stoß, der ihn gegen ein geparktes Auto taumeln ließ.

«Du Schwein!» rief Lisa und trat Wiktor zwischen die Beine.

Der zweite KGB-Mann schlug Lisa ins Gesicht und zerrte sie am Haar zu Boden.

Hollis fuhr herum, landete einen Fausthieb auf Burows Kinn und stürzte sich auf Lisas Angreifer. Der Mann zog die Pistole und brüllte: *«Stoi!»*

Hollis erstarrte.

Wiktor, der sich ein wenig von dem Tritt erholt hatte, zog ebenfalls seine Pistole. Burow betupfte sein blutendes Kinn mit einem Taschentuch. «Sie sind beide verhaftet», sagte er leise.

Hollis half Lisa hoch. «Alles in Ordnung?»

«Ja...»

«Gehen Sie los!» fauchte Burow. «Sie kennen die Richtung.»

Mit Burow und den drei KGB-Agenten im Rücken folgten Lisa und Hollis der dunklen stillen Straße zum Lefortowo-Gefängnis. Burow sagte auf russisch zu seinen Männern: «Wiktor mußte am meisten aushalten, also darf er nachher die Frau durchsuchen.»

Alle lachten.

Etwa hundert Meter vor dem Gefängnis bog plötzlich ein Wagen in die Straße ein und blendete auf. Aus der anderen Richtung kam ein zweiter Wagen. Hollis identifizierte sie als mittelgroße Wolga-Limousinen. Die Fahrzeuge hielten am Bordstein, die Türen gingen auf, und vier Männer in schwarzen Anoraks stiegen aus. Ihre Gesichter waren hinter Skimasken verborgen. Der fünfte Mann war Seth

Alevy. Er trug keine Maske, ging an Hollis und Lisa vorbei und trat vor Burow. «Guten Abend. Oberst Burow, wie ich vermute?»

Burow musterte die schwarzgekleideten Männer, die sich rings um ihn gruppiert hatten.

Alevy erklärte: «Meine Männer tragen Automatics mit Schalldämpfern. Das sollten Sie wissen.»

Burows Blick blieb an Alevy hängen. «Sie sind verhaftet.»

Alevy entgegnete: «Es juckt mir in den Fingern, Ihre drei Freunde umzubringen und Sie zu kidnappen, direkt hier vor dem Lefortowo-Gefängnis. Sollten Sie allerdings Vernunft walten lassen, erklären wir die Sache für ausgeglichen und gehen bis zum nächstenmal auseinander. Kein Zögern. Ja oder nein?»

Burow nickte.

«Dann befehlen Sie Ihren Leuten, die Waffen wegzustecken.»

Burow gab die Anordnung.

Alevy musterte den Oberst, als wolle er sich jeden Gesichtszug einprägen. «Wissen Sie, wer ich bin?» fragte er schließlich.

«O gewiß. Der dreckige kleine Jude, der hier die CIA vertritt.»

«Nun ja, streiten wir nicht um Definitionen. Ich wollte Ihnen klarmachen, daß Sie in einer ernsten Karrierekrise stecken. Sie kennen den Ausdruck?»

«Sie können mich mal!»

Hollis trat neben Alevy und sagte: «Vergessen Sie nicht, daß ich morgen Ihren Anruf wegen Dodson erwarte.»

Lisa schob sich auf den Rücksitz eines Wolgas, und Hollis und Alevy folgten. Die Schwarzgekleideten verteilten sich auf die Wagen, die in Richtung Stadtzentrum losfuhren.

«Ich brauche dringend eine Zigarette», sagte Lisa und bediente das Feuerzeug mit zitternden Händen.

«Alles in Ordnung?» fragte Hollis fürsorglich.

«Ich finde, es war keine gute Idee, einem KGB-Obersten einen Kinnhaken zu geben», sagte Alevy.

«Eine ganz spontane Sache.»

Die beiden vorn sitzenden Männer lachten. «Wegen Brennan, nicht wahr, Colonel?» fragte der Fahrer.

«Halb wegen Brennan, halb aus eigener Wut.»

«Gewalt sollte man vermeiden», sagte Alevy knapp. «Wir dürfen so etwas nicht persönlich sehen.»

Hollis war nicht dieser Ansicht und wußte, daß Alevy insgeheim auch anders dachte.

Alevy fuhr fort: «So fängt es an. Nun wird er bei der erstbesten Gelegenheit versuchen, Ihnen den Kiefer zu brechen.» Er schwieg. Dann sagte er versöhnlich: «Ich wette, Sie haben einen Augenblick gedacht, ich würde zulassen, daß man Sie ins Gefängnis schafft.»

«Sie waren ein bißchen spät dran, das stimmt», antwortete Hollis.

«Die ganze Sache war geplant?» fragte Lisa.

Niemand antwortete.

«Ihr seid ja verrückt! Und ich? Ich komme mir richtig mißbraucht vor. Ich bin doch kein Köder.»

Wieder herrschte Schweigen.

Lisa lehnte sich zurück. «Hört mal», fuhr sie fort, «ich helfe euch gern. Aber künftig will ich Bescheid wissen, sonst läuft nichts mehr. Klar?»

Alevy und Hollis nickten. Hollis sagte: «Ich bin jetzt fest überzeugt, daß Burow eine wichtige Figur in diesem Spiel ist.»

Alevy nickte. «Erkannt habe ich ihn nicht, aber ich schaue mir unsere Verbrecherkartei an. Haben Sie sonst noch etwas erfahren?»

«Daß man ins Gefängnis kommt, kaum daß man das Lager von Borodino erwähnt.»

«Interessant.»

«Wir haben es mit verzweifelten Männern zu tun, Seth. Ich habe noch nie gegen Leute gearbeitet, die dermaßen hysterisch waren und so viele Risiken eingegangen sind, wie beispielsweise Amerikaner zu entführen, die unter diplomatischer Immunität stehen, gar nicht zu reden von Mord.»

Wieder nickte Alevy. «*Sehr* hysterisch. Die Burschen halten sich nicht an die vereinbarten Regeln, also brauchen wir das auch nicht mehr zu tun. Es wird lebhaft werden im alten Moskau. Leider stehen uns nicht genügend Leute und Material zur Verfügung. Die Sache muß also schnell geklärt werden, ehe wir rausgeworfen oder aus dem Weg geschafft werden.»

«Wenn wir an die Öffentlichkeit gelangten, wären wir ein bißchen geschützter», meinte Hollis.

«Ja, aber aus Washington kommt das Signal, daß die Diplomaten alles unter der Hand regeln sollen.»

«Was regeln?» fragte Lisa.

«Na, die Wiedereinbürgerung von Major Jack Dodson.»

«Aber wenn er nun nicht wieder eingebürgert werden will? Burow bezeichnete ihn als Überläufer.»

«Darüber müssen wir selbst mit ihm sprechen», bestimmte Hollis.

Der Wagen näherte sich der Botschaft, vor der neben den Tschaikas drei Fords parkten. «Vollalarm», stellte Hollis fest.

«Kein Wunder», antwortete Alevy.

«Hinter der Sache steckt also doch mehr, oder?» sagte Lisa. «Es geht nicht nur um Dodson. Was ist das Lager? Ein Ort, wo Leuten Gehirnwäsche verpaßt wird? Ist Dodson wirklich in Burows Gewalt oder noch auf der Flucht? Bekomme ich nun endlich Antworten zu hören?»

Niemand sagte etwas.

«Ich habe meine Methoden, Männer zum Reden zu bringen», verkündete Lisa daraufhin abschließend. Auch das brachte keine Reaktion.

17

Hollis schaute sich um. Lisas Wohnung war modern: ein Wohnraum mit Eßecke und abgeteilter Küchenzeile. Das Schlafzimmer lag im Obergeschoß. Die Möbel und die meisten anderen Einrichtungsgegenstände stammten aus Finnland, dem nächsterreichbaren westlichen Land, aus dem man Konsumgüter importieren konnte. Es war die Wohnung einer amerikanischen Regierungsangestellten der mittleren Gehaltsgruppe, hätte aber alle höheren sowjetischen Bürokraten neidisch gemacht.

Lisa reichte ihm ein Glas und hob prostend das ihre. Dann legte sie Rachmaninow auf.

Hollis betrachtete eine Ikone an der Wand. «Echt?»

«Ja. Aus dem Besitz meiner Großmutter. Ich werde Mühe haben, sie wieder aus dem Land zu schaffen.»

«Ich stecke sie für dich ins Diplomatengepäck.»

«Wirklich? Vielen Dank, Sam!»

«Willst du denn weg?» fragte er.

«Nein ... aber irgendwie habe ich das Gefühl, daß meine Tage hier gezählt sind.»

Hollis nickte. Lisa nahm ihm gegenüber am anderen Ende der Couch Platz.

«Es geht nicht nur um Dodson?» fragte sie. «Im Spiel sind viele hundert, nicht wahr? Das meintest du doch, als wir ... in Pawels Schlafzimmer.»

Nach längerem Schweigen sagte Hollis: «Vielleicht habe ich zuviel gesagt.»

«Ich tratsche nicht weiter, was du mir erzählst. Tauschst du deine Informationen mit Seth aus?»

«Wir schachern darum. In unserer Branche bekommt man nichts umsonst. Mein Laden, der Geheimdienst des Verteidigungsministeriums, ist viel jünger und kleiner als die CIA. Da muß ich meinen Acker schon ein bißchen einzäunen. Kleinkariert, ich gebe es zu, aber Wettbewerb ist nun mal etwas sehr Amerikanisches.»

«Trotzdem kommt ihr miteinander aus. Persönlich.»

«Ja. Er ist auch mein Freund.»

Lisa stand auf, stellte ihr Glas ab und ging zum Eisschrank. Sie holte ein Stück Wurst und begann davon abzubeißen. «Ich sterbe vor Hunger», sagte sie. «Magst du Knoblauch? Hier ist jede Menge drin.»

Hollis erhob sich. «Du ißt Knoblauch vor dem Schlafengehen? Ich glaube, ich verziehe mich nach Hause...»

«Nein, bleib. Unterhalt dich mit mir. Ich möchte nicht allein sein.»

«Du bist doch hier völlig sicher.»

«Das weiß ich.» Sie kaute nachdenklich an ihrer Wurst und fuhr fort: «Ich hatte dich schon ein dutzendmal angelächelt – im Foyer, in den Fahrstühlen ... Du erinnerst dich nicht daran, Sam, aber ich war auch auf der Abschiedsparty, die man für Katherine veranstaltet hat. Wußtest du da schon, daß sie nicht zurückkommen würde?»

«Ich begann es zu ahnen, als sie alles einpackte, was ihr gehört.»

«Läßt du dich von ihr scheiden?»

«Ich versuche herauszufinden, wie das mit dem Gerichtsstand ist. Vielleicht fliege ich nach Hause und reiche dort die Scheidung ein. Aber ich kann mir nicht darüber klarwerden, in welchem Staat ich lebe.»

«Möchtest du, daß ich über mich und Seth spreche?»

«Nicht, während du an einer langen Wurst knabberst.»

Sie legte die Wurst auf die Frühstücksbar und wechselte das Thema, weil sie spürte, daß die Erwähnung von Seth Alevy ihn mißlaunig gemacht hatte.

«Du hast mir gesagt, daß es gefährlich werden könnte.»

Hollis schaute sie an. «Was? Mit Seth?»

«Nein. Die Dinge, die hier vorgehen. Gefährliche Angelegenheiten. Kannst du mir mehr darüber sagen?»

Unfreundliche Gedanken stiegen in Hollis auf: Vielleicht gab Lisa alles an Seth Alevy weiter? Doch wenn das stimmen sollte, konnte er seine Menschenkenntnis begraben. «Du kennst die groben Umrisse», erklärte er. «Darüber hinaus sage ich dir nur, was du wissen mußt. Das sind die Regeln. Du kannst jederzeit aussteigen.»

«Brauchst du mich wirklich?»

«Wir sind knapp an amerikanischen Mitarbeiterinnen. Ich weiß, daß wir damit gegen alle Vorschriften verstoßen, ganz zu schweigen von den Verboten aus dem Pentagon. Aber ja – ich brauche dich.»

«Gut, du hast mich», sagte Lisa und lächelte vielsagend: «Was kann ich jetzt für dich tun?»

Hollis ignorierte die Anspielung und sagte: «Ich wette, du weißt, wo Gogol begraben liegt.»

«Aber ja.» Sie lachte. «Weiß das nicht jeder?»

«Nicht die Kulturbanausen, mit denen ich es zu tun habe – mich eingeschlossen. Wo liegt das Grab?»

«Warum willst du das wissen? Soll dort eine Party steigen?»

«Ach – man hat dich schon danach gefragt?»

«Und ob.»

«Und?»

Sie hakte sich in seinen Gürtel. «Eins nach dem anderen. Erst kommt das wirklich Wichtige. Mir wäre nämlich mies zumute, müßte ich annehmen, du sähst mich nur als Frau für eine Nacht.» Sie küßte ihn, umarmte ihn und berührte zart die Narben an Nacken und Schultern. «Du hättest genausogut im Lager von Borodino landen können...»

«Vermutlich.»

«Wann ist dein Einsatz hier zu Ende?»

«Wann immer das Pentagon darüber befindet. Und deiner?»

«Ich habe noch zwanzig Monate. Vielleicht weniger. Ich habe da so ein unbestimmtes Gefühl. Was tun wir, wenn einer von uns vor dem anderen fortmuß?»

Als Hollis nicht antwortete, meinte sie: «Also gut. Ein Schritt nach dem anderen.» Sie deutete zur Treppe. «Lenken wir unsere Schritte zunächst mal dorthin.»

Ihr Schlafzimmer war modern und in heller finnischer Esche gehalten; ein langschwänziger chinesischer Drachen hing in Schleifen von der Decke und führte über dem Bett an der Wand abwärts.

«Sehr hübsch», meinte Hollis. Er fühlte sich unbehaglich. Ihr Tempo machte ihm ein wenig Mühe. Und dennoch fand er Lisa Rhodes sehr anziehend. Sie hatte etwas Keckes an sich, war aber doch feminin; sie wirkte irgendwie unschuldig, aber auch klug. Zuweilen bewies sie große Reife, war aber auch erfrischend unkompliziert.

Lisa interpretierte sein Zögern falsch. Sie lächelte ihn an. «Du bist hier oben erst der dritte.»

«Welch Privileg. Hör mal, weißt du, daß ich beinahe zwanzig Jahre älter bin als du?» Hollis fühlte sich jetzt sicherer.

«Das waren die anderen beiden auch. Na und?»

«Mir gefällt neunundzwanzig», sagte er und zog sie an sich.

«Das habe ich noch nie probiert.»

«Dein *Alter.*»

«Oh ...» Lisa lachte verlegen, schleuderte die Schuhe von den Füßen und knöpfte ihre Bluse auf. «Bleib über Nacht. Ich möchte neben dir aufwachen. Wie in Jablonja.»

Auf dem Nachttisch klingelte das Telefon. Hollis hörte die Dusche rauschen. Schließlich griff er nach dem Hörer. «Hallo.»

«Guten Morgen», sagte Seth Alevy.

«Morgen.»

«Ich wollte mit Ihnen sprechen.»

«Dann rufen Sie doch in meiner Wohnung an.»

«Sie sind nicht dort.»

Hollis richtete sich auf. «Versuchen Sie's noch einmal.»

«Ich möchte eine Konferenz ansetzen – für elf Uhr.»

«Um halb elf habe ich ein Treffen mit zwei Obersten der Roten Luftwaffe.»

«Das ist abgesagt worden.»

«Von wem?»

«Lisa soll auch dabei sein. Man hat ihren Terminkalender freigemacht. Wir sehen uns dann im abgeschirmten Raum der Geheimdienste.» Alevy legte auf.

«Schweinehund», dachte Hollis. Alevy hätte mit dem Anruf genausogut warten können, bis er in seinem Büro war. Das Leben innerhalb der roten Backsteinmauern brachte seine Probleme. Man konnte bowlen gehen, den Swimmingpool benutzen, Squash spielen oder sich den wöchentlichen Film ansehen. Wenn einem das nicht zusagte, konnte man den Verstand verlieren, wie Hollis' Frau von sich behauptet hatte, oder man konnte sich auf weniger akzeptable Dinge einlassen, wie außerehelichen Sex, Alkohol oder Eigenbrötelei. Und wenn das Leben innerhalb der Mauern noch nicht bedrükkend genug war, lauerten draußen die Männer und Frauen aus dem Siebten Direktorat des KGB, die «Botschaftswächter», die das Grundstück und jeden einzelnen Bewohner ständig beobachteten.

Hollis öffnete die Gardine ein Stück und schaute in den frischen Morgen hinaus.

Für die neue US-Botschaft war von den Sowjets ein einziges Grundstück vorgeschlagen worden. Abgesehen von den ungesunden Flußnebeln ermöglichte das tiefliegende Terrain dem KGB den Einsatz von Abhörgeräten und Mikrowellenstrahlern. Abgehört wurden sogar Telefongespräche innerhalb der Botschaft – wie eben Alevys Anruf bei Lisa –, außerdem wurden die Fenster beobachtet, weshalb sich die meisten Botschaftsangehörigen hinter heruntergezogenen Jalousien versteckten.

Lisa kam aus dem Badezimmer und trug nichts außer einem Handtuch, das sie sich um den Hals gelegt hatte. «Wer war das?»

Hollis betrachtete sie im schwachen Licht. Angezogen sah sie graziös, beinahe schmal aus. Jetzt aber kamen ihre vollen Brüste und die gerundeten Hüften zur Geltung.

«Ach ja...» sagte Hollis. «Das war Seth.»

«Oh...»

«Er will uns beide um elf sprechen. Deine Termine sind entsprechend umgestellt worden.»

«Was will man nun schon wieder?»

«Wer weiß?»

«Kriegen wir Schwierigkeiten... deswegen?»

«Vielleicht ich, weil ich verheiratet bin. Ihr Ledigen könnt euch ja alles erlauben.»

Lisa überlegte kurz. «Es war wohl doch kein so guter Gedanke», sagte sie schließlich. «Ich war eine Egoistin. Du hast mehr zu verlieren als ich.» Dann wurde sie ganz praktisch, drückte ihm eine Zahnbürste und ihren rosa Plastikrasierer in die Hand und ging nach unten in die Küche, um Kaffee zu kochen.

Beim Abtrocknen im Badezimmer betrachtete Hollis die vielen weiblichen Utensilien auf dem Spiegelbord. Vermutlich besaß Katherine ähnliche Dinge, doch waren sie ihm bisher nie aufgefallen. Für ihn war das alles seltsam neu. Gedankenverloren griff er nach einer Reinigungskrem und hob sie an die Nase.

18

Das Gespräch fand im abgeschirmten Raum der Geheimdienste statt, weil der Botschafter sein abhörsicheres Zimmer für ein Treffen mit vier eben aus Washington eingetroffenen Diplomaten brauchte. Offensichtlich trieben die Dinge einem Höhepunkt entgegen.

Charles Banks räusperte sich und begann: «Colonel Hollis, Ms. Rhodes, es ist meine unerfreuliche Pflicht, Sie darüber zu informieren, daß die sowjetische Regierung formell Beschwerde gegen Sie erhoben hat. Die Einzelheiten sind unwichtig. Jeder von Ihnen ist zur Persona non grata erklärt worden. Sie haben fünf Tage Zeit, das Land zu verlassen. Sie werden Montag vormittag abreisen.»

Lisa blickte von Alevy zu Hollis und schloß den schon geöffneten Mund wieder.

Banks fuhr fort: «Wie Sie wissen dürften, befinden sich die sowjetisch-amerikanischen Beziehungen auf dem Weg der Besserung. Entsprechend haben sich die sino-amerikanischen Beziehungen verschlechtert. Die Chinesen machen den Sowjets nun neue Avancen. Neue weitreichende Bindungen liegen in der Luft, und unserer Regierung geht es darum, nicht allein im Regen zu stehen.»

«Ich hatte nicht die Absicht, das Mächtegleichgewicht der Welt zu stören», bemerkte Lisa sarkastisch. «Und bei Sam kann ich mir das auch nicht vorstellen. Oder, Sam?»

Hollis tat, als hätte er nichts gehört. Alevy unterdrückte ein Lächeln. Banks räusperte sich erneut und beugte sich vor. «Das Mächtegleichgewicht ist kein Thema für Scherze, Ms. Rhodes.»

«Ich bin kein gehirnloser Niemand, Charles», erwiderte Lisa heftig. «Ebensowenig gedenke ich meine Einstellung zur Realität zu ändern oder meine Prinzipien aufzugeben, um den aktuellen Bedürfnissen meiner Regierung zu genügen. Mord ist Mord. Und irgendwo da draußen steckt ein amerikanischer Kriegsgefangener in der Klemme. Wenn ich in der Sache nichts unternehmen kann und Sie nichts unternehmen *wollen*, muß ich Ihnen meinen Rücktritt anbieten und damit an die Öffentlichkeit gehen.»

«Ms. Rhodes, bitte machen Sie sich klar, daß nicht unser Außenministerium Sie hinauswirft, sondern das der Sowjets. Wir brauchen weder Ihre Mitwirkung noch Ihren Rücktritt, noch sonst etwas. Wir fordern lediglich, daß Sie packen und wie erbeten abreisen. Und Sie werden sich *nicht* an die Öffentlichkeit wenden.»

Lisa wandte sich ab und schien Banks nicht mehr zuzuhören.

Charles Banks fuhr fort: «In Ihren Personalakten wird sich das in keiner Weise negativ niederschlagen. Wir halten fest, daß Ihre Abberufung nicht auf ein Fehlverhalten nach unserer Definition zurückgeht. Das gilt auch für Sie, Colonel. Sie erhalten beide dreißig Tage Heimaturlaub. Man wird Ihnen außerdem neue Posten zuweisen, die Ihren Karrieren förderlich sein werden.»

«Wir möchten zusammen eingesetzt werden», sagte Lisa.

Banks' Blick streifte Alevy. «Das ist nicht möglich.»

«Warum nicht?»

«Aus Sicherheitsgründen.»

«Was soll das nun wieder heißen?»

Banks schaute nachdrücklich auf die Uhr. «Ich muß nach oben. Mr. Alevy wird Sie hinsichtlich Ihrer Abreise näher unterrichten.» Leiser fuhr er fort: «Mir persönlich tut es leid, daß Sie gehen müssen, Sie beide. Wir alle halten Sie für wertvolle Mitglieder unserer Belegschaft. Ihre Russischkenntnisse sind unübertroffen. Sam, Lisa, ich wünsche Ihnen viel Glück.» Banks verließ den Raum.

Alevy ging zur Anrichte und mischte einen Wodka mit gekühltem Orangensaft. Mehrere Teller mit süßem Gebäck und Snacks standen bereit. «Greifen Sie zu. Charles hat ein paar Leckereien kommen lassen, damit Sie sich nicht so mies fühlen.»

Lisa stand auf und zapfte aus einem silbernen Krug heißes Wasser für einen Tee. Sie fragte Hollis: «Sam, kann ich dir etwas mitbringen?»

«Kaffee, bitte.»

Sie brachte ihm die Tasse und setzte sich neben ihn. Alevy stellte ein Tablett mit rotem und schwarzem Kaviar, saurer Sahne, Toast und Butter in die Tischmitte, wischte sich die Finger mit einer Leinenserviette und sagte: «Ich muß Ihnen nun gewisse Vorschriften des Nationalen Sicherheitsgesetzes vorlesen und Sie über Ihre Verpflichtung instruieren, nichts von dem, was Sie während Ihres Dienstes hier gesehen, gehört oder gelesen haben, an Dritte weiterzugeben.» Alevy hielt seinen kleinen Vortrag und forderte die beiden auf, die üblichen Bestätigungen zu unterschreiben, was sie auch taten.

Alevy kaute seinen Toast und musterte Hollis kühl. «Irgendwie finde ich es beruhigend, daß man Sie rauswirft. Andernfalls müßte man nämlich davon ausgehen, daß das KGB beim Politbüro die Erlaubnis erwirkt hat, Sie noch einmal aufs Korn zu nehmen. Anscheinend hat das Politbüro eine Art Wildhüterfunktion übernommen und dem KGB klargemacht, daß sie ihre Chance vertan und die Lisas und Sams nun Schonzeit hätten. Trotzdem muß ich Sie anweisen, das Botschaftsgelände nicht allein und auf keinen Fall nach Sonnenuntergang zu verlassen. Denn wo es Wildhüter gibt, treiben sich auch Wilderer herum.»

«Und wer geht nächsten Sonntag zu dem Treffen mit Ace?» fragte Hollis.

«Sie. Teilen Sie ihm mit, daß ein anderer übernimmt. Regeln Sie die Einzelheiten. Daß er mir nicht abspringt!»

«Holen wir ihn raus?»

«Wenn er liefern kann, was Sie gefordert haben.»

«Warum schmeißt man *dich* nicht raus?» wandte sich Lisa an Alevy. «Immerhin hast du Burow mit der Waffe bedroht.»

«Nun ja», antwortete Alevy, «das KGB will mich wohl noch hierbehalten – nach der Devise, daß es immer besser ist, mit einem Teufel umzugehen, den man kennt. Und wenn die Sowjets mich rauswürfen, würden wir ihren führenden Residenten in Washington ebenso behandeln, wie es schon 1986 geschehen ist. Im Augenblick sind nur ein Luftfahrtattaché und ein Presseoffizier aufs Korn genommen worden. Spielstand zwei zu zwei unentschieden.»

«Die Diplomatie handelt nach einer ganz eigenen Logik», bemerkte Lisa.

Alevy zwang sich dazu, in leichtem Ton zu sprechen. «Und, Lady Lisa, wo wirst du deinen Urlaub verbringen?»

«Ich weiß nicht... das kommt ja alles so plötzlich. Wahrscheinlich in New York.»

«Und Sie, Sam?»

«Weiß ich auch noch nicht. Wohl eine Weile in London, um die leidige Scheidungssache zu regeln. Dann vielleicht nach Japan, um ein paar Zen-Anhänger zu besuchen. Später nach New York zu meinem Bruder.» Er fügte hinzu: «Vielleicht statte ich den Fishers in New Canaan mal einen Kondolenzbesuch ab.»

«Ich auch», sagte Lisa nickend.

«Das lassen Sie hübsch bleiben!» fuhr Alevy energisch dazwischen. «Wenn Sie mitmachen, wird gut für Sie beide gesorgt. Sie können sich Ihren nächsten Posten außerhalb des Eisernen Vorhangs praktisch selbst aussuchen. Das ist das Angebot.»

«Solange wir nicht zusammen sind», fügte Lisa hinzu. «War das deine Idee?»

«Diese Frage würdige ich keiner Antwort.»

Hollis stand auf. «Schön, ich diskutiere die Sache mit meinen Leuten.»

«Meine Firma trägt in diesen Dingen die primäre Verantwortung.»

«Sind wir fertig?»

«Nein. Ich möchte jetzt alles über Ihren Ausflug nach Borodino wissen.»

«Da gibt's nicht viel zu erzählen», erwiderte Hollis. «Allerdings habe ich zwei KGB-Grenzwächter umgebracht.»

Alevy fuhr auf. «Himmel Herrgott! Machen Sie Witze?»

«Leider nein.»

«Mein Gott, deswegen ist man hier so auf achtzig! Zum Teufel, warum haben Sie mir das nicht gleich gesagt? Sie können von Glück reden, daß Sie noch leben. Sie beide.»

«Es ging nicht anders.»

«Okay, okay. Was ist sonst in Borodino passiert?»

«Ich schreibe Ihnen einen vollständigen Bericht, ehe ich abfliege.»

«Wenn du uns mitteilst, wie Gregory Fishers Mord aufgeklärt werden soll und was ihr wegen Major Dodson unternehmt», meinte Lisa, «sagen wir dir, was wir in Borodino gesehen haben. Auf keinen Fall soll es dazu kommen, daß wieder mal ein Amerikaner im Interesse diplomatischer Manöver abgeschrieben wird.»

«Spiel hier nicht die recherchierende Journalistin, Lisa», gab Alevy zurück. «Du bist eingestellt worden, um für den USIS Texte zu verfassen, und tust, was man dir sagt. Ich erinnere an den Revers, den du eben unterschrieben hast.» Er fügte hinzu: «Außerdem gehörst du hier in der Botschaft zu den lautesten Fürsprechern freundnachbarlicher sowjetisch-amerikanischer Beziehungen. Ich selbst teile diesen Standpunkt nicht, würde aber Fishers Tod auf sich beruhen lassen, wenn meine Regierung der Ansicht wäre, nur so ließe sich das bevorstehende wichtige Gipfeltreffen retten. Sollte das auch dein Ziel sein, vergiß die Gerechtigkeit. Es gibt wichtigere Dinge. Okay?»

Lisa antwortete nicht.

«Ich mag zwar einverstanden sein, Fisher zu vergessen», schaltete sich Hollis ein, «aber ich habe ein persönliches Interesse an Air Force Major Jack Dodson und möglichen anderen Amerikanern, die hier gegen ihren Willen festgehalten werden. Wir sprechen noch darüber, ehe ich abfliege.»

«Verstanden und einverstanden.» Alevy wandte sich an Lisa und sagte in versöhnlichem Ton: «Ich weiß, du bist wütend. Das ist alles sehr neu für dich. Aber die Gerechtigkeit geht hier andere Wege – nicht unbedingt öffentliche. Die einzige Gerechtigkeit hier ist die Rache. Auge um Auge.»

Lisa bedachte Alevy mit einem traurigen Blick, und Hollis hatte den Eindruck, daß die beiden das Thema schon mehrmals durchdiskutiert hatten.

Alevy wandte die Augen von Lisa ab und sagte: «Ich bin nicht völlig gefühllos, obwohl es manchmal so aussehen mag. Ich weiß, daß Gewalt neue Gewalt heraufbeschwört... Ich bin zwar zur Gewaltlosigkeit erzogen worden, aber ich weiß, daß ich meinen Feinden tagtäglich mit psychischer Gewalt begegne.» Nachdenklich trank er einen Schluck und fuhr fort: «Vor gut zwei Jahren, bevor ihr beide hier wart, wurde ich von einer Horde Hooligans, wie die Russen sie hier nennen, auf der Straße überfallen, niedergeschlagen und ausgeraubt.»

Hollis hatte davon gehört, doch schien niemand die Einzelheiten zu kennen.

«Ich war auf dem Weg zu Ina Schimanow, der Frau Reuben Schimanows, des sowjetischen Nuklearbiologen, der nach einem Symposium in New York im Westen geblieben war. Ina hatte ihre Arbeit verloren und war verzweifelt, es fehlte ihr am Nötigsten. Ich wollte sie allein besuchen, um ihr Geld zu bringen und Mut zu machen. Ich nahm die U-Bahn. Keine offizielle Sache, nur ein Jude, der für einen anderen da war. Versteht ihr? Nun ja, die Jungs vom Siebten Direktorat bekamen Wind davon, hängten sich dran, schnappten mich, als ich aus der U-Bahn kam, und ließen mich mit inneren Verletzungen nackt im Schnee liegen.»

Lisa hob eine Hand an den Mund. «Mein Gott.»

Alevy stellte sein Glas hin. «Mein Fehler. Ich wollte etwas Anständiges tun. Eine Gruppe von Studenten brachte mich schließlich ins Krankenhaus. Meine Leute wollten mich woanders hinschicken. Aber ich zog es vor, hierzubleiben. Um das Konto auszugleichen.»

«Wie zu hören war, haben Ihre Freunde in Washington das übernommen», sagte Hollis.

«Damit hatte ich nichts zu tun.»

«Womit?» wollte Lisa wissen.

«Nichts.» Alevy ging auf die gepolsterte Tür zu. «Ich kann tausendmal erklären, daß wir einen schmutzigen, entmenschenden Beruf ausüben – doch müssen schon Ereignisse eintreten, wie in den letzten Tagen, damit diese Worte auch Kontur bekommen. Versteht ihr? Der Militärgeheimdienst arbeitet mit Statistiken, Zahlen, Kampfstärken und redet von der atomaren Vernichtung. Das ist alles Theorie. Aber plötzlich wird man von einem übelriechenden Kerl gegen einen Wagen geknallt, so wie mir die Hoden eingetreten wurden – und schon hat der sowjetisch-amerikanische Machtkampf eine ganz neue, tiefere Bedeutung.» Alevy öffnete die Tür. «Meine Motivation in dieser Sache ist wohl begründbar. Charlie Banks kann Girlanden reden, soviel er will, ich lächle und nicke dazu. Ich habe meine Arbeit und er seine. In bezug auf euch beide würden die Diplomaten wohl sagen, daß der Fall eure Machtbefugnis oder Zuständigkeit übersteigt.»

«Das entscheide ich, nicht Sie oder die Diplomaten», widersprach Hollis und folgte Lisa durch die Tür in den Korridor.

«Das weiß ich, Sam.» Alevy fügte in lebhafterem Tonfall hinzu: «Ach, Samstag um 18.30 Uhr gibt's im Empfangsraum eine kleine Abschiedsparty. Dazu wird auch der Botschafter erscheinen. Die Persona-non-grata-Verabschiedungen sind lustiger als die regulären Versetzungsparties. Macht euch auf Frotzeleien gefaßt, und legt euch ein paar lustige Antworten zurecht.» Alevy reichte beiden die Hand.

«Laß dich von diesem Ort und deinem Job nicht zum Unmenschen machen», sagte Lisa.

«Was war in Washington?» fragte Lisa Hollis auf dem Weg zum Fahrstuhl.

Hollis antwortete nicht sofort. «Seths Freunde sorgten dafür, daß die siebzehnjährige Tochter eines Sowjetdiplomaten überfallen wurde. Man ließ sie auf dem Campus der American University mit gebrochenem Kiefer liegen.»

Lisa blieb abrupt stehen. «Aber... Seth wußte nichts davon...»

«Ich glaube nicht.» Hollis war insgeheim vom Gegenteil überzeugt. Er fuhr fort: «In Seths Abteilung gibt es Leute, die mit den Sowjets auf ganz unoffizieller, persönlicher Ebene umgehen. Sie nennen sich die Zahn-um-Zahn-Bande. Ein gebrochener Arm in Moskau oder Budapest führt dazu, daß es in Washington oder London ebenfalls zu Knochenbrüchen kommt.»

Lisa schüttelte den Kopf.

«Diese Philosophie der garantierten Gegenaktion hat die Zahl der gebrochenen Gliedmaßen tatsächlich reduziert, und einige Jahre lang war es ziemlich ruhig. Um so bedeutsamer ist es, daß Burow nun wieder zu solch groben Methoden gegriffen hat; das KGB macht sich wohl wirklich Sorgen. Ein Zeichen für mich und Seth, daß die Dinge schnell ausufern könnten.»

«Du bist doch nicht unglücklich, daß du fortmußt?» wollte Lisa wissen.

«Die Umstände gefallen mir nicht. Und du?»

«Ich bin traurig. Aber es freut mich, daß es uns beide getroffen hat. Da können wir nämlich draußen zusammen sein, Sam.» Sie lächelte.

Er erwiderte das Lächeln. «Unsere Vorturner spielen bestimmt mit, wenn wir uns an die Regeln halten.» Er schaute auf die Uhr. «Ich räume jetzt meinen Schreibtisch aus.»

«Ich auch.»

Sie verweilten einen Augenblick vor Lisas Büro, dann sagte sie: «Ich glaube, ich verliebe mich in dich.»

«Ein bißchen lauter für die Mikros, bitte.»

Sie lächelte. «Bis später?»

Er öffnete ihr die Tür. «Abendessen?»

«Bei dir. Ich koche.»

«Ich habe nur Bier und Senf. Aber ich gehe in den Supermarkt, wenn du mir eine Einkaufsliste schreibst.»

«Nein, ich kaufe ein und mache etwas Russisches. Besorg du den Wodka.»

«Du sollst die Botschaft nicht allein verlassen.»

«Der Laden liefert nicht ins Haus.»

«Sei vorsichtig.»

19

Um achtzehn Uhr klingelte in Hollis' Büro das Telefon.

«Hier Alevy. Haben Sie Zeit für einen kleinen Cocktail?»

«Nein, ich bin in einer halben Stunde zum Abendessen verabredet.»

«Das müssen Sie eine Stunde aufschieben. Wir haben was Geschäftliches zu besprechen.»

«Ich bin nicht mehr im Geschäft.»

«Ach, Sie dürfen nicht alles glauben, was man Ihnen erzählt. Entbunden sind Sie bisher nur von Ihren offiziellen Pflichten als Luftfahrtattaché. Glauben Sie etwa, man hat Sie auch als Spion entlassen?»

«Nein.»

«Bei mir privat in zehn Minuten.»

Hollis wählte Lisas Nummer, aber es meldete sich niemand. Daraufhin rief er Captain O'Shea an. «Ed, haben Sie heute abend Dienst?»

«Ja, Sir, bis etwa acht Uhr.»

«Also, wenn sich Ms. Rhodes meldet... Kennen Sie sie?»

«Jawohl, Sir.»

«Wenn sie anruft oder vorbeikommt – sie ist in der Stadt einkaufen –, dann sagen Sie ihr, ich wäre gegen 19.30 Uhr in meiner Wohnung.»

«Jawohl, Sir.»

Hollis legte auf, und gleich darauf betrat O'Shea sein Büro. Er trug eine Schreibtafel in der Hand, auf die er mit Kreide geschrieben hatte: «General Brewer aus Washington hat mich gebeten, einen Bericht über Ihre Tätigkeit zu verfassen.»

Hollis schrieb auf eine ganz ähnliche Tafel, die er aus der Schublade zog: «Halten Sie mich auf dem laufenden.»

O'Shea nickte und sagte, als wäre er eben erst eingetreten: «Entschuldigen Sie, Colonel, aber ich dachte, es interessiert Sie zu erfahren, daß praktisch das ganze hiesige Pressekorps angerufen hat:

Briten, Australier, Kanadier und sogar einige Westeuropäer. Alle wollen wissen, warum Sie zur Persona non grata erklärt worden sind. Ich habe die Leute natürlich ans Pressebüro verwiesen, aber sie wollen alle privat mit Ihnen sprechen.»

«Wurde dabei auch Fisher erwähnt?»

«Jawohl, Sir. Sie versuchen eine Verbindung zwischen Fishers Tod, Ihrer Fahrt nach Moschaisk und der Ausweisung zu finden.»

«Sehr mißtrauisch, diese Leute.»

«Jawohl, Sir.»

Hollis zog seinen Mantel an. «Wenn ein Colonel Burow anruft, stellen Sie ihn in Mr. Alevys Wohnung durch.»

«Jawohl, Sir.» O'Shea wischte beide Tafeln sauber.

Alevy führte ihn ins Wohnzimmer. Hollis war noch nie bei Alevy zu Hause gewesen; die Größe der Wohnung überraschte ihn, mehr noch die Einrichtung. Da standen die wertvollsten russischen Antiquitäten, die er je außerhalb eines Museums gesehen hatte. Neben den Möbeln waren es Gemälde, zwei Samarkand-Teppiche, Porzellan und Lackdosen auf jeder polierten Holzfläche. Ein riesiger silberner Samowar schimmerte vor dem Fenster. «Nicht schlecht für einen Attaché für politische Angelegenheiten im mittleren Dienst.»

Alevy bediente einen Wandschalter, woraufhin durchdringende Balalaikamusik den Raum durchflutete und alle Geräusche übertönte. «Meine Firma bezahlt dafür», sagte Alevy. «Nichts hier stammt aus dem diplomatischen Budget.»

Hollis nahm in einem grünen Samtsessel Platz und ließ sich einen Scotch reichen. «Das Pentagon geht nicht so fürsorglich auf die Bedürfnisse von Zivilisten ein wie Ihre Firma.»

«Dann treten Sie doch meiner Firma bei. Wir würden Sie gern bei uns sehen.»

«Nein danke, ich möchte wieder fliegen.»

«Nun ja, auch meine Firma verfügt über Düsenmaschinen. Allerdings hielte ich die Fliegerei für eine Verschwendung Ihres wahren Talents.»

«Und das wäre?»

«Spionage», antwortete Alevy. «Sie sind wahrscheinlich besser, als Sie selbst ahnen.» Er hob sein Glas. «Auf eine gesunde Rückkehr nach Hause.» Die beiden Männer tranken. «Hören Sie», fuhr Alevy fort, «ich habe Sie nicht hergebeten, um Sie anzuwerben. Trotzdem steht mein Angebot. Ich lade nicht viele Leute ein.»

Hollis schaute sich um. Natürlich war Lisa hierher eingeladen worden. Jemand, der sich für die russische Kultur interessierte, war in einer solchen Umgebung bestimmt leicht zu verführen. Alevy war seinem Blick gefolgt.

«Das Zeug hier ist etwa eine Million wert», sagte er. «Sogar ein Fabergé-Ei gehört dazu, Geschirr aus der Zarenzeit und so weiter. Sie haben doch schon von den Kommissionsläden gehört, in die Sowjetbürger ihre Familienerbstücke und andere Dinge unbestimmter Herkunft einliefern können.»

«Ja.»

«Einzelheiten kann ich Ihnen zwar nicht sagen, aber diese Läden bieten uns ein Loch im sowjetischen System und Gelegenheit, Gelder hierhin und dorthin fließen zu lassen. Klar?»

«Sie schulden mir keine Erklärung.»

«Trotzdem. Aber das ist alles streng geheim.»

Hollis überlegte kurz und sagte dann: «Lisas Sicherheitseinstufung ist geringer.»

«Sie weiß auch nichts von dem, was ich Ihnen eben erzählt habe. Sie glaubt, die Sachen stammen aus unserer Botschaft aus der Zeit vor der Revolution.» Sein Blick suchte den von Hollis. «Einer meiner Leute sah Sie zufällig aus dem Antiquitätenladen an der Arbat-Straße kommen. Daraus schloß ich, daß vielleicht eine Bemerkung Lisas Ihre Neugier geweckt hatte.» Alevy stand auf und füllte sein Glas nach. Mit dem Rücken zu Hollis stehend, fuhr er fort: «Ich wollte eben ein bißchen Klarheit schaffen. Wir müssen noch einiges erledigen, wir beide, ehe Sie das Land verlassen.»

«Und das wäre?»

«Nun ja, es geht um Ihren Borodino-Bericht. Wir sind allein und können mit dem Theater aufhören, das wir vor Banks und Lisa aufführen. Noch einen Drink?»

«Nein.»

«Dann folgen Sie mir.» Alevy öffnete eine schmale Tür im Flur. Hollis erwartete einen Wandschrank zu sehen, befand sich statt dessen aber in einem fensterlosen Raum von etwa zehn Quadratmetern. Die Wände waren gepolstert. Ein großer Videoschirm bildete die einzige Lichtquelle. «Dies ist mein kleines abhörsicheres Reich. Ein paar elektronische Spielzeuge, eben genug, um Hausarbeiten zu machen. Setzen Sie sich.»

Alevy nahm neben Hollis Platz, griff nach einer Fernsteuerung und drückte einen Knopf. Auf dem Schirm erschien das Bild eines

Mannes in den Dreißigern. Er trug die Uniform eines Air-Force-Offiziers. «Major Jack Dodson», sagte Alevy. «Vermißt seit dem 11. November 1970. Zuletzt gesehen, wie er sich aus einer beschädigten Phantom katapultierte. Das war über dem Tal des Roten Flusses zwischen Hanoi und Haiphong. Nach dieser Zeugenaussage schien er unverwundet zu sein. Dodson tauchte aber nie auf Hanois Gefangenenlisten auf. Inzwischen glauben wir zu wissen, wohin er verschwunden ist.»

«Mein Kopilot Ernie Simms ist ähnlich spurlos abgegangen.»

«Ja, ich weiß.»

Anstelle von Dodson erschien ein anderer Mann auf dem Bildschirm. Hollis brauchte einige Sekunden, bis er Ernie Simms erkannte.

Nach längerem Schweigen sagte Alevy: «Ich weiß nicht, ob er in der Sowjetunion ist, Sam.»

Hollis antwortete nicht.

«Damit ist die Diaschau noch nicht zu Ende, aber zunächst sind Sie an der Reihe. Borodino.»

«Lisa und ich werden zusammen eingesetzt, wenn wir das so möchten. Anders läuft nichts.»

Alevy legte die Füße hoch und schob sich ein Kaugummi in den Mund. «Nun ja, vermutlich ist das einfacher, als Sie davon zu überzeugen, daß die Gerechtigkeit siegen wird.»

Hollis starrte einen Augenblick lang ins Dunkle, dann schilderte er die Erlebnisse bei Borodino und die Schlußfolgerungen über das Lager im Wald.

«Mehr Gefängnis als Sperrzone?» fragte Alevy schließlich.

«Eindeutig. Ein Gulag.»

«KGB-Grenzsoldaten?»

«Ja.»

«Mit üblicher Winteruniform? Dunkeloliv mit roten Streifen?»

«Ja.»

«Mützen oder Helme?»

«Mützen. Wieso?»

«AK-47?»

«Ja. Auf dem Schützenpanzerwagen saß außerdem ein Bursche mit langem Gewehr und Zielfernrohr. Vielleicht ein Dragunow-Scharfschützengewehr.»

«Sie haben keine Spur der Roten Luftwaffe gesehen – keine Abzeichen oder Schilder?»

«Nein.»

«Schön – und als Sie ins Büro zurückkamen, begannen Sie in Ihren Akten nachzuforschen, stimmt's? Was haben Sie herausgefunden?»

Hollis klopfte mit den Fingerspitzen auf seinen Armlehnen herum. Militärgeheimnisse weiterzugeben, sie laut auszusprechen, fiel ihm nicht leicht, aber es war wohl an der Zeit, mit dem Austausch zu beginnen. «Ich stellte fest, daß das Gebiet von zivilen Maschinen nicht überflogen werden darf.»

«Das gilt für neunzig Prozent dieses Landes.»

«Okay. Ich fand außerdem eine Liste alter sowjetischer Luftwaffenstützpunkte, die meine Abteilung vor etwa fünfzehn Jahren erstellt hatte. Eine Akte nannte sich mangels russischer Bezeichnung ‹Borodino Nord›. Da keine Rollbahn vorhanden war, vermutete man eine Bodenschule, vielleicht zum Überlebenstraining, obwohl die Gegend vorwiegend aus fruchtbarem Ackerland besteht. Sogar der Wald ist gepflegt. Aber mehr stand in dem Bericht nicht.»

Alevy nickte. «Wir begannen uns erst kürzlich für das Gebiet zu interessieren. Bis vor etwa fünfzehn Jahren befand sich dort wirklich eine Einrichtung der Sowjetischen Luftwaffe – soweit paßt alles zu Ihrem alten Bericht. Dann aber wechselten die Uniformen, KGB und Zivil tauchten auf. Den Einheimischen zufolge hat das Personal der Anlage praktisch keinen Kontakt mit dem Dorf Borodino, mit Moschaisk oder der umliegenden Bevölkerung. Die Leute werden per Hubschrauber befördert, vermutlich direkt von und nach Moskau. Schlußfolgerung: Streng geheim. Das Personal verfügt über Moskauer Privilegien – und so weiter.» Alevys Blick ruhte auf Hollis. «Okay – jetzt sind Sie wieder dran.»

«Ich fand außerdem einige alte SR-71-Fotos», fuhr Hollis fort. «Die waren aber schon 1974 oder 1975 aus vierundzwanzig Kilometern Höhe gemacht worden, mit Kameras, die nicht die Brennschärfe haben wie die heutigen Satelliten.»

«Was hatten die Auswerter zu den Bildern zu sagen?» wollte Alevy wissen.

«Nun ja, der Geheimdienst der Luftwaffe kam zu dem Schluß, daß die Anlage, die anscheinend nur etwa dreihundert Hektar groß ist, keinerlei taktisch-militärische Bedeutung hat. Damit endet meine Akte über Borodino Nord.»

«Und was ist es *Ihrer* Meinung nach für eine Anlage?»

«Die Fabrik der Spione», antwortete Hollis.

«Und was ist das?»

«Sagen Sie mir das. Und zeigen Sie mir die entsprechenden Bilder dazu.»

Wieder drückte Alevy auf die Fernbedienung und ließ eine sich in Zeitlupe entwickelnde Aufnahme von weitläufigen Feldern entstehen. Alevy erklärte: «Der Aufklärungssatellit bewegt sich von Nordosten nach Südwesten. Ein schöner Sommertag. Das ist Weizen. Gehen wir mal ein bißchen näher ran.» Das Bild schoß auf einen Mann zu, der auf einem roten Traktor saß und eine Ladung Heu transportierte. «Jetzt die Moskwa.»

Das Bild schien aus etwa sechshundert Metern Höhe aufgenommen worden zu sein, obwohl der Satellit bestimmt hundertundfünfzig Kilometer hoch gestanden hatte.

«Hier», sagte Alevy, «beginnt der Kiefernwald. Nun sehen Sie, was Sie auch schon vom Boden gesehen haben – einen etwa fünfzig Meter breiten, gerodeten Ring –, und wenn man genau hinschaut, sind auch die konzentrischen Stacheldrahtringe zu erkennen. Dort... der Wachturm.» Alevy hielt das Band an und vergrößerte den Ausschnitt noch mehr. «Der Grenzsoldat oben im Turm kratzt sich gerade am Hintern, und das Auge vom Himmel hält die Bewegung für die Nachwelt fest.»

«Wann war das?» wollte Hollis wissen.

«Letzten Juni. Okay, jetzt nähern wir uns der Mitte der Anlage, zu sehen sind jede Menge Kiefern und sonst kaum etwas. Aber hier...» Wieder stoppte er das Bild. «Am oberen Bildschirmrand. Die Lichtung ist ein Hubschrauberlandeplatz. Sehen Sie die Abdrücke der Landekufen und wie das Gras von den Rotoren niedergefegt worden ist?»

«Nein.»

«Nun ja, ich auch nicht. Aber die Foto-Analytiker haben es mir so beschrieben. Nun noch ein paar Sekunden weiter, dann sehen wir ein Stückchen Bauwerk, eine Blockhütte – ansonsten steckt alles unter den immergrünen Bäumen. Die Sowjets schützen sich in ihren Kiefernwäldern vor unseren Satelliten. Okay, jetzt beginnt das Schlachtfeld Borodino, es folgt die alte Landstraße Minsk–Moskau, dahinter die neue Straße. Hübsch, nicht? Den Sowjets muß der Schweiß ausbrechen, wenn sie nur an unsere Satelliten denken.» Alevy schaltete den Videoschirm aus. «Das wär's.»

Die Männer saßen eine Weile stumm im Halbdunkel. Dann sagte Alevy: «Natürlich haben wir den Kiefernwald spektral und mit Infrarot analysiert. Auf den knapp drei Quadratkilometern verteilen sich allerlei Wärmequellen: Fahrzeuge, Menschen, viele kleine Bauten, einige größere, vorwiegend wohl aus Holz. Bevölkerung: vier- bis achthundert warme Körper, auch wenn für mehr Platz wäre. Wahrscheinlich war die Zahl früher mal größer.»

«Es befinden sich dort etwa dreihundert amerikanische Kriegsgefangene», sagte Hollis.

Alevy warf ihm einen Seitenblick zu. «Woher wissen Sie das?»

«Hat mir die Französin mitgeteilt. Fisher sagte ihr, er hätte das von Dodson.»

Alevy nickte. «Wir haben die Frau in Helsinki aufgespürt, aber sie hat nichts verraten. Sonst noch etwas?»

«Nichts, was Sie nicht schon wüßten. Ehemalige Luftwaffenschule, jetzt KGB-Schule.»

Alevy rieb sich das Kinn. «Dreihundert?»

Hollis nickte.

«Himmel Herrgott!»

«So ähnlich habe ich auch reagiert.»

Alevy musterte den anderen. «Habe ich nun alle Informationen?»

«Ja. Und ich?»

«Nun ja», antwortete Alevy, «den Rest können Sie sich denken, Sam. Natürlich handelt es sich nicht um Überläufer, sondern um Kriegsgefangene aus Vietnam. Die Nordvietnamesen haben sie den Russen übergeben, wahrscheinlich als Gegenleistung für die hübschen Boden-Luft-Geschosse, die euch so zu schaffen machten. Sie bekamen die Ziele ihrer Geschosse geliefert. Lebendige amerikanische Flugzeugbesatzungen.»

Hollis nickte.

«Wie viele Piloten werden noch vermißt?» fuhr Alevy fort. «Etwa tausend? Für die Nordvietnamesen waren sie Gefangene, die man verprügeln, aushungern und im Fernsehen vorführen konnte. Die Sowjets sahen in ihnen einen wertvollen Rohstoff für ihre Luftwaffe.»

Hollis stand auf. «Ja, und sie eröffneten ein Schulungslager mit ihren potentiellen Feinden als Ausbilder. Das vermuten wir schon lange.»

«Hätten diese amerikanischen Piloten aber einen echten militärischen Wert gehabt? Was sagen Sie als Fachmann dazu?»

«Ich verrate Ihnen ein Militärgeheimnis, weil ich Sie mag», antwortete Hollis. «Die Israelis haben uns schon mehrfach gefangene ägyptische und syrische Piloten überlassen, die in der Sowjetunion ausgebildet worden waren. Mit Hilfe von Drogen und Hypnose konnten wir einen Großteil des Ausbildungsplans für Düsenjägerpiloten der sowjetischen Luftwaffe rekonstruieren.»

«Schön, aber was nützt das, wenn sich Maschinen und taktische Anweisungen verändern?»

«Nicht viel, wenn man das Wissen nicht in einer spezifischen Periode nützt. Gerät und Taktiken verändern sich, wie Sie sagen.»

«Aha – und was tun die Piloten aus der Vietnam-Ära heute in diesem Lager, Sam? Sie wurden vor fünfzehn, sechzehn Jahren dazu benutzt, MiG-Piloten auszubilden. Heute aber sind sie nutzlos. Warum beseitigt man sie nicht? Wozu sind sie noch nütze? Das ist die Frage. Kennen Sie die Antwort?»

«Ich denke mal drüber nach.»

Das Telefon klingelte. «Könnte für mich sein», sagte Hollis.

Alevy deutete auf den Apparat, und Hollis meldete sich.

Captain O'Shea sagte: «Burow.»

«Stellen Sie durch.» Hollis sagte zu Alevy: «Das Phantom aus dem Moschaisker Leichenschauhaus.»

«Seien Sie nett zu ihm», sagte Alevy und steckte sich einen Mithörerknopf ins Ohr.

«Colonel Hollis?» fragte Burows Stimme. «Wie geht es Ihnen heute abend?»

«Sehr gut. Und Ihnen?»

«Ich wollte schon vorher anrufen, aber ich habe noch mit dem schrecklichen Doppelmord zu tun. Störe ich Sie beim Essen?»

«Nein, hier in Klein-Amerika essen wir erst um acht Uhr. Ich habe mir eben Satellitenaufnahmen von der Sowjetunion angesehen.»

Burow lachte. «Was für ein Zufall! Ich höre mir gerade Tonbandaufnahmen von Gesprächen an, die in Ihrer Botschaft geführt wurden.»

«Die elektronische Welt ist wirklich klein. Wann kann ich Major Dodson im Handelszentrum treffen?»

«Nun ja, ich habe mit ihm gesprochen, und er ist nicht willens, jemanden von Ihrer Botschaft zu sprechen. Er sieht keinen Sinn darin.»

«Das Treffen soll zeigen, ob er lebt und es ihm gutgeht und er in der Sowjetunion bleiben will.»

«Das ist in allen Punkten zu bejahen.»

«Nicht daß ich einem KGB-Obersten nicht vertraue, aber was ist mit dem Foto mit der ‹Prawda›?»

«Das kann ich Ihnen zeigen.»
«Unretouchiert. Mit Negativ.»
«Das geht nicht.»
«Was ist, wenn ich Ihnen sagte, daß sich Major Dodson bereits hier befindet, in unserer Botschaft, und daß er uns eine unglaubliche Geschichte erzählt hat?»
«Machen Sie nicht zuviel Druck», flüsterte Alevy.
Burow zögerte. «Das ist nicht möglich, Colonel», sagte er schließlich. «Ich habe erst vor zwanzig Minuten mit dem Mann gesprochen.»
«Das glaube ich nicht.»
«Nun ja, wenn er dort ist, holen Sie ihn an den Apparat.»
«Vielleicht hole ich ihn in ein paar Tagen ins Fernsehen.»
Burows Stimme klang beherrscht, aber auch angespannt. «In der Sache Major Dodson melde ich mich wieder.»
«Schön. Und wo kann ich Sie erreichen?»
«Rufen Sie im Lefortowo an, und hinterlassen Sie eine Nachricht.»
«Nicht in Moschaisk oder Borodino?»
«Nein. Ich arbeite hier.»
«In welchem Direktorat?»
«Das brauchen Sie nicht zu wissen.»
«Haben Sie auch einen Vornamen?»
«Petr.»
«Sehr christlich. Ich wette, Ihre Eltern waren Christen.»
Burow antwortete förmlich: «Das geht Sie nichts an. Reizen Sie mich nicht. Meinen Informationen zufolge haben Sie im Leben bisher ziemlich Glück gehabt. Damit ist es vielleicht vorbei.»
«Soll das eine Drohung sein?»
«Nein, eine Prophezeiung. Ich würde niemals am Telefon drohen. Bei Ihnen wird doch alles aufgezeichnet.»
«Na, dann wollen wir auch Ihre Antwort auf meine nächste Frage festhalten. Wo ist Mr. Fishers Wagen?»
«Die Frage müssen Sie an die Moskauer Polizei richten.»
«Die behauptet, ihn nicht zu haben. Ein Team von Unfallexperten ist aus den USA eingetroffen, um das Auto zu untersuchen. Wo ist es, Oberst Burow?»
«Ich kümmere mich darum.»
«Ich bitte darum. Und versuchen Sie, in Zukunft kooperativer zu sein.»
«Ach, übrigens», sagte Burow plötzlich, «ein Freund aus dem

Außenministerium hat mich angerufen und mitgeteilt, daß Sie leider vorzeitig abreisen. Die Zusammenarbeit mit Ihnen hat mir Spaß gemacht. Vielleicht können wir vorher ja noch einmal zusammen zu Mittag essen. Montag. Währe Ihnen das Restaurant ‹Lefortowo› recht?»

«Ich will sehen, ob ich Zeit habe.»

«Gut. Mit wem habe ich es nach Ihnen zu tun?»

Alevy deutete auf sich.

Hollis antwortete: «Seth Alevy.»

«Aha. Bitte übermitteln Sie ihm meine Grüße. Und falls wir uns nicht mehr sehen, wünsche ich Ihnen einen guten Heimflug. Guten Abend.»

«Ihnen auch, Oberst Burow.» Hollis legte auf.

«Mann, kann der sich in Englisch gut ausdrücken!» sagte Alevy.

«Anscheinend hat er viel Kontakt mit Amerikanern.»

Alevy nickte. «Wegen Dodson haben Sie ihn jedenfalls hübsch in den Schwitzkasten genommen. Er fragt sich jetzt bestimmt, ob wir über das Lager nur wenig oder alles wissen. Er scheint mir ein guter Kontaktmann zu sein. Wenn diese Sache aus dem Weg ist, könnte ich mir vorstellen, ganz gut mit ihm auszukommen.»

«Gleich und gleich gesellt sich gern?»

Alevy antwortete nicht.

«Ich muß los», sagte Hollis und öffnete die gepolsterte Tür.

Alevy folgte ihm durch den Flur. «Ich muß heute abend noch Depeschen absetzen und empfangen. Aber besuchen Sie mich noch einmal gegen ein Uhr früh.»

Hollis zog seinen Mantel an. «Wieso?»

«Vielleicht habe ich dann schon mehr Informationen. Auf jeden Fall aber mehr Fragen. Denken Sie mal drüber nach, was im Lager wohl abläuft.»

«Was glauben Sie wohl, worüber ich mir die ganze Zeit den Kopf zerbreche?»

20

Sam Hollis konnte kein Geschirrhandtuch finden und wischte den Küchentresen mit seinem Taschentuch ab, das er dann in den Abfalleimer warf.

Er vermißte die russischen Hausmädchen, doch war die Zahl der Ausländer in der Botschaft aus Sicherheitsgründen auf etwa ein Dutzend abgebaut worden. Das amerikanische Paar, das jetzt saubermachte, Mr. und Mrs. Kellum, war gründlicher als die russischen Frauen. Den Kellums ging es ja auch nur um den Schmutz, während die Russinnen noch andere Dinge gesucht hatten. Leider kamen die beiden nur etwa alle zwei Wochen – und die Folgen waren nicht zu übersehen. Hollis warf drei Tassen und Gläser in den Geschirrspüler und knallte die Tür zu. Es klingelte. «Verdammt!»

Er eilte ins Wohnzimmer und schob Zeitschriften und Zeitungen mit dem Fuß unter die Couch, dann stopfte er hastig drei Krawatten hinter Bücher auf dem Regal. Wieder klingelte es. «Moment!» Er stellte einen Aschenbecher über einen Scotchfleck auf dem Couchtisch, eilte die Treppe hinab und riß die Tür auf. «Hallo.»

Lisa trug einen knöchellangen weißen Wollmantel und eine russische Silberfuchsmütze. In der Hand hielt sie einen Leinenbeutel. Sie küßte Hollis auf die Wange und verkündete: «Es schneit.»

Hollis half ihr aus dem Mantel, unter dem sie einen schwarzen Hosenanzug trug. Lisa setzte sich auf die Treppe, zog die Stiefel aus und massierte sich die Füße. «Wo warst du?»

«In der Küche.»

«Nein, ich meine vorher. Captain O'Shea war seltsam zugeknöpft, als ich ihn nach deinem Verbleib fragte. Ich habe dann noch im Aufenthaltsraum nach dir gesucht.»

«Ich war im Funkraum. Was hast du da im Beutel?»

«Die besten Sachen, die der Laden zu bieten hatte.»

Lisa blieb im Wohnzimmer stehen und betrachtete die Möbelsammlung, die ihre asiatische, südamerikanische und europäische Herkunft nicht leugnen konnte. «Der Geschmack deiner Frau?»

«Wir haben eben hier und dort dazugekauft.»

«Und was willst du mit den Sachen machen?»

«Vermutlich an meinen nächsten Dienstort bringen lassen. Wollen wir in der Küche auspacken?»

«Ja.» Lisa hatte allerlei Töpfchen und Dosen eingekauft: eingelegtes Gemüse, Meerrettich, Pökelfleisch, eingemachte Würstchen, ein Stück geräucherten Hering, Tee und eine Schachtel Kekse. «Wo ist das Fleisch?» wollte Hollis wissen.

«Ach, die haben dort keine richtigen Lebensmittel. Nur Spezialitäten. Ich mache uns ein paar Häppchen. Ich hatte nämlich plötzlich gar keinen Hunger mehr. Geht es dir nicht auch so?» Sie legte ihm die Arme um den Hals und blickte ihn gespielt verführerisch an. Sie roch nach frischer Luft und einem duftigen Parfüm, und Hollis fand sie überaus begehrenswert...

Kurz vor ein Uhr stand Sam auf und zog sich an. Lisa erwachte. «Wohin willst du?»

«Zigaretten holen.»

«Mit wem triffst du dich?»

«Mit der Frau des Botschafters. Ich will endlich Schluß machen.»

«Du triffst dich mit Seth.»

«Richtig. Bist du eifersüchtig?»

Lisa schloß die Augen und drehte sich auf die andere Seite.

Hollis wußte, es war nicht richtig, konnte aber nicht anders. «Du hast mir nie gesagt, daß er wie ein Zar eingerichtet ist. Hat er dir die Ikone geschenkt?»

«Ich sagte dir schon, sie stammt von meiner Großmutter.»

«Stimmt. Und du schienst wirklich dankbar zu sein, als ich sagte, ich könnte das Ding mit der Diplomatenpost befördern. Himmel, dein Freund Alevy könnte dir die Kremlkuppeln aus dem Land schmuggeln!»

Hollis knallte die Tür hinter sich zu.

21

Diesmal sang der Chor der Roten Armee patriotische Lieder.

«Haben wir nichts anderes?» fragte Hollis.

«Aber ja.» Alevy öffnete eine Schranktür und hielt das Band an. «Manchmal spiele ich auch Dinge, die meine Lauscher mögen.»

Hollis schaute aus dem Fenster auf ein zehnstöckiges Wohngebäude auf der anderen Straßenseite. Vom obersten Stockwerk aus hatte das KGB seine Abhörgeräte auf die Botschaft gerichtet.

Alevy legte ein Prince-Band auf und drückte den Knopf. «Das müßte sie zu den Wodkaflaschen greifen lassen.» Er wandte sich an Hollis. «Um da weiterzumachen, wo wir vorhin aufgehört haben: Was müssen die dreihundert amerikanischen Piloten in dem Gefängnis leisten, um sich ihren Lebensunterhalt zu verdienen? Um nicht erschossen zu werden?»

«Gehen wir zunächst mal einen Schritt zurück», sagte Hollis. «Wenn wir wissen, daß dort amerikanische Kriegsgefangene festgehalten werden, warum tut unsere Regierung nichts dagegen?»

Alevy goß sich Cognac in den Kaffee. «Wissen tun wir das erst seit Freitag abend.»

«Euer Verein hatte sicher schon Vorahnungen.»

«Was sollten wir unternehmen? Würde sich der Präsident mit diskreten Fragen oder Forderungen an die Sowjetregierung wenden, hieße es: ‹Wovon reden Sie da? Wollen Sie den Frieden gefährden?› Und wissen Sie was? Die hätten sogar recht! Und würde sich der Präsident aufregen und öffentlich Anschuldigungen erheben, müßte er unseren Botschafter zurückbeordern, den Sowjetbotschafter ausweisen und alle Abrüstungs- und Gipfeltreffen streichen. Und dann hätten wir immer noch keinerlei Beweise. Nur wäre die Welt mal wieder wütend auf uns. Und der Kreml bekäme die gute Presse.»

«Dann sollte er nicht zulassen, daß seine KGB-Schergen Amerikaner töten und verfolgen.»

«Eine interessante Forderung», sagte Alevy. «Wieviel hat das KGB dem Kreml-Chef wohl über das Lager verraten? Was hat man ihm davon erzählt, wieviel *wir* darüber wüßten? Und wo wir schon mal dabei sind: Auch wir sagen unserer Regierung nicht alles, oder, Sam? Das KGB könnte Wert darauf legen, dem Kreml ein unangenehmes Problem so spät wie möglich zu offenbaren. Die Taktik würde nicht zum erstenmal angewandt: Das KGB und das sowjetische Militär wollen keinen Frieden mit dem Westen.»

«Sabotiert die CIA keine Friedensinitiativen?»

«Nicht zu oft.» Alevy lachte freudlos. «Und was ist mit Ihren Leuten im Pentagon?»

«Niemand hat saubere Finger», sagte Hollis.

«Und Sie persönlich, Sam?»

«Frieden in Ehren», antwortete Hollis. «Und Sie? Sie mögen doch weder die Sowjets, noch sind Sie ein Anhänger der Entspannungspolitik.»

Alevy zuckte die Achseln. «Ich vertrete lediglich die offizielle Linie. Ich tue, was man mir sagt. Es heißt, man dürfe die Sowjets nicht mit der Enthüllung in Verlegenheit bringen, daß sie möglicherweise amerikanische Staatsbürger gefangenhalten.» Alevy streckte sich auf der Couch aus. «Also tue ich es nicht. Denn dann würde Burow das Lager verlegen oder die Piloten einfach erschießen.»

«Deshalb müssen wir ja schnell handeln, Seth!»

Alevy starrte zur Decke empor. «Stimmt. Wenn es Dodson nicht gäbe, wären diese Männer jetzt ohnehin tot. Dodson ist ein lebendiger Beweis, und Dodson treibt sich irgendwo frei herum. Burow hält den Atem an. Wenn er Dodson vor uns erwischt ... Ich erwarte jeden Augenblick, daß Dodson hier auftaucht.»

«Ich denke an die tausend vermißten Air-Force-Leute und die dreihundert, die jetzt im Lager sitzen. Vermutlich waren es mal mehr, aber natürliche Todesfälle, Selbstmord, Hinrichtungen ... Dreihundert also. Ich finde, es liegt an uns, sie zu retten, Seth. Scheiß auf die Diplomaten!»

Alevy musterte Hollis wortlos. «Wissen Sie, Sam», sagte er schließlich, «in den zwei Jahren unserer Zusammenarbeit habe ich nie richtig hinter Ihre Fassade schauen können.»

«Gut.»

«Aber plötzlich sehe ich klar. Um die Piloten rauszuhauen, sind Sie bereit, alle Vorschriften in den Wind zu schlagen, Ihre Karriere, den Weltfrieden und das eigene Leben aufs Spiel zu setzen. Der kaltblütige Sam Hollis, Colonel Korrektheit, hat sich in den wilden

Düsenjockey zurückverwandelt und ist bereit, alles zu bombardieren und zu beschießen, was sich ihm in den Weg stellt.»

Hollis antwortete nicht.

«Denken Sie mal an die Schattenseite Ihres Vorhabens», fuhr Alevy fort. «Nehmen wir an, wir kriegen die Männer raus, auf dem Verhandlungsweg oder sonstwie. Können Sie sich dreihundert nicht mehr ganz junge amerikanische Kriegsgefangene vorstellen, die aus Moskau kommend in den USA landen? Ahnen Sie, was das für einen allgemeinen Aufschrei geben würde?»

«Durchaus – wenn meine innere Reaktion etwa der der amerikanischen Öffentlichkeit entspricht.»

«Genau. Also weg mit Gipfelgesprächen, Abrüstungsverhandlungen, Reisemöglichkeiten, Bolschoi-Ballett. Alles den Bach runter. Unsere Ehre mag dann ja intakt sein, aber für den Frieden würde ich keinen roten Heller mehr geben.»

«Was wollen Sie damit sagen, Seth? Daß Washington die Leute gar nicht nach Hause holen will?»

«Einige Antworten müssen Sie schon selbst finden», entgegnete Alevy. «Aber kehren wir mal zu der Frage zurück, *warum* sich die Leute noch in sowjetischer Gewalt befinden. Warum hat das KGB das Lager übernommen, nachdem sie schon von der sowjetischen Luftwaffe und dem GRU ausgepreßt worden waren?»

Hollis nippte an seinem Kaffee. «Eine Art Denkfabrik. Eine KGB-Denkfabrik. Gewissermaßen ein Anschlußkurs nach dem Institut Kanadischer und Amerikanischer Studien.»

«So ungefähr», antwortete Alevy, «aber doch noch ein bißchen schlimmer. Dodson hat's ja schon gesagt. Wie hat er das Lager genannt? ‹Fabrik der Spione›.»

«Mit anderen Worten?»

«Wir glauben, daß diese Kriegsgefangenen uns einen konkreten Schaden zufügen – Gott steh ihnen bei. Unsere Betroffenheit ist also nicht rein humanitär. Wenn sie das wäre, könnte Ihre zynische Vermutung zutreffen, wir würden die Männer dort gern verrotten lassen, um die Entspannung zu retten. Ich muß Ihnen aber sagen, Sam, daß wir – die CIA – große Sorgen haben, die sich auf wichtige Punkte der nationalen Sicherheit beziehen. Um es ganz kraß auszudrücken: Wir glauben, daß das verdammte Gefängnislager eine Ausbildungsstätte ist für Sowjetagenten, die wie Amerikaner reden, aussehen, denken, handeln und vielleicht sogar bumsen. Verstehen Sie?»

Hollis nickte. «Natürlich. Ich habe das von Anfang an gewußt. Eine weiterführende Schule, Oberschule, was auch immer.»

«Genau. Wenn unsere Theorie stimmt, läßt sich jemand, der durch diese Schule gegangen ist, nicht von einem Mann unterscheiden, der in den guten alten USA geboren und aufgewachsen ist. Wenn ein Mann hier sein Examen macht, hat er einen Südbostoner Akzent wie Major Dodson, oder er spricht wie jemand aus Südkarolina oder aus Whitefish in Norddakota. Verstehen Sie?»

«Whitefish liegt in Montana, Seth.»

«Ach?» Alevy lächelte. «Ich kann sowieso keiner von denen sein.»

«Warum nicht?»

«Meine Firma nimmt niemanden, nur weil er reden kann. Sie spricht mit Müttern, Vätern und High-School-Lehrern. Die meisten Privatagenturen begnügen sich allerdings mit schriftlichen Dokumenten über Geburt, Schulweg und so weiter.» Alevy grinste. «Aber Sie haben gut aufgepaßt.»

Hollis nickte. «Sie glauben also, die Schüler ... dieser Institution sind bereits drüben ins tägliche Leben integriert?»

«Wir gehen davon aus. Mag sein, daß sie nicht für meine Organisation arbeiten, aber dann vielleicht für Bauunternehmer, die wir beschäftigen, vielleicht sind sie meine Nachbarn in Bethesda oder räumen im CIA-Hauptquartier den Müll fort. Womöglich schließen sie bei mir das Telefon an oder beraten mich in Steuersachen. Sie können Computerschulen oder andere technische Bildungsinstitute besuchen und wahrscheinlich auch dem Militär beitreten.» Alevy goß nochmals Cognac in die Kaffeetasse. Hollis holte sich lieber einen neuen Kaffee.

«Die Leute quaken also wie eine Ente», sagte er, «sehen aus wie eine Ente und legen Eier wie eine Ente. Sie sind aber keine Ente.»

«Nein, Sam, sondern rote Füchse. Freigelassen im Hühnerstall.»

«Wie viele Abgänger werden geschätzt?»

«Als die Schule eröffnet wurde, gab es wahrscheinlich mehr Amerikaner – nennen wir sie Ausbilder. Das Lager als Ableger der Luftwaffenschule existiert seit zwölf bis fünfzehn Jahren. Die Ausbildungszeit beträgt mindestens ein Jahr. Wahrscheinlich wird je ein Ausbilder als Bezugsperson herangezogen. Der kleine Student assimiliert den Amerikaner absolut: Wissen, Persönlichkeit, alles. Vielleicht war die Schule früher groß genug, mehrere hundert Agenten im Jahr hervorzubringen. Wir müssen aber davon ausgehen, daß einige Schüler den Kram hingeschmissen haben, das gleiche gilt für den einen oder anderen amerikanischen Ausbilder, außerdem können wir uns nicht vorstellen, daß die KGB-Basisschulen in Moskau oder Leningrad so viele qualifizierte Leute dahin schicken können. Major Dodson sprach von der ‹Fabrik der Spione› – vermutlich heißt das Lager nur bei den Amerikanern so. Welchen Namen es bei den Russen hat, wissen wir noch nicht. Jedenfalls können wir nicht annehmen, daß alle Schulabgänger in die USA eingeschleust worden sind. Um Ihre Frage zu beantworten – ich sehe die Zahl bei fünfzehnhundert bis zweitausend. Vielleicht sind es auch mehr.»

«Soll das heißen, daß sich bis zu zweitausend russische Agenten bei uns herumtreiben und amerikanische Bürger spielen?»

«‹Spielen› ist nicht das richtige Wort», widersprach Alevy. «Sie *sind* Amerikaner. Die ersten Abgänger sind es schon seit fast fünfzehn Jahren. Diese Zeit reicht aus, um den amerikanischen Traum zu verwirklichen. Sie reicht aus, um ins bürgerliche Lager zu heiraten und sich Kinder anzuschaffen. Sie reicht aus, um Positionen zu erlangen, in denen echter Schaden angerichtet werden kann.»

«Und kein einziger ist bisher erwischt worden?»

Alevy schüttelte den Kopf. «Nicht, daß ich wüßte. Bis vor kurzem hat ja auch niemand gezielt gesucht. Ja, und wonach sollte man suchen? Nach Leuten, die Tee aus dem Glas trinken und das E spiegelverkehrt schreiben?»

«Nach Leuten, die herumspionieren.»

«Wahrscheinlich spionieren unsere Kandidaten gar nicht im klassischen Sinn. Vermutlich sind sie in verschiedene Kategorien und nach Funktion unterteilt. Ihr Cover ist perfekt und stets unauffällig. Selbst wenn wir jemanden beim Spionieren erwischten, hätten wir Mühe zu beweisen, daß der Bursche in Wolgograd geboren ist – solange er bei seiner Legende bleibt.»

«Er braucht aber einen Leitoffizier, Seth. Jemand in der Washingtoner Sowjetbotschaft oder bei der UNO-Delegation in New York oder im Konsulat in San Francisco. Wozu ist der Mann nütze, wenn er wirklich allein steht? Wie liefert er die Ergebnisse seiner Arbeit ab? Da wird man sich doch nicht auf versteckte Radios oder geheime Briefkästen verlassen wollen.»

«Nein. Er muß seine Ergebnisse weiterreichen und mündlich Bericht erstatten. Dazu macht er Urlaub im Ausland wie viele andere Amerikaner auch. Vielleicht unternimmt er sogar einen dieser gut organisierten Ausflüge nach Moskau. Soweit wir wissen, finden sämtliche Agentenkontakte außerhalb des Landes statt.»

Hollis wanderte zu einer Vitrine mit Porzellanfigürchen, die vornehme Damen aus dem achtzehnten Jahrhundert mit tief ausgeschnittenen Gewändern und Goldlöckchen und Herren in Bundhosen und mit Perücken darstellten. Es mochten Franzosen oder Engländer aus der damaligen Zeit sein, doch schien an ihnen etwas nicht zu stimmen: Ihr Bild entsprach nicht ganz den Figuren, die man in einem Londoner Antiquitätenladen finden mochte. «Woran mag das liegen, Seth? Am tatarischen oder kasachischen Einfluß? Warum sind diese Menschen so anders als wir? Sie können skandinavisch oder germanisch aussehen wie Burow, aber es ist nicht das Äußere allein. Sie haben eine andere Seele oder Psyche, ein Ahnengedächtnis – in ihnen wirken der tiefe Winterschnee, die Mongolen, die über die Steppe galoppieren, ein Minderwertigkeitsgefühl dem Westen gegenüber, der slawische Fatalismus, ein leicht abgewandeltes Christentum und weiß der Teufel was noch. Aber was immer es ist – man merkt es, man findet *sie* heraus. Genauso wie ein Kunstexperte quer durchs Zimmer eine Fälschung erkennt.» Er schaute noch einmal auf die Figuren in der Vitrine.

«Sie haben recht», sagte Alevy. «Ich meine sogar, daß wir schon zwei gefunden haben. Hier in der Botschaft. Unter unserer Nase. Können Sie sich denken, wen ich meine?»

Hollis überlegte. Nicht in Frage kamen Männer und Frauen mit hoher Geheimhaltungsstufe, übrigblieben nichtarbeitende Angehörige, Marinesoldaten und das Dienstpersonal. Plötzlich kamen ihm zwei Namen in den Sinn, als hätte er von Anfang an Bescheid gewußt. Gesprächsfetzen fielen ihm ein, Kleinigkeiten, die ihm seltsam vorgekommen waren, ihn aber nicht richtig alarmiert hatten, weil er vom Lager noch nichts gewußt hatte. Er sagte zu Alevy: «Unser fleißiges Hauspersonal, die beiden Kellums.»

«Große Geister denken eben in gleichen Bahnen. Als man die beiden einstellte, wurden sie sicherheitsmäßig nur auf unterer Ebene durchleuchtet, wie es ihrem Job entsprach. Nun scheinen ihre Angaben aber doch nicht zu stimmen.» Alevy rieb sich die Augen. «Ich lasse den Barmann, die Köche, die Chauffeure und das gesamte technische Personal unter die Lupe nehmen. Wir dachten, wir wären unser Sicherheitsproblem los, als wir alle Ausländer rauswarfen. Die simpleren, sicherheitsmäßig gar nicht eingestuften Amerikaner wandern dagegen ungehindert herum, weil sie eben Amerikaner sind. Aber anscheinend sind einige davon nun doch russische Wölfe in Designerkleidern.»

Hollis stellte sich vor, wie die Kellums seinen Schreibtisch durchsuchten. Burow wußte also sogar, wieviel Scotch er trank und welche Marke Unterhosen er am liebsten trug. Er stellte sich die beiden vor, ein freundliches Ehepaar mittleren Alters, allem Anschein nach aus Milwaukee.

Alevy schien seine Gedanken zu lesen. «Na, wußten Sie gleich, daß die Kellums anders sind als wir?»

«Nein, aber wir sind nun mal nicht alle genau gleich. Die USA sind so vielschichtig wie die Sowjetunion. Sie und ich treten als Balten auf, wenn wir im Land unterwegs sind, doch an der Ostsee spielen wir Ukrainer oder Weißrussen. Russische Agenten gehen bestimmt ähnlich vor. Wer beispielsweise einen Bostoner Akzent mit entsprechendem Lebenslauf besitzt, arbeitet natürlich nicht in Boston, weil er dort nicht damit durchkäme. Aber ich will Ihre Frage beantworten: Ja, die Kellums haben mich hinters Licht geführt.»

«Mich auch. Aber da wir nun Bescheid wissen, können wir unsererseits ein bißchen saubermachen. Allerdings ist der Schaden schon ziemlich groß. Und wir haben erst zwei erwischt und haben noch etwa zweitausend vor uns. Für die anderen, die überall in den USA verstreut sein können, müssen wir uns wesentlich bessere Spürmethoden ausdenken. Ganz zu schweigen von den Militärstützpunkten in Übersee und unseren Botschaften – peinlich, peinlich.»

Hollis überlegte und sagte dann: «Aber Sie haben da vorhin etwas gesagt... diese Sowjetagenten haben geheiratet, sind Beziehungen eingegangen, haben amerikanische Kinder, genießen ihr Leben.»

«Und dürften jetzt ziemlich gemischte Gefühle haben – wollen Sie darauf hinaus? Trotzdem ist bisher noch niemand übergelaufen. Wir meinen, das liegt zum Teil daran, daß es keinen Grund dazu gibt. Auf bizarre Weise haben bereits einige die Seiten gewechselt. Das KGB weiß das, schert sich aber nicht darum, solange die Leute ein paarmal im Jahr im Ausland Urlaub machen und gute Arbeit abliefern. Und vielleicht gibt's als Lohn für fünfzehn oder zwanzig Jahre treue Dienste ja eine Art Pensionierung – wenn gewünscht, in Amerika. Das wäre der größte Spaß! Natürlich gibt's andere Motive für das Doppelleben: Ideologie, Geld und Angst. Das KGB ist ohne weiteres fähig, die Familie eines Unbotmäßigen umzubringen – in Rußland oder in Amerika. Andererseits handelt es sich um speziell ausgewählte Agenten, von denen viele ohne Drohungen oder Anreize auskommen. Die sich auch nicht von der amerikanischen Lebensart oder der Demokratie in Versuchung bringen lassen.»

«Ach, meinen Sie?»

Alevy massierte sich die Schläfen. «Wissen Sie, Sam, wir neigen dazu, den Reiz und die Qualitäten unseres Systems überzubewerten. Zweihundert Millionen Iwans und Nataschas wollen nicht in die USA ziehen, nur weil sie wissen, daß sie bei uns frei und mit Geschirrspüler leben können. Es gibt tatsächlich eine gewisse Reinheit der russischen Seele, einen starken Patriotismus, der dem unseren ähnlich ist, und eine sich immer noch haltende wahnwitzige Überzeugung, daß die Dinge sich eines Tages bessern werden. Damit will ich nicht sagen, daß uns nicht der eine oder andere Überläufer in den Schoß fallen wird – aber das kann das ganze Unternehmen nicht gefährden.»

Hollis betrachtete den anderen im schwachen Licht. Alevy brachte ein viel größeres Verständnis für die Russen auf, als Hollis bisher angenommen hatte.

«Das ganze Unternehmen muß doch einen Schwachpunkt haben, Seth.»

«Ich weiß nicht. Aber ich kenne unsere beiden Hauptprobleme. Erstens geht es darum, dieses Agentennetz aufzudecken und zu zerschlagen – eigentlich weniger ein Netz als eine Krebsgeschwulst in der amerikanischen Gesellschaft. Dann müssen wir verhindern, daß dieses Lager weitere Krankheitsherde anlegt. Die Analogien stammen nicht von mir, Sam, sondern aus meinem Hauptquartier. Die Leute dort lieben solche Bilder.»

«Sie haben das dritte vergessen, Seth. Die Piloten rauszuholen.»

Alevy fixierte Hollis. «Ja. Aber das gehört zum Dichtmachen der Schule. Die eigentlich harte Nuß sind die zweitausend Agenten, die sich in den USA bereits eingenistet haben. Es widerstrebt mir, so etwas zu sagen oder auch nur zu denken – aber mit dem Problem müssen wir vielleicht noch vierzig oder fünfzig Jahre leben.»

«Wenn es die USA so lange noch gibt», bemerkte Hollis.

Alevy antwortete nicht, sondern sagte: «Das wäre also die Geschichte, bei deren Aufdeckung Sie geholfen haben, Sam.»

«Und was soll ich mit der Information anfangen?»

«Nun ja, Colonel, vor einigen Tagen hatten wir noch mehrere Möglichkeiten. Nachdem Sie nun aus dem Land müssen, Dodson frei herumläuft, Fisher tot ist und Sie da draußen herumschnüffeln und Burow ärgern, weiß man, daß wir Bescheid wissen. Das läßt unsere Optionen schrumpfen. Man wird das Lager schließen und jeden Beweisfetzen entfernen. Wenn man uns schließlich anbietet, das Lager zu inspizieren, ist es ein Heim für Moskauer Pensionäre. Sie haben also ganz recht – wir müssen schnell handeln.»

«Warum fangen wir nicht damit an, indem wir die Kellums verhaften und zum Reden bringen?»

«Das täte ich ja gern, aber noch haben wir nicht restlos bewiesen, daß die beiden sowjetische Agenten sind, außerdem wollen wir dem KGB nicht noch mehr Hinweise geben. Mit den Kellums gehen wir also vorsichtig um. Vielleicht sind die beiden ja auch echte Amerikaner mit vollen Bürgerrechten.»

«Läuft das Ganze darauf hinaus, daß ich Ihnen helfen soll?»

«Sie können mir helfen, indem Sie nicht auch noch Teil des Problems werden.»

«Ich habe nie zu dem Problem gehört. Ich will die Piloten aus ihrem Gefängnis holen und arbeite für dieses Ziel auch mit Ihnen zusammen, aber ich kann genausogut auch eigene Wege gehen.»

Alevy nickte. «Ja, das war zu erwarten. Wenn Sie oder irgendein anderer Militär das Leben von dreihundert CIA-Agenten bedrohte, würde ich wohl genauso handeln. Loyalität ist okay.»

«Das brauchen Sie mir nicht zu sagen.»

«Hören Sie, Sam, ich habe Ihnen alles gesagt; es handelt sich um Staatsgeheimnisse und diplomatische Ziele in einer Sache, die so heiß ist, daß sie die sowjetisch-amerikanischen Beziehungen auf Jahre hinaus zerstören können. Ich wollte Ihnen klarmachen, daß wir nicht schlafen. Wir arbeiten daran, die Piloten nach Hause zu holen. Ich möchte von Ihrer Zusage ausgehen, daß Sie sich vernünftig verhalten werden. Hetzen Sie Ihre Leute im Pentagon nicht zu sehr auf. Okay?»

«Okay.» Hollis glaubte allerdings nicht, daß Seth Alevy sich auf sein Wort verlassen würde. Ebensowenig würde er der offiziellen Entspannungspolitik seiner Regierung folgen. Ihm wäre nichts lieber gewesen, als wenn Hollis das Pentagon tüchtig aufscheuchte. Und bestimmt hatte er ihn nicht eine Stunde lang ins Bild gesetzt, nur um ihn aufzufordern, den Mund zu halten. Hollis blieben noch einige Tage im Lande, und das ohne dienstliche Pflichten, da hatte er von der «Fabrik der Spione» und Seth Alevy bestimmt noch nicht das letzte Wort gehört...

22

Es war Samstag. Hollis knöpfte seine blaue Air-Force-Uniform zu und rückte die Krawatte zurecht. «Wie sehe ich aus?»

«Sehr sexy», sagte Lisa. «Hilfst du mir mal mit dem Reißverschluß?»

Hollis zog das schwarze Seidenkleid zu, küßte ihren Nacken, und sie gingen nach unten, wo Lisa zwei Scotch mit Soda zubereitete.

«Diese Umzugskisten gehen mir auf die Nerven», sagte sie.

«Wo ist die Ikone?»

«Drüben im Bücherregal. Ich schicke sie meinem USIS-Chef in Washington. Der soll sie aufbewahren. Steckst du sie in das Diplomatengepäck?»

«Das habe ich ja versprochen.»

«Vielen Dank. Und holst du sie in Washington für mich ab?»

«Gern.» Hollis nahm die Ikone in die Hand und betrachtete sie. Das Holz maß etwa sechzig Zentimeter im Quadrat, das Gemälde zeigte einen Heiligen, den Hollis nicht kannte.

Lisa trat neben ihn. «Das ist der Erzengel Gabriel. Siehst du dort seine Trompete? Das Bild ist auf Lärchenholz gemalt. Meistens wurde Kiefernholz genommen, das sich aber verzieht und leicht splittert.»

«Aha.»

«Viele Menschen mögen die Ikonenmalerei nicht. Die Figuren sind ohne Perspektive, ohne Tiefe oder Bewegung. Einfach flach, und ihre Gesichter wirken steif und abwesend. Dafür strahlen die Farben eine besondere Wärme aus und die Gesichter eine gewisse Feierlichkeit. Findest du nicht auch?»

«Gewiß. Wieviel?»

«Wieviel die Ikone wert ist? Ein Kunsthistoriker der Columbia-Universität war der Ansicht, sie stamme aus der Region Kasan aus dem sechzehnten Jahrhundert und sei etwa fünfundzwanzigtausend Dollar wert.»

«Himmel! Was ist, wenn ich das Ding verlieren sollte?»

Lisa schenkte Scotch nach. «Ich kann mir nicht vorstellen, daß Spione etwas verlieren. Ich vertraue dir.»

«Okay.» Vorsichtig stellte er die Ikone wieder ins Regal. Lisa zündete sich eine Zigarette an. Im gleichen Augenblick klingelte es. «Ich gehe.» Gleich darauf kehrte sie mit Charles Banks zurück.

«Hallo, Sam», sagte Banks. «Lisa sagt, ich störe nicht.»

«Dann wird's wohl stimmen.»

Banks schaute sich um und sagte: «Wie gut ich diese Szene kenne. Mein Vater war im Auslandsdienst.»

Lisa hatte Eis aus der Küche geholt und mixte Banks einen Drink.

Dieser hob sein Glas. «Vor der kleinen Party heute abend möchte ich der erste sein, der Ihnen beide auf Ihrem weiteren Karriereweg und im persönlichen Leben viel Glück wünscht.»

Die Gläser stießen klirrend zusammen.

Banks sagte zu Lisa: «Ich sagte eben zu Sam, daß ich ein Diplomatenkind war – so wie er ein Air-Force-Kind ist.»

«Ach, das wußte ich gar nicht, Charles. Ehrlich gesagt, weiß man hier sehr wenig über Sie.»

«Nun ja, einige Leute doch. Ich habe mein Leben in zahlreichen diplomatischen Gesandtschaften verbracht. Mein Vater gehörte sogar zur ersten hiesigen Mission nach der Revolution, das war 1933. Ich war damals acht Jahre alt und erinnere mich noch schwach an Moskau. Eine schlimme Stadt.» Er lächelte und ließ das Eis in seinem Glas kreisen. «Nun dann, zum Geschäftlichen.» Er schaute sich im Zimmer um. «Ein bißchen Musik wäre schön.»

Lisa nickte. «Mein Plattenspieler ist schon eingepackt, aber ich habe hier ein paar Bänder.» Gitarrenklang und eine wunderschöne, klare russische Stimme füllten den Raum. Sie rückten näher an das Bandgerät heran, und Lisa regelte die Lautstärke.

«Ich glaube, das reicht», sagte Hollis.

Banks räusperte sich. «Ja, hm. Also erstens. Sie beide waren neulich eine Zeitlang verschwunden, was hier und in Washington zu Befürchtungen führte, daß Sie einem Verbrechen zum Opfer gefallen sein könnten. Aus diesem Grund hat der Botschafter die Bitte geäußert, daß Sie auf dem Gelände bleiben, bis Sie Montag früh von Sicherheitsleuten zum Flughafen gefahren werden. Ich nehme an, daß das keine ungebührliche Auflage ist.»

«Nein», antwortete Hollis, «da ich vom Botschafter keine Befehle entgegennehme. Lisa und ich gedenken Sonntag in der Stadt in die Kirche zu gehen.»

«Warum wollen Sie die Leute provozieren und sich und Lisa in Gefahr bringen?» fragte Banks ungeduldig.

«Sie können doch nicht annehmen, Charles», sagte Hollis sarkastisch, «daß die Sowjetregierung oder ihre Staatssicherheitsorgane einen Anschlag auf unser Leben versuchen würden, während unsere Diplomaten dabei sind, eine neue Ära der sowjetisch-amerikanischen Freundschaft einzuläuten!»

«Die Sowjetregierung vielleicht nicht», erwiderte Banks kühl, «aber ich weiß nicht, was das KGB im Schilde führt – und Sie ebenfalls nicht. Wir haben hier im Augenblick ein ähnliches Problem mit Mr. Alevy, dessen Organisation eine eigene Außenpolitik zu betreiben scheint. Das KGB und die CIA haben da sogar etwas gemeinsam: Es ist ihr Wunsch, eine Annäherung zwischen ihren Regierungen zu stören.»

«Das ist eine ziemlich gewagte Feststellung», sagte Hollis.

«So denkt aber die diplomatische Gemeinschaft.»

«Charles. Meine und Seth Alevys Arbeit mag Ihnen oder Ihren Vorgesetzten nicht schmecken. Leider ist sie aber notwendig. Wir haben zu keiner Zeit das diplomatische Personal kompromittiert. Mein Nachfolger tritt eine schwere Aufgabe an und verdient zumindest Ihren Respekt.»

Banks stellte sein Glas auf einem Bücherregal ab. «Die Sorge des Botschafters beim anstehenden Problem – im Grunde genommen ist es natürlich die Besorgnis des Weißen Hauses – ist, daß einer von Ihnen – Sie, Seth Alevy, der Marineattaché, der Army-Attaché oder irgendeiner Ihrer Mitarbeiter – den Fall Fisher und Dodson dazu benutzen könnte, die derzeitigen diplomatischen Initiativen zu zerstören. Das ist Ihnen natürlich auch klar. Aber nun genug darüber. Wie Sie wissen, haben Gregory Fishers Eltern eine Autopsie durchführen lassen. Wir haben das Ergebnis vorliegen.»

«Und?» fragte Lisa.

«Im Bericht des Mediziners steht, daß nicht die Verletzungen die unmittelbare Todesursache waren, sondern Herzversagen.»

«An Herzversagen sterben alle», bemerkte Hollis. «Was hat das Herzversagen ausgelöst?»

«Teilweise ein Trauma. Vor allem aber Alkohol. Mr. Fisher hatte eine tödliche Menge Alkohol im Blut und in der Gehirnsubstanz.»

«Den Alkohol hat ihm das KGB vor dem Tod eingeflößt», sagte Hollis, «durch einen Magenschlauch. Das ideale Gift, denn beinahe jeder nimmt ab und zu mal Alkohol zu sich.»

«Ach wirklich? Ist so etwas möglich?» Banks schien das Thema nicht zu behagen. «Das ist ja schrecklich.»

«Wir haben demnach keine Beweise, die sich vor einem Gericht oder in einer Protestnote verwenden ließen, würde jemand diesen Weg für sinnvoll halten?» hakte Lisa nach.

«Korrekt», antwortete Banks.

«Glauben Sie, daß Fisher ermordet wurde?» fragte Lisa.

Banks überlegte kurz. «Die Begleitumstände scheinen in diese Richtung zu deuten. Ich bin kein Dummkopf, Lisa, und der Botschafter auch nicht.»

«Das ist beruhigend.» Sie fügte hinzu: «Ich kann Ihren Standpunkt verstehen.»

Banks lächelte verkniffen. «Ach wirklich? Ich möchte Ihnen sagen, daß ich persönlich Ihre Integrität und Ihren moralischen Mut bewundere. Und *entre nous:* der Botschafter ebenfalls. Allerdings bin ich jetzt hier, um Ihnen so direkt wie möglich zu sagen, daß Sie beide arbeitslos sein und bleiben und vielleicht sogar vor Gericht kommen werden, wenn Sie in den Staaten auch nur ein Wort über die hiesigen Vorfälle verlauten lassen. Ist das klar?»

Hollis trat einen Schritt dichter an Banks heran. «Ich kann mir nicht vorstellen, daß irgend jemand außerhalb des Pentagons Einfluß auf meine Karriere beim Militär haben könnte.»

«O doch, Colonel. Und was Sie angeht, Ms. Rhodes, so steht Ihnen zwar die Möglichkeit offen, es als freie Journalistin zu versuchen, doch könnte es Ihnen schwerer fallen als erwartet, je zur Berichterstattung über irgendeine Stelle der amerikanischen Regierung zugelassen zu werden.»

Lisa stellte ihr Glas ab. «Ich finde, Charles, Sie waren schon zu lange in der Sowjetunion. In *meinem* Land gibt es keine solchen Drohungen.»

Banks schien ein bißchen aus der Fassung zu geraten. «Entschuldigen Sie, ich gebe nur Anweisungen weiter.»

Es trat ein peinliches Schweigen ein, dann streckte Banks die Hand aus. «Wir sehen uns nachher.»

Lisa ergriff die Hand. «Sie gefallen mir trotzdem, Charlie», sagte sie und gab ihm einen Kuß auf die Wange.

Banks lächelte verlegen und schüttelte dann auch Hollis die Hand. «Die unfreiesten Menschen in einer freien Gesellschaft sind Leute wie wir, deren Pflicht es ist, die Verfassung zu verteidigen», sagte er in der Absicht, eine versöhnliche Stimmung aufkommen zu lassen.

23

Der Empfangssaal war ein eleganter, moderner Anbau des Botschaftsgebäudes mit langen, schmalen Fenstern, marmorverkleideten Wänden und drei großen Stahlkronleuchtern unter einer hohen Decke. Der Boden war mit Parkett belegt – bei den Russen ein Zeichen von Eleganz.

Sämtliche dreihundert Männer und Frauen, die in der Botschaft lebten, waren eingeladen worden, und Hollis schätzte, daß praktisch alle gekommen waren. An den Wänden waren runde Tische aufgestellt, doch der größte Teil der Gäste stand in Gruppen zusammen und unterhielt sich. Viele tanzten auch zur Musik einer Vier-Mann-Combo, die sich aus Botschaftspersonal rekrutierte.

An der Stirnwand war ein langes Buffet aufgebaut, an dem lebhafter Betrieb herrschte. Die Party war in vollem Gange; der Botschafter war gekommen und gegangen, die lustigen Reden waren gehalten, die Anspielungen belacht worden, die Stimmung stieg mit zunehmendem Alkoholkonsum. Protokollchef Martindale hatte den Abend eröffnet, indem er Lisa und Hollis nachgemachte Frackschärpen mit der Aufschrift *persona non grata* überreichte. Die nachfolgenden Reden und Antwortsprüche hatten die Stimmung weiter aufgeheizt.

Lisa und Hollis hatte ihre Schärpen vergnügt angelegt und tanzten. «Es war nett von dir, daß du auch Seth in deine Dankrede eingeschlossen hast», sagte sie.

Hollis brummte vor sich hin.

«Ich will ja nicht aufschneiden», fuhr Lisa fort, «aber wenn ich mich so umschaue, scheint es doch eine gewisse Ehre zu sein, aus der Sowjetunion verbannt zu werden. All die Sticheleien gegen die Sowjets, die da vorhin geäußert wurden – ich wußte gar nicht, wieviel Verachtung wir insgeheim für dieses Land empfinden.»

«Bei solchen Gelegenheiten äußern sich viele Frustrationen.»

«Und die Presseleute – werden die nicht berichten, was hier –»

«Das sollten sie lieber bleiben lassen, sonst bekommen sie keine amerikanische Botschaft mehr von innen zu sehen. Die Feier ist privat, und das wissen sie auch.»

«Ja, es sind gute Leute. Hier in Moskau wird einem erst richtig klar, daß wir ja auf derselben Seite stehen. Es war angenehm, mit ihnen zusammen zu arbeiten.» Sie fügte hinzu: «Ich bin traurig. Eigentlich möchte ich nicht fort.»

«Es könnte schlimmer stehen. Wir könnten tot sein. Hör mal – ich würde gern einen Teil meines Urlaubs mit dir verbringen.»

«Ich denke darüber nach», sagte Lisa.

«Was gibt es darüber nachzudenken, ob du einen Teil deines Urlaubs mit mir verbringst oder nicht?»

«Ach, ich weiß nicht ... also ... meine Eltern ... Du bist immerhin ein bißchen älter als ich und verheiratet ...»

«Hast du das eben erst gemerkt?»

Lisa lächelte ohne ihn anzusehen. «Laß mich darüber nachdenken, wie wir es richtig anfangen.»

«Ja, tu das.» Hollis klang gereizt.

«Haben wir etwa unsere erste Auseinandersetzung?»

«Durchaus möglich.» Hollis wandte sich ab und ging zu seinen Leuten, die in einer Gruppe zusammenstanden.

Mike Salerno hielt ihn unterwegs auf. Er war Reporter für den Pacific News Service. «Die Stimmung ist wirklich gut heute abend, Colonel. Eine wahre Katharsis.»

Hollis war Salerno schon bei verschiedenen Gelegenheiten begegnet und fand ihn ein wenig aufdringlich, aber im Grunde ehrlich und verläßlich.

Salerno fuhr fort: «Sie wissen, daß wir Ihr Pendant in Washington rausgeworfen haben und auch irgendein TASS-Mädchen für Lisa. Wahrscheinlich feiern die Roten in Washington zur Zeit eine ähnliche Party.» Lachend leerte er sein Glas und fragte: «Was ist der eigentliche Grund für Ihre Ausweisung?»

«Mehr oder weniger das, was in der amtlichen Verlautbarung steht, Mike. Wir sind von unserer genehmigten Reiseroute abgewichen.»

«Ja, aber normalerweise läßt man so etwas beim erstenmal durchgehen. Besonders wenn das Klima im großen und ganzen Entspannung verheißt.»

«Eigentlich war es für uns beide schon das zweite Mal.» Um weiteren Fragen zuvorzukommen, fügte Hollis hinzu: «Wie Sie wohl schon erraten haben, haben wir uns den Ort des berühmten russischen Nicht-Sieges in Borodino angeschaut. In Moskau kriegt man ja Platzangst.»

«Ganz ehrlich, Sam?» fragte Salerno, nahm sich zwei Gläser Champagner vom Tablett eines vorbeigehenden Kellners und reichte Hollis eines. «Sie waren doch unterwegs, um die Leiche Greg Fishers zu übernehmen.»

«Stimmt.»

«Und machten einen Umweg über Borodino und wurden entdeckt.»

«Korrekt. Aber jetzt entschuldigen Sie mich bitte.»

«Moment noch, Sam. Ich weiß, hinter der Fisher-Sache steckt mehr, als man herausläßt. Einer Version zufolge wurde er von Räubern umgebracht, und die Sowjets wollen das nicht bekannt werden lassen. Da sähe ja der erste Arbeiterstaat der Welt plötzlich gar nicht mehr wie ein Paradies aus, nicht wahr?»

«Ich habe die Liste der persönlichen Habe des jungen Mannes gesehen; vom Geld bis zu den Filzstiften war alles da.»

«Ach? Darf ich Ihnen mal sagen, was ich herausgefunden habe?»

«Wenn Sie wollen.»

«Ich habe Fishers Eltern in New Canaan angerufen und dabei herausgefunden, daß eine Autopsie stattgefunden hat. Die beiden erzählten mir auch ein paar andere Kleinigkeiten. Da stell ich mir nun diesen jungen Burschen vor, wie er hoch alkoholisiert – das zeigt die Autopsie – über die Landstraße Minsk–Moskau rast, und ich kann das einfach nicht akzeptieren. Ich muß an all die Papiere denken, die der Bursche beim Grenzübertritt in Brest unterschreiben mußte – Sicherheitsgurte, Promille am Steuer bringen Gefängnis, Nachtfahrten Scherereien mit dem KGB. Mr. und Mrs. Fisher haben mir versichert, Greg wäre ein sehr vorsichtiger Junge gewesen – nun ja, das sagen Eltern immer über ihre toten Kinder. Aber ich beginne mir so meine Gedanken zu machen.»

«Wir dürfen hier nicht über Dienstliches sprechen», sagte Hollis.

«Moment noch, Sam, okay? Nun habe ich mich neulich selbst auf eine ungenehmigte Autofahrt begeben. Zuerst schaue ich mich in Moschaisk um, und für ein paar Rubel bringt mich ein Lkw-Fahrer zum Unfallort westlich von Moschaisk. Der Wagen ist natürlich nicht mehr da, aber ich kann sehen, wo er in östlicher Richtung von der Straße gerast und gegen einen Baum geprallt ist. Ich finde sogar Glasbrocken von der Windschutzscheibe, gegen die der Junge wohl mit dem Kopf geknallt ist. Soweit okay. Dann aber macht der Lkw-

Fahrer eine Bemerkung darüber, daß der Wagen des Jungen in Moschaisk großes Aufsehen erregt hätte. Wie ist der Bursche nach Moschaisk gekommen, wenn er westlich von der Stadt gestorben ist?»

«Keine Ahnung.»

«Ich kann mir das auch nicht vorstellen. Ich finde, hier stimmt was nicht, Sam. Könnten Sie mir mal einen kleinen Hinweis geben, nicht zur Weiterverwendung?»

«Ich weiß nichts», antwortete Hollis. «Aber wenn Ihre Angaben stimmen, könnte es ja sein, daß Greg Fisher durch Moschaisk gefahren und aus irgendeinem Grund umgekehrt ist, um dann später wieder in Richtung Moskau zu fahren, und von der Straße abkam, ehe er Moschaisk ein zweitesmal erreichte.»

«Warum soll er so spät auf der Landstraße hin und her fahren? Hatte er vielleicht einen kleinen Geheimauftrag von den Spähern hier in der Botschaft?»

«In der US-Botschaft befinden sich keine Angehörigen der Geheimdienste», sagte Hollis. «Und wenn es sie gäbe, würden sie ihre Leute nicht in Pontiac TransAms losschicken.»

«Das stimmt. Hören Sie, ich bin morgen auf dem gleichen Flug nach Frankfurt gebucht wie Sie. Wir können uns ja zusammensetzen, dann erzähle ich Ihnen noch ein paar Kleinigkeiten, die ich in dieser Sache herausgefunden habe.»

«Vielleicht.» Hollis wandte sich ab und ging zur Bar.

Seth Alevy schien ihn dort bereits erwartet zu haben. «Was wollte Salerno?»

«Er weiß ein paar Kleinigkeiten, Seth. Jeder Reporter, der sein Lehrgeld wert ist, könnte die Löcher in der Fisher-Story finden. Und noch dubioser wird die Sache, wenn man meine und Lisas Ausweisung damit in Zusammenhang bringt.»

«Mag sein. Haben Sie mit Lisa Streit?»

«Nein.»

«Das ist gut, denn ich möchte, daß Sie in ihrer Nähe bleiben – mindestens bis Frankfurt.»

«Machen Sie sich deswegen keine Sorgen.»

«Okay. Ach, wenn Sie heute abend nichts anderes vorhaben, kommen Sie doch noch mal gegen Mitternacht bei mir vorbei. Privat.»

«Wann schlafen Sie überhaupt?»

«Während der Stabsbesprechungen des Botschafters. Übrigens», fügte Alevy hinzu, «kennen Sie sich mit dem Mi-28-Hubschrauber aus?»

«Nur in technischer Hinsicht. Er ist der neueste sowjetische Transporthubschrauber. Wieso?»

«Ich muß einen Bericht abfassen. Bringen Sie mir Ihre Unterlagen mit?» Alevy machte kehrt und verließ den Saal.

Später saß Hollis in seinem Büro, um noch ein wenig aufzuräumen, ehe er zu Alevy ging. Das Telefon klingelte.

«Kommst du heute nacht noch nach Hause?» fragte Lisa.

Nach Hause. Ihre Ausdrucksweise überraschte und versöhnte ihn. «Ich habe eine Mitternachtskonferenz mit dem Attaché für politische Angelegenheiten.»

«Wo?»

«Bei ihm.»

«Ich würde dich gerne vor Morgengrauen bei mir im Bett haben...»

«Ich werde darüber nachdenken.» Hollis konnte die Stichelei nicht lassen.

«Was gibt es darüber nachzudenken?» fragte Lisa empört. «Ach so...» Sie schwieg verlegen.

«Okay, okay.» Hollis lächelte. «Bis später.»

24

Der blaue Ford Fairlane stand tief unter dem Rasengeviert der Botschaft in der Tiefgarage. Betty Eschman, Frau des Marineattachés, saß am Steuer. «Fertig, Sam?»

«Fertig.» Sam Hollis hockte hinten im Wagen auf dem Boden, mit dem Rücken zur Tür, Lisa ihm gegenüber. Auf dem Rücksitz saßen mit untergeschlagenen Beinen zwei junge Frauen aus der Konsularabteilung. Den Beifahrersitz nahm Jane Ellis, eine Beamtin der Handelsabteilung, ein.

Der Motor sprang an, und Hollis spürte, wie der Ford sich in Bewegung setzte. Er sagte zu Betty Eschman: «Denken Sie daran, man darf Sie nicht anhalten. Wenn sich Ihnen ein Milizionär in den Weg stellt, hupen Sie und fahren weiter. Er macht dann schon Platz. Okay?»

Der Ford rollte die Rampe hinauf in den grauen Morgen, der noch finsterer wirkte als die Garage.

Hollis ließ sich den simplen Plan noch einmal durch den Kopf gehen. In Moskau wurden an diesem Sonntag nur zwei protestantische Gottesdienste abgehalten: in einer kleinen Baptistenkirche in einem entlegenen Vorort und in der Kapelle der britischen Botschaft. Jeden zweiten Sonntag flog dazu ein anglikanischer Geistlicher von Helsinki herüber. Die amerikanische Botschaft führte die Feiern an den dazwischen liegenden Sonn- und Feiertagen durch. Zum Glück waren heute die Briten an der Reihe, und zum Glück fuhren normalerweise die vier Frauen zusammen hinüber, so daß der Wagen den Botschaftswächtern eigentlich nicht auffallen durfte.

«Wir sind jetzt an den Marinewächtern vorbei», sagte Betty Eschman. «Los geht's.»

Als sie sich dem Bürgersteig näherte, kam einer der Milizionäre aus dem Häuschen, trat vor den Wagen und hob die Hand. Betty Eschman drückte auf die Hupe und gab Gas. Schimpfend sprang der Uniformierte zur Seite.

«Ist jemand hinter uns?» fragte Hollis.

Die beiden vorn sitzenden Frauen schauten in die Rückspiegel und meldeten, daß keine Fahrzeuge zu sehen waren.

Betty Eschman bog auf die nördliche Uferstraße ein, die dem Verlauf des Flusses folgte und um diese Zeit noch ziemlich leer war. Es war nicht der direkteste Weg zur britischen Botschaft, die sich gegenüber dem Kreml am Maurice-Thorez-Ufer befand, doch Hollis kannte die Straße, auf der man schnell vorankam und Verfolger ohne Mühe ausmachen konnte. Außerdem führte sie direkt an dem Klosterfriedhof vorbei, wo Gogol begraben lag. Er lehnte sich an die Tür und schaute zu Lisa hinüber. Sie streckte die Beine aus und schob ihm einen unbeschuhten Fuß in den Schoß. Sie lächelten sich zärtlich an.

Betty Eschman verkündete: «Da vorn kommt das Kloster.»

«Fahren Sie in den kleinen Park an der Vorderseite», bat Lisa. «Wir hüpfen dann raus.»

«Danke fürs Mitnehmen, meine Damen», sagte Hollis.

Sie stiegen hastig aus, als der Wagen hielt. Hollis blickte dem davonfahrenden Ford nach, schaute sich um und sagte: «Ich glaube, wir sind allein.»

Lisa klopfte sich den schwarzen Trenchcoat ab. «Ein verflixt umständlicher Kirchenbesuch.»

«Komm, weg von der Straße.»

Langsam gingen sie durch den Park auf die hohe, mit Zinnen bewehrte Kalksteinmauer zu, die das zwanzig Morgen große Areal des Nowodewitschi-Klosters umschloß. Sie folgten der Nordmauer, die sich um die Kirche der Verklärung zog. Aus der nahe gelegenen U-Bahn-Station strömten Menschen herbei, vorwiegend ältere, und traten durch das große Portal. Hollis betrachtete die Spitzen und goldenen Zwiebeltürme, die sich vor dem grauen Moskauer Himmel über der Mauerkrone abzeichneten.

Lisa ergriff seinen Arm. «Worüber hast du dich mit Seth bis fünf Uhr früh unterhalten?»

«Über Sex, Sport und Religion.»

«Von all den Dingen hat er doch nicht die geringste Ahnung – und du auch nicht. Hör zu, ich dachte, ich gehöre zum Team. Ihr beide behandelt mich aber nicht fair. Ihr könnt mich nicht einfach für irgendwelche Aufgaben einspannen und mir dann keinen reinen Wein einschenken.»

«Wende dich an Seth.»

«Es dürfte dir nicht passen, daß ich mit ihm spreche.»

«Du kannst reden, mit wem du willst.»

«An diese Worte werde ich dich erinnern.»

Sie betraten durch einen Toreingang das Klostergelände. Hollis fiel in seinem weiten grauen Mantel, dem schmalkrempigen Hut und den quietschenden Schuhen aus Schweinsleder nicht weiter auf, aber einige Passanten musterten Lisas gutgeschnittenen Mantel.

Hollis und Lisa folgten einem kopfsteingepflasterten Weg, der mit abgebrochenen Zweigen und totem Laub bedeckt war, und Lisa sagte, auf ihre Umgebung deutend: «Nowodewitschi war mal ein Nonnenkloster und zugleich auch eine Festung, die Moskaus Südflanke schützte. Nach der Revolution wurde die Anlage zu einer Abteilung des Staatlichen Historischen Museums.»

Der Weg führte auf einen gepflasterten Platz, auf dem sich ein prächtiger sechsstöckiger Glockenturm erhob. Auf der anderen Seite des Platzes reckte eine weiß und golden bemalte Kirche ihre zahlreichen Kuppeln. Lisa führte Hollis über den Platz auf sie zu. «Dort ist der Gottesdienst, den ich besuchen will», sagte sie. «In der Kirche Mariä Himmelfahrt.»

Etwa zehn Meter vor der Kirche blieb sie jedoch abrupt stehen. Sechs Männer standen vor der Tür, hielten einige jüngere Leute und Familien an, verlangten Ausweise und machten sich Notizen. Ein anderer Mann spielte den Touristen und fotografierte die Besucher.

Keine Beachtung fanden die alten Babuschkas, die sich bedächtig an den jungen Beamten vorbeischoben. Hollis war schon mehrmals aufgefallen, daß diese schwarzgekleideten Frauen praktisch unsichtbar waren.

«Normalerweise übersehen die jeden, der aus dem Westen zu kommen scheint.»

«Na, so dürfte ich ja aussehen. Ich werde einfach lächeln.»

«Dafür quietschen deine Schuhe wie bei einem Russen.» Lisa hakte sich bei Hollis unter. Ein KGB-Agent, der sich eben noch mit einer jungen Frau gestritten hatte, sagte forschend zu Hollis: «*Kartotschka!*»

«Mac, ich versteh keins von deinen verdammten Worten», sagte Hollis auf englisch.

Der junge Mann musterte ihn kurz und winkte sie weiter.

Rechts im Vestibül befand sich ein langer Tisch, beladen mit Brot, Kuchen und Eiern. Frisch geschnittene Blumen schmückten das Ganze, in die Speisen hatte man bleistiftdünne braune Kerzen gesteckt und angezündet.

«Die Menschen bringen ihre Nahrung her, damit sie gesegnet wird.» Lisa ging zu einer alten Frau, gab ihr einen Rubel und ließ sich zwei Kerzen geben. Dann führte sie Hollis ins Kirchenschiff.

Der schwache Sonnenschein, der durch die Buntglasfenster fiel, bildete die einzige Beleuchtung. Dafür schimmerte der Altar im Licht von vielen hundert dünnen weißen Kerzen.

Es gab keine Sitzbänke. Im großen Mittelschiff drängten sich etwa tausend Menschen Schulter an Schulter. Hollis nahm einen starken Weihrauchgeruch wahr, der sich sogleich mit der Ausdünstung zahlreicher ungewaschener Körper vermengte. Das Innere des Gotteshauses hätte dringend einer Renovation bedurft. Gleichwohl strahlte die Kirche für ihn etwas Prachtvolles aus. Der Goldzierat des Altars schimmerte, die Ikonostase – die stufenförmige Altarwand, die aus einzelnen Ikonen bestand – bannte den Blick, und der heruntergekommene Bau wirkte irgendwie eindrucksvoller als die gepflegten Kathedralen Westeuropas. Lisa ergriff Hollis' Hand und führte ihn ins Gedränge, bis es etwa in der Mitte des Kirchenschiffes nicht mehr weiterging.

Langbärtige Priester in goldbestickten Gewändern schwangen Weihrauchgefäße und reichten sich edelsteinbesetzte Bibeln. Die Litanei begann, melancholisch und voller Wiederholungen, und dauerte etwa eine Viertelstunde. Danach intonierte ein unsichtbarer Chor ein für Hollis' Ohren wenig harmonisches, aber eindrucksvolles Kirchenlied. Er schaute auf die Umstehenden und wurde sich bewußt, daß er in den zwei Jahren, die er nun schon in Moskau lebte, noch nie solche russischen Gesichter gesehen hatte. Es waren gelassene Gesichter, mit klaren Augen und glatter Stirn, beinahe als wären die Menschen hier die letzten lebendigen Geschöpfe in Moskau.

Plötzlich verstummte der Gesang. Ein Priester in prachtvollem Gewand trat an den Rand des erhöhten Altars und breitete die Arme aus. Er begann ohne Mikrofon zu predigen, und es war totenstill bis auf das Knistern der Kerzen.

Gegen Ende seiner Predigt kam ein Augenblick, da sich viele Leute zu Boden warfen, wenn sie genug Platz fanden, oder betend niederknieten. Hollis blieb stehen und hatte einen besseren Überblick. Weiter vorn, etwa zwanzig Schritt entfernt, erblickte er einen gekrümmten alten Mann mit wirrem Haar und grauem Stoppelbart. Er trug einen schäbigen dunklen Mantel, der ihm beinahe bis zu den Knöcheln reichte. Neben dem Alten stand eine junge Frau. Hollis schätzte sie auf siebzehn oder achtzehn. Sie trug ebenfalls einen zerschlissenen Mantel aus rotem Synthetikmaterial. Ihre Haltung und vor allem ihre ungewöhnliche Schönheit wiesen sie als einen besonderen Menschen aus. Hollis' geübter Blick erkannte außerdem schnell, daß der Mantel eine Verkleidung war. Diese Entdeckung veranlaßte ihn, sich auch den alten Mann näher anzuschauen. Inzwischen begannen die Menschen wieder aufzustehen, doch ehe ihm die Sicht wieder versperrt wurde, erkannte er, daß der krumme alte Großvater in Wahrheit jünger war, als er aussah. Und daß es sich um General Walentin Surikow handelte.

25

Hollis und Lisa setzten sich auf eine Steinbank zu einer stämmigen alten Frau, die im Sitzen eingenickt war. «Hat dir der Gottesdienst gefallen?» fragte Lisa.

«Sehr. Bei uns im Westen gilt so vieles als selbstverständlich.»

«O ja. Ich bin dir dankbar, daß du mitgekommen bist, auch wenn es dir ja eigentlich um deinen Friedhofsbesuch geht. Mußt du unbedingt dahin?»

«Ja.»

«Es ist doch nicht gefährlich, oder?»

«Nein. Ich muß mich nur von einem alten russischen Freund verabschieden.»

«Einem Spion? Einem Dissidenten?»

«Gewissermaßen.»

Die alte Dame stand auf und wanderte den Weg entlang.

«An Gogols Grab», sagte Lisa. «War das seine Idee?»

«Ja.» Hollis schaute auf die Uhr. Der Gottesdienst hatte fast zwei Stunden gedauert, und es war kurz vor zwölf Uhr. «Es dauert nicht länger als eine halbe Stunde. Wo treffen wir uns wieder?»

«Am Glockenturm dort drüben. Siehst du ihn? Verlauf dich nicht.»

Hollis stand auf. «Wie komme ich zum Friedhof?»

«Bleib auf diesem Weg. Du erreichst dann eine weitere Torkapelle in der Mauer. Auf der anderen Seite ist der Friedhof.»

«Danke. Willst du auch herumwandern?»

«Ja. Ich gehe hier gern spazieren.»

«Laß den Friedhof aus.»

«Okay.»

«Und bleib in der Nähe anderer Menschen.»

«Wenn die Kerle dich festnehmen wollen, ist es ihnen egal, wie viele Leute in der Nähe sind. Das weißt du.»

«Ja, ich weiß. Ich glaube aber nicht, daß sie hier sind. Sei trotzdem vorsichtig.»

«Du aber auch. Vielleicht sind sie deinem Freund gefolgt.»

Er küßte sie auf die Wange. «Bis später.»

Hollis folgte dem Weg. Er schaute sich um. Einige Leute, die anscheinend ebenfalls auf den Friedhof wollten, überholten ihn. Er schob die Hände in die Manteltaschen und lehnte sich an einen dicken Baum. Die rechte Hand ertastete die schallgedämpfte polnische Radom-Automatic, eine von vielen Colt-Browning-Imitationen. Die linke Hand schob sich durch den Mantelstoff und umfaßte den Messergriff in der Gürtelscheide. Hollis beobachtete unauffällig seine Umgebung und ging dann hinter drei jungen Paaren zur Torkapelle. Der tunnelartige Durchgang führte in den ruhigen Friedhof, der an einem Abhang gelegen war.

Hollis folgte einem mit Ziegeln gepflasterten Weg. Es gab hier viele Bäume, und die meisten Gräber waren zugewachsen. Die Grabsteine ragten nach alter russischer Art hoch empor und schufen ein Labyrinth aus Kalk- und Granitstein. Es waren nicht viele Leute unterwegs – das war günstig für ein ungestörtes Gespräch –, aber genügend, so daß er und Surikow nicht auffielen. Surikow hatte einen guten Treffpunkt gewählt.

Die Besucher waren vorwiegend Studenten, die anscheinend nach den Ruhestätten der Berühmten suchten. Grüppchenweise standen sie vor Grabsteinen und diskutierten über den Verstorbenen. Hollis sah die Gräber Tschechows, Stanislawskis und des Malers Isaak Lewitan. Sechs junge Männer und Frauen hockten vor dem Grab des Filmregisseurs Sergej Eisenstein. Hollis machte einen Bogen um die Gruppe.

Eine alte Dame in einem schmutzigen roten Mantel stand vor dem Grabstein Nikita Chruschtschows. Sie bekreuzigte sich, neigte den Kopf und wanderte weiter. Hollis fragte sich, ob sie eine Verwandte war.

Hollis bog auf einen Querweg ab und geriet in einen Bodennebel. Aus den weißen Schwaden tauchte eine große attraktive Frau auf, die einen schwarzen Ledermantel trug. «Gogols Grab?» fragte Hollis.

Sie musterte ihn kurz und sagte dann mit ungewöhnlich kultiviertem Akzent: «Versuchen Sie's mal dort drüben. In der Nähe der hohen Kiefer. Ich glaube, ich habe es dort gesehen.»

«Vielen Dank.» Hollis wanderte weiter. Unter der großen Kiefer stand Surikow. Er rauchte eine Zigarette und betrachtete einen verwitterten, flechtenbewachsenen Kalksteinquader. Hollis stellte sich neben ihn.

«Die toten Seelen», sagte Surikow, ohne sich zu Hollis umzuwenden. «Die toten Seelen.» Er starrte noch ein Weilchen auf das Grab, dann machte er kehrt und entfernte sich. Hollis wartete eine ganze Minute, ehe er ihm folgte.

Surikow erwartete ihn am Fuß des Wehrturms an der Ecke, wo die Ziegelmauer des Friedhofs endete. Er zog ein in eine «Prawda» gewickeltes Paket aus der Manteltasche. «Möchten Sie einen frischen Karpfen kaufen?»

Hollis konnte den Fisch riechen. «Vielleicht.»

Surikow klopfte auf das Paket, als priese er die Vorteile des Fisches. «Also, mein Freund, die ‹Prawda› hat mir verraten, daß Sie die Sowjetunion verlassen. Das hat mich ziemlich geschockt. Ich wußte nicht einmal, ob Sie heute kommen würden. Ich habe mir Sorgen gemacht.»

Hollis konnte sich denken, worum Surikows Sorgen kreisten.

«Im Augenblick steht meine diplomatische Immunität auf wackligen Füßen. Sie brauchen also gar nicht zu fragen, ob ich sicher bin, daß man mir nicht gefolgt ist, denn heute wäre mir das so wichtig wie Ihnen.»

«Ach? Für mich geht es um Kopf und Kragen. Sie würden nur ins Gefängnis kommen. Ist unsere Vereinbarung von Ihrer Abreise betroffen?»

«Wir haben keine Vereinbarung.»

«Warten Sie's ab. Wann reisen Sie?»

«Das stand doch sicher auch in Ihrer ‹Prawda›, oder?» fragte Hollis sarkastisch.

«Vom Zeitpunkt war nicht die Rede.»

«Ach? Nun ja, ich fliege morgen.»

Surikow schien überrascht zu sein und auch erschrocken.

«Schon morgen? Und wer kümmert sich um mich?» fragte er. «Ich bin mehr denn je entschlossen, von hier zu verschwinden. Können Sie mich denn noch rausschaffen?»

Hollis hatte keinerlei Vollmacht, doch war es an der Zeit, die Sache abzuschließen. «Ja, wenn Sie Ihr Fahrgeld parat haben.»

«Die Hälfte jetzt, die Hälfte im Westen.»

«Verstehe.»

«Ist es gefährlich? Ich meine, ich habe nicht um mich Angst.»

Das wußte Hollis bereits. «Ist sie Ihre Enkelin?»

Surikows Kopf fuhr herum. Er öffnete den Mund, brachte aber kein Wort heraus.

«Es ist durchaus gefährlich, aber man braucht eigentlich nur gute Nerven zu haben. Trifft das auf sie zu?»

«Sie hat ihren Glauben.» Surikow zog an seiner Zigarette und streifte Hollis mit einem Blick.

«Wenn Sie uns gesehen haben, wissen Sie, warum ich das Land verlassen will.» Blicklos starrte Surikow auf den eingewickelten Karpfen und sagte leise vor sich hin: «Meine Enkelin Natascha. Die einzige Tochter meiner einzigen Tochter. Die Sonne meines Lebens, Hollis.»

«Ein hübsches Mädchen. Spricht sie Englisch?»

«Ja.»

«Dann wird sie keine Schwierigkeiten haben.»

«Ich würde es gern glauben. Leider will sie Nonne werden.»

«Ach? Na, sie wird tun, was sie will, General.»

«Ja.» Surikow wanderte den Weg zwischen den Grabsteinen entlang. Der Himmel hatte sich verdüstert, und es begann zu nieseln. Hollis ging an Surikow vorbei und blieb vor dem nächsten Grabstein stehen. «Borodino, General.»

«Einige Kilometer nördlich von Borodino gab es früher eine Bodenschule der Roten Luftwaffe. Theorie über Taktik, Leistungsfähigkeit und Bewaffnung amerikanischer Jagdflugzeuge.» Surikow machte eine Pause, um die Wirkung zu erhöhen. «Die Ausbilder waren Amerikaner.» Er warf Hollis einen Blick zu. «Eine unglaubliche Geschichte, Sie müssen genau zuhören.»

Hollis atmete auf. Das einzige, worum er in der Kirche gebetet hatte, war eine Bestätigung Surikows zu den Entdeckungen, die er und Alevy gemacht hatten. «Das soll das halbe Geheimnis sein?» fragte er abrupt. «Diese Dinge wußte ich längst.»

«Was...?»

«Mit *dem* Eintrittsgeld kommen Sie nicht nach London. Tut mir leid.» Hollis entfernte sich mit energischen Schritten.

Surikow eilte ihm nach. «Sie können doch nicht einfach... Aber woher wissen Sie...?»

«Ich war selbst draußen in Borodino. Das ist der Grund für meine Ausweisung. Ich weiß, daß es dort Amerikaner gibt. Tut mir leid, ich dachte, Sie wüßten mehr...»

«Das tue ich doch!»

Hollis wandte sich zu Surikow um, der noch immer den Karpfen in der Hand hielt. «Was wollten Sie mir in London geben? Wie sieht die andere Hälfte des Geheimnisses aus?»

Surikow fuhr sich mit der Zunge über die Lippen. «Die Schule... Sie wissen, daß man dort keine Piloten mehr ausbildet...»

«Ja. Mir ist bekannt, daß dort KGB-Leute zu Amerikanern gemacht werden. Woher wissen Sie das?»

«Ich... ich liefere die Studenten. Sie kommen nicht aus den Reihen des KGB, das seinen eigenen Anwerbungsmethoden nicht mehr traut. Beim KGB bewerben sich manchmal ziemlich seltsame Typen – und das weiß man auch. Für diese Sache braucht man ehrliche russische Patrioten. Männer, die sich freiwillig zur Luftwaffe gemeldet haben. Männer, die wohl auch gewisse Dinge mit ihren amerikanischen Ausbildern gemein haben.»

«Wie damals, als die Anlage noch Pilotenschule war», bemerkte Hollis nickend.

«So interpretiere ich das auch. Damals, zu Anfang, waren unsere Piloten offenbar mehr daran interessiert, die Amerikaner über die USA auszufragen als fliegerische Tricks von ihnen zu lernen. Der politische Kommissar war sehr wütend darüber und meldete mehrere Piloten dem KGB. Da kam den KGB-Leuten die große Idee. Mit der Zeit übernahmen sie die ganze Schule. Den amerikanischen Gefangenen wurde das formell gar nicht mitgeteilt, doch allmählich verwandelte sich das Lager von einem Pilotenausbildungszentrum in das, was es heute ist. Eine Fabrik für Spione. So hat man mir wenigstens erzählt.»

«Und was haben Sie noch mit der Schule zu tun?»

«Direkt – nichts, aber die Personalabteilung der Luftwaffe muß den Papierkrieg der Kandidaten für diese Schule abwickeln, da sie alle aus unseren Reihen kommen. Ich muß also –» Surikow unterbrach sich. «Ich habe noch mehr, viel mehr. Colonel, lohnt es sich für Sie, mich hier herauszuholen?»

«Vielleicht. Aber Ihnen ist klar, General, daß wir eigentlich keine weiteren Informationen über diese Schule brauchen. Wir wissen, wo sie liegt, und haben bereits genügend Material, um eine internationale Krise heraufzubeschwören.» Sein Blick suchte den Surikows. «Sie wissen, was ich brauche.»

Der General antwortete nicht.

«Die Namen», fuhr Hollis fort. «Die Namen der Sowjetagenten, die bereits in den USA sind. Ich vermute, Sie haben eine Art Liste, sonst würden Sie nicht versuchen, mit mir ins Geschäft zu kommen. Die Namen. *Die* sind ihre Fahrkarte in den Westen, General.»

«Aber, wenn ich Ihnen die gebe, woher weiß ich dann, daß Sie mich und meine Enkelin nicht einfach im Stich lassen? Wenn ich Ihnen die Namenliste schon jetzt überließe, hätte ich kein Pfand für meine Ausreise in der Hand.»

«Sie müssen mir eben vertrauen.»

«Das kann ich nicht.»

«Sie müssen. Hören Sie, General. Sie sind bereits auf Gedeih und Verderb auf mich angewiesen. Und Natascha ebenfalls. Ich könnte Sie hier bloßstellen oder in London erschießen lassen. Ich könnte lügen – aber Sie wissen nicht, ob ich lüge oder nicht. Ihnen bleibt nichts anderes übrig, als zu tun, was ich sage, und sich klarzumachen, daß das Spielchen jetzt nach meinen Regeln weitergeht.»

General Surikow schien ein wenig in sich zusammenzusinken. Unter der aufrechten militärischen Gestalt steckte ein müder alter Großvater, der ein letztesmal das Richtige zu tun versuchte und sich selbst deswegen verfluchte. «Ich brauche Zeit zum Nachdenken. Ich treffe mich nächsten Sonntag mit Ihrem Nachfolger...»

«Nein. Es gibt nichts, worüber man nachdenken müßte. Es wäre das beste, wenn Sie Ihre Entscheidung gleich träfen und mir Ihr Wort gäben. Dann gebe ich Ihnen mein Wort und sorge dafür, daß Sie heil herauskommen. Wenn Sie wollen, können wir auch im Westen zusammentreffen.»

General Surikow riß sich innerlich zusammen und richtete sich auf. «Also gut. Sie bekommen folgendes: einen Mikrofilm der Personalakten aller Männer, die die Amerikanische Bürgerschule besucht haben – so nennt das KGB die Einrichtung. Auf dem Mikrofilm finden Sie Fotos der Männer, ihre russischen Namen, die Fingerabdrücke, Geburtsort, Geburtstag, Blutgruppe, unveränderliche Merkmale, Angaben über Gebiß und so weiter. Komplette Personalangaben. Nicht enthalten sind die neuen amerikanischen Namen oder Adressen, und ich kann Ihnen auch nicht sagen, wie viele es wirklich in die USA geschafft haben. Diese Angaben hat allein das KGB. Ihre Leute – das FBI – werden also alle Hände voll zu tun haben.»

Hollis nickte. Es war ein Anfang. «Wie viele?»

«Knapp über dreitausend.»

«Dreitausend? Alle auf Mikrofilm?»

«Ja. Offiziell sind diese Männer übrigens tot. Bei Ausbildungsunfällen ums Leben gekommen. Die Rote Luftwaffe hat jedem einzelnen ein militärisches Begräbnis ausgerichtet. Da haben wir viel Sand unter die Erde gebracht. Und auch viele Renten ausgezahlt. Das

KGB findet es bequem, für ein so umfangreiches Unternehmen unsere Einrichtungen, unser Geld, unsere Pilotenkandidaten und den Vorwand der Trainingsunfälle zu verwenden.»

Hollis nickte bedächtig. Dreitausend Tote in der Ausbildung hätten in den USA einen Skandal heraufbeschworen. Hier wurde keiner dieser Unfälle in der Zeitung gemeldet. Und die dreitausend Familien der angeblich Toten waren mit ihrem Kummer allein. Eine solche Aktion war nur in einem totalitären System möglich. Das größte trojanische Pferd der Geschichte, die größte Fünfte Kolonne, die es je gegeben hatte – Hollis konnte sich die Schlagzeilen vorstellen, die in Washington zirkulieren würden. «Wo ist der Mikrofilm», fragte er.

«Wenn ich in London bin, sage ich Ihnen, wo Sie ihn finden können. Das ist die Abmachung. Die Hälfte jetzt, die andere Hälfte in London.»

«Ich sagte Ihnen eben schon – die erste Hälfte hatte ich längst. Sie geben mir den Mikrofilm gleich.»

«Warum?»

«Weil Sie zwischen heute und dem Augenblick, da wir Sie rausschmuggeln wollen, jederzeit verhaftet werden können. Weil ich den Film gleich haben will!»

Surikow starrte ins Leere. Er war sichtlich verärgert, aber das kümmerte Hollis wenig.

«Na gut», sagte Surikow nickend. «Mein Leben und das meiner Enkelin liegt in Ihren Händen. Ich bringe den Film zum nächsten Treffen mit oder lege ihn in einen unserer toten Briefkästen – wie Sie wollen.»

Hollis überlegte kurz. Die Lieferung per Briefkasten war die beste, doch sagte ihm sein Instinkt, daß hier eine persönliche Übergabe angebracht war. «Morgen früh um neun gehen Sie in den Antiquitätenladen in der Arbat-Straße. Ein Mann wird Sie fragen, wo er Münzen aus der Zarenzeit finden kann. Er spricht fließend Russisch. Sie geben ihm den Film.»

Surikow zündete sich eine neue Zigarette an. «Und damit hätte ich dann zum letztenmal von den Amerikanern gehört.»

«Wenn Sie das glauben, dann haben Sie im Westen nichts verloren, General. Dann können Sie gleich hierbleiben.»

«Na, wir werden sehen, ob mein Zynismus berechtigt war. Dieser Mann wird mir auch sagen, wie ich in den Westen komme?»

«Ja.»

«Ich habe eine bessere Idee. Sie sagen es mir gleich. Ich will es wissen. Bevor ich den Mikrofilm mitbringe.»

Hollis fand, daß General Surikow einen kleinen Sieg verdient hatte, doch mußte er auch an Alevys warnende Worte denken. ‹Vielleicht will er ja rauskriegen, wie wir Leute in den Westen schaffen.› Aber er hatte keine Zeit mehr zur Vorsicht. «Na schön», sagte Hollis, «ich verrate Ihnen unser Geheimnis. Können Sie für ein Wochenende nach Leningrad fahren?»

«Ja.»

«Sie fahren nächsten Sonnabend. Der Mann im Antiquitätenladen sagt Ihnen, wie Sie dort jemanden treffen, der Ihnen weitere Einzelheiten gibt. Aber im Grunde ist es simpel. Sie gehen mit Angelzeug in einen der Freizeitparks der Kirow-Insel. Sie und Natascha mieten ein Boot und fahren damit in die Mündung der Newa, aber nicht so weit, daß die Patrouillenboote aufmerksam werden. Sie angeln in der markierten Schiffahrtsstraße. Jedesmal wenn Sie einen Frachter mit einer NATO-Flagge sehen, geben Sie das Signal, das Ihnen der Mann in Leningrad verrät. Einer dieser Frachter wird Sie und Natascha aufnehmen, und jemand an Bord wird sich weiter um Sie kümmern. Wenn die Behörden Ihr Boot kieloben treibend auffinden, sieht es so aus, als wären Sie ertrunken. Klappt das Rendezvous am Sonnabend nicht, versuchen Sie es Sonntag noch mal.»

«Und wenn es Sonntag auch nicht funktioniert?»

«Dann am Wochenende danach.»

«Um diese Jahreszeit dürften Angelfahrten schwierig werden, Colonel.»

«General, wenn Sie uns offen und ehrlich behandeln, läßt man Sie nicht im Stich. Es gibt andere Methoden. Aber mit Glück befinden Sie sich nächste Woche um diese Zeit schon in einer westlichen Hafenstadt.»

«Wir werden sehen...»

«Wir treffen uns dann in London.»

«Dort können Sie einen ausgeben.»

«Ich kaufe Ihnen die ganze verdammte Bar leer, General!»

Surikow versuchte zu lächeln. «Ein Drink genügt.» Er reichte Hollis den Karpfen. «Kocht man mit saurer Sahne.»

Die beiden Männer gaben sich die Hand, dann machte Surikow kehrt und ging tiefer in den Friedhof hinein.

Hollis betrachtete den eingewickelten Fisch, schob ihn zur Pistole in die Tasche und machte sich auf den Weg zur Torkapelle. Etwa zehn

Meter davor klopfte ihm jemand auf die Schulter und fragte auf russisch: «Was ist in dem Paket?»

Hollis umfaßte die Automatic, preßte die Mündung auswärts gegen den Mantelstoff und fuhr herum.

«Was hat er Ihnen gegeben?» wollte Seth Alevy wissen.

«Einen Karpfen.»

«Ach – damit bin ich groß geworden. Sehr jüdisch, sehr russisch. Ich hasse Karpfen.»

Alevy paßte sich Hollis' Schritt an. «Ich dachte, das Treffen wäre erst um drei.»

«Mir ist zu spät eingefallen, daß es schon früher stattfinden sollte.»

«Habe ich mir beinah gedacht. Wo steckt Lisa?»

«Sie wartet am Glockenturm.»

Die Männer durchquerten den Tunnel zum Klostergelände. «Und, hat's geklappt?» fragte Alevy.

«Volltreffer.»

«Das Lager?»

«Ja. Das beim KGB übrigens Amerikanische Bürgerschule heißt.»

«Was hat Surikow damit zu tun?»

«Erzähle ich Ihnen später. Haben wir Deckung?»

«Also, ich schirme Sie ab und Sie mich. Ich konnte nicht wieder die ganze Armee aufbieten wie am ‹Lefortowo›. Das KGB hat die Belagerungsmannschaft vor der Botschaft verdreifacht und scheint auf eine Konfrontation aus zu sein. Ich habe mich in einem Lieferwagen rausgeschmuggelt. Ich wollte mir Surikow mal ansehen.»

«Sie lernen ihn sowieso bald kennen.»

«Es gibt noch einen zweiten Grund für mein Erscheinen: Heute früh wurden wir vom sowjetischen Außenministerium informiert, daß Ihre diplomatische Immunität aufgehoben worden ist. Auch die von Lisa.»

«Verstehe», sagte Hollis. «Vielen Dank, daß Sie gekommen sind.»

«Nach den internationalen Gesetzen gilt Ihre Immunität jetzt nur noch zwischen der Botschaft und dem Punkt, von wo die Ausreise angetreten wird. Sie stehen hier draußen also gehörig im Wind. Und Lisa auch.»

«Ein bißchen ungemütlich», bemerkte Hollis.

«Ja. Ich gehe aber davon aus, daß Sie Ihren Holzpflock noch dabeihaben.»

«Ja», sagte Hollis. «Den hätte ich Ihnen eben beinahe ins Herz gerammt.»

Die beiden Männer erreichten auf der anderen Seite des Tunnels den gepflasterten Platz, auf dem sich der Glockenturm erhob. Lisa war nicht zu sehen. Langsam, um keine Aufmerksamkeit zu erwekken, überquerten sie das weite Rund. Der Regen nahm zu, und die Spaziergänger waren verschwunden. Am Fuße des Turms trennten sie sich und gingen einmal um den Bau herum.

«Verdammt!» flüsterte Alevy, als sie wieder zusammentrafen.

«Ganz ruhig, Seth. Sie kommt gleich.»

Alevy schaute sich um, offenbar nicht gewillt, die Dinge gelassen zu nehmen. «Sie hätten sie nicht herbringen dürfen!» sagte er gereizt.

«He, Moment mal! Erstens wollte sie selbst in die Kirche gehen, und zweitens wickle ich meinen Dienst ab, wie ich –»

«Ich hätte euch beide schon vor einer Woche ins Ausland verfrachten sollen! Ihr habt mehr Probleme heraufbeschworen –»

«Ach, zum Teufel mit Ihnen!»

Alevy und Hollis funkelten sich aus nächster Nähe an, dann machte Alevy kehrt und marschierte über den Platz davon. Er rief über die Schulter: «Ich warte eine Viertelstunde am Haupttor. Dann fahre ich, mit oder ohne Sie oder euch.»

Hollis folgte dem anderen. «Moment noch. Falls ich es nicht in die Botschaft schaffe – Sie haben eine Verabredung mit Surikow. Im Antiquitätenladen an der Arbat-Straße. Morgen früh um neun. Er besitzt den Mikrofilm der Personalakten aller früheren und jetzigen Schüler der Schule. Dreitausend, Seth.»

«Himmel... dreitausend! Wie ist er denn an die Informationen gekommen?»

«Er ist für das Personal der gesamten Roten Luftwaffe zuständig.» Hollis schilderte den Verlauf seines Gesprächs mit Surikow. «Ich habe ihm mein Wort gegeben, wir würden ihn und seine Enkelin in den Westen holen. Sie verstehen? Verderben Sie das nicht, Seth. Schaffen Sie sie raus.» Er fixierte Alevy.

Dieser nickte. «Ich kümmere mich darum.»

«Und jetzt verschwinden Sie hier.»

Alevy zögerte. «Ich warte am Tor.»

«Nein, Sie verziehen sich schleunigst in die Botschaft und bleiben dort bis zum Treffen mit Surikow. Ich brauche Sie hier nicht. Ich habe Ihnen den Stab weitergereicht, Seth, denn morgen bin ich sowieso nicht mehr im Land. Die Sache liegt nun ganz in Ihrer Hand, Kumpel. Verschwinden Sie!»

Alevy ließ den Blick über den regennassen Platz wandern und nickte. «Viel Glück.»

Hollis stellte sich mit dem Rücken an den Glockenturm. Er zog seine Pistole und hielt sie seitlich hinter sich. Er sah Alevy auf einem baumgesäumten Weg verschwinden.

Hollis beobachtete den Platz, den kalten Regen und seine eigenen Atemwolken. Die Minuten vergingen. Er konnte sich durchaus vorstellen, daß man Surikow, Lisa und auch Alevy geschnappt hatte und ihn nur noch ein Weilchen im Regen stehen ließ. Er schaute auf die Uhr. Schon fünfzig Minuten waren vergangen, seit er sich von Lisa getrennt hatte. Endlich hörte er Schritte und sah sie auf sich zulaufen. Sie war atemlos und umarmte ihn stürmisch: «Ich habe die Zeit ganz vergessen, Verzeih mir!»

«Schon in Ordnung.»

«Wie war's bei dir?»

«Alles okay.»

«Hast du schon lange gewartet?»

«Nein, eigentlich nicht.»

«Es riecht nach Fisch.»

«Ach, ich habe einem alten Mann einen Karpfen abgekauft.» Er klopfte sich auf die Tasche.

«Den kocht man mit saurer Sahne.»

«Ich weiß.»

«Gibt's Probleme mit der Rückkehr in die Botschaft?»

«Ich suche jetzt ein Telefon und rufe bei unseren Leuten an. Treffpunkt Foxtrott befindet sich ganz in der Nähe. Das ist das Lenin-Denkmal an der Nordseite des Stadions. Vergiß das nicht, falls wir getrennt werden sollten.»

«Wie sollte denn das passieren?»

«Nur für alle Fälle.» Sie betraten den Durchgang, in dem etwa ein Dutzend Menschen vor dem Regen Schutz gesucht hatten. Hollis verhielt den Schritt und wartete, bis sich seine Augen an das schwache Licht gewöhnt hatten. Lisa wischte sich das Gesicht mit dem Taschentuch trocken.

Plötzlich tauchte Seth Alevy aus der Dunkelheit auf. Er sagte nur: «Folgt mir», und Hollis fand das völlig ausreichend.

26

Begleitet von Alevy, seinem Stellvertreter Bert Mills und einigen anderen Sicherheitsbeamten, betraten Hollis und Lisa das Hauptgebäude des Flughafens Scheremetjewo. Bert Mills sagte: «Bitte warten Sie einen Augenblick.»

Sie befanden sich im Hauptsaal des großen neuen Terminalgebäudes. Hollis ließ den Blick durch das Terminalgebäude wandern. Alevy war verschwunden, und Lisa machte einen nervösen Eindruck. Sowjetbürger, die Inlandflüge gebucht hatten oder eben gelandet waren, schoben ihr Gepäck über den grauen Fliesenboden. Überall waren graugekleidete Milizionäre zu sehen, dazwischen KGB-Grenzsoldaten in grünen Uniformen. Ihm fiel auf, daß sich die Sicherheitsbeamten der Botschaft strategisch rings um ihn und Lisa postiert hatten. Er erblickte einen Mann in einem braunen Ledermantel, der nach KGB aussah, konnte aber keine sonstigen Kandidaten ausmachen. Normalerweise hätte er in einer belebten Abflughalle keine Probleme erwartet, aber das KGB hielt das ganze Land für sein persönliches Jagdrevier.

Alevy kehrte zurück. «Okay. Alles geregelt. Gehen wir.»

Hollis und Lisa nahmen ihr Handgepäck und folgten Alevy mit sechs Sicherheitsbeamten als Geleit. Durch einen langen schmalen Korridor verließen sie den großen Terminal und erreichten den Diplomatensalon, in dem Bert Mills auf sie wartete.

Hinter einem Empfangstisch erstreckte sich ein gemütlicher Aufenthaltsraum, von dem verschiedene Konferenzzimmer abgingen. Der Raum unterschied sich nur in einem Detail von den VIP-Lounges in anderen Flughäfen: In der Nähe des Eingangs saß ein KGB-Grenzsoldat in Uniform. Ein Kollege mit Maschinenpistole bewachte den Ausgang zum Flugfeld.

Das Gepäck mit dem Diplomatensiegel war bereits durchleuchtet worden und stapelte sich neben dem Eingangstresen. Ein Kontrollbeamter trat ein, drückte Ausreisestempel in die Pässe und ging wieder.

Hollis, Lisa und Alevy nahmen in dem kleinen Salon Platz. Ein Sicherheitsbeamter der Botschaft baute sich am Eingang neben dem KGB-Grenzsoldaten auf. Zwei Kollegen leisteten dem anderen KGB-Mann Gesellschaft. Bert Mills hatte sich auf der gegenüberliegenden Seite niedergelassen. «Wozu der Aufwand?» wandte sich Hollis an Alevy. «Ein oder zwei Mann hätten genügt.»

«Eine kleine Machtdemonstration.»

Nicht zum erstenmal kam Hollis der Gedanke, daß es Seth Alevy offenbar großen Spaß machte, sein Spiel gegen Moskau *in* Moskau spielen zu können. Er fragte sich, was aus ihm werden mochte, sollte er mal einen anderen Posten erhalten.

Alevy verfügte über eine erstaunliche Armee guterzogener Gauner. Neben den etwa zwanzig CIA-Angehörigen konnte er auf etwa ein Dutzend Sicherheitsbeamte der Botschaft zurückgreifen. Einmal hatte er damit geprahlt, er könne glatt den Kreml im Handstreich erobern, wenn er auch noch die dreißig Marinesoldtaten unter sein Kommando bekäme...

Hollis hielt es für angebracht, sich einen Augenblick zu empfehlen. Er entschuldigte sich und verließ den Raum.

«Es fällt mir wirklich nicht leicht, dich gehen zu lassen», sagte Alevy nach längerem Schweigen.

Lisa antwortete nicht.

«Ich dachte, wir könnten es noch einmal miteinander versuchen.»

«Darüber hatte ich auch nachgedacht. Aber dann geschahen andere Dinge.»

«Ich weiß. Nun ja... vielleicht laufen wir uns irgendwann mal wieder über den Weg, in irgendeinem gottverlassenen Winkel. Wir haben uns wirklich ein seltsames Leben ausgesucht.»

«Ja, ich glaube, so kann man es auch betrachten.» Lisa blickte zur Tür, doch von Hollis war noch nichts zu sehen. Sie legte Alevy die Hand auf den Arm. «Sieh dich vor, Seth. Ich mache mir deinetwegen Sorgen.»

«Wirklich? Paß du auch auf dich auf. Du bist noch nicht zu Hause. Und noch ein kleiner Rat, Lisa. Sein Alter ist nicht so wichtig. Auch nicht sein derzeitiger Ehestand. Aber sollte er wieder in die Macho-Welt der Düsenjockeys zurückkehren, hast du ein Problem.»

«Ich habe nicht vor, zu heiraten. Was habt ihr übrigens bis fünf Uhr früh zu besprechen gehabt? Ihr seht aus wie ausgespuckt.»

«Ich brauchte Informationen über die Rote Luftwaffe und wollte, daß Hollis meinen Bericht gegenzeichnet. Man respektiert ihn in

Langley. Tut mir leid, wenn ich damit deine Pläne gestört habe. Passiert bestimmt nicht wieder.» Er schaute auf die Uhr. «Ich verabschiede mich jetzt von Sam. Du bist hier sicher.» Er schaute sie an. «Also ... ich würde dir gern noch viel mehr sagen, aber ...»

«Schreib mir.»

«Natürlich.»

«Ich gebe dir Bescheid, wo ich lande.» Sie mußte plötzlich lachen. «Wie dumm! Wahrscheinlich weißt du das ja noch vor mir.» Sie stand auf und küßte ihn auf die Wange. «Leb wohl, Seth.»

Alevy zog sie an sich, legte seinen Mund an ihr Ohr und flüsterte: «Hör zu. Du brauchst nicht diesen Flug zu nehmen, du hast bis Mitternacht Zeit, das Land zu verlassen. Es gibt heute noch zwei Flüge nach Frankfurt. Sag Sam, du fühlst dich nicht wohl, und ...»

«Wieso?»

«Na ... ich ... ich dachte, wir könnten noch ein bißchen zusammen sein ... uns richtig verabschieden.»

«Ist das ein Antrag?»

«Nein. Ehrlich, ich wollte nur ... also, eigentlich will ich dir nur sagen, daß Hollis im Fadenkreuz steht. Mir gefällt der Gedanke nicht, daß du in seiner Nähe bist.»

«Das weiß ich. Er hat mir darüber reinen Wein eingeschenkt, außerdem konnte ich mir den Sachverhalt denken. Aber ich bin nicht wetterwendisch, Seth. Ich war bereit, Gefahren mit dir zu teilen, jetzt gebe ich ihm die gleiche Loyalität.»

Um Alevys Lippen spielte ein trauriges Lächeln. «Deshalb liebe ich dich», sagte er und nickte.

Alevy fand Hollis in dem schmalen Korridor, der in die Terminalhalle führte, deutete vielsagend zur Decke und ging ihm voraus in den großen Saal. Dort blieben sie inmitten der Menschenmasse stehen. «Wollten Sie mit mir sprechen?» fragte Alevy.

«Ich nehme an, die Verabredung ist positiv verlaufen», antwortete Hollis, «sonst wären Sie weniger gut gelaunt.»

«Es ging bestens.»

«Sie haben den Mikrofilm?»

«Ja.»

«Schon angeschaut?»

«Kurz.»

Hollis atmete ungeduldig ein. «Muß ich Ihnen alles einzeln aus der Nase ziehen?»

Alevy musterte sein Gegenüber einen Augenblick geistesabwesend und sagte schließlich: «Sam, ich verspreche Ihnen, Sie sind noch drin im Fall. Ich gebe Ihnen mein Wort.»

Hollis warf ihm einen kritischen Blick zu. «Okay. Gute Sachen auf dem Mikrofilm?»

«Volltreffer. Ich weiß noch nicht, wie das FBI vorgehen wird.»

«Das ist deren Problem.»

«Ich finde, das Problem geht jeden was an. Am liebsten würde ich mit den Fotos an die Öffentlichkeit gehen – Fernsehen und Zeitungen, Kinos, Einkaufszentren. Da ginge jeder einzelne Sowjetagent hoch, sei er nun Hausmeister im Weißen Haus, Angestellter im Verteidigungsministerium oder Assistent im Kongreß. Ich glaube aber fast, die Regierung möchte die Leute vom FBI in aller Stille aufspüren lassen.»

«Sie würden aber lieber an die Öffentlichkeit gehen. Damit wären die Gipfelkonferenzen und Abrüstungsgespräche ein für allemal vom Tisch.»

«Richtig. Sie sind schlauer, als Sie aussehen.» Alevy führte ihn zu einer Gruppe japanischer Geschäftsleute, die sich laut und angeregt unterhielten und einen guten Schutz vor Richtungsmikrofonen boten. «Der Geheimdienst des Außenministeriums ist hier in Moskau vorwiegend damit beschäftigt, Leute wie Sie und mich zu bespitzeln», fuhr Alevy fort. « Die meinen, wir versuchen ihre diplomatischen Initiativen zu sabotieren.»

«Wie kommen sie denn nur auf so eine Idee?»

«Keine Ahnung. Dieser Geheimdienst wäre harmlos, hinge er nicht am ehrwürdigen und mächtigen Außenministerium. Und in der Frage der ‹Fabrik› hat Charles Banks die Augen weit offen und schickt meines Wissens seine Berichte direkt an den Präsidenten.»

«Und vor allem hat er *Sie* im Auge, Seth. Ich begreife nur nicht, wie irgend jemand das Problem des Lagers lösen kann, ohne den Teufel von der Leine zu lassen.»

«Es gibt Methoden, die Sache still beizulegen. Solange Dodson nicht auftaucht.»

«Und was passiert, wenn der seinen Auftritt hat?»

«Ich möchte bezweifeln, daß er es über die Mauer schafft. Miliz und KGB haben Anweisung, ohne Anruf zu schießen. Aber sollte er das Botschaftsgelände erreichen oder Kontakt mit einem westlichen Journalisten in Moskau aufnehmen, dann werden Banks, der Außenminister und der Präsident in das Lied meiner Firma einstimmen.»

«Immer wieder geht mir der Gedanke durch den Kopf», sagte Hollis, «daß Dodson selbst dann noch nicht am Ziel und in Sicherheit ist, wenn er es über die Mauer schafft. Verrückt, oder?»

«Ja, aber ein guter Gedanke. Ich glaube, der liebenswürdige Charlie Banks hat Befehl, Dodson zu töten oder sonstwie zum Schweigen zu bringen.» Alevy fügte hinzu: «Und Sie halten mich für überdreht und unmoralisch? Unsere Regierung ist bereit, dreihundert amerikanische Luftwaffenangehörige im Stich zu lassen – nur wegen eines abstrakten Traums, den man Entspannung nennt!»

«Wie recht Sie haben», sagte Hollis. «Was halten Sie übrigens von General Surikow?»

«Ich habe mich eine halbe Stunde lang im Keller des Antiquitätenladens mit ihm unterhalten. Mein Eindruck ist, daß ich ihm nicht gefallen habe.»

«Er muß Sie nicht mögen. Sie werden nicht sein Kontrolloffizier sein. Er zieht ja um.»

«Nun ja, das ist die andere Sache. Ich teile Ihre Ansicht, daß er ein echter Überläufer ist. Aber ich glaube nicht, daß er es im Westen schafft.»

«Das geht vielen Leuten so, die schon im Westen leben. Nicht Ihre Sorge. Schaffen Sie ihn einfach rüber.»

«Ich würde ihn am liebsten da lassen, wo er ist. Er wäre der rangmäßig höchste Spion, den wir je im sowjetischen Militär hatten. Ich lasse ihn von Bert Mills führen und –»

«Reden Sie mir nicht davon, daß er im Westen nicht überleben könnte. Wenn Sie nur ein bißchen menschliches Mitgefühl hätten, würden Sie schon erkennen, daß der Mann leidet. Wenn wir dieses System je besiegen, dann nur, weil wir den anständigen Leuten hier mit Ehrlichkeit begegnen. Ich habe Surikows Motive bisher nicht begriffen, weil ich nicht an das naheliegendste gedacht habe: Der Mann will frei sein, was immer das für ihn bedeutet. Er hat gute Ware geliefert, jetzt bekommt er unsere Gegenleistung.»

«Schon gut, ich dachte nur –»

«Nehmen Sie mal Urlaub, Seth. Sie haben ihn nötig.»

«Ich weiß, ich weiß. Ach, übrigens habe ich bei der schnellen Durchsicht des Mikrofilms ein Bild unseres Hausmeisters Kellum gefunden – geboren als Anatolij Wladimirowitsch Kulagin in Kursk, UdSSR.»

Hollis nickte. «Der wäre der erste. Und Mrs. Kellum?»

«Die habe ich noch nicht gefunden. Der Film wird uns viel Arbeit machen. Aber vielleicht ist sie ja eine echte Amerikanerin, und es ist durchaus offen, ob sie die wahre Herkunft ihres Mannes kennt.»

«Was machen Sie mit den beiden?»

«Ich werde sie ein paar Wochen lang im Keller ausquetschen. Dick ist überführt, und Ann macht sich meiner Meinung nach der Mittäterschaft schuldig. Allerdings kann ich sie drüben nicht vor Gericht bringen. Und hier auch nicht ewig einsperren. Und zum Austausch eignen sie sich auch nicht, weil die Sowjets sich nie zu ihnen bekennen werden.» Alevy kratzte sich am Kopf – «Das ist die negative Seite. Die positive ist, daß der Mikrofilm einen unglaublichen Erfolg unserer Gegenspionage darstellt. *Dreitausend* Agenten! Mein Gott, Sam, das ist der größte Fang der Geschichte. Und wo wir nun diese russischen Amerikaner in der Tasche haben, können wir auch das Problem des eigentlichen Lagers angehen.»

«Ein Austausch?»

Alevy nickte. «Dreitausend von denen für dreihundert von uns. Eine Möglichkeit wär's immerhin. Und dafür haben wir Ihnen zu danken. Sie haben das möglich gemacht, Sam. Ich glaube, Sie haben Ihre Exkollegen in die Heimat zurückgeholt.»

«Aber ich dachte, es gäbe in Washington Leute, die sie nicht zu Hause haben wollen.»

«Wir arbeiten daran. Ihr Wort hat jetzt auch mehr Gewicht, Sam. In Washington wird man Sie wie einen Helden empfangen – allerdings in aller Stille, ohne Parade. Aber Sie können damit rechnen, ein paar Orden angesteckt zu bekommen. Der Präsident wird Sie empfangen, und es sollte Sie nicht überraschen, wenn er Ihnen den Generalsstern anheftet. Das kam eben über Funk. Ich wäre gern dabei.»

«Kommen Sie doch!»

«Diesmal haben Sie mich übertroffen, Sam.»

«Surikow ist mir mehr oder weniger in den Schoß gefallen, Seth. Das wissen Sie so gut wie ich.»

«Seien Sie nicht so bescheiden. Nun ja... und was Lisa betrifft: Ich freue mich zumindest, daß Sie es sind und nicht irgendein Waschlappen aus dem Auswärtigen Amt.»

Hollis antwortete nicht.

«Viel Glück und Zufriedenheit für euch beide.»

«Danke.» Hollis streckte dem anderen die Hand hin. «Und ich bedanke mich, daß Sie mich unterstützt haben.»

«Wir sehen uns wieder – an einem besseren Ort.»

27

Ein Russe in einem dicken Mantel öffnete die Tür zur Lounge. «PanAm Frankfurt. Folgen Sie mir bitte.»

Hollis und Lisa zogen die Mäntel an und nahmen ihr Handgepäck.

«Ich komme mit», sagte Bert Mills.

Hollis, Mills und Lisa gingen an dem bewaffneten Grenzsoldaten vorbei und folgten dem Russen zu einem kleinen Flughafenbus. Pulverschnee trieb über die Asphaltfläche. Sie waren die einzigen Passagiere, die der Bus zu einer riesigen Boeing 747 mit den blauweißen Insignien der PanAm brachte. Sie wurde von vier bewaffneten Grenzsoldaten bewacht.

Der Wagen hielt vor der Treppe, und sie stiegen aus. Mills sagte: «Ich bleibe noch ein Weilchen hier. Aber ich glaube, Sie haben es geschafft.» Er gab Hollis und Lisa die Hand. «Guten Flug.»

Oben an der Treppe wurden Hollis und Lisa von einer lächelnden Frau mit amerikanischem Tonfall begrüßt: «Hallo, ich heiße Jo und bin Ihre Stewardess in der Clipper-Klasse. Und Sie sind unsere Diplomaten, nicht wahr?»

«Genau», antwortete Hollis. «Deshalb auch der Privatbus und die Leibwächter.»

Jo lächelte. «Zur Clipper-Klasse gelangen Sie über die kleine Wendeltreppe dort. Wie lange waren Sie hier?»

«Etwa zwei Jahre», antwortete Lisa.

«Mein Gott! Da sind Sie bestimmt froh, nach Hause zu kommen.»

Hollis war seit längerer Zeit nicht mehr wirklich freundlich bedient worden – eine Erkenntnis, die ihn seltsam berührte. «O ja», sagte er.

«Dann machen Sie es sich oben gemütlich. Sobald die anderen Passagiere hier sind, komme ich nach.»

Die Clipper-Klasse befand sich in der kleinen Kuppel der 747. Hollis und Lisa verstauten Mäntel und Handgepäck und wählten Sitze ziemlich weit vorn. Zwei nach hinten gerichtete Plätze befanden sich gegenüber.

Es war unheimlich still in der gewölbten Kabine, und Hollis hatte plötzlich das Gefühl, daß die 747 nur eine Kulisse und Jo eine Schülerin der «Fabrik für Spione» war. Er mußte lachen.

«Was findest du so komisch?»

Hollis schüttelte den Kopf. «Ich glaube, Moskau hat mich doch zuviel Nerven gekostet.»

«Ich fühle mich auch erschöpft», sagte Lisa. «Aber trotzdem habe ich fast das Gefühl, Moskau und die Botschaft wären Heimat und unser Ziel wäre die Fremde. Ich sehne mich im Moment nach meiner Wohnung und meinem Büro, nach meinen Freunden. Nach Moskau. Ich glaube, gleich muß ich weinen.»

«Ich kann dich verstehen.» Und das war nicht gelogen, denn auch Hollis spürte eine unerklärliche Nostalgie, wenn es ihm auch rätselhaft war, warum ein Land, das ihn beinahe das Leben gekostet hatte, eine solche Wirkung auf ihn haben sollte.

Lisa fuhr sich mit einem Papiertaschentuch über die Augen. «Entschuldige.»

Die anderen Passagiere kamen an Bord, und Hollis hörte Schritte auf der Treppe. Als erster tauchte Mike Salerno auf und nahm sofort gegenüber von Hollis und Lisa Platz. «Ihr werdet ja eher an Bord gelassen als die erste Klasse», stellte er fest.

«Das gehört zu den kleinen Vorteilen des Diplomatenlebens», entgegnete Hollis. «Und wie sind Sie hier so schnell heraufgekommen?»

«Mit Schubsen und Drängeln. Ich bin schließlich Reporter.»

«Fliegen Sie für immer nach Hause?» fragte Lisa.

«Nein, ich habe zwei Wochen Urlaub genommen.»

Durch das Fenster entdeckte Hollis zwei Männer in braunen Mänteln, die sich mit den KGB-Grenzsoldaten unterhielten.

Lisa schaute auf die Uhr. «Hoffentlich verzögert sich wegen des Schnees nicht unser Start.»

Nur sechs weitere Passagiere hatten in der Clipper-Klasse, die insgesamt vierzehn Sitze umfaßte, Platz genommen. An der Treppe saß ein Paar mittleren Alters, der Sprache nach Engländer, und auf der anderen Gangseite hatten sich vier deutsche Geschäftsleute niedergelassen.

Jo ging nach vorn und verkündete ohne Mikrofon: «Es dauert noch ein paar Minuten, bis der Start freigegeben wird. Das Wetter hält alles auf. Sobald wir in der Luft sind, komme ich mit den Drinks.»

Hollis schaute aus dem Fenster. Der Bus stand noch immer an der Treppe, und Bert Mills lehnte sich dagegen. In diesem Augenblick ging ein Mann in braunem Mantel mit einem bewaffneten Grenzsoldaten auf ihn zu und sprach ihn an. Mills zog seinen Diplomatenpaß und fuchtelte dem KGB-Mann damit vor der Nase herum. Der Busfahrer begann sich aufzuregen, wahrscheinlich hatte er noch nie erlebt, daß jemand einem Herrn vom *komitet* Schwierigkeiten machte. Mills sprach nicht besonders gut Russisch, in dieser Situation vermutlich ein Vorteil. Energisch deutete er auf den Boden zu seinen Füßen, und Hollis konnte sich vorstellen, was er sagte: «Verdammt noch mal, ich bleibe hier, bis das Flugzeug startet!»

Schließlich machte der KGB-Mann eine Bemerkung zum Busfahrer, der sofort Gas gab und Mills auf dem verschneiten Vorfeld, einen halben Kilometer vom Terminal entfernt allein ließ. Der KGB-Mann grinste, machte kehrt und ging zu seinem Wagen. Mills steckte wütend die Hände in die Tasche. Der KGB-Agent beobachtete ihn aus dem Wagen. Hollis kehrte zu seinem Sitz zurück.

«Alles in Ordnung?» fragte Lisa.

«Ja.»

«Sind Sie nervös?» wollte Salerno wissen. «Kein Wunder.»

Hollis murmelte etwas vor sich hin. Dann hörte er, wie die Triebwerke angelassen wurden und nach kurzem Aufjaulen ruhiger liefen.

Jo kam aus dem Cockpit und verkündete: «Der Start ist freigegeben. Bitte anschnallen und nicht mehr rauchen.» Im Eiltempo ging sie die internationalen Sicherheitsbestimmungen durch, dann setzte sie sich auf einen leeren Platz. Die 747 begann zu rollen.

Hollis schaute aus dem Fenster, sah Bert Mills winken und erwiderte die Geste. Das Flugzeug bog auf die Startbahn ein. Die Triebwerke brüllten auf, dann raste die schwere Maschine den verschneiten Beton entlang. Niemand sagte etwas. Der Bug der 747 hob sich, und das Fahrwerk wurde rumpelnd eingezogen. «Gestartet», meldete Salerno.

Die riesige Maschine begann ihren Aufstieg über den weißen Hügeln nordwestlich von Moskau. «*Da swedanja*», sagte Lisa leise vor sich hin.

Salerno schnaubte verächtlich. «Na, weg mit Schaden. Für zwei Wochen.»

Lisa betrachtete die schneeweiße Landschaft. Im Süden entdeckte sie die Landstraße Minsk–Moskau sowie zahlreiche winzige Dörfer wie Punkte im offenen Gelände, dazwischen die dunkelgrünen Kiefernwälder, die weite Flächen bedeckten. Mit den Blicken folgte sie der Moskwa nach Westen in Richtung Moschaisk und Borodino. Im nächsten Augenblick tauchte die 747 in die Wolken ein, und sie wandte sich vom Fenster ab. «Ich werde das alles nie wiedersehen.»

«Da haben Sie Glück», bemerkte Salerno.

«Sie mag Rußland», erklärte Hollis.

«Das läßt sich leicht sagen, wenn man eine anständige Unterkunft hatte und im Botschaftsladen einkaufen durfte. Versuchen Sie mal wie ein Russe zu leben – ich habe das für einen Artikel mal getan.»

«Einverstanden», sagte Lisa. «Wir wissen alle, wie's hier wirklich aussieht. Aber man kann die Menschen mögen, ohne das System zu befürworten.»

«Die Menschen *sind* das System. Das KGB besteht aus Menschen dieses Landes. Dort unten» – Salerno deutete mit dem Daumen aus dem Fenster – «ist alles *verkrampft*. Beherrscht von Paranoia. Erst wenn man abreist, atmet man wieder normal.»

Hollis gähnte, und Lisa griff nach einer Zeitschrift.

«Ich kann Ihnen noch etwas mitteilen, was ich über den Fisher-Fall herausgefunden habe.»

Er bekam keine Antwort.

«Ich erfuhr von den Eltern», fuhr Salerno fort, «daß der Junge eine Buchung im *Rossija* hatte, und schaute mich mal ein bißchen dort um. Und stellen Sie sich vor – ich fand einen englischen Touristen, der sich daran erinnerte, einen Pontiac TransAm vor dem *Rossija* gesehen zu haben.»

Lisa senkte ihr Magazin. Hollis fragte: «Was schließen Sie daraus, Mike?»

«Ich weiß nicht recht. Was halten die Leute in der Botschaft davon?»

Hollis antwortete: «Wie kann ich das beantworten, wenn wir jetzt zum erstenmal davon hören?»

Salerno beugte sich vor. «Sie wissen ganz genau, daß Fisher im *Rossija* war. Er rief sogar von dort in der Botschaft an und sprach mit Ihnen, Lisa.»

«Woher wissen Sie das?» fragte Lisa.

«Sie haben eine undichte Stelle. Und jetzt? Was hält Seth Alevys Abteilung davon?»

«Seth Alevy ist für politische Angelegenheiten zuständig und hat mit dem Fall Fisher nichts zu tun.»

«Ich bitte Sie, Sam!»

Hollis überlegte einen Augenblick. Er konnte sich nicht vorstellen, wie die Nachricht von Fishers Anruf hatte durchsickern können.

«Und noch etwas Seltsames habe ich vernommen», fuhr Salerno fort. «Angeblich haltet ihr in der US-Botschaft einen Amerikaner fest. Ich weiß nicht, ob der Kerl Spion sein soll oder ob er in Moskau Schwierigkeiten bekommen und sich in die Botschaft gerettet hat – oder beides. Eine sehr seltsame Geschichte.»

«Hört sich tatsächlich so an», sagte Hollis und nickte.

Lisa griff nach einer Zigarette. «Hätten Sie was dagegen, wenn ich rauche? Mike, Sie rauchen doch auch.»

«Ja.» Salerno zog ein Päckchen Zigaretten hervor und zündete sich eine an. «Los, Leute. Ich brauche noch ein paar Informationen. Wird jemand in der Botschaft festgehalten? Ich weiß, daß ihr da im Keller ein paar Zellen habt. Ich habe vom Dienstpersonal einen Tip bekommen.» Er zog an seiner Zigarette. «Danach steckt mindestens ein Amerikaner in Einzelhaft. Vielleicht sogar zwei.»

Hollis musterte Salerno und fragte sich, ob der Mann die Kellums oder Dodson meinte. Und woher hatte er seine Informationen? Salerno wußte es noch nicht, aber er würde ein Weilchen in Frankfurt bleiben müssen ...

«Das ist ja absurd!» sagte Lisa zu Salerno.

«Nein, ist es nicht», erwiderte der Journalist. «Zu hören war außerdem, daß der Mann in Einzelhaft auch vom KGB gesucht wird. Entweder ist er einer der Ihren oder ein Überläufer oder so etwas. Jedenfalls ist man scharf auf ihn.»

Hollis fiel auf, daß Salerno geistesabwesend mit den Fingern an seiner Zigarette entlangstrich, wie um zu verhindern, daß sie schrumpfte. Da es sich aber um eine amerikanische Zigarette handelte, war sie prall gestopft – und daraus ergab sich für Hollis der Schluß, daß Mike Salerno manchmal Zigaretten rauchte, die zusammenschrumpften. «Ihr beide habt wirklich Spaß an eurem Nikotin, nicht wahr?» fragte er und wandte sich an Salerno: «Rauchen Sie manchmal auch russische Marken?»

«Himmel, nein!»

«Und früher?»

Salerno warf ihm einen schnellen Blick zu. «Nein, wieso?»

«War nur eine Frage.»

Salerno drückte die Zigarette aus und griff nach einem Taschenbuch.

In diesem Augenblick kam Jo auf Lisa zu. Sie trug ein braunes

Päckchen. «Man hat mich gebeten, Ihnen das zu geben, sobald wir in der Luft sind», sagte sie.

«Wer ist ‹man›?»

«Ein Russe. Ein Mitarbeiter des Flughafens.» Sie fügte hinzu: «Eigentlich ist es ja gegen die Vorschriften, solche Päckchen an Bord zu nehmen, aber es kam von einer Amtsperson, die mir bestätigt hat, es wäre durchleuchtet worden.» Sie blickte zwischen Hollis und Lisa hin und her. «Der Russe sagte, es wäre ein Abschiedsgeschenk.»

Lisa betrachtete das Päckchen und sagte zu Hollis: «Meine Ikone, adressiert an USIS in Washington.» Sie schaute Hollis an. «Du hast gesagt, sie ginge mit der Diplomatenpost.»

«Sollte sie auch», antwortete er. «Ich habe in der Expedition Bescheid gegeben. Was hat man dir gesagt, als du die Ikone brachtest?»

«Ich... bin nicht selbst gegangen. Mrs. Kellum sagte, sie würde sowieso zur Versandabteilung gehen, und hat sie mitgenommen.» Sie blickte Hollis an. «Das Päckchen wurde geöffnet. Das Klebeband ist zerrissen.» Sie betastete das braune Papier. «Die Schaumgummihülle fehlt...»

«Mach es lieber nicht auf», warnte Hollis.

Aber Lisa riß das Papier auf, schlug es zurück und schluchzte unterdrückt auf. «Mein... Gott... Sam!»

Hollis betrachtete die Ikone, die auf dem Klapptischchen lag. Über dem Gesicht des Erzengels hatte man Hammer und Sichel eingekerbt.

Lisa brachte kein Wort heraus. Ihre Augen füllten sich mit Tränen. Hollis warf ein Stück Papier über die Ikone und ergriff ihre Hand.

Salerno hob den Blick von seinem Buch. «Was ist das?» fragte er. «Was ist los?»

Da meldete sich eine Lautsprecherstimme. «Meine Damen und Herren. Hier spricht Kapitän Johnson. In unserem elektrischen System ist ein kleines Problem aufgetreten. Wir sind angewiesen, in Minsk zu landen. Sie brauchen sich keine Sorgen zu machen, wir werden in einer Viertelstunde unten sein – und hoffentlich schnell wieder in der Luft. Bitte schnallen Sie sich zur Landung in Minsk an. Vielen Dank.»

In der Kabine leuchteten die entsprechenden Anzeigen auf.

Salerno sagte: «Sieht so aus, als wäre Ihr Abschied von der Sowjetunion voreilig gewesen.» Er schaute Hollis an und lächelte.

28

Die Boeing 747 der PanAm landete in Minsk und brauchte dazu die volle Länge der Landebahn. Der Himmel war bedeckt, doch hatte es hier noch nicht geschneit. Lisa betrachtete stumm ihre verschandelte Ikone.

Die Maschine rollte auf das kleine und moderne Flughafengebäude zu. Vier Treppen wurden angerollt – sehr ungewöhnlich bei einem unvorhergesehenen Zwischenstopp. Den Treppen folgten vier Busse. Hollis fiel auf, daß die 747 in einiger Entfernung vom Terminal zum Stillstand kam.

Lisa schaute nicht auf. Sie konnte den Blick nicht von der Ikone lösen. Hammer und Sichel waren mit einem groben Werkzeug eingekerbt worden – die Klinge der Sichel führte an drei Seiten des Bildes entlang, der Hammerstiel teilte brutal den Körper, der Hammerkopf war ein Rechteck zersplitterten Holzes über dem Gesicht des Engels. Lisa atmete tief ein. «Ich behalte das Ding, wie es ist.»

Hollis drückte ihre Hand. «Gut.»

Salerno zuckte die Achseln und blickte aus dem Fenster. «Ich war noch nie in Minsk», bemerkte er und schaute zu Hollis hinüber. «He, ob Ihre diplomatische Immunität hier noch was taugt?»

«Wozu sollten wir unsere diplomatische Immunität benötigen?»

«Kann man nie wissen.»

Jo erschien an der Wendeltreppe und verkündete: «Meine Damen und Herren. Die Reparaturen können ein Weilchen dauern, wir verlassen also die Maschine. Bitte nehmen Sie alle Ihre Sachen mit.» Sie öffnete den Garderobenschrank und verteilte Mäntel und Handgepäck.

Gleich darauf erschien Flugkapitän Johnson an der Cockpittür und gab Hollis ein Zeichen. Hollis schickte Lisa und Salerno voraus und drängte sich mit Johnson in die kleine Küchennische. «Wir haben kein elektrisches Problem», sagte Johnson. «Ein Funkspruch direkt vom Tower Scheremetjewo. Angeblich liegt dort eine Bombendrohung vor.»

Hollis nickte.

«Die sowjetische Zivilflugbehörde hat mich angewiesen, in Minsk zu landen.»

«Und warum benutzen wir nicht die Notrutschen?»

«Das ist es ja. Während des Landeanflugs hat sich Scheremetjewo wieder gemeldet und mitgeteilt, nach neuester Erkenntnis habe die Bombe einen Höhenzünder und wir wären in Sicherheit. Das ist ziemlich vertrackt. Soll das heißen, daß man den Burschen, von dem die Bombendrohung kommt, schon in der Mangel hat? Nimmt man ihm ab, was er über den Bombentyp sagt? Man wollte mir keine Fragen beantworten, sondern wies mich nur an, in Minsk zu landen, ohne Notausstieg. Man wolle die Passagiere nicht beunruhigen und auch keine Verletzungen durch die Rutschen riskieren. Daraufhin habe ich vier Treppen verlangt und sie auch bekommen.» Johnson schaute Hollis offen an. «Ich finde, das Ganze ist nur vorgetäuscht. Jemand will uns in Minsk unten haben.»

«Möglich.»

«Hat das vielleicht mit Ihrem Problem zu tun?»

«Denkbar wäre es.»

«Kann Ihnen die Besatzung irgendwie helfen?»

«Nicht, ohne sich selbst in Gefahr zu bringen. Wenn ich nicht mit Ihnen nach Frankfurt fliege, rufen Sie bitte General Vandermullen im Pentagon an. Er ist mein Chef.» Hollis schrieb eine Telefonnummer auf eine Cocktailserviette. «Schildern Sie ihm, was Sie als Profi von dieser Notlandung halten.»

«Abgemacht.»

«Und zu niemandem ein Wort, solange Sie noch im östlichen Luftraum sind. Weihen Sie auch Ihren Kopiloten nicht ein.»

«Okay. Viel Glück.»

Die beiden Männer gaben sich die Hand, und Hollis stieg die Wendeltreppe hinab zum Ausgang und von dort über die Flughafentreppe zum wartenden Bus, in dem sich Lisa, Salerno und andere Fahrgäste aus der ersten Klasse befanden. Sofort schloß sich die Tür hinter ihm, und der Bus fuhr an. Hollis setzte sich neben Lisa. «Was wollte der Pilot?» fragte Lisa.

«Deine Telefonnummer.»

«Warum frage ich dich überhaupt?»

«Ja, warum?»

Salerno, der eine Reihe weiter hinten saß, beugte sich vor. «Hat er Ihnen gesagt, was eigentlich los ist?»

«Nein.»

Der Bus fuhr zum Terminal, wo sie in einen kleinen Raum geführt wurden, der für sie alle eigentlich nicht groß genug war. Hollis hatte das Gefühl, daß man ihn und Lisa bald von der Hauptgruppe der Passagiere trennen würde, indem man ihnen eine diplomatische Vorzugsbehandlung anbot.

Kurze Zeit später marschierte ein untersetzter Mann in einem lächerlich senffarbenen Anzug in den Raum. Ihm folgte eine attraktive Frau. Der Mann hob die Hand und sagte in holprigem Englisch: «Bitte, bitte!» Es wurde ruhig, und der Mann fuhr fort: «Ich bin Mr. Martschenko, der hiesige Intourist-Vertreter. Ich muß Ihnen leider sagen, daß es in der Maschine keine Probleme mit dem elektrischen System gegeben hat. Die sowjetischen Behörden haben eine Bombendrohung erhalten...»

Die Passagiere schnappten hörbar nach Luft.

«Bitte, bitte! Sie brauchen keine Angst zu haben. Allerdings muß das ganze Flugzeug durchsucht werden, ebenso das Gepäck. Das dauert lange. Intourist wird Sie zum Mittagessen ins Hotel *Sputnik* bringen, vielleicht müssen Sie auch über Nacht bleiben.»

Die Frau neben ihm wiederholte die Ansage auf deutsch und französisch.

«Das gefällt mir nicht, Sam», stellte Lisa fest.

«Ich bin gleich zurück», sagte Hollis.

«Wohin wollen Sie?» wollte Salerno wissen.

«Aufs Klo.» Hollis öffnete die Tür des Warteraums, doch im Korridor erwartete ihn ein Grenzsoldat mit einer Pistole im Gürtel. «Ich muß auf die Toilette», sagte Hollis auf russisch.

Den Soldaten schienen Hollis' Sprachkenntnisse zu überraschen. «Es gibt eine im Warteraum.»

«Die ist besetzt.»

«Können Sie nicht warten?»

«Nein, ich habe eine schwache Blase.»

Der Uniformierte deutete den Gang entlang.

Hollis betrat die kleine Herrentoilette, ergriff einen Abfalleimer aus Metall und schleuderte ihn gegen die Kachelwand.

Gleich darauf ging die Tür auf, und der Grenzwächter stürmte herein. Aber schon erwischte ihn Hollis' Fuß zwischen den Beinen. Der Mann ächzte und klappte zusammen. Hollis packte ihn am hohen Kragen und Uniformgürtel und schleuderte ihn mit dem Kopf voran gegen die Wand. Stöhnend sank der Wächter auf die Knie.

Hollis schleppte sein Opfer am Kragen in eine Kabine, setzte ihn auf die Toilette, schloß die Tür, stellte den Abfalleimer wieder auf und warf die Mütze des Mannes hinein. Dann lief er in die Abflughalle des Flughafens. In einer Nische fand er einen Münzfernsprecher, steckte zwei Kopeken ein und wählte das Fernamt Minsk. «Verbinden Sie mich mit Moskau, zwei, fünf, zwei, null, null, eins, sieben.»

«Halten Sie sechzig Kopeken bereit.»

Es klickte mehrmals in der Leitung, während das Gespräch an das Fernamt Moskau und schließlich durch die Abhörstation des KGB zur Botschaft durchgestellt wurde. Es klingelte zweimal, ehe eine kaum verständliche Stimme sagte: «Captain O'Shea.»

Die Vermittlung meldete sich: «Werfen Sie sechzig Kopeken ein.» Hollis schob das erste Kopekenstück in den Schlitz, während O'Shea abwartete, weil er am lauten Summen erkannte, daß jemand ein Ferngespräch bezahlte. Hollis fluchte auf das sowjetische Telefonsystem und steckte die restlichen Münzen ein. Das Summen hörte auf, und Hollis hatte die Verbindung. «Hal –»

Eine Hand griff über Hollis' Schulter und drückte die Telefongabel nieder. Hollis fuhr herum und sah sich Mr. Martschenko gegenüber, der einen Mantel angezogen hatte und von zwei Grenzsoldaten begleitet wurde. Martschenko sagte höflich: «Colonel Hollis, es ist alles arrangiert. Sie brauchen nicht anzurufen.»

«Wie können Sie sich unterstehen, mein Gespräch zu unterbrechen!»

«Bitte?»

Hollis forderte auf russisch: «Machen Sie Platz!» Er drehte sich um und steckte ein weiteres Kopekenstück in das Telefon.

«Kommen Sie, Colonel», sagte Martschenko. «Ms. Rhodes wartet. Sie scheint sich um Sie Sorgen zu machen.»

Hollis drehte sich wieder um. «Wo ist sie?»

«Im Wagen. Bitte gestatten Sie, daß ich mich noch einmal vorstelle. Ich bin Mr. Martschenko, erster Intourist-Repräsentant in Minsk. Das sowjetische Außenministerium hat telegrafiert und mich angewiesen, Sie und Ms. Rhodes besonders entgegenkommend zu behandeln. Würden Sie mir folgen?»

«Wir brauchen kein besonderes Entgegenkommen. Wir bleiben hier im Flughafen.»

Martschenko schüttelte den Kopf. «Nein, Colonel. Ich habe strikte Anweisungen. Ms. Rhodes sitzt bereits im Wagen und erwartet Sie.»

Hollis schaute an den beiden Uniformierten vorbei auf drei Männer in braunen Ledertrenchcoats in der Mitte der belebten Halle. Sie hatten die Hände in die Taschen gesteckt und schauten herüber. Er sagte zu Martschenko: «Ich möchte, daß Ms. Rhodes zu mir gebracht wird. Auf der Stelle.» Er drehte sich um, wählte nochmals die Vermittlung und sagte auf russisch: «Verbinden Sie mich in Moskau mit zwei, fünf, zwei, null, null, eins, sieben.»

«Colonel, Sie brauchen nicht anzurufen. Wir kommen zu spät!»

«Zu spät wozu?» Hollis hörte es summen und surren und ferne Stimmen.

«Zum Hubschrauber, Sir, der Sie nach Scheremetjewo zurückbringen soll. Um 15.55 Uhr startet eine Lufthansa-Maschine nach Frankfurt. Der PanAm-Flug hier geht heute nicht mehr weiter. Kommen Sie.»

Hollis überlegte, was er tun sollte, doch sahen die Möglichkeiten, die ihm in den Sinn kamen, nicht sehr vielversprechend aus. «Wir haben es nicht eilig. Wir bleiben hier. Ich habe Sie aufgefordert, Ms. Rhodes zu mir zu bringen.»

«Aber wir haben keine andere Wahl. Ich habe ein Telegramm aus Moskau erhalten.»

«Das bezweifle ich nicht. Die Frage ist nur, ob das Telegramm aus dem Außenministerium oder vom Dserschinski-Platz gekommen ist.»

«Ich verstehe nicht. Bitte kommen Sie wenigstens mit zum Wagen, und sprechen Sie mit Ms. Rhodes, um zu sehen, was sie will. Kommen Sie, sie macht sich Ihretwegen große Sorgen.»

Hollis hörte eine Stimme im Hörer: «Zentrale Moskau.» Er wiederholte die Nummer.

«Und Sie machen sich vielleicht Sorgen um Ms. Rhodes», fügte Martschenko hinzu.

«Sie verdammter ...» Wieder meldete sich das Fernamt. «Ich kann die Verbindung nicht herstellen.» Zu Hause hätte Hollis der Telefongesellschaft passende Worte sagen können, doch in Moskau konnte eine solche Auskunft alles bedeuten – von einem Besetztzeichen bis hin zu einer Abfangschaltung des KGB. Hollis hätte ein Gespräch mit O'Shea vorgetäuscht, wenn die letzte Münze nicht noch halb im Schlitz gesteckt hätte; sie ließ sich erst einschieben, wenn die Verbindung zustande kam. Er legte auf.

Martschenko sagte: «Intourist hat Ihre Botschaft bereits telegrafisch von dem neuen Abflug verständigt. Bitte, Sir, Ms. Rhodes –»

Plötzlich kam Salerno um die Ecke des Korridors. «Da sind Sie ja. Was soll das alles?»

«Soviel zu Ihren Zweifeln an meinem diplomatischen Status – er gilt noch.»

Martschenko sagte zu Salerno: «Haben Sie einen Diplomatenpaß?»

«Himmel, nein. Ich arbeite für meinen Lebensunterhalt.» Er zeigte seine sowjetische Pressezulassung vor. «Journalist.»

«Dann muß ich Sie bitten, in den Warteraum zurückzukehren. Ihr Bus fährt bald ab.»

«Moment, Moment.» Salerno wandte sich an Hollis. «Man hat Lisa gesagt, Sie wollten sie dringend sprechen. Was ist los?»

«Man bietet uns einen Hubschrauberflug nach Scheremetjewo, damit wir eine Lufthansa-Verbindung nach Frankfurt erwischen.»

«Na, das nenne ich Glück! Während ich hier sitze und Fettsauce mit Pilzgeschmack esse, landet ihr schon in Frankfurt. In meinem nächsten Leben werde ich Diplomat.»

«Was waren Sie denn in Ihrem letzten?»

«Russe.» Salerno lachte und sagte zu Martschenko: «He, habe ich 'ne Chance, mit nach Scheremetjewo zurückzufliegen?»

«Unmöglich.» Martschenko schien langsam die Geduld zu verlieren. «Bitte, Colonel! Ihre Reisebegleiterin wartet!»

Salerno sagte zu Hollis: «Ich glaube, Sie können die Ehre nicht ablehnen, Sam.» Er deutete auf das Telefon. «Ich rufe sofort die Botschaft an und gebe Bescheid, daß Intourist Ihnen den roten Teppich ausgerollt hat. Ich glaube nicht, daß hier ein krummes Ding läuft – aber wenn doch, kann der Botschafter sofort für Klarheit sorgen. Sie können ganz beruhigt sein. Vielleicht hole ich Sie in Frankfurt ja noch ein.»

Auf russisch antwortete Hollis: «Es war die Zigarette, Michael. Sie haben sie immer wieder mit den Fingern glattgestrichen.»

Salerno grinste, kniff ein Auge zu und antwortete auf russisch: «Sagen Sie's niemandem, dann schulde ich Ihnen einen Gefallen. Könnten Sie bald mal brauchen.» Er klopfte Hollis auf die Schulter, machte kehrt und entfernte sich.

Martschenko deutete auf den Haupteingang. Flankiert von KGB-Grenzsoldaten ging Hollis durch die Halle. Draußen öffnete Martschenko die hintere Tür einer Wolga-Limousine.

Lisa saß auf dem Rücksitz. «Lisa, steig aus!»

Ehe sie antworten konnte, ließ der Fahrer das Auto ein Stück vorrollen, und Martschenko knallte die Tür zu. Er sagte zu Hollis: «Colonel, Sie erschweren diese Situation unnötig.»

Die beiden Grenzsoldaten begannen, Hollis vorzudrängen. Die drei Männer in Trenchcoats standen ein Stück entfernt vor den Glastüren des Flughafens. Bestimmt würde er sich besser fühlen, wenn er die Kerle ein bißchen ins Schwitzen brachte – aber für ihn selbst brachte das letztlich nur einen Schlag auf den Kopf oder Chloroformbetäubung und danach Handschellen und üble Kopfschmerzen. Er ging zum Wagen, und wieder öffnete Martschenko mit gespielter Höflichkeit die Tür. Hollis stieg ein, und Lisa warf die Arme um ihn. «Sam! Ich habe mir große Sorgen gemacht – was ist los?»

«Alles in Ordnung.»

Martschenko stieg vorn ein, und der Wagen beschleunigte.

Lisa umfaßte Hollis' Hände. «Man sagte mir, du wartest auf mich, aber dann...»

«Ich weiß.»

«Fahren wir zurück nach Scheremetjewo?»

«Das ist eine gute Frage.» Hollis drückte auf den Türgriff, der sich nur wenig bewegen ließ. Sofort ertönte eine Glocke, und am Armaturenbrett leuchtete eine Lampe auf.

«Colonel Hollis», sagte Martschenko, «Sie müssen sich auf den Türgriff gestützt haben.»

Hollis antwortete nicht. Er schaute durch die Rückscheibe und sah einen zweiten Wolga mit den drei Männern in den braunen Ledertrenchcoats.

«Werden wir entführt?» flüsterte ihm Lisa ins Ohr.

«In diesem Land ist das schwer zu sagen. Manchmal braucht man nur zu fragen.» Hollis beugte sich nach vorn. *«Komitet?»*

Martschenko drehte sich lächelnd um. «Nein, nein. Bitte! Intourist! So wie Sie Luftfahrtattaché sind.» Und er schaute wieder nach vorn. «Wir fahren natürlich zum Hubschrauberstartplatz. Wir hatten leider keine Zeit, Ihr Gepäck herauszusuchen; es wird morgen nach Frankfurt weiterfliegen. Sie können es in Ihr Frankfurter Hotel kommen lassen. Für heute abend haben Sie ja Ihr Handgepäck im Kofferraum. Wenn ich durch Intourist irgend etwas für Sie tun kann, sagen Sie mir bitte Bescheid.»

«Sie haben schon genug getan», meinte Lisa.

Martschenko lachte leise vor sich hin.

Der Wolga erreichte eine Betonfläche, auf der ein großes gelbes X leuchtete. «Ah», sagte Martschenko und schaute durch die Windschutzscheibe nach vorn. «Da kommt die Maschine ja. Sie schaffen Ihren Lufthansa-Flug.» Er hatte es aufgegeben, sich um einen glaubhaften Ton zu bemühen.

Lisa flüsterte Hollis zu: «Sag, daß ich keine Angst zu haben brauche!»

«Ich glaube, ein bißchen Sorge wäre angebracht. Mal sehen, was die Kerle im Schilde führen. Vielleicht wollen sie nur mit uns plaudern.»

«Ich mag Hubschrauber eigentlich nicht», schwatzte Martschenko. «Es hat heute sogar ganz in der Nähe einen Absturz gegeben. Pilot, Kopilot und zwei Passagiere, ein Mann und eine Frau, sind ums Leben gekommen. Bis zur Unkenntlichkeit verbrannt. Wie wollen da die Familien wissen, ob sie die richtige Leiche bekommen?»

Hollis ahnte, wie das Ganze ablaufen sollte. Er hörte das Schmettern von Hubschraubermotoren in der feuchten, schweren Luft. Ein dunkler Fleck erschien über den kahlen Bäumen, eine schwarze Silhouette vor dem grauen Himmel. Der Hubschrauber verharrte eine Sekunde lang und begann dann den Landeanflug. Hollis erkannte einen Mi-28, eine sechsplätzige Passagiermaschine mit Turbinenantrieb. Die Aeroflot benutzte diese Maschinen, um wichtige Persönlichkeiten zwischen den Moskauer Flughäfen und der Stadt zu befördern. Der anfliegende Hubschrauber wies die Markierungen der Roten Luftwaffe auf. «Mr. Martschenko», sagte er, «Sie zeigen uns wirklich ein ganz besonderes Entgegenkommen.»

«O ja», antwortete Martschenko. «Sie sind sehr wichtig für uns. Ich habe sogar Anweisung, Sie zu begleiten. Bitte verlassen Sie den Wagen.»

Hollis und Lisa steigen aus. Der Fahrer holte das Handgepäck und Lisas Ikone aus dem Kofferraum und stellte alles auf dem Beton zurecht. Einer der Männer aus dem anderen Wolga baute sich hinter Hollis auf. Martschenko stand neben ihm und versuchte den Lärm des anfliegenden Hubschraubers zu übertönen: «Der Herr hinter Ihnen heißt Wadim. Er wird uns begleiten.»

Hollis hatte auf eine Chance gehofft, den Mi-28 an sich zu bringen und einen kleinen Flugtest zu machen, aber Martschenko wollte ihn von vornherein nicht in Versuchung führen.

Der Mi-28 landete auf dem gelben Kreuz, und Martschenko rief: «Vorwärts, vorwärts!»

Ein Besatzungsmitglied öffnete eine kleine Tür in der Flanke der

Maschine, und Hollis stieg als erster ein und half Lisa hoch. Man wies ihnen die beiden hinteren Sitze zu. Wadim setzte sich vor Lisa. Martschenko hatte Mühe, den Eingang zu erklimmen, und da der zweite Mann der Besatzung keine Anstalten machte, ihm zu helfen, griff Wadim zu. Der Flugbegleiter ließ die Tür zuschnappen und nahm den Kopilotensitz ein. Der Helikopter stieg auf.

Martschenko ließ sich in den leeren Sitz vor Hollis fallen und versuchte, zu Atem zu kommen. «Ah... ich werde langsam alt.»

«Und dick», bemerkte Hollis auf russisch.

Wadim drehte den Kopf und warf Hollis einen bösen Blick zu. Damit wurde Hollis' Eindruck bestätigt, daß Martschenko Wadims Vorgesetzter war und keiner der beiden der Intourist-Organisation angehörte.

Der Hubschrauber flog nach Osten, in Richtung Moskau. Hollis registrierte, daß Pilot und Kopilot Luftwaffenoffiziere waren, und richtete den Blick schließlich auf Wadims Profil. Der Mann war etwa dreißig und schien unter dem ledernen Trenchcoat ungewöhnlich muskulös zu sein. Er hatte einen stämmigen Nacken, wie ihn Hollis noch nie gesehen hatte. Vermutlich hätten seine Hände nicht ausgereicht, diesen Hals zu umschließen. Doch vielleicht konnte er ihn mit der Krawatte erdrosseln und ihm die Pistole abnehmen. Dabei durfte er den dicken Martschenko und die beiden Luftwaffenoffiziere nicht unterschätzen.

Der Helikopter flog in etwa sechshundert Metern Höhe und schien nach der Landstraße Minsk–Moskau navigiert zu werden. Die Landschaft war bereits mit Schnee bedeckt, und ein stärker werdender Nordwind veranlaßte den Piloten, seine Maschine leicht nach Backbord zu schwenken, um die Abdrift auszugleichen. Der Mi-28 schaffte bis zu dreihundert Knoten, und vermutlich würden sie ihr Ziel sehr schnell erreichen.

Hollis legte Lisa den Arm um die Schulter und massierte ihre Nackenmuskeln. «Wie geht es dir?»

«Mir ist mies.» Sie betrachtete die Ikone auf ihrem Schoß. «Darum geht es doch, wenn man wirklich gläubig ist, nicht wahr? Um die Überzeugung, daß es da oben jemanden gibt, der über einem wacht.»

«Ja.» Entscheidend war, Wadim auszuschalten und seine Waffe in den Griff zu bekommen, ehe Martschenko schießen konnte. Dann Martschenko und die beiden Piloten erschießen und mit dem Mi-28 auf dem grünen Rasen der Botschaft landen. Er überlegte, wie er Wadim außer Gefecht setzen konnte.

«Diese Ikone», sagte Lisa, «ist in den letzten drei Jahrhunderten wahrscheinlich zehntausendmal geküßt worden. Ich selbst habe noch nie...»

«Dann tu's jetzt. Schaden kann es nicht.»

Lisa hob das Bild hoch und preßte die Lippen darauf.

Wadim spürte die Bewegung und fuhr auf seinem Sitz herum. Sein Blick fiel auf die schwere Holzikone, und er schien zu ahnen, was Hollis dachte. Als Lisa die Ikone senkte, langte er mit der rechten Hand danach. Gleichzeitig hob Hollis ruckartig das linke Knie unter Wadims Unterarm und knallte die Handkante auf dessen Handgelenk. Durch Wadims Aufschrei war das Brechen des Gelenks zu hören. Hollis riß die Ikone von Lisas Schoß und zielte mit der Kante auf die Mitte von Wadims Kopf, auf die besonders empfindliche Stelle der Schädelkranznaht.

Martschenko reagierte schneller als erwartet; im Nu ließ er sich von seinem Sitz auf den Boden gleiten, kauerte auf einem Knie und zielte mit einem schweren Revolver auf Hollis' Brust. «Halt! Halt!»

Hollis zögerte, und Wadim ließ sich in seinen Sitz sinken. Als er wieder auftauchte, hielt er seine Waffe mit der Linken. Sein Gesicht war leichenblaß, der rechte Arm hing schlaff herab. Der Kopilot hatte den Lärm hinter sich gehört und hielt plötzlich eine kleinkalibrige Automatic im Anschlag. Er hatte die Waffe auf Lisa gerichtet.

«Runter damit, langsam», sagte Martschenko zu Hollis.

Dieser senkte die Ikone. Martschenko entriß sie ihm und sagte auf russisch zu Wadim: «Stecken Sie die Waffe fort.»

Wadim schüttelte den Kopf. «Ich bringe ihn um!»

«Dann töte ich Sie. Wegstecken!» befahl Martschenko mit schneidender Stimme. Wadim ließ die Pistole in seiner Manteltasche verschwinden.

Martschenko stand auf und berührte mit dem Kopf beinahe die Decke der Kabine. «Meiner Erfahrung nach«, sagte er zu Hollis, «klammern sich die Menschen gern an eine tröstliche Lüge, die ihnen hilft, sich auf dem Weg zur Hinrichtung anständig zu benehmen. Offenbar glauben Sie nicht, daß Sie nach Scheremetjewo gebracht werden, um an Bord einer Lufthansa-Maschine zu gehen, und damit haben Sie durchaus recht.»

«Ich weiß auch», erwiderte Hollis, «daß ich nicht auf dem Weg zur Hinrichtung bin – sonst hätten Sie das gleich in Minsk erledigt.»

«Nun ja, man will zunächst mit Ihnen reden. Und es ist richtig, daß ich Anweisung habe, Sie auf dem Transport unter keinen Umständen zu töten. Aber sollten Sie noch einmal etwas Dummes versuchen, kann und werde ich Ms. Rhodes umbringen.» Er griff in die Tasche und zog Handschellen hervor. «Umlegen!»

Hollis ließ sich die Stahlbänder um die Arme legen. Martschenko nickte dem Kopiloten zu, der an seinen Platz zurückkehrte. Dann setzte sich Martschenko ebenfalls und sagte zu Wadim auf russisch: «Gebrochen?»

«Ja.»

«Na, Sie können sich nach der Landung erkundigen, was deswegen zu unternehmen ist.»

Hollis ahnte, daß Martschenko nicht den Gips für Wadims Handgelenk meinte, sondern einen Racheakt.

In den nächsten beiden Stunden wurde nicht mehr viel gesprochen. Wadim litt unerträgliche Schmerzen; sein Handgelenk schwoll auf den doppelten Umfang an. Ab und zu knurrte er eine Verwünschung vor sich hin. Erst jetzt fiel dem Kopiloten der Erste-Hilfe-Kasten ein, in dem Wadim Kodeintabletten fand.

Lisa musterte Hollis von der Seite. Dann sagte sie leise: «Ich habe mir meine Gedanken gemacht. Du und Seth, ihr habt geahnt, daß so etwas passieren konnte.»

Hollis starrte einen Augenblick lang ins Leere und sagte dann: «Geahnt haben wir so etwas.»

«Ich glaube, es war mehr als eine Ahnung. Weißt du, daß Seth mich eigentlich nicht an Bord der Maschine lassen wollte?»

«Nein.» Hollis fand die Information aber sehr interessant. «Keiner hat je versprochen, dich voll einzuweihen. Das gibt es in unserer Branche nicht. Offenbar weiß nicht einmal ich alles über diese Sache.»

Sie nickte. «Er ... er versuchte, mir etwas mitzuteilen, aber ich habe wohl nicht hingehört. Er sagte, du stündest im Fadenkreuz, und ich sollte mich von dir fernhalten.»

«Aber du bist trotzdem mitgekommen.»

«Ich liebe dich, du Dummkopf!»

«Ich höre Geflüster!» meldete sich Martschenko. «Keine Flüstereien. Keine Geheimnisse.»

Sie schwiegen. Lisa faßte nach Hollis' Händen und streichelte sie.

Beinahe drei Stunden nach dem Aufstieg verlor der Hubschrauber an Höhe. Hollis entdeckte die alte, an der Moskwa entlangführende Minsk-Straße und etwa ein Dutzend Häuser, die sich kaum voneinander unterschieden. Etwa drei Minuten später erkannte er das

Schlachtfeld von Borodino, die Erdwälle, die Denkmäler, dann das Museum. Der Kiefernwald kam näher, und die Maschine ging schnell tiefer. Er erblickte den Drahtzaun und den Todesstreifen, dann die Hubschrauberlandestelle, die Alevy ihm schon auf dem Satellitenfoto gezeigt hatte.

Lisa beugte sich vor und schaute aus dem Fenster. «Landen wir?»

«Ja.»

«Wo sind wir?»

«In der Fabrik der Spione.»

29

«Fabrik?» wiederholte Lisa. «Die Fabrik der Spione...»

«Ja.»

Sie sprach leise, wie zu sich selbst: «Der Ort, den Gregory Fisher erwähnte... wo Major Dodson herkam... den wir auf unserer Fahrt nach Moschaisk gefunden haben... Wir können uns das Lager jetzt aus der Nähe anschauen, nicht wahr?»

«Ja.» Hollis fügte hinzu: «Man wird dich ausfragen – je weniger du weißt, desto besser.»

«Ausfragen? Verhören?»

Er spürte, wie sich ihre Hand um die seine krampfte. «Mach dich auf ein paar Unannehmlichkeiten gefaßt. Sei mutig.»

Lisa atmete tief ein und nickte.

Der Hubschrauber näherte sich der Landestelle, einer natürlichen Waldlichtung. Am Südrand lag die Blockhütte, die Hollis schon auf dem Satellitenfoto gesehen hatte. Ein schmaler Waldweg, zwischen den Kiefern kaum sichtbar, führte von der Hütte zur Hauptstraße des Lagers.

Das knapp drei Quadratkilometer große Lager war von hier unten kaum deutlicher auszumachen als mit Hilfe des Satelliten aus einigen hundert Kilometern Höhe. Dennoch konnte sich Hollis die Anlage vorstellen, denn er hatte Erfahrung darin, Dinge aus der Luft zu sehen. Im inneren Grenzbereich führte eine grob kiesbestreute Straße um das Lager herum, wahrscheinlich als Zubringer für die Wachtürme. Die eigentliche Hauptstraße, die sich von Westen nach Osten durch die Anlage wand, war gut asphaltiert und gestattete Gegenverkehr. Diese Straße führte durch das Haupttor und stellte genaugenommen die Verlängerung der Zufahrt dar, der sie vom Schlachtfeld Borodino gefolgt waren.

Aus etwa dreißig Metern Höhe entdeckte Hollis an der Hauptstraße, etwa in der Mitte des Lagers, ein häßliches Betongebäude, vermutlich das Hauptquartier. Unweit davon erhob sich ein langes Holzbauwerk mit grüner Dachverkleidung, dessen Zweckbestimmung er nicht erraten konnte. Südlich davon lag eine weitere Lichtung, diesmal künstlich geschaffen, ein perfektes Rechteck von der Größe eines Fußballfeldes, was es zweifellos auch war, zugleich Paradefeld und Versammlungszone – eine Einrichtung, die es in jeder Schule und jedem Gefangenenlager gab. Gleich darauf entdeckte Hollis auch offene Tribünen, die etwa fünfhundert Menschen Platz boten.

Zwischen dem Fußballfeld und dem Südzaun der Anlage sah er die Metalldächer langer, kasernenähnlicher Gebäude, vermutlich die Unterkünfte der KGB-Grenzsoldaten.

Hollis begann, im Kopf eine Luftkarte zu zeichnen und prägte sich die Einzelheiten ein.

Als der Hubschrauber noch etwa fünfzehn Meter über dem Boden schwebte, machte er eine erstaunliche Entdeckung. Etwa auf halbem Wege zwischen den Holzhäusern und dem Hauptquartier bestand ein großes Areal aus einem gewaltigen Tarnnetz, gehalten von lebendigen Kiefern, deren Wipfel durch die Tarnung emporragten. Eine Maxime bei Kampffliegern und Spionen besagte, daß weder Sichtflüge noch Luftaufnahmen einen Menschen auf dem Boden ersetzen konnten. Nicht mehr lange, dann würde er hier der Mann auf dem Boden sein...

Der Hubschrauber berührte das schneebedeckte Landefeld. Der Kopilot zog seine Pistole und schob die Seitentür auf. Martschenko stieg als erster aus, dann Wadim. Der Kopilot gab Lisa mit seiner Waffe ein Zeichen. Sie nahm ihre Tasche und die Ikone von Martschenkos Sitz und sprang aus dem Hubschrauber. Der Kopilot warf Hollis einen Blick zu und fragte: «Wohin hätten Sie denn mit der Maschine fliegen wollen?»

«Das ist meine Sache.»

«Vielleicht zur amerikanischen Botschaft?» Er schaute kurz auf den Piloten und fuhr fort: «Keiner von uns hätte Sie dorthin gebracht.»

Hollis zog mit gefesselten Händen seine Tasche unter dem Sitz hervor und richtete sich auf. In der niedrigen Kabine konnte er nur geduckt stehen. «Dann hätte ich Sie beide getötet und wäre selbst geflogen.»

Der Kopilot trat einen Schritt zurück. «Sie sind ein echter Mörder.»

«Nein, ich bin ein amerikanischer Air-Force-Offizier, der gerade entführt wird.»

Der Kopilot riß überrascht die Augen auf. «Ach?»

«Kommen Sie!» rief Martschenko.

«Rufen Sie in meiner Botschaft an, sagen Sie, Colonel Hollis befinde sich hier. Ich sorge dafür, daß Sie und Ihr Freund fünfzigtausend Rubel bekommen.»

Wieder warf der Kopilot einen Blick über die Schulter. «Nun machen Sie schon!»

Hollis näherte sich dem offenen Ausstieg.

«Sie hätten dem Mann nicht den Arm brechen sollen», sagte der Kopilot leise. «Wissen Sie, was das für zwei sind?»

«Intourist-Reiseführer. Überlegen Sie mein Angebot!» Hollis sprang hinaus. Martschenko stand mit Lisa und Wadim neben einem Sil-6, einem Fahrzeug der Roten Armee, das eine gewisse Ähnlichkeit mit einem amerikanischen Jeep hatte, aber größer war. Hollis hörte den Hubschrauber starten und spürte den Winddruck der Rotoren.

Martschenko öffnete die hintere Tür und sagte: «Zuerst Colonel Hollis, dann Wadim, dann Ms. Rhodes.»

Hollis hielt Martschenko die Handschellen unter die Nase, aber der sagte nur: «Bitte einsteigen.»

Lisa stieg ein, doch als Wadim folgten wollte, schob ihn Hollis mit der Schulter zur Seite und setzte sich in die Mitte neben Lisa. Wadim folgte und sagte auf russisch: «Ich schlage dir das Gesicht zu Brei.»

«Mit welcher Hand?»

«Du Scheißkerl!»

«Bitte!» rief Martschenko. «Es reicht!» Er schob sich auf den Beifahrersitz und sagte zu dem Mann am Steuer: «Hauptquartier.»

Der Sil rollte durch das Gras auf die etwa hundert Meter entfernte Blockhütte zu. Sie war von zwei Antennen gekrönt und diente wohl als Funkstation für den Landeplatz.

Das Auto erreichte den unbefestigten Weg, der durch den dunklen Kiefernwald führte. Lisa umfaßte Hollis' Hand und flüsterte ihm ins Ohr: «Ich werde mutig sein.»

«Das bist du bereits.»

Der Sil erreichte das Ende des Weges und bog auf die Asphaltstraße ein. Auf beiden Seiten ragten Kiefern zwölf bis fünfzehn Meter hoch und bildeten eine dichte Abschirmung, die wenig Licht durchließ. Hier und dort zweigten Wege ab – an ihrem Ende waren zuweilen Häuser zu sehen, die Hollis aus der Luft nicht hatte ausmachen können. Er war nur milde überrascht, ein amerikanisches Ranchhaus und gleich darauf einen weißen Holzbungalow zu sehen. Vermutlich Unterkünfte für die Schüler des Lagers und ihre amerikanischen Ausbilder.

Der Pulverschnee war oben auf den Ästen hängengeblieben und bedeckte nur hier und dort den moosigen Boden. Hollis hatte das Gefühl, daß hier unter den Bäumen ewige Dunkelheit herrschte, daß es nicht einmal zur Mittagsstunde richtig hell wurde.

«Ich habe noch keinen einzigen Menschen gesehen», bemerkte Lisa.

Hollis nickte und unterdrückte den beunruhigenden Gedanken, daß vielleicht schon alle fort waren, daß man die Leute längst an einen anderen Ort gebracht hatte. Dann aber sah er doch Licht in einigen Häusern, und hier und dort stieg Rauch aus den Schornsteinen. «Nein», dachte er, «sie sind noch alle hier.» Das KGB übersah die Lage nicht richtig und hatte das Lager noch nicht aufgegeben.

Langsam fuhr der Sil an dem langen Gebäude mit dem grünen Dach vorbei, das Hollis schon aus der Luft gesehen hatte. Das einstöckige Bauwerk hatte weiße Bretterwände und eine gemütlich aussehende Frontveranda mit Schaukelstühlen und einem rot-weißen Coca-Cola-Automaten neben dem breiten Eingang. Durch ein großes Fenster erblickte Hollis einige Männer und Frauen, hinter denen eine große amerikanische Flagge an der Wand hing. Man hatte den Eindruck, ein Kleinstadt-Veteranenheim vor sich zu haben, das offenbar auch Vorbild für den Bau gewesen war.

Der Sil hielt schließlich vor einem massigen Gebäude aus vorgefertigten, zum Teil beschädigten Betonplatten. Armiereisen ragten hier und dort hervor und zerfraßen den Beton mit ihrem orangeroten Rost. Ein KGB-Grenzsoldat stand in einem Holzhäuschen Wache, rechts davon befand sich der Eingang zum Hauptquartier. Vor dem Gebäude wartete Oberst Petr Burow in einem langen grünen KGB-Mantel mit roten Achselklappen.

Martschenko stieg aus. «Kommen Sie, kommen Sie!» sagte er. «Man läßt einen Oberst nicht warten.»

Wadim öffnete die Seitentür und winkte Hollis und Lisa heraus.

Burow betrachtete die beiden und sagte schließlich: «Also, hierher wollten Sie doch, Hollis, nicht wahr?»

Hollis antwortete nicht.

Burow fragte Martschenko: «Warum trägt er Handschellen?»

«Er wollte den Hubschrauber entführen.» In unterwürfigem Tonfall schilderte Martschenko die Ereignisse am Flughafen und im Hubschrauber, allerdings mit leichten Abänderungen.

Burow betrachtete Wadims angeschwollenes Handgelenk, das inzwischen den Umfang einer Apfelsine angenommen hatte, dann richtete er den Blick schweigend auf Hollis. Schließlich bemerkte er die Ikone, die Lisa in der Hand hielt. «Wenn Sie Katholikin oder Protestantin wären, bräuchten Sie nur ein kleines Kreuz zu tragen statt so einem schweren Stück Holz.» Martschenko und Wadim fielen in sein Lachen ein.

«Gehen Sie zum Teufel!» sagte Lisa auf russisch.

Burow schlug ihr so heftig ins Gesicht, daß sie zu Boden stürzte.

Hollis versuchte, ihr aufzuhelfen, aber da holte Burow gegen ihn aus, erwischte ihn am Kiefer und ließ ihn zurücktaumeln. Hollis wurden die Knie weich. Er sackte kurz zu Boden und richtete sich langsam wieder auf.

«Das war für Lefortowo», sagte Burow und rieb sich die Knöchel. Dann wandte er sich an Wadim: «In den Bauch.»

Wadims rechter Fuß zuckte hoch und traf Hollis in den Magen. Hollis krümmte sich, konnte sich aber auf den Beinen halten. Er versuchte, zu Atem zu kommen. Aber da kam schon ein dritter Mann näher. Es war Wiktor aus Lefortowo. Burow befahl: «In die Eier.»

Wiktors Fuß schnellte hoch. Hollis hörte seinen eigenen Schrei und krümmte sich gleich darauf schmerzerfüllt am Boden. Er hörte Lisa aufschreien – und einen dumpfen Schlag. Sie fiel neben ihm zu Boden, die Hände an den Magen gepreßt; ihre Augen waren dunkel und glasig vor Schmerzen.

Wiktor wollte an Hollis vorbeigehen, der aber benutzte die Kette der Handschellen dazu, seinen Peiniger zum Straucheln zu bringen.

Burow sprang über Hollis hinweg und trat Lisa in die Seite. «Noch mehr Heldenstückchen?» Er setzte Lisa den Stiefel auf den Kopf. «Nein? Dann stehen Sie auf!»

Hollis rappelte sich zur gleichen Zeit auf wie Wiktor.

Burow deutete auf Martschenko. «Handschellen abnehmen.» Dann fuhr er fort: «Der Wagen bringt Sie und Ihren Untergebenen in die Zentrale, wo Sie einen umfassenden Bericht machen. Wenn Sie ein Wort darüber verlauten lassen, was Sie hier gesehen haben, werden Sie erschossen. Abtreten.»

Martschenko und Wadim grüßten, machten auf dem Absatz kehrt und stiegen in den Sil.

Burow sagte zu Hollis und Lisa: «Ins Haus.»

Der Grenzsoldat öffnete die Tür zu einem Vorraum, wo der diensthabende Offizier saß. Beim Anblick Burows stand der Mann auf. «Lassen Sie Ihre Taschen und das religiöse Ding hier.»

Hollis stellte seine Sachen ab und erblickte durch eine offene Tür zur Linken eine Telefonzentrale und eine Funkanlage.

«Mäntel und Schuhe ausziehen.»

Hollis und Lisa gehorchten. Der Diensthabende legte Mäntel und Schuhe auf den Tisch und untersuchte sie.

Wiktor riß Hollis die Krawatte herunter und steckte sie ein. Er öffnete Hollis' Gürtel, zog ihn heraus und warf ihn auf den Tisch. Zuletzt nahm er dem Gefangenen die Uhr ab.

«Hier entlang!» befahl Burow. Es ging durch einen langen Korridor in den hinteren Teil des Gebäudes. Ein mit einer AK-47 bewaffneter Grenzsoldat schloß sich der Gruppe an. Er öffnete schließlich eine Stahltür und schob Lisa hinein. Burow sagte zu ihr: «Ziehen Sie sich aus und warten Sie auf unsere Beamtin. Sie wird Sie untersuchen. Die Alternative besteht darin, sich das Leben zu nehmen, wenn Sie Gelegenheit dazu haben. Ihnen bleiben ein paar Minuten.»

Wiktor fauchte auf russisch: «Ich bin mit dir noch nicht fertig, du mieses Stück!»

Burow öffnete die nächste Tür, stieß Hollis in eine kleine, fensterlose Zelle und folgte ihm. «Zu Ihrer Information», sagte er. «Ich bin hier Lagerkommandant. Seit zehn Jahren. Bisher gab es keinen einzigen Fluchtversuch. Dodson war der erste. Und zwei meiner Leute wurden ermordet.» Er starrte Hollis finster an. «Ich weiß, daß Sie sie getötet haben, und ich finde, Sie und Ihr Freund Alevy wissen zuviel über das Lager.»

Hollis antwortete nicht, und Burow versetzte ihm wütend einen Hieb in den Magen. «Ich sage Ihnen noch etwas, Sie Schlaumeier», fuhr er fort, als Hollis wieder ansprechbar war. «Ich wollte Sie und Ihre hochnäsige Freundin schon von Anfang an hier im Lager haben. Die Zentrale hielt das für unmöglich, aber ich habe ihr gezeigt, wie man zwei amerikanische Diplomaten entführt. Man hielt meinen Plan für recht brillant. Gerade jetzt wird Ihrer Botschaft gemeldet, daß Sie bei einem Hubschrauberabsturz ums Leben gekommen sind. Die verkohlten Leichen – in Wahrheit ein Mann und eine Frau hier aus dem Lager – werden am Unfallort geborgen. Niemand weiß, daß Sie hier sind, Hollis. Niemand sucht Sie. Sie gehören mir. Sie sind tot.»

Hollis versuchte, einen klaren Gedanken zu fassen. Er hörte aus

Burows Worten heraus, daß der Mann in der Klemme steckte und sich bei der Zentrale wieder ins rechte Licht rücken wollte. Bis jetzt schien ihm das gut zu gelingen.

«Ziehen Sie sich aus und geben Sie Wiktor Ihre Sachen!» befahl Burow. Hollis legte Anzug, Hemd und Unterkleidung ab und gab sie Wiktor, während der Grenzsoldat mit seiner AK-47 auf ihn zielte.

«Sollte ich einen Ihrer dummen Spionageapparate finden, bringe ich Sie mit eigenen Händen um. Gleich kommt jemand, der sich überzeugt, daß Sie sich nichts in den Darm gesteckt haben. Willkommen im Lager, Hollis.» Die Tür knallte zu, der Riegel wurde vorgeschoben.

Hollis stand nackt in der Zelle und schaute sich um. Vier kahle Betonwände, etwa neun Quadratmeter. Fenster gab es nicht. Licht lieferte eine in die Decke eingelassene Glühbirne, geschützt von einem Stahlgitter. Irgendwo dort oben, unsichtbar, befand sich eine Fiberoptikkamera und belauerte ihn.

Die Zelle war unmöbliert und wurde, soweit er ausmachen konnte, auch nicht beheizt. In der linken vorderen Ecke ragte etwa einen Meter über dem Boden ein Wasserhahn aus der Wand, darunter befand sich ein großes Abflußloch. Hollis drehte den Hahn auf, spülte sich das Blut aus dem Mund und bespritzte sein Gesicht mit kaltem Wasser. Seine Wange begann anzuschwellen, ein Zahn war locker. Seine Hoden schmerzten noch immer, und an der Hüfte entstanden blaue Flecken. Hollis wusch sich die Hände und trank einen Schluck Wasser, den er allerdings nicht bei sich behalten konnte.

Die Tür ging auf, und zwei Uniformierte traten ein. Einer hielt den Gefangenen mit einer Pistole in Schach, während der andere eine gründliche Untersuchung vornahm. Schließlich ließen sie Hollis allein in der Mitte des kalten Raums stehen.

Vor vielen Jahren hatte er einmal zehn sehr unangenehme Tage im Gefängnis verbracht, in einem Geheimdiensttrainingslager nordwestlich von Washington, «Lubjanka-West» genannt. Die ersten Tage waren die «Schockzeit» gewesen, geprägt von Unmenschlichkeit, psychologischer Folter und physischer Mißhandlung. Damit wollte man den Gefangenen mürbe machen, ihm die Selbstachtung nehmen und auf das Kommende vorbereiten. Anschließend ließ man das Opfer ein Weilchen in Ruhe, damit es sich Gedanken machen konnte; doch schlug die zuerst willkommene Einsamkeit bald in ein unerträgliches Gefühl der Isolation um. Wenn sich der Gefangene dann wieder nach dem Anblick und der Stimme eines anderen Menschen sehnte, wurden «Gespräche» angesetzt, die unter angenehmen Begleitumständen stattfanden, woraufhin der Gefangene seine Peiniger zu mögen begann, weil sie ihn am Leben ließen. Er begann zu reden, hatte Spaß an der Gesellschaft. Wenn er schließlich nichts mehr zu sagen hatte, wurde er in ein reguläres Gefangenenlager verlegt oder erschossen.

Hollis fand es gut, daß er ungefähr wußte, was ihn erwartete, fühlte sich aber ganz und gar nicht beruhigt. Er war froh, daß Lisa keine Ahnung hatte.

Er hieb mit den Händen an die Mauer, die die Zellen trennte; aber die Steine waren dick, und er hörte kein Antwortsignal.

Schließlich hockte er sich mit dem Rücken zur wärmeren Innenwand in eine Ecke, zog die Beine an und legte die Arme um die Knie. Er fiel in einen unruhigen Schlaf.

Nach Hollis' Rechnung war es der zweite Tag, als die Tür aufging. Jemand warf einen Knäuel Kleidung auf den Boden und schloß die Tür. Hollis zog einen blauen Trainingsanzug und Socken an und trank einen Schluck Wasser. Er fühlte sich sehr schwach. Das Deckenlicht ging wie schon mehrfach zuvor zu beliebigen Zeiten aus, offenbar zu keinem anderen Zweck, als seinen Biorhythmus durcheinanderzubringen. Hollis wanderte eine Zeitlang in der Dunkelheit herum und schlief dann ein.

Am mutmaßlich dritten Tag ging wieder die Tür auf, und ein Schlafsack flog herein, eine gekochte Kartoffel, die in der kühlen Luft dampfte, folgte hinterher. Ehe Hollis zugreifen konnte, ging das Licht aus, und er mußte auf Händen und Knien herumkriechen, bis er die Kartoffel fand. Er stieg in den Schlafsack und aß.

Einige Stunden später öffnete sich die Tür erneut, und ein Wächter brüllte auf russisch: «Aufstehen! Rauskommen!»

Hollis stand auf und folgte seinem Aufpasser durch den langen Korridor und eine schmale Betontreppe hinauf. Er wurde in einen kleinen Raum geführt und erkannte sofort, daß hier ein Tribunal stattfinden sollte. Hinter einem langen Tisch, der sich vor der Stirnwand hinzog, saßen fünf uniformierte KGB-Offiziere und blickten ihn an. Burow hatte den Platz in der Mitte und schien den höchsten Rang zu bekleiden.

Sonnenschein fiel durch die Fenster, aber so schwach, daß es frühmorgens oder Abend sein mußte. «Setzen!» befahl der KGB-Grenzsoldat.

Hollis nahm auf einem Holzstuhl vor den fünf Männern Platz.

Oberst Burow sagte auf russisch: «Dieses Sondertribunal des Komitees für Staatssicherheit ist mit dem Ziel zusammengetreten, Colonel Samuel Hollis von der Air Force der Vereinigten Staaten des Mordes an den Gefreiten Nikolai Kulnow und Michail Kolotilow anzuklagen.» Burow schilderte Daten und Sachverhalte und fragte: «Colonel Hollis, wie plädieren Sie in dieser Mordanklage?»

Der Grenzsoldat hinter Hollis trat gegen den Stuhl. Hollis stand auf. «Schuldig», sagte er.

Wenn Burow oder die anderen Männer überrascht waren, ließen sie es sich nicht anmerken. Burow fragte: «Möchten Sie mildernde Umstände geltend machen?»

«Nein.»

Burow räusperte sich. «Schön. Wenn der Angeklagte keine mildernden Umstände anführt, kann dieses Tribunal nur ein Urteil für Mord an KGB-Angehörigen aussprechen: Tod durch Erschießungskommando.» Burow richtete starr den Blick auf Hollis, der aber ins Leere sah.

«Sie müssen ein umfassendes Geständnis verfassen», sagte Burow. «Ist dieses Geständnis zufriedenstellend, dürfen Sie ein Gnadengesuch an den Vorsitzenden des Komitees für Staatssicherheit richten. Wird das abgelehnt, ist das Urteil unumstößlich, und Sie werden hingerichtet. Verstehen Sie das?»

«Ja.»

«Bringen Sie den Gefangenen in seine Zelle. Die nächste Gefangene ist vorzuführen.»

Die Wächter schoben Hollis zur Tür, die im gleichen Augenblick aufging und den Blick auf Lisa freigab. Sie trug ein graues Gefängniskleid, war bleich, zittrig und desorientiert. «Erklär dich schuldig», sagte Hollis zu ihr im Vorbeigehen. «Sei mutig. Ich liebe dich.»

Sie konzentrierte den Blick auf ihn, als versuche sie sich darüber klarzuwerden, wer er sei. Aber schon hatten die Wächter die Gefangenen weitergeschoben, und Hollis fand sich im Korridor wieder. Er wurde in seine Zelle gebracht. Zuerst war es noch dunkel, aber dann ging das Licht an, und er sah einen Schreibblock auf dem Boden liegen, daneben einen amerikanischen Kugelschreiber.

Hollis setzte sich auf den Schlafsack und legte sich den Block auf die Knie. Die Instruktionen, die er als Geheimdienstoffizier zu befolgen hatte, setzten die üblichen Verhaltensregeln für Kriegsgefangene außer Kraft. Er war angewiesen, alles zu gestehen und alle verlangten Texte aufzusetzen, solange andere Gefangene oder die nationale Sicherheit oder laufende Aktionen nicht gefährdet wurden. Kurz, er sollte das Spiel der Gegenseite mitmachen.

Sein Hauptziel war die Flucht, dazu mußte er sich an Leib und Seele in Form halten. Man hatte ihm zu Hause versichert, daß nichts von dem, was er unterschrieb, selbst verfaßte oder sagte, später gegen ihn verwendet werden würde, sollte ihm die Flucht gelingen. Voraussetzung war, daß er sich an die Anweisungen hielt.

Hollis begann sein Geständnis zu verfassen. Er wählte die russische Sprache, so daß er sich bei etwaigen Tatsachenabweichungen auf Verständigungsprobleme herausreden konnte.

Wenn dazu Zeit blieb, würde man ihn zwingen, den Text mehrmals umzuschreiben. Hollis vermutete allerdings, daß es Burow eilig hatte, zum eigentlichen wichtigen Punkt zu kommen, zum Verhör, das zeigen sollte, was er und Alevy wußten, und somit auch die Botschaft und Washington. Hollis beschäftigte sich mit der erstaunlichen Reihenfolge des hiesigen Strafrechts: Prozeß, Geständnis, Verhör. Vermutlich war sowieso alles egal. Am Ende würde ihn die Kugel treffen.

Immer wieder hielt er inne, um seine Gedanken zu ordnen. Eigentlich hatte er nicht viel zu gestehen. Er hatte das Lager ausgekundschaftet, war dabei zwei Grenzsoldaten begegnet und hatte sie erschossen. Er wußte jedoch, daß das KGB nicht nur Einzelheiten kennen wollte, sondern auch die weltanschaulichen Motive für sein Tun. Bitte, auch das konnte er bieten. Außerdem erwartete man Entschuldigungen. Sollten sie haben.

Hollis füllte den Schreibblock und las schließlich den Text noch einmal durch. Es war ein gutes Geständnis, eine Mischung aus konkreten Tatsachen und schwer zu beweisenden Erfindungen. Hollis unterschrieb und legte sich schlafen. Er dachte kurz an Lisa, verdrängte dann jeden Gedanken an sie und fiel in einen unruhigen Schlaf, der ihm aber doch Träume über sie bescherte.

Am fünften oder sechsten Tag seiner Gefangenschaft – er hatte das zweimal umgeschriebene Geständnis inzwischen abgeliefert – ging die Zellentür auf, und der Leutnant, der bei der Ankunft am Empfang gesessen hatte, trat ein und sagte auf russisch: «Man hat Ihr Geständnis akzeptiert. Jetzt schreiben Sie ein Gnadengesuch. Kommen Sie mit.»

Hollis, inzwischen ziemlich geschwächt, richtete sich unsicher auf und folgte dem Leutnant in den Korridor und in einen kleinen, fensterlosen Raum. Es war eine Zelle wie die seine, nur erwarteten ihn hier Tisch und Stuhl. Auf dem Tisch lagen ein Blatt Papier und ein Bleistift.

«Setzen Sie sich.»

Hollis kam der Aufforderung nach, und der Leutnant trat hinter ihn. Der Tisch bestand aus hellem Kiefernholz und wies Flecke auf, bei denen es sich nur um Blut handeln konnte. An der Wand vor Hollis waren Strohballen aufgeschichtet worden, um Querschläger zu verhindern.

«Richten Sie Ihr Gnadengesuch an den Vorsitzenden des Komitees für Staatssicherheit.»

Hollis griff nach dem Bleistift. «Russisch oder englisch?» fragte er.

«Egal.»

Hollis begann zu schreiben, und der Leutnant blieb hinter ihm stehen. Im Gegensatz zum Geständnis sollte der Appell offenbar kurz gefaßt werden, denn es stand ihm nur ein Blatt zur Verfügung.

Hollis hörte, wie sein Bewacher die Klappe der Pistolentasche öffnete, wie die Waffe über die Lederkante glitt und klickend entsichert wurde.

Er schrieb weiter. Er spürte eine seltsame Trockenheit im Mund, während die Handflächen feucht geworden waren. Er zwang sich, die letzte Zeile des Gnadengesuches zu vollenden, dann unterschrieb er, legte den Stift aus der Hand und wartete. Unwillkürlich fragte er sich, ob er den Knall noch hören und etwas spüren würde.

Wieder hörte er den Hammer klicken, dann wurde die Waffe offenbar fortgesteckt. Der Leutnant lachte leise. «Lassen Sie den Brief liegen. Aufstehen.»

Hollis gehorchte und wurde in seine Zelle zurückgebracht. «Über Ihr Gesuch wird innerhalb von vierundzwanzig Stunden entschieden», sagte der Russe. «Es wäre nicht human, Sie länger warten zu lassen.» Er verriegelte die Tür.

Das Licht brannte. Bestimmt wurde er von Burow beobachtet. Eigentlich müßte er sein Spiel mitmachen, vor Angst zittern, sich übergeben und Wasser trinken, um den Mund anzufeuchten. Wenn er Burow seinen kleinen Spaß nicht ließ, würde dieser ihn wahrscheinlich gekränkt zu seinem kaputten Spielzeug werfen und abservieren.

Hollis stand langsam auf, ging zum Abflußloch und urinierte. Er trank aus dem Wasserhahn, würgte und trank wieder. Dann atmete er tief ein, stieg in den Schlafsack und zog sich die Klappe über den Kopf. Das Licht ging aus.

In der Dunkelheit hinter seinen Lidern erschien Lisa, wie sie an jenem sonnigen Sonnabend neben ihm durch die Arbat-Straße gegangen war. Er stellte sich ihr Gesicht in verschiedenen Stimmungslagen vor, und jeder Ausdruck erstarrte einen Augenblick lang, als mache er innerlich Fotos von ihr. Wieder glitt er in eine Art Halbschlaf; zu etwas anderem war er seit Tagen nicht fähig. Die Grenzen zwischen seinen Wachzeiten und den Perioden umnebelten Bewußtseins schienen immer mehr zu verschwimmen, und er konnte Träume nicht mehr von Halbschlaf-Halluzinationen unterscheiden. Er sehnte sich nach einem tiefen, erholsamen Schlaf, zu dem er wohl nicht mehr fähig war.

Colonel Burow saß in einem spartanisch eingerichteten Büro hinter seinem Schreibtisch. Durch das einzige Fenster drang fahles Abendlicht. Die Betonmauern hatten das Aussehen und die Farbe von verkrusteter Sahne, und auf dem Betonboden lag ein backsteinroter Teppich.

«Setzen Sie sich, Hollis.»

Burow hatte sein Geständnis in der Hand. «Faszinierend. Wie Sie sich der Verhaftung entzogen haben, fasziniert mich irgendwie. Sie wissen, daß wir Ihren Wagen am Bahnhof von Gagarin gefunden haben. Dagegen wissen Sie nicht, daß wir auch den Abstecher nach Jablonja aufklären konnten. Es freut mich zu sehen, daß Sie in diesem Punkt die Wahrheit gesagt haben.»

Hollis fuhr sich mit der Hand über die Bartstoppeln und unterdrückte ein Husten.

«Ganz anders Ihre Freundin. Ihr Geständnis enthält weniger interessante Details als das Ihre.»

«Sie weiß eben nicht viel.»

«Ach nein? Sie wußte von Jablonja und hat in ihrem Geständnis nichts davon gesagt. Das Tribunal hat sie ebenfalls zum Tode verurteilt. Solange ihr Geständnis nicht zufriedenstellend ist, bekommt sie keine Gelegenheit, ein Gnadengesuch einzureichen.»

Hollis schwieg.

«Und wird erschossen.» Burow musterte sein Gegenüber einen Augenblick lang und nahm dann ein Blatt Papier zur Hand. «Ihr Gnadengesuch ist interessant. Sie sprechen davon, daß Sie bereit wären, hier zu arbeiten, wenn man Sie nicht erschießt.»

«Ja.»

«Was tun wir denn Ihrer Meinung nach hier?»

«KGB-Agenten ausbilden, damit sie als Amerikaner auftreten können.»

Nach kurzem Schweigen fragte Burow: «Woher wissen Sie das?»

«Wir haben es erraten.»

«Sie und Alevy?»

«Ja.»

«Verstehe. Und haben Sie schon ehemalige Schüler dieses Lagers geschnappt?»

«Ja. Die Kellums.»

Burow beugte sich über den Tisch. «Und wann war das?»

«Ach ... noch vor letzten Donnerstag oder Freitag. Welchen Tag haben wir heute?»

Statt einer Antwort fragte Burow: «Und Dodson? Wo ist Dodson?»

«Keine Ahnung.»

Burow stand auf und ging ans Fenster. Er starrte in den dunklen Kiefernwald hinaus. «Wenn Ihre Leute über dieses Lager Bescheid wissen, warum tun sie nichts dagegen?»

«Meine Regierung verfolgt im Augenblick eine Politik des Friedens.»

«Man will die Sache unter den Teppich kehren?»

«Soweit ich weiß, ja.»

«Aber wenn sich Dodson irgendwie mit Ihrer Botschaft in Verbindung setzt ...»

«Würde man ihm das Maul stopfen.»

«Ach?» fragte Burow lächelnd.

«Ich nehme es jedenfalls an. Ich weiß nicht alles, was hinter den Mauern vorgeht.»

«Nein. Ich hätte jetzt auch lieber Alevy vor mir sitzen. Aber Sie müssen mir genügen.»

Hollis rieb sich die Augen. Er wußte, daß seine Aussage aufgezeichnet und vielleicht von einem Gerät für Stimmenstreß analysiert wurde. Später würde man ihn an einen Lügendetektor anschließen oder unter Drogen setzen und ihm dieselben Fragen vorsetzen. Etwaige Differenzen, die dabei auftraten, würde man wahrscheinlich mit Elektroschockbehandlung klären.

Burow setzte das Gespräch fort, das in der Branche als «mildes Verhör» bezeichnet wurde, und Hollis beantwortete die Fragen tonlos und sparsam. Burow war gut, aber er war kein KGB-Verhörspezialist aus dem Sonderdienst II. Die falschen Sonderdienst-Verhörspezialisten in «Lubjanka-West» bei Washington waren um einiges besser gewesen. Andererseits durfte Hollis als Luftfahrtattaché mit diplomatischer Immunität nicht deutlich werden lassen, daß er solche Situationen kannte. Immerhin durfte er annehmen, daß Burow sich einbildete, die Situation selbst in den Griff zu bekommen. Er war nämlich eitel. Das war auch der Grund, warum der Lagerkommandant auf eigene Faust auf Gegenspionagemission gegangen und in Moschaisk und im «Lefortowo» aufgetaucht war.

Burow sagte: «Ich kann mir nicht vorstellen, daß Ihre Regierung unser Unternehmen weiterlaufen lassen würde. Nicht einmal mit Rücksicht auf den Frieden. Tausende unserer Agenten arbeiten bereits in den USA. Jedes Jahr bilden wir etwa zweihundert neue aus. Was gedenkt Washington dagegen zu tun?»

Genau das war die entscheidende Frage. «Soweit ich weiß», antwortete Hollis, «strebt das Außenministerium eine Regelung auf dem Verhandlungsweg an.»

«Ach? Was sind die Diplomaten doch für Waschweiber! Was plant die CIA?»

«Großalarm geben. Die Weltpresse verständigen.»

«Aha. Und das Weiße Haus?»

«Das steht irgendwo in der Mitte.»

«Und der Geheimdienst des Pentagons?»

«Der hat ein moralisches Interesse am Schicksal der gefangenen Piloten.»

«Und Sie? Sie, Colonel Sam Hollis?»

Hollis erlaubte sich ein kleines Lächeln. «Meine Wünsche beschränken sich darauf, Sie umzubringen.»

Burow erwiderte das Lächeln. «Ach ja? Ich dachte, Sie wollten für mich arbeiten.»

«Das kommt darauf an.»

Burow nickte vor sich hin und fragte: «Hat jemand einen direkten Einsatz gegen dieses Lager vorgeschlagen?»

«Was meinen Sie damit?»

«Na, will jemand ein oder zwei von den Männern, die hier sind, befreien und der Welt als lebenden Beweis vorführen?»

«Nicht, daß ich wüßte. Soweit ich hier feststellen kann, wäre das auch unmöglich.»

«In der Tat. Dodsons Flucht war eine Verschwörung von innen heraus. Ohne Hilfe von außen. Stimmt's?»

«Wir hatten keinen Anteil daran.»

«Und daß Fisher mit Dodson zusammengetroffen ist, war reiner Zufall?»

«Selbstverständlich. Sie kennen doch das Tonband mit seinem Anruf in der Botschaft. Er ist keiner von uns.»

«Und daß Sie hier herumgeschnüffelt haben, das war kein Versuch, einen Gefangenen zu befreien?»

«Nein. Lisa Rhodes und ich waren allein. Wir haben ganz selbständig gehandelt.»

«Sie haben keinen Kontakt zu Gefangenen im Lager?»

«Nein.»

«Zu Angehörigen der Wachmannschaften?»

«Nein.»

«Arbeiten draußen irgendwelche Sowjetbürger als Agenten für Sie?»

«Niemand, der Verbindung zu diesem Lager hätte.»

«Aber Sie beschäftigen doch Sowjetbürger als amerikanische Spitzel, nicht wahr?»

Hollis hielt es für angebracht, etwas klarzustellen. «Wir beschäftigen sie nicht. Die Leute nehmen keine Kopeke. Sie handeln so, weil sie die Kommunistische Partei und das KGB hassen.»

Burow schwieg eine Weile. «Sie werden mir die Namen nennen», forderte er schließlich.

«Ich habe keine echten Namen. Nur Kodebezeichnungen.»

«Das werden wir sehen.»

«Warum sollte ich Ihnen überhaupt etwas erzählen, wenn ich doch erschossen werde?»

«Weil Erschossenwerden nicht so übel ist wie manche anderen Dinge, die ich Ihnen antun könnte.»

«Ich könnte vorher Selbstmord begehen.»

«Sie haben keine Waffe, die Sie gegen sich selbst richten könnten.»

«Ich hätte mir den Kugelschreiber in die Halsschlagader drücken können. Erfahrenen Geheimdienstoffizieren sollte man sowas nicht in die Hand geben.»

«Ach ja. Der Kugelschreiber. Sie finden also, daß Ihr Leben als Geheimdienstler zum Auslöschen zu wertvoll wäre?»

«Mag sein.»

«Na, dann will ich Sie mal etwas fragen. Was schlagen Sie vor? Von Geheimdienstler zu Geheimdienstler.»

«Das geht klar aus meinem Gnadengesuch hervor. Ich weiß, daß ich amtlich tot bin. In der Lage würde ich lieber unter meinesgleichen hier arbeiten, als nach Sibirien geschickt oder erschossen zu werden. Ich möchte Lisa Rhodes bei mir haben.»

«Ja, offiziell sind Sie tot. Ich zeige Ihnen noch die amerikanischen Zeitungsberichte. Das Zentrum möchte, daß Sie nach den Verhören auch wirklich sterben. Aber vielleicht kann ich die Leute davon überzeugen, daß Sie und Ihre Freundin sich nützlich machen könnten. Vielleicht ist ein lebenslanger Aufenthalt hier, eine aktive Mithilfe bei der Vernichtung Amerikas, schlimmer als der Tod. Daran hätte ich Spaß, Hollis.»

«Das dachte ich mir.»

Burow lächelte. «Ich glaube nicht, daß Militärattachés so widerstandsfähig sind wie die Leute von der CIA. Sollte ich allerdings vermuten müssen, daß Ihre Kapitulation eine Art Kriegslist ist, foltere ich Ihre Freundin zu Tode. Vor Ihren Augen.»

Hollis reagierte nicht. Burow schwieg bedrohlich. Dann fragte er zynisch lächelnd: «Wollen Sie das Miststück mal sehen?»

Hollis nickte.

Burow öffnete die Tür, sagte etwas zu dem Wächter und wandte sich Hollis zu. «Verschwinden Sie, Genießen Sie sie, wenn Sie können. Wenn's Ihnen noch Spaß macht...»

«Danke.»

Burow lächelte und schloß die Tür.

Der Wächter führte Hollis die Treppe hinab, öffnete die Tür zu Lisas Zelle und stieß ihn hinein.

Lisa hockte in ihrem Schlafsack in der Ecke. Sie schaute Hollis an, sagte aber nichts.

Hollis kniete neben ihr nieder und untersuchte ihr Gesicht. Die Wangen waren eingefallen, die Augen saßen tief in den Höhlen. Ihre Lippen waren trocken und rissig, und der Hals war blau verfärbt. «Wie geht es dir?» fragte er zärtlich.

Sie antwortete nicht.

«Brauchst du einen Arzt?»

Sie schüttelte den Kopf.

Hollis fühlte einen Schwächeanfall kommen, setzte sich und legte Lisa einen Arm um die Schultern. Sie machte keine Bewegung, blieb starr sitzen und schaute ins Leere.

Schweigend verbrachten sie die nächsten Minuten, dann barg Lisa das Gesicht in den Händen und begann zu weinen.

Hollis döste vor sich hin, doch weckten ihn die Kälte und sein leerer Magen etwa alle fünfzehn Minuten. Das Licht ging an und wieder aus, gelegentlich waren im Korridor Schritte zu hören, die vor der Zellentür verstummten und sich wieder entfernten. Von Zeit zu Zeit wurde der Riegel aufgeschoben, doch öffnete sich die Tür nicht. Minuten später schloß sich die Verriegelung wieder.

Lisa starrte zur Decke und sagte mit kaum vernehmbarer Stimme: «Man hat mich zum Tode verurteilt.»

Hollis antwortete nicht. Er wußte, daß die Mikrofone auch das leiseste Flüstern auffangen konnten und die Fiberoptik sogar im Dunkeln zu sehen vermochte. Er hätte sie so gern getröstet, doch war es ratsam, nichts zu sagen, was Burow später gegen sie verwenden konnte. Welch unseliger Gedanke, Lisa zu besuchen!

«Warum hast du ihnen von Jablonja erzählt?» fragte Lisa.

«Es tut mir leid.»

Sie erhob sich schwankend, ging zum Abflußloch im Boden und benutzte es. Der Wächter wählte diesen Augenblick, um hereinzukommen und ihr grinsend zuzuschauen. Lisa stand auf und zog ihre Hose hoch. Der Russe streifte Hollis mit einem Blick und warf ein Stück schwarzes Brot in die Mitte der Zelle.

Lisa wusch sich kurz, hielt den Mund unter den Hahn und trank. Dann hob sie das Stück Brot auf und brachte es zu ihrem Schlafsack. Sie ließ sich hineingleiten, biß ab und kaute langsam. Auf Hollis machte sie den Eindruck eines Menschen, der nicht mehr nur hungrig ist, sondern schon ernsthaft unterernährt.

Hollis schätzte die tägliche Brotration auf dreihundert Gramm, etwa vierhundert Kalorien. Die Gefangenschaft dauerte schon etwa acht Tage, vielleicht auch länger, und die Kalorien hätten eigentlich ausreichen müssen, aber vermutlich war das Brot mit einem Betäubungsmittel versetzt, das die Sinne abstumpfen ließ und unendliche Lethargie erzeugte.

Lisa starrte eine Weile auf das Brot und hielt es ihm schließlich hin. Hollis brach sich etwa ein Drittel ab und gab ihr den Rest zurück.

Nachdem sie aufgegessen hatten, fragte Hollis: «Fühlst du dich besser?»

Sie zuckte die Achseln. Einige Minuten später ergriff sie seine Hand. «Dir muß kalt sein. Hat man dir keinen Schlafsack gegeben?»

«Doch.»

«Komm zu mir. Es ist genug Platz.»

Er schob sich neben ihr in den Schlafsack.

«Ich gebe dir keine Schuld», sagte sie. «Du hattest mich gewarnt.»

Hollis antwortete nicht.

Sie fielen in einen unruhigen Schlummer. Lisa schrie im Schlaf mehrmals auf, doch Hollis verstand kein Wort.

Schließlich stand er auf, um etwas zu trinken. Der Wasserdruck war niedrig, was darauf schließen ließ, daß es früher Morgen war. Er hörte Schritte, dann ging die Tür auf. «Aufstehen!» sagte der Wächter. «Folgen Sie mir. Kein Gespräch.»

Hollis half Lisa auf die Beine. Sie sagte: «Ich liebe dich, Sam.»

«Ich dich auch.»

«Nicht sprechen!»

Hollis ergriff Lisas Hand, aber der Wächter drängte sie auseinander. «Los!»

Sie gingen den langen Korridor entlang, und ein zweiter Wächter öffnete die Tür zu dem Raum, in dem Hollis sein Gnadengesuch geschrieben hatte, die Zelle mit dem blutgetränkten Tisch und den Strohballen an der Wand. Der Hinrichtungsraum. Lisa zögerte, aber der Wächter stieß sie über die Schwelle.

30

Auf dem blutbefleckten Tisch standen heißer Tee, gekochte Eier, Brot und Marmelade. Der Wächter sagte: «Essen Sie, soviel Sie können, aber wenn Sie sich übergeben, machen Sie selbst sauber. Kein Gespräch.»

Hollis und Lisa setzten sich. Hollis betrachtete die Blutflecke unter den Tellern. Sie waren nicht hellrot, sondern mehr rostbraun, und er vermutete, daß Lisa ihre Bedeutung nicht erkannte. Vielleicht war es ja auch nur Tierblut, mit dem die Wächter ihre Gefangenen erschrecken wollten.

Obwohl sie langsam aßen, bekamen sie Magenkrämpfe. Der Wächter führte sie schließlich in eine Art Garderobenraum; vermutlich residierte hier die Nachtschicht. Es gab Wandschränke, ein Waschbecken, eine Toilette und eine offene Dusche in der Ecke. Der Wächter wies darauf. «Los, duschen Sie.»

Beide zogen sich aus und seiften sich unter dem heißen Wasser ein. Eine Helferin brachte Handtücher, Rasierapparat, Unterwäsche und saubere Trainingsanzüge. Hollis trocknete sich ab und rasierte sich. Lisa mied den Blick des Wächters und zog sich hastig an. Die Helferin deutete auf eine Schachtel mit Turnschuhen, und Hollis und Lisa suchten sich passende Paare heraus.

«Folgen Sie mir», sagte der Wächter schließlich und führte sie in den Ostteil des Gebäudes durch eine Tür mit der Aufschrift *Klinika*. Eine Krankenschwester führte sie in getrennte Untersuchungszimmer. Der Aufpasser blieb bei Hollis. Wenig später trat eine rundliche Frau mittleren Alters ein und stellte sich als Lagerärztin vor.

Sie untersuchte Hollis oberflächlich und schien sich besonders für sein Herz zu interessieren. Hollis mußte an die verbreitete russische Angst vor Herzkrankheiten denken. Er sagte mürrisch auf russisch: «Ich bin unterernährt und sitze seit ungefähr zwei Wochen in einer kalten Zelle. Man hat mich ins Gesicht und in den Magen geschlagen und in die Hoden getreten. Außerdem höre ich etwas in meiner Lunge rasseln.»

Sie legte das Stethoskop noch einmal an, forderte ihn auf, tief einzuatmen, lauschte und klopfte ihm auf die Brust. «Ja. Eine kleine Kongestion. Das wird schon wieder.»

«Geeignet für zwei weitere Hungerwochen?»

«Kein Gespräch», sagte der Wächter.

Die Ärztin reichte Hollis eine Tablette und ein Glas, das nicht sehr sauber aussah.

«Was ist das?» wollte Hollis wissen.

«Vitamine.»

«Dann nehmen Sie sie doch!» Er gab ihr die Tablette.

Sie betrachtete ihn kurz, schob dann die Pille in den Mund und spülte sie mit dem Wasser hinunter. Leise sagte sie: «Ich bin hier auch Gefangene. Eine politische.»

«Ich verstehe. Bitte entschuldigen Sie meine Unhöflichkeit.»

Sie gab ihm eine zweite Vitaminpille, und Hollis schluckte sie hinunter. «Sie werden es überstehen», sagte sie. «Sie haben ein gesundes Herz.»

Hollis begann sich anzuziehen. «Was stirbt hier zuerst?» fragte er. «Das Herz oder die Seele?»

«Die Seele stirbt. Das Herz bricht.»

Hollis schaute sich die Frau genauer an. Er hätte gleich merken müssen, daß sie nicht frei war, aber in der Sowjetunion ließ sich das zuweilen schwer erkennen, außerdem war Freiheit ein relativer Begriff. «Vielen Dank», sagte er.

Der Wächter brachte Hollis ins Wartezimmer. Lisa kam kaum fünf Minuten später. «Folgen Sie mir», befahl der Wächter und führte seine Gefangenen in Burows Büro.

«Setzen Sie sich», sagte der Lagerkommandant, und Hollis und Lisa nahmen vor seinem Schreibtisch Platz.

«Nun sind Sie wieder Amerikaner», stellte Burow fest. «Stimmt's, Hollis?»

«Ja.»

«Fühlen Sie sich gut?»

«Ja.»

«Gut. Sie werden sich noch viel besser fühlen, wenn ich Ihnen mitteile, daß Ihre beiden Todesurteile unter bestimmten Voraussetzungen zu lebenslänglichem Gefängnis umgewandelt werden.»

«Und wie sehen diese Voraussetzungen aus?» erkundigte sich Hollis.

«Es gibt zwei. Erstens müssen Sie sich einem Lügendetektortest unterziehen. Zweitens müssen Sie sich bereit erklären, hier für uns zu arbeiten.»

Hollis und Lisa schwiegen.

«Wenn Sie ablehnen», fuhr Burow fort, «werden Sie wegen Mordes hingerichtet.»

«Sie verlangen von uns, daß wir zu Verrätern werden», sagte Lisa. «Die Antwort ist nein.»

Burow antwortete nicht direkt. «Sie sollten wissen, Ms. Rhodes, daß Ihr Freund bereits angedeutet hat, er würde, wenn wir ihm das Leben schenken, für uns arbeiten.»

Sie schaute Hollis von der Seite an.

«Ich habe nicht gesagt, daß ich mich einem Lügendetektortest unterziehe.»

«Nein», erwiderte Burow, «aber Sie werden trotzdem gründlich verhört. Es gibt mehrere andere Verhörmethoden, aber mir ist der Lügendetektor immer noch lieber als Pentothal oder Elektroschock oder Knüppelmethoden, zumal die Ergebnisse der letzteren Verfahren nicht so zuverlässig sind. Ich bin sicher, Sie und Ms. Rhodes denken ähnlich.»

«Für Sie zu arbeiten ist eine Sache», sagte Hollis. «Aber ich kann keine Geheimnisse ausplaudern, die andere Agenten enttarnen oder gefährden würden.»

Burow klopfte mit den Fingern auf den Tisch. «Sie können wahrlich keine Forderungen stellen. Sie sind tot, und niemand weiß, daß Sie sich hier aufhalten. Und Sie halten sich hier auf, weil Sie verdammt viel über dieses Lager wissen und wir ausloten wollen, was das im einzelnen ist.»

«Wir sind hier, weil wir zwei Grenzsoldaten getötet haben», berichtigte Hollis. «Deswegen sind wir zum Tod verurteilt worden.»

«Das natürlich auch.» Burow fixierte sein Gegenüber. «Wissen Sie, sobald der Blutzuckerspiegel wieder ansteigt, bricht bei den Menschen die alte Persönlichkeit durch. Was Sie betrifft, Hollis, muß ich Ihnen sagen, daß ich Ihr früheres Ich nicht sehr mag. Bitte versuchen Sie Ihren Sarkasmus zu zügeln.»

Burow wandte sich an Lisa. «In Ihrem Fall würde ein Verhör wahrscheinlich sehr wenig bringen und niemanden gefährden. Stimmt's?»

Lisa nickte zögernd.

«Ihnen stellt sich also die Frage: Wollen Sie leben und hier arbeiten oder erschossen werden? Antworten Sie!»

«Ich ... ich möchte bei Colonel Hollis sein.»

Burow grinste. «Hier? Oder im Himmel?»

«Egal wo.»

«Was für eine Loyalität!» Sein Blick richtete sich auf Hollis. «Und wofür entscheiden Sie sich?»

Hollis antwortete nach kurzem Nachdenken: «Es wäre mir am liebsten, wenn wir beide aus den Zellen herauskämen und ein Weilchen hier leben dürften, ehe wir uns entscheiden, ob wir Ausbilderfunktionen übernehmen.»

Burow nickte. «Einverstanden. Ich glaube nämlich, daß Sie lieber nicht vor das Erschießungskommando wollen, wenn Sie erst erkannt haben, wie angenehm das Leben hier sein kann. Aber wir haben die Sache mit Ihrem Verhör noch nicht geklärt.»

«Warum tun wir das nicht, nachdem Ms. Rhodes und ich entschieden haben, ob wir hier arbeiten wollen oder nicht? Wir brauchen dazu zehn Tage.»

Burow lächelte. «Sie spielen auf Zeit.»

«Zu welchem Zweck denn? Ich bin tot. Wir sind beide tot.»

Burow stand auf, ging zum Fenster, starrte eine Zeitlang auf die Bäume und nickte schließlich. «Eine Woche.» Er wandte sich um. «Sollte ich aber zu der Überzeugung gelangen, daß Sie etwas im Schilde führen oder mich belügen» – Burow deutete auf Lisa – «dann stirbt sie. Und nicht vor dem Erschießungskommando, das habe ich Ihnen schon gesagt.»

Hollis und Lisa schwiegen.

«Colonel Hollis, Sie sind intelligent genug, um zu wissen, daß ich mich auf diese Verhandlungen mit Ihnen nur einlasse, weil ich Sie lieber am Leben sehe. Und zwar mit dem Ziel, Sie verhören zu können, nicht nur jetzt, sondern immer, wenn sich im Hinblick auf amerikanische Geheimdienste Fragen ergeben, die Sie uns beantworten können. Ich möchte Sie am Leben sehen, weil wir uns sehr viel Mühe gegeben haben, Sie sterben zu lassen. Sie beide sind sehr wertvoll für uns, potentiell wertvoll für das Lager. Und schließlich mein nicht unwichtigstes Motiv: Ich möchte Sie beide in meiner Gewalt haben. Für immer.»

Burow setzte sich auf die Schreibtischkante. Er sprach jetzt direkt zu Lisa: «Ich möchte Ihnen einen Rat geben, Ms. Rhodes. Wenn Sie Ihren Freund dazu bringen können, sich uns zu unterwerfen, kann Ihnen nichts passieren. Ohne ihn sind Sie nichts. Eine Frau, weiter nichts. Nein, regen Sie sich nicht auf. Ich weiß, daß Sie durchaus noch Rückgrat haben, Sie beide. Denken Sie nur mal über alles nach, was wir hier besprochen haben.» Burow sprang auf und fuhr in beinahe freundlichem Ton fort: «Nun dann. Fühlen Sie sich kräftig genug für einen kleinen Spaziergang an der frischen Luft? Sie sind doch bestimmt neugierig.» Er winkte seine Gefangenen zur Tür und sprach kurz mit dem Wächter. Dann sagte er zu Hollis und Lisa: «Ich komme in Kürze nach.»

Der Wächter führte sie nach unten, deutete auf eine Bank neben dem Haupteingang, durch den sie das Gebäude betreten hatten, und ließ sie allein.

Der kleine Vorraum war nüchtern eingerichtet; über dem Empfangstisch hing das übliche Lenin-Bild. Im Dienst war derselbe Leutnant, der mit seiner Pistole gespielt hatte, während Hollis das Gnadengesuch schrieb.

Durch die offene Tür konnte Hollis einen Mann an der Telefonvermittlung sitzen sehen. Er stellte manuell eine Verbindung her, und Hollis erkannte, daß die Anlage keine Direktwahl zuließ. Links von dem Mann befand sich die Funkkonsole, die er schon bei seiner Ankunft gesehen hatte. Er identifizierte ein Kurzwellengerät, konnte aber den Rest der Anlage nicht überblicken.

Sie setzten sich und schwiegen eine ganze Weile. Dann sagte Lisa: «Sam, ich weiß, daß wir schlimm in der Klemme stecken. Aber ich werde mich nicht unterwerfen.»

Hollis rieb Daumen und Zeigefinger aneinander, das Zeichen, mit dem in der Botschaft an die elektronische Überwachung erinnert wurde.

Lisa berührte ihr Kinn, um zu zeigen, daß sie verstanden hatte, und flüsterte: «Du hast sie doch nur so gespielt, nicht wahr? Ich meine, deine ... deine ...»

«Nachgiebigkeit.»

«Ja. Genau.»

«Wir reden später darüber.»

Sie mußten beinahe eine halbe Stunde warten, und Hollis vermutete, daß Burow ihnen Gelegenheit zur psychischen Anpassung geben wollte, die Möglichkeit, sich über die relative Freiheit vor der Tür und die Hölle im hinteren Teil des Gebäudes klarzuwerden.

Schließlich erschien der Oberst in einem dicken Mantel. Der Diensthabende sprang auf und nahm Haltung an. «Besorgen Sie den beiden Parkas, Tschelzow», befahl Burow und wandte sich an Hollis und Lisa. «Zwei Dinge möchte ich von Ihnen. Erstens sollten Sie vergessen, was hier drinnen geschehen ist, sobald Sie aus der Tür treten. Zweitens denken Sie immer daran. Haben Sie verstanden?»

Der Leutnant brachte zwei weiße Parkas.

Hollis und Lisa folgten Burow in die kalte Morgenluft. Die Sonne leuchtete schwach und ließ Lisas Gesicht besonders bleich erscheinen. Hollis atmete die nach Kiefern duftende Luft tief ein.

Burow schien den Morgen ebenfalls zu genießen. «Ein angenehmer Tag, allerdings ein bißchen kalt. Ohne die dünne Fettschicht, die Sie vorher auf den Rippen hatten, sind Sie wahrscheinlich besonders empfindlich.»

«Würde es Ihnen große Mühe machen, auf diese unpassenden Bemerkungen über die Vergangenheit zu verzichten?» fragte Hollis.

Burow lächelte dünn. «Vielen Dank für die Erinnerungshilfe. Wir fangen hier ganz von vorn an – das ist grundlegende Philosophie dieses Lagers. Die Ausbilder haben keine persönliche Vergangenheit, nur eine allgemein-kulturelle, die sie auf die Studenten übertragen. Die Studenten haben weder eine persönliche noch eine kulturelle Vergangenheit, nur eine politische, die sie in ihrem Herzen bewahren, niemals aber offen zu erkennen geben.»

Hollis hatte den Eindruck, daß Burow sich darauf freute, seine Schule vorzuführen und zu hören und zu sehen, wie seine Besucher reagierten. «Faszinierend», sagte er.

«Ja», erwiderte Burow. «Und sagen Sie bitte offen Ihre Meinung. Sie können nach Herzenslust kritisieren, sich beschweren oder auch Ihrem Hang zum Sarkasmus frönen. Gehen wir.»

Hollis und Lisa folgten Burow um das Hauptquartier herum und erreichten einen mit Holzplanken ausgelegten Weg, der nach Süden führte. Bald hatten sie das große Spielfeld erreicht, auf dem zwei Mannschaften Football übten.

«Ein schwieriges Spiel», stellte Burow fest.

«Ja, die Leute scheinen sich richtig abzuquälen.» Hollis sah einige Männer mittleren Alters: zwei standen an der gegenüberliegenden Seitenlinie, zwei liefen zwischen den jüngeren Spielern. Burow folgte seinem Blick. «Die Trainer und zwei Schiedsrichter. Ich wünschte, die Studenten könnten wie früher mit ihren Ausbildern spielen. Da gab es gute Spiele. Aber inzwischen sind die Ausbilder etwas zu alt – leider.»

«Sie meinen die Amerikaner?»

«Ausbilder und Studenten sind Amerikaner, da machen wir keinen Unterschied mehr.»

«Ich verstehe.»

«Außerdem geht es ja nur darum, Grundkenntnisse zu vermitteln. Wir trainieren amerikanische oder allgemein bekannte Sportarten. Wegen Ihrer Satelliten müssen wir uns allerdings vorsehen. Deshalb können wir hier keinen Baseball-Rhombus anlegen.»

«Die Satelliten scheinen Sie ziemlich zu ärgern.»

«Ja, sie behindern uns. Deshalb ziehen wir uns oft in den Wald zurück, wie wir's schon bei den Tataren und anderen gemacht haben. Oder wir benutzen Tarnnetze.» Burow führte seine Besucher über das Sportfeld. «Heutzutage wird in Amerika viel europäischer Fußball gespielt, da können sich viele unserer Studenten direkt hervortun. Übrigens wird eine der besten Amateurmannschaften im Norden von New Jersey von einem unserer Absolventen trainiert.»

«Ach? Sie wissen, was aus Ihren Studenten wird?»

«Leider nicht immer. Sie werden dem Direktorat zur Infiltration in die Vereinigten Staaten überlassen. Ist Ihnen D-S ein Begriff?»

«Ja. Eine Abteilung des Ersten Hauptdirektorats.»

«Nun ja, wenigstens bekommen wir vom Direktorat S ab und zu ein paar Anekdoten zu hören. Das stärkt die Moral.»

«Was passiert mit den Studenten, die es nicht schaffen?» fragte Lisa.

Burow antwortete erst nach längerem Schweigen. «Also, die müssen einen Revers unterschreiben und versprechen, nichts von dem zu verraten, was sie hier gesehen haben. So wird das auch in allen anderen Geheimdiensten gehandhabt.»

«Ich glaube eher, daß Sie die Leute umbringen», sagte Lisa.

«Ich bitte Sie, Ms. Rhodes!»

Stumm schritten sie über das Spielfeld und folgten einem Waldweg. Der Pfad endete an einem kleinen Betonbauwerk, das wie ein Bunker aussah und innen völlig leer war. Burow führte seine Begleiter in die Mitte des mit Stahlplatten bedeckten Bodens, drückte einen Knopf an der Wand und stellte sich neben Lisa und Hollis. Die mittlere Platte setzte sich in Bewegung. Zu dritt versanken sie in einem Schacht, in dem sich nach einigen Sekunden eine Tür öffnete. Burow führte seine Begleiter in einen modern eingerichteten Raum. Ein junger Mann saß in der Ecke hinter einem Schreibtisch. Er trug ein T-Shirt und las die «New York Times».

«Willkommen im Erholungszentrum», sagte Burow zu Hollis und Lisa.

Hollis hatte bereits den für öffentliche Bäder und Fitneßklubs charakteristischen Geruch von Chlor und feuchtem Dunst wahrgenommen.

Der junge Mann legte die Zeitung aus der Hand. «Hallo, Oberst. Wen hätten wir denn da?» fragte er in munterem Englisch.

«Neue Mitglieder, Frank. Colonel Hollis und Ms. Rhodes.»

«Großartig.» Der junge Mann streckte die Hand aus. «Frank Chapman. Ich habe letzte Woche Ihren Nachruf gelesen, Colonel.»

Hollis zögerte, dann gab er dem Mann die Hand und sagte: «Wenn Sie Frank Chapman sind, nenne ich mich Leo Tolstoi.»

Chapman lächelte nicht.

Burow führte seine Besucher durch eine beschlagene Glastür in einen Vorraum. «Umkleiden für Männer hier, Damen dort. Wir haben hier nicht viele Studentinnen, weil wir nur sechs Ausbilderinnen aufbieten können. Jetzt vielleicht sieben.»

Lisa schwieg.

«Diese Anlage ist unser besonderer Stolz», fuhr Burow fort. «Kostenpunkt: über eine Million Rubel; ausgestattet mit westlichen Sportgeräten im Wert von einer halben Million Dollar. Aber die Stimmung bei Studenten, Ausbildern und Personal hat sich dadurch wesentlich gebessert.»

Hollis und Lisa folgten Burow durch einen langen Korridor. «Saunen, Dampfbäder, Höhensonne, Whirlpools. Hier der Fitneßraum. Die beiden Frauen sind neu. Sie wollen sich eine amerikanische Figur zulegen wie die Ihre, Ms. Rhodes.» Lächelnd schaute Burow zu, wie zwei russische Frauen auf Stehfahrrädern schwitzten, und fuhr fort: «Wir wissen, daß viele wichtige Kontakte in Fitneßklubs geknüpft werden und daß die meisten erfolgreichen Amerikaner sich irgendwie sportlich betätigen. Golf und Tennis sind in der herrschenden Oberschicht die wichtigsten Sportarten. Allerdings gibt es in der ganzen Sowjetunion keinen einzigen Golfplatz; da müssen sich unsere Studenten die Golfturniere vom Video anschauen und in den USA Unterricht nehmen. Tennis spielen wir hier ein bißchen, aber die eigentliche Praxis muß man sich drüben holen. Wir legen vor allen Dingen Wert auf die allgemeine Körperertüchtigung. Bitte hier entlang.»

Der Korridor endete in einer großen Turnhalle. Mehrere junge Männer arbeiteten hier an Barren, Reck und Ringen.

«Darauf verstehen wir uns besonders», erklärte Burow. «Unsere Studenten werden zum Teil auch wegen ihrer körperlichen Attribute ausgesucht. Viele von ihnen sollen später Liebesbeziehungen zu

Amerikanerinnen haben, die unserer Sache irgendwie weiterhelfen können. Verstehen Sie?»

Am Ende der Halle spielten sechs junge Männer Basketball. Ihre Frisuren entsprachen der amerikanischen Mode, und Hollis war überrascht von ihrer Körpersprache: Gang, Lächeln, Gesichtsausdruck, Handbewegungen – alles stimmte. Die jungen Männer hatten kaum etwas Russisches an sich, wie Hollis es kannte, sondern zeigten bis ins letzte eine amerikanisch geprägte Gestik.

«Meine Herren», sagte Burow zu den Ballspielern, «ich möchte Ihnen Sam Hollis und Lisa Rhodes vorstellen, die sich vielleicht dem Lehrkörper anschließen werden. Machen Sie sich bekannt.»

Die Angesprochenen gaben Hollis und Lisa die Hand und machten freundliche Bemerkungen wie: «Freut mich, Sie kennenzulernen», «Schön, daß Sie hier sind», und «Willkommen an Bord.»

Sie stellten sich als Jim Hull, Stan Kuchick, John Fleming, Kevin Sullivan, Fred Baur und Vince Panzarello vor, und Hollis fand, daß die angelsächsischen und internationalen Namen durchaus zu ihrem Aussehen paßten.

Fred Baur fragte: «Habe ich nicht in der Zeitung von Ihnen gelesen?»

«Ja», antwortete Burow, «die beiden sind bei einem Hubschrauberabsturz ums Leben gekommen.» Daraufhin schienen die jungen Männer lebhafter zu werden. Hollis war nicht nur von ihren Englischkenntnissen beeindruckt, sondern auch von ihrem zwanglosen Auftreten Burow gegenüber. Das war bestimmt die schwierigste kulturelle Hürde für beide Seiten.

Lisa folgte eine Zeitlang dem Gespräch und konzentrierte sich dann auf den jungen Jim Hull. Er war Anfang Zwanzig, blond und sah ziemlich gut aus. Lisa musterte ihn von Kopf bis Fuß, wartete, bis er sie ansah, und warf ihm dann vielsagende Blicke zu. Hull schien sich unbehaglich zu fühlen, aber auch interessiert zu sein. Schließlich erschien ein dümmliches Lächeln auf seinem Gesicht, und er senkte den Kopf. Burow und Hollis entging das Zwischenspiel nicht, und Hollis fand, daß Jim Hull ihm plötzlich gar nicht mehr so amerikanisch vorkam. Amerikanische Männer dieses Alters mochten sich in Gegenwart einer Frau ebenfalls unbehaglich fühlen, doch drückte Hull diese Scheu auf eine Weise aus, die den Russen hinter der Maske deutlich verriet.

«Ihr junger Mann kommt nicht viel raus, was?» fragte Lisa.

Burow schien verärgert zu sein. «Ich fürchte, meine Studenten sind aggressive amerikanische Frauen nicht gewohnt», sagte er kurz angebunden. «Gehen wir.»

Nach der Besichtigung des großen Schwimmbeckens und der restlichen unterirdischen Sportanlagen wußte Hollis, warum Burow das Lager nicht so schnell räumen und verlegen wollte; einer der Gründe waren die aufwendigen Häuser und Sporteinrichtungen.

Sie verließen den unterirdischen Komplex mit dem Fahrstuhl, der sie in den Betonbunker zurückbrachte. Burow führte Hollis und Lisa ins Freie und deutete nach Süden. «Der Stacheldraht markiert das Terrain des KGB-Grenzschutzes. Diese Leute machen Dienst in den Wachtürmen und patrouillieren am Zaun. Einige arbeiten auch im Lager, vorwiegend im Hauptquartier. Sie haben keinen Grund, sich diesem Bereich zu nähern oder mit einem der Grenzwächter zu sprechen.» Er fügte hinzu: «Dort hätten Sie sowieso keine Sympathie zu erwarten, da Sie zwei ihrer Kameraden ermordet haben. Ist das klar?»

«Absolut», antwortete Hollis und blickte über den Zaun. «Und Sie gehören nicht dem Grenzschutz-Direktorat an?» fragte er Burow.

«Nein. Ich bin in der Ausführenden Abteilung. Sie kennen uns natürlich.»

«Aber ja. Politisch motivierte Mörder, Saboteure, Entführer und Erpresser.»

«Ganz so sehen wir das nicht – aber unsere Tätigkeit läuft etwa darauf hinaus. Ich begann meine Laufbahn in dieser Abteilung und arbeitete einige Jahre in Skandinavien. Inzwischen bin ich zehn Jahre in diesem Lager, fünf als stellvertretender Kommandant und fünf als Kommandant. Das ist wie eine lebenslange Aufgabe – eine Regel, die für alle hier Beschäftigten gilt. Die Zentrale befürwortet grundsätzlich keine Versetzungen. Viele bei uns arbeitende Russen, einschließlich des gesamten ärztlichen Personals, sind politische Gefangene, aus dem Gulag hierher überstellt.»

Zu dritt wanderten sie durch den Wald – für den uneingeweihten Beobachter ein durchaus friedliches Bild. Burow antwortete bereitwillig auf Hollis' Fragen und betonte mehrmals, daß es im Lager nur wenige Geheimnisse gebe. «Der echte Nachteil dieser Schule besteht darin, daß alle männlichen Ausbilder ehemalige Piloten sind. Sie kommen aus den verschiedensten Elternhäusern, und das ist gut, aber ihre Arbeits- und Lebenserfahrungen sind zu ähnlich, als daß sie einen Querschnitt durch die amerikanische Gesellschaft vermitteln könnten.» Burow fügte mit Betonung hinzu: «Sie beide würden den Lehrkörper vorzüglich ergänzen.»

«Bitte ersparen Sie mir den Schuljargon», sagte Hollis.

«Aber der ist hier so üblich.»

Über den Fußballplatz kehrten sie zur Hauptstraße zurück, auf der Burow sich nach links wandte, nach Westen zum Haupttor. Etwa hundert Meter weiter vorne tauchte das lange Holzgebäude mit der Frontveranda und dem Cola-Automaten auf.

«Sie sehen ziemlich müde aus», sagte Burow, stieg auf die Veranda und steckte eine Fünfzigkopekenmünze in den Automaten. «Ist auf unser Geld eingestellt.» Er reichte Lisa und Hollis je eine Dose Cola und behielt die dritte für sich. «Gehen wir hinein», sagte er.

In dem hellerleuchteten Raum des falschen Veteranenheims saßen etwa zwanzig Menschen. An der gegenüberliegenden Wand hing die große amerikanische Flagge, die Hollis schon von draußen wahrgenommen hatte. Hier und dort waren die Jahreszeiten symbolisierende Pappdekorationen angebracht: Kürbisse, Vogelscheuchen, eine schwarze Katze, Truthähne und ein Pärchen aus der Siedlerzeit. Die Party-Utensilien schienen von guter Qualität zu sein und stammten vermutlich aus den USA.

Lisa betrachtete die herbstlichen Schaustücke und sagte: «Deprimierend.»

In einem Wandregal lagen Dutzende von amerikanischen Zeitschriften, in der hinteren Ecke zogen sich Reihen von Büchern hin. Es gab Tische für Karten- und Brettspiele, einen Billardtisch und sogar ein Videospiel. «Die älteren Männer sind natürlich Ihre Landsleute», sagte Burow. «Sie halten sich über das amerikanische Leben mit Videobändern auf dem laufenden, die wir durch unser Botschafts- und Konsulatspersonal in Washington, New York und San Francisco bekommen. Bücher, Magazine und Zeitungen kommen täglich mit Linienflügen über Moskau.»

Einige der älteren Männer musterten Hollis und Lisa. Hollis fiel auf, daß Burow keines Blickes gewürdigt wurde und auch niemand auf sie zukam.

Hollis konzentrierte sich auf einen gutaussehenden, gepflegten Mann Mitte Fünfzig, in Kordhose, Hemd und Strickjacke. Er saß neben einem Jüngeren und schaute sich mit ihm einen Fernsehfilm an. Der junge Mann lachte laut, wandte sich an den älteren und sagte in New Yorker Englisch: «Ich weiß noch immer nicht, ob diese Burschen Juden sind oder nicht.»

«Das bleibt ein bißchen in der Schwebe», sagte der amerikanische Ausbilder.

«Unger ist doch ein jüdischer Name, oder?»

«Klar.»

«Dann ist Unger vielleicht ein weißer Jude?»

«Was ist denn ein weißer Jude?» fragte der Amerikaner.

«Sie haben den Ausdruck nie gehört? Ein Jude, der sich wie ein Nichtjude benimmt.»

«Nie gehört.»

Der Student überlegte. «Bill hat mir das erzählt. Er meinte, die Bezeichnung wäre ein Kompliment. Inzwischen sagte mir aber jemand anders, sie wäre eine Kränkung. Nun wollen Sie sie noch nie gehört haben.»

Der Amerikaner zuckte die Achseln. «Ich kann nicht alles wissen.»

Burow wandte sich an Hollis: «Ist es eine Kränkung? Oder ein Kompliment?»

«Ein nettes Kompliment», sagte Hollis.

Burow lächelte. «Ich glaube, Sie lügen. Irgend jemand lügt hier. Das war schon immer unser Problem. Aber normalerweise können wir diese Dinge überprüfen.»

Hollis betrachtete die Amerikaner, seine ehemaligen Fliegerkollegen, und fühlte Rührung in sich aufsteigen. Er umfaßte Lisas Arm und schob sie zur Tür hinaus. Burow folgte. «Wissen Sie», setzte er seinen Gedanken fort, «die Unterlassungslüge ist die schwierigste. Unsere Ausbilder rücken mit vielen Dingen nicht freiwillig heraus, und dann –» Sein Blick fiel auf Hollis. «Stimmt etwas nicht?»

«Nein.»

«Ach ja – die Männer da drinnen. Wie gefühllos von mir! Es geht ihnen gut, Hollis. Sie haben sich angepaßt.»

Lisa legte Hollis eine Hand auf die Schulter, und Hollis nickte.

Burow stellte seine Coladose auf den Getränkeautomaten. Nach längerem Schweigen sagte er zu Hollis gewandt: «Ein gewisser Felix Wassilewitsch hat mich aus Minsk angerufen. Er war aufgeregt wegen einer Bemerkung, die Sie ihm gegenüber gemacht haben; allerdings ging er nicht in Einzelheiten. Können Sie sich vorstellen, was und wen ich meine?»

«Mike Salerno.»

«Genau. Wie sind Sie ihm auf die Schliche gekommen?»

«Die Art und Weise, wie er Zigarette rauchte», antwortete Hollis und erklärte, was er meinte.

Burow nickte. «Verstehe.»

Lisa schaute zwischen den beiden Männern hin und her. «Mike...?»

«Ja», antwortete Burow. «Hatten Sie sich täuschen lassen, Ms. Rhodes? Gut.» Er wandte sich wieder an Hollis. «Colonel, Sie wissen natürlich, daß dieser winzige Fehler unbemerkt geblieben wäre, wenn Sie nicht speziell nach Wölfen im Schafspelz Ausschau gehalten hätten? Damit will ich Ihre Intelligenz nicht herabwürdigen. Aber meine Exschüler haben schon klügere Männer als Sie hereingelegt. So ist zum Beispiel Ms. Rhodes' enger Freund Seth Alevy mehrmals hinters Licht geführt worden. Zum Beispiel von den Kellums, um nur zwei zu nennen.»

«Die Kellums?» fragte Lisa entsetzt. «Dick und Ann?»

Hollis nickte.

«Mein Gott... mein Gott... ich glaube das einfach nicht!»

Burow lächelte entzückt. «Und von der Sorte haben wir noch dreitausend in Amerika sitzen, in Ihren Botschaften, in Ihren Militärstützpunkten überall auf der Welt. Phantastisch, nicht wahr?»

Lisa starrrte Burow sprachlos an.

Hollis ließ den Blick zwischen den beiden hin und her wandern. Hoffentlich begriff Burow endlich, wie wenig Lisa wußte. Und hoffentlich erkannte auch Lisa, warum sie nicht in dem Maße eingeweiht worden war, wie sie es sich wünschte.

«Und wie sind Sie den Kellums auf die Spur gekommen?» wollte Burow von Hollis wissen.

«Durch eine einfache Vergangenheitsüberprüfung. Gut schauspielern können sie.»

Burow machte ein nachdenkliches Gesicht. «Wir hatten zehn Tage lang keinen Kontakt mehr und nehmen an, daß Mr. Alevy sie derzeit in die Zange nimmt. Sehr beunruhigend. Ist er Verhörspezialist?»

«Ich habe keine Ahnung», erwiderte Hollis. «Werden Sie die Schule verlegen angesichts der Tatsache, daß Dodson noch immer frei herumläuft und die Kellums sich in Alevys Gewalt befinden?»

Burow zuckte die Achseln. «Ich würde es am liebsten nicht tun. Aber die Sache heizt sich auf, wie es bei Ihnen im Jargon heißt. Was würden Sie tun, wenn Sie hier Kommandant wären?»

«Also, ich würde sagen, es ist mein Land, und hier habe ich das Sagen, nicht die Amerikaner. Ich würde mich weder von den Amerikanern noch dem Kreml dazu zwingen lassen, die Flucht zu ergreifen und mich irgendwo neu zu verstecken.»

Burow nickte vor sich hin. «Nun ja, wir werden sehen.» Er ging ihnen wieder voraus und bog in einen anderen Waldweg ein. Nach einiger Zeit kamen sie zu einem kleinen, mit Holzschindeln bedeckten Haus mitten im Wald. «Eine Unterkunft für vier Studenten», erklärte Burow, klopfte und öffnete die Tür. In einem kleinen Wohnzimmer hockten vier junge Männer auf dem Boden und spielten ein Frage- und Antwortspiel.

Wieder fiel Hollis die amerikanische Lässigkeit, die unrussische Haltung dieser jungen Männer in Jeans und T-Shirts auf. Dabei waren sie allein und hatten keinen Besuch erwartet.

Im Akzent von Virginia sagte einer der Männer: «Das ist ein harter Brocken, da reicht das Allgemeinwissen nicht mehr. Ich glaube, auch die meisten Amerikaner kennen dieses Zeug nicht.»

«Ach?» Burow wandte sich an Hollis. «Kennen Sie das Spiel?»

«Nein, habe ich nie gespielt.»

Burow zuckte die Achseln und sagte zu einem der Spieler, dessen T-Shirt die Aufschrift «Jesus ist der Herr» trug: «Wir wollen mal kurz die Vorschriften außer acht lassen. Sie können vorübergehend Russe sein.»

Der Mann sprang auf und sagte auf russisch: «Jawohl, Oberst.» Mit Blick auf Hollis und Lisa fuhr er fort: «Früher hieß ich Jewgenni Petrowitsch Kornijenko. Vor elf Monaten kam ich in diese Schule, die wir ‹Kokon› nennen – jener abgeschirmte Zustand, in dem ich mich völlig veränderte und den ich als Schmetterling beenden werde. Ich werde den Namen Erik Larson tragen. Vielleicht erinnere ich mich noch schwach an die Raupe, die ich einmal war, aber später werde ich schöne bunte Flügel haben und im Sonnenlicht herumflattern. Niemand, der mich sieht, wird noch an eine Raupe denken.»

Burow nickte, und der Mann setzte sich. Hollis fand Jewgenni Petrowitsch irgendwie glaubhafter als Erik Larson. Er machte sich klar, daß viele Männer tatsächlich nicht nur nach der Intelligenz, sondern auch nach ihren körperlichen Attributen ausgewählt wurden. Ein Großteil der Studenten sah gut aus, und viele hatten die helle Haut der Nordrussen; hieraus ließ sich mit den entsprechenden Requisiten und Kostümen ein solides amerikanisches Aussehen zaubern.

Burow dankte den vier Männern, führte Hollis und Lisa zur Tür und setzte den Rundgang fort. Die Bauten des Lagers waren so weit voneinander entfernt, daß Hollis zuweilen den Eindruck hatte, durch einen unbewohnten Wald zu wandern. Bis dann plötzlich wieder ein Gebäude auftauchte oder Gestalten, die diesem oder jenem Weg folgten.

Drei Männer in Mänteln näherten sich. «Ausbilder», sagte Burow. Hollis schaute ihnen entgegen und konnte sie sich beinahe als echte Gelehrte vorstellen, die in irgendeinem Waldwinkel zusammengetroffen waren und über Lehrstühle oder Chaucer diskutierten. Die beiden Gruppen begegneten sich, und Burow stellte vor: «Commander Poole, Captain Schuyler, Lieutenant-Colonel Mead – ich möchte Ihnen Colonel Hollis von der US Air Force vorstellen, ehemaliger Luftfahrtattaché der US-Botschaft, außerdem Ms. Lisa Rhodes vom USIS, ebenfalls bis vor kurzem an der amerikanischen Botschaft.»

Die fünf Amerikaner tauschten Blicke, und schließlich brach Colonel Mead das Schweigen: «Zum Teufel, wie kommen Sie hierher?»

«Wir wurden entführt.»

Mead sagte zu Burow: «Himmel, diesmal habt ihr aber wirklich Scheiße gebaut!»

Burow lächelte dünn. «Wenn Sie die Zeitungen genauer lesen würden, wie man es von Ihnen erwartet, meine Herren, wüßten Sie, daß Colonel Hollis und Ms. Rhodes bei einem Hubschrauberunglück ums Leben gekommen sind.»

«Richtig», sagte Commander Poole nickend. «Sie sind der Luftfahrtattaché.»

«Allerdings.»

«Dann sind Sie beide echt?» fragte Captain Schuyler. «Ich hatte eigentlich angenommen, Sie könnten zwei von Oberst Burows fliegenden Würmern aus einem früheren Jahrgang sein.»

«Nein, wir sind echt», antwortete Hollis.

Lieutenant-Colonel Mead schien immer noch zu zweifeln. «Ich habe zwar von Ihnen gelesen, aber sind Sie wirklich *Sie*?»

«Morgen», schaltete sich Burow ein, «bekommen Sie die Zeitschriften der letzten Woche, mit Bildern. Und die Nachrichtenaufzeichnungen aus derselben Periode.»

Schuyler nickte ernst. «Es tut mir leid, Sie hier zu sehen.»

«Mir auch», antwortete Hollis. Er spürte, daß die Männer viele Fragen hatten – unter anderem nach Dodson –, doch war dafür jetzt nicht der richtige Zeitpunkt. «Wir unterhalten uns bald mal.»

Die Männer nickten.

Burow führte Lisa und Hollis schnell weiter. «Wie Sie sehen, sind die meisten Häuser in amerikanischem Stil gebaut. Außerdem gibt es eine zweite unterirdische Anlage mit verschiedenen Übungs-Szenarien: amerikanische Küchen, Büro- und Ladenkulissen, Räume mit amerikanischen Geräten und dergleichen. Dorthin führe ich Sie ein andermal. Wir konzentrieren uns in erster Linie auf die Nuancen von Sprache und Kultur: Gesichtsausdruck, Kleidung, zwischenmenschliche Beziehungen und dergleichen. Die alltäglichen Dinge wie Supermärkte und Tankstellen lassen sich in den Staaten schnell nachholen.»

«Und wie man eine Zigarette raucht», fügte Hollis hinzu.

Burow ging stumm weiter, dann sagte er: «Kleine Fehler können tödlich sein. Eines unserer größten Probleme ist die Mimik. Wie einmalig doch Gesichter sind – und wie seltsam, daß unterschiedliche Kulturen ganz verschiedene mimische Sprachen hervorbringen.»

«Die Moskauer», sagte Lisa, «zeigen immer einen Ausdruck stiller Verzweiflung – außer wenn sie betrunken sind, dann wirken sie melancholisch. Sie lächeln nie, nur gegenüber ihren Kindern.»

«Ach, wirklich?» fragte Burow. «Wissen Sie, das ist mir nie aufgefallen. Aber genau das ist der springende Punkt. Sie haben es bemerkt. Eine andere große Schwierigkeit ist die englische Sprache. Schon die Anzahl der Worte ist überwältigend. Sie verwenden beinahe eine halbe Million. Wir kommen mit weniger als hunderttausend aus. Will man aber ein Land richtig kennenlernen, muß man die Sprache von Grund auf kennen. Man muß auch das Land betreten, seine Luft schnuppern und auf seinen Rhythmus hören.»

«Und was passiert, wenn man es näher kennenlernt und in sein Herz schließt?»

«Das», antwortete Burow, «kann zum Problem werden. Aber auch dagegen haben wir Vorsorge getroffen. Obwohl unsere Absolventen loyal sind, geben wir ihnen das Gefühl, daß sie auch in Amerika ständig überwacht werden. Sie wissen außerdem, daß man hier für ihre Familien sorgt. Sie verstehen?»

«Sie, Oberst, kennen sich mit den Nuancen unserer Sprache jedenfalls bestens aus», bemerkte Hollis.

«Vielen Dank.»

Wieder überquerten sie die Hauptstraße und folgten einem leicht abschüssigen Waldweg hinter dem Veteranengebäude. «Wir versuchen inzwischen etwas Neues», fuhr Burow fort. «Abgänger unserer Schule, die mindestens sechs Jahre in Amerika gelebt haben, kehren als Ausbilder hierher zurück. Dieses Programm müssen wir unbedingt ausbauen; wir können uns nicht für immer auf ausländische Lehrkräfte verlassen. Die sterben uns ja mal weg. Nein, wir werden selbst Lehrer ausbilden, und die werden andere unterrichten. Es wird der Tag kommen, da diese Schule zweitausend Amerikaner im Jahr hervorbringt. Am Ende des Jahrhunderts wird es in Ihrem Land eine Fünfte Kolonne geben, die der Sowjetunion von Größe und Einfluß her eine Art Minderheitsbeteiligung an den Vereinigten Staaten schafft, auch wenn es eine stille Teilhaberschaft sein wird. Sie wird dann eines Tages vielleicht den Vorsitzenden des Aufsichtsrates stellen.»

Hollis und Lisa schwiegen.

Burow deutete auf ein Holzhäuschen mit grünen Fensterläden und Dachschindeln aus Zedernholz. «Hier war Major Dodson untergebracht. Sie dürfen das Haus in der Woche bis zu Ihrer Entscheidung benutzen. Treten Sie ein.» Burow öffnete die Tür und forderte sie auf, die Mäntel auszuziehen, dann schaltete er mehrere kleine elektrische Heizöfen ein.

Hollis schaute sich um. Der Raum war schlicht-rustikal, aber gemütlich eingerichtet. Er betrachtete die Bücher auf den Regalen neben dem Kamin. Dodson liebte offenbar Psychologie und klassische Kriminalromane.

«Hinter der Tür ist eine kleine Küche», sagte Burow zu Lisa. «Sie finden dort alles, was man braucht. Könnten Sie uns wohl etwas zu trinken machen?»

Lisa warf ihm einen unfreundlichen Blick zu und ging.

«Diese Frau ist sehr ... unabhängig», sagte Burow zu Hollis und fügte hinzu: «Ein kleiner Rat: Sorgen Sie dafür, daß sie den Mund hält. Wir sind hier sehr großzügig, weil man nur so die Gewähr hat, Jahr um Jahr das Wissen aus den Leuten herauszuziehen. Es hat allerdings auch Ausbilder gegeben, die zu weit gegangen sind.»

«Und die erschossen werden mußten.»

«Das war immer nur der letzte Ausweg», entgegnete Burow. «Setzen Sie sich. Sie scheinen noch nicht recht wieder zu sich selbst gefunden zu haben.»

Hollis ließ sich auf eine kleine Couch gegenüber dem Kamin fallen.

Lisa brachte ein Metalltablett mit drei Gläsern. «Cognac.» Sie stellte das Tablett auf den Tisch. Burow hob sein Glas. «Auf Ihr neues Zuhause.» Er trank allein. «Na, finden Sie das nicht besser als Folter, Hunger und Tod?»

«Noch nicht», antwortete Lisa.

Burow starrte sie einen Augenblick lang an und sagte dann: «Sex. Sie haben sich schon darüber Gedanken gemacht. Sie haben auch

Frauen gesehen. Einige waren Studentinnen, daneben gibt es die erwähnten sechs weiblichen amerikanischen Ausbilder, die Sie noch nicht kennen. Außerdem viele andere Frauen, die den amerikanischen Ausbildern zur Verfügung stehen. Russische Frauen. Es wäre unrealistisch, zu erwarten, daß die Männer Jahr für Jahr ihre Arbeit ohne Frauen tun. Dodson gehörte allerdings zu den wenigen, die sich offenbar nicht um weibliche Gesellschaft bemühten. Einige meinen, er hätte im Zölibat gelegt, weil er seiner Frau treu bleiben wollte. Können Sie sich das vorstellen?»

Burow trank einen Schluck. «Also, am Anfang haben es die meisten Männer ziemlich wild getrieben. Inzwischen haben viele monogame Beziehungen. Die Frauen stammen ausnahmslos aus dem Gulag, die meisten sind politische Gefangene, es gibt aber auch einige strafrechtlich verurteilte, meistens wegen Wirtschaftsvergehen. Die Frauen stammen also vorwiegend aus der gleichen Bildungsschicht, und die Amerikaner kommen ziemlich gut mit ihnen aus. Außerdem denken die meisten Frauen antisowjetisch. Viele hatten lebenslange Strafen im Gulag, andere sitzen nun hier lebenslänglich.»

«Sind die Paare legal verheiratet?»

«Nein, nicht nach sowjetischem Gesetz. Allerdings weiß ich, daß einige quasi religiöse Hochzeitsfeiern stattgefunden haben. Und dann gibt's da immer noch die Freigeister, die sich freitags am Schwimmbecken einfinden. Man muß eben aus seinem Leben etwas machen. Wie im Westen.»

Hollis spürte, daß ihm der Alkohol zu Kopf stieg. Außerdem hatte er genug von Burow. «Wir wären jetzt gern allein», sagte er.

Burow stand auf. «Selbstverständlich. Wir alle haben anstrengende Wochen hinter uns.» Er ging zur Tür. «Melden Sie sich beim Quartiermeister im Hauptquartier, wenn Sie etwas brauchen. Am Ostende der Hauptstraße gibt's Einkaufsmöglichkeiten. Jeder hier bekommt ein Gehalt. Ich lasse Ihnen Ihr Geld für diese Woche im voraus auszahlen. Ihr Reisegepäck finden Sie nebenan im Schlafzimmer. Ihr großes Gepäck ist leider an Ihre Familien weitergeleitet worden.»

«Und Ms. Rhodes' Ikone?» fragte Hollis.

«Ach, die lasse ich Ihnen schicken. Wer hat denn Hammer und Sichel darauf eingekerbt?»

«Ich nehme an, die Kellums.»

«Ach? Ich erinnere mich an die beiden; vor zehn Jahren waren sie hier. Kommt nicht oft vor, daß wir die Leute paarweise losschicken, aber die beiden hatten es sich in den Kopf gesetzt, bei einer politisch einflußreichen Familie im Haushalt zu arbeiten. Dienstpersonal ist in den USA offenbar schwer zu kriegen. Sind solche Leute erst mal im Haus, kommen sie an alles heran.» Burow fügte hinzu: «Wir versuchen die Studenten auch zur Eigeninitiative anzuhalten, die leider nicht zum russischen Charakter gehört. Im Spionagegeschäft ist sie die halbe Miete. Finden Sie nicht auch, Colonel?»

«Wenn die Schändung eines heiligen Kunstwerks ein Beispiel für die von Ihnen gelehrte Initiative ist, machen Sie etwas falsch.»

«Das war ziemlich mies von den beiden. Aber ich lasse Ihnen die Ikone schicken. Sonst noch etwas? Nein. Nun ja, ich hatte einen angenehmen Vormittag. Ich hoffe, Sie auch.» Mit diesen Worten verließ Burow das Haus.

Hollis schaute sich um und inspizierte das Schlafzimmer. «Eigentlich nicht mein Geschmack.»

Lisa legte ihm die Arme um den Hals. «Bitte vergiß nie, daß ich dich liebe.»

«Das will ich hoffen. Sieht nämlich so aus, als säßen wir für den Rest unseres Lebens hier fest. Dabei fandest du die Botschaft schon beengend.»

«Wir verbringen auf keinen Fall den Rest unseres Lebens hier. Nein! Wir kehren nach Hause zurück, und wenn wir dabei draufgehen.»

«Sei nicht dumm!» Hollis rieb die Fingerspitzen gegeneinander.

Lisa nickte.

«Wir machen nachher einen Spaziergang.»

«Ja. Aber erst später. Ich fühle mich nicht besonders. Mein Gott, wie schrecklich, Sam... die Zelle... ich hasse diesen Mann!»

«Leg dich auf die Couch.» Hollis deckte sie mit einem Parka zu und setzte sich in einen Sessel. «Schlaf ein bißchen. Wir unterhalten uns später.»

«Ja.»

Hollis starrte in den Kamin und beschäftigte sich mit Burows schillernder Persönlichkeit: bösartig und sadistisch, dann wieder beinahe liebenswürdig. Vermutlich war von diesen Charakterfacetten keine vorgetäuscht. Burow empfand ehrlichen Haß auf Hollis und die ganze westliche Welt, doch konnte er höflich und beinahe nett sein, wenn er dazu ermutigt wurde und seine Interessenlage es erforderte.

Hollis dachte an die drei amerikanischen Offiziere, denen er begegnet war. Sie wirkten seltsam entwurzelt, wie bekümmerte Gespenster, verlorene Seelen, gefangen zwischen dem Reich der Lebenden und der Toten. Er versuchte sich einen Aufenthalt von beinahe zwanzig Jahren an diesem Ort vorzustellen, aber es gelang ihm nicht. Er versuchte das ungeheuerliche System zu begreifen, das ein solches Lager hervorbringen konnte, aber auch das war ihm unmöglich. Er versuchte einen Ausweg zu finden – und sah keinen.

31

Gegen Abend verließen Hollis und Lisa ihr Häuschen und wanderten in südlicher Richtung auf das Fußballfeld zu. Sie überquerten die freie Fläche und passierten im Wald den Betonbunker mit dem Fahrstuhl, der zu den Freizeiteinrichtungen führte. «Wollen wir hinunter?» fragte Lisa.

«Nein, nur spazierengehen.»

Der Weg endete, und Hollis kletterte rasch und geschickt in eine riesige Kiefer, deren Äste ihm als Leitersprossen dienten. Nach etwa zehn Minuten kam er wieder herunter und klopfte sich ab.

«Was hast du gesehen?» wollte Lisa wissen.

«Das Lager der Grenzsoldaten.»

«Warum interessiert dich das?»

«Weil es dort drüben liegt. Ich bin nun mal so ausgebildet.» Er lächelte. «Ich kann nicht anders.»

Sie gingen ein Stück zurück, bis Hollis vom Weg abbog und Lisa in eine kleine Mulde führte. Am Hang setzten sie sich nieder. «Vielleicht gibt es Abhörgeräte an den Wegen», sagte er leise, «vielleicht verfolgt man uns auch mit Richtungsmikrofonen, aber hier müßten wir sicher sein, wenn wir leise sprechen.»

Lisa stocherte mit einem Ast im nadelbedeckten Boden herum. «Müssen wir wirklich bis an unser Lebensende hier schmoren?»

«Ich hoffe nicht.»

«Weiß Seth, wo wir sind?»

«Er dürfte wissen, daß wir nicht bei dem Absturz umgekommen sind. Wahrscheinlich hofft er, daß wir uns hier befinden und nicht anderswo. Im Grunde können wir von Glück sagen, daß wir nicht im Lubjanka-Gefängnis stecken.»

«Also werden wir gerettet oder ausgetauscht oder was?»

«Weiß ich nicht.»

«Weißt du doch. Warum kannst du mir nicht ein bißchen Hoffnung machen?»

Hollis ergriff Lisas Hand. «Ich hab's dir schon mehrmals gesagt –

je weniger du weißt, desto besser. Je weniger *ich* weiß, desto besser. Dir ist klar, was man mit Lügendetektoren und Drogen anstellen kann. Burow ist noch lange nicht mit uns fertig.»

Lisa nickte. «Ich habe Burow alles gesagt, was ich wußte, Sam. Ich konnte nicht anders. Ich war alles andere als mutig. Ich dachte immer, ich könnte Widerstand leisten, aber nach einer Woche war ich nur noch ein Niemand. Ich war nicht mehr Lisa. Ich schäme mich so!»

«Wir haben es hier mit Profis zu tun, Lisa, die jeden schaffen. Immerhin haben sie an vielen Millionen Menschen üben können, ehe du an der Reihe warst. Nimm's nicht so schwer.»

Sie nickte langsam. «Ich hatte keine Ahnung, was diese Leute einem Menschen antun können... Das KGB war für mich immer etwas Abstraktes, eine Buhmann-Geschichte, mit der du und Seth mich dazu bringen wolltet, bei meinen russischen Freunden und Kirchenbesuchen vorsichtig zu sein... aber jetzt... mein Gott, was für böse Menschen! Wir sind ja so naiv!»

Hollis verstärkte seinen Griff, und sie legte ihren Kopf an seine Schulter.

«Warte nur», sagte er tröstend. «Du wirst dich besser fühlen, wenn wir dann die Rechnung ausgleichen können.»

«Ich möchte nicht mehr darüber reden, Sam. Ich habe diese ewige Vendetta satt. Ich will nichts weiter als fliehen und unsere Leute nach Hause holen.»

«Gut», sagte Hollis und stand auf. «Dann wollen wir uns mal mit unseren Leuten unterhalten. Nur so ist zu erfahren, was wir tun können.»

Sie erreichten den Weg wieder und folgten ihm. Von hier aus waren Stacheldraht und Todesstreifen nicht zu erblicken, doch gab es sie, und etwa zweihundert Meter weiter ragte der nächste Turm empor. Bei ungefähr vier Quadratkilometern Fläche und Abständen von zweihundert Metern gab es bis zu vierzig Türme. Jeder mußte im Acht-Stunden-Dienst von mindestens zwei Grenzsoldaten besetzt sein, so daß allein für die Türme mindestens zweihundertvierzig Mann erforderlich waren. Für die Patrouillen, das Haupttor, das Hauptquartier und den Hubschrauberlandeplatz mußten weitere zweihundert Mann veranschlagt werden. Hollis schätzte eine Lagerstärke von bis zu sechshundert KGB-Grenzsoldaten. Eine immense Streitmacht zur Bewachung von nur dreihundert Amerikanern. Für das KGB war es allerdings von entscheidender Bedeutung, daß kein

Amerikaner entkam. Beinahe zwei Jahrzehnte lang war das Lager offenbar dicht gewesen. Dann hatte Dodson das scheinbar Unmögliche geschafft. Und nun war der gesamte Apparat nervös geworden, von Burow bis hinauf ins Politbüro. Hollis fragte sich, wie Dodson geflohen war.

Nach einer Wegbiegung sahen Lisa und Hollis ein junges Paar in Jeans und Skijacken auf sich zukommen. «Sei nett und tu so, als seist du künftige Ausbilderin», bat Hollis. «Wir müssen uns unbedingt eine Woche Luft verschaffen und Burow nicht reizen.»

«Okay, eine Woche.»

Die beiden jungen Leute blieben lächelnd stehen, und der Mann ergriff das Wort. «Hallo, ich heiße Jeff Rooney, und das ist Suzie Trent. Sie müssen Colonel Hollis und Lisa Rhodes sein.»

Hollis schüttelte die dargebotene Hand. Auch Lisa wurde mit Handschlag begrüßt.

Der Mann war Mitte Zwanzig und hatte vermutlich schon zwei oder drei Jahre Dienst in der Roten Luftwaffe hinter sich. Vielleicht war er auch einige Jahre auf der Universität und in der Geheimdienstschulung der Luftwaffe gewesen. Auf jeden Fall hatte er ein Jahr im Institut für Kanadische und Amerikanische Studien in Moskau absolviert. Er war dunkelhaarig und ziemlich klein und schien nicht recht zu seinem irisch klingenden Namen zu passen. Aber vermutlich hatte man in seine Herkunftsgeschichte eine slawische Mutter eingebaut.

«Wir haben gewissermaßen nach Ihnen gesucht», fuhr Rooney fort. «Wir waren schon bei Ihnen zu Hause, aber jemand erzählte uns, er hätte Sie in diese Richtung gehen sehen.»

Hollis und Lisa antworteten nicht, doch ließ sich Rooney in seiner übersprudelnden Freundlichkeit nicht beirren. «Der Colonel hat gemeint, wir sollten Sie besuchen. Er möchte, daß Suzie Lisa kennenlernt.»

Suzie Trent lächelte. Sie war Anfang Zwanzig und ziemlich klein, hatte schmutzigblondes Haar, eine spitze Nase, Akne und Brüste, die für ihren schmächtigen Körper viel zu groß wirkten. «Schön, daß Sie da sind, Lisa», sagte sie in schwerfälligem Englisch. «Ich bin seit sechs Wochen hier und besuche die Frauenklasse. Die ist sehr klein. Zwölf Studentinnen und nur sechs Ausbilderinnen. Es wird Zeit, daß ich mit einer einzigen Ausbilderin arbeite, aber wir haben nicht genug. Ich hoffe, Sie werden meine Mentorin und lehren mich, Sie zu sein.»

Lisa stockte der Atem. Sie zwang sich zu einem Lächeln. «Ja, wenn Sie wollen. Aber Sie dürfen nicht mit meinem Freund schlafen.»

Jeff und Suzie lachten laut und ausgiebig. «Lisa», sagte Suzie schließlich, «könnten Sie heute abend zu uns zum Tee kommen? Wir treffen uns nach dem Unterricht um halb sechs. Alle Frauen. Im Doppelstöcker. Jeder mag Ihnen sagen, wo das ist.»

«*Kann* Ihnen sagen.»

«Ja, danke. Ich bringe das noch immer ein bißchen durcheinander.»

«Verwenden Sie im Zweifelsfall ‹kann›. Die meisten Amerikaner wissen es auch nicht genau. Und vergessen Sie auch nicht, daß Amerikaner nicht so dicht an einen Gesprächspartner heranrükken.»

«Ach ja. Entschuldigung.» Suzie trat einen Schritt zurück. «Waren Sie in Ihrem früheren Leben reich? Muß ich die Angewohnheiten der Reichen lernen?»

«Meine Familie gehört eher in die Mittelschicht.»

«Wo denn?»

«Auf Long Island, gleich bei New York City.»

«Ach ... dann wird man mich woandershin schicken. Dabei wäre ich gern nach New York gegangen.»

Rooney sagte zu Hollis: «Ich sollte mich in meinen letzten Monaten noch mal richtig auf den Jargon von Botschaftsangehörigen konzentrieren. Mit der Sprache in der US Air Force und der Navy kenne ich mich inzwischen bestens aus. Wir haben hier übrigens auch ein paar Typen aus der Army. Meistens Hubschrauberbesatzungen. Also, was meinen Sie?»

«Klingt gut.»

«Großartig», antwortete Rooney, als wäre Hollis' Meinung wirklich wichtig. «Später würde ich gerne meine Laufbahn beim Militärgeheimdienst beginnen, mit dem Ziel einer Attachéstelle, wie Sie sie hatten. Zuletzt möchte ich bei der NATO landen.»

«Eine gute Wahl.»

«Es wäre wirklich ein Coup, wenn ich in einen US-Geheimdienst käme. Ich habe schon Personaltests der Luftwaffe – der US-Luftwaffe – absolviert und mich ziemlich gut geschlagen. Mit zusätzlichem Training durch Sie könnte ich es tatsächlich schaffen.»

Hollis räusperte sich. «Nun ja, das hört sich sehr ehrgeizig an. Es würde mich allerdings überraschen, wenn Sie eine gründliche Durchleuchtung überstehen würden. Wie wollen Sie das schaffen?»

«Also das wird allmählich einfacher, nachdem wir schon so viele Leute drüben haben. Ich gebe mich zunächst als Waise aus und nenne ein nicht mehr existierendes Waisenhaus und tote Pflegeeltern. Geburtsurkunden sind kein Problem mehr. In einigen Städten haben wir in den Standesämtern Leute sitzen, die sich darum kümmern.»

«Und die persönlichen Referenzen?»

«Unser Programm läuft inzwischen fünfzehn Jahre, Colonel. Da kann ich Leute angeben, deren Position schon ziemlich gefestigt ist. Die ersten Burschen, die drüben landen mußten, hatten es schwer. Wir Neuen können uns schon auf einige Brückenköpfe verlassen.»

«Soweit ich gehört habe, haben die Exstudenten dieser Schule aus Sicherheitsgründen keine Verbindung miteinander.»

«Wer hat Ihnen das erzählt?»

«Weiß ich nicht mehr.»

Jeff Rooney schüttelte den Kopf. «Es gibt kleine Zellen. Wie überall. So haben wir hier und anderswo Revolution gemacht. Zellen, die aus Sicherheitsgründen voneinander abgeschottet sind, aber alle mit dem gleichen Ziel arbeiten. Vor der Revolution war das ein völlig neuartiges Konzept, aber es funktioniert immer noch. Es verhindert, daß die ganze Organisation auf einmal ausgehoben wird. So läuft das meines Wissens auch drüben. Jede Zelle bemüht sich, ihre Mitglieder in ihrer Aufgabe zu unterstützen.»

Hollis' Blick ruhte auf Rooney. Die «Fabrik» verwirklichte auf absolute Weise das Geheimdienstideal einer Tieftarnung für Agenten; es führte die grundlegende Vorstellung einer Identität, die für alle Menschen selbstverständlich ist, gewissermaßen ad absurdum. Jeder Mann und jede Frau war eine komplexe Matrix aus Sprache, Angewohnheit, Nuance, Gestik und überkommener Mythologie, deren Gesamtsumme den einzelnen als Angehörigen einer bestimmten Nation, Kultur oder Gesellschaft auswies. Der Gedanke, daß dies alles «nachgebaut» werden konnte, war beängstigend. Das ganze Lager war eine bizarre, groteske Bühne, von der alle Schauspieler in die Nacht hinaus abgingen und ihre Rollen in der Welt weiterspielten. Es wurde Zeit, daß hier der letzte Vorhang fiel.

«Colonel?» fragte Rooney. «Hören Sie mich?»

Hollis konzentrierte sich auf den anderen. «Ja.»

Rooney lächelte. «Na, wahrscheinlich wollen Sie noch ein bißchen herumschnüffeln, da lassen wir Sie jetzt ziehen. Aber wir feiern Freitag abend eine Party, da können Sie viele Menschen kennenlernen.»

Suzie sagte zu Lisa: «Lächeln Sie doch mal. So übel ist es hier gar nicht.»

Lisa blieb ernst und antwortete nicht.

«Niemand bedrängt Sie, wenn Sie keine Tricks versuchen. Sprechen Sie mal mit den anderen Ausbildern, die werden es Ihnen bestätigen. Bis Freitag.» Suzie winkte zum Abschied. «Verirren Sie sich nicht.»

«Willkommen auf dem Campus», fügte Jeff hinzu. «Gehen Sie nicht zu dicht an den Außenzaun heran.»

Hollis und Lisa waren wieder allein. Nach längerem Schweigen bemerkte Hollis trocken: «Nette junge Leute. Sehr ehrgeizig.»

«Gott möge mir verzeihen», antwortete Lisa, «aber ich hätte ihnen am liebsten die Kehle durchgeschnitten.»

«Und sie vielleicht uns.» Hollis stockte. «Irgendwie erschrekkend.»

«Unheimlich», stimmte Lisa zu und schaute den beiden nach, die um eine Wegbiegung verschwanden. «Er ist schon ziemlich fertig, aber an ihr muß noch herumgefeilt werden. Das soll ich wohl übernehmen. Nicht zu fassen, Sam!»

«Ein bißchen surreal.» Hollis schaute sich um. Dunkelviolette Schatten erfüllten den Wald, und der ausgefahrene Weg schien ins Nichts zu führen. Es war windstill.

Hollis und Lisa schlugen die Richtung ein, aus der sie gekommen waren, bogen dann aber auf einen Querweg ab. Nach einiger Zeit erreichten sie ein im Ranch-Stil erbautes Haus, das zwischen den Bäumen stand. Es war aus roten, weiß abgesetzten Ziegelsteinen errichtet und hatte ein grünes Asphaltdach. Ein Kiesweg führte zu einer Garage, doch gab es kein Anzeichen, daß hier jemals ein Auto gefahren war. Rechts davon stapelte ein etwa fünfzigjähriger Mann Feuerholz.

«Hallo, ich bin neu hier», sagte Hollis.

Der Mann drehte sich zu seinen Besuchern um. «Sam Hollis! Ich hatte schon gehört, daß Sie hier sind. Und Sie müssen Lisa Rhodes sein.» Er wischte sich die Finger an der Kordhose ab und gab Hollis die Hand. «Ich bin Tim Landis», sagte er mit näselndem Akzent. Ich glaube, wir kennen uns, Sam.»

Hollis brauchte einen Augenblick, um sich zu fassen. «Ja... bei Gott – Sie waren Commander in unserer Kampfstaffel!»

«Und ob. Wir haben gemeinsam an so mancher Einsatzbesprechung teilgenommen. Ich weiß noch, wie Sie dem alten General Fuller das Leben schwergemacht haben...»

Hollis starrte Landis an, als sähe er ein Gespenst. Er brauchte einige Minuten, um sich zu fassen. Dann stellte er Lisa vor, die sofort zur Sache kam. «Ist es wie der Tod mit anschließendem Fegefeuer oder wie die Hölle auf Erden?»

Landis schien zu verstehen, was sie meinte. «Nun ja, das hängt davon ab, wie man morgens aufwacht, was man nachts geträumt hat.» Er rieb sich die Stirn. «Wissen Sie, ich bin fast zwanzig Jahre hier und habe nicht das Gefühl, daß ich hier zu Hause bin, aber ich weiß nicht mehr recht, wie das Gefühl eigentlich sein müßte. Nur manchmal weiß ich es doch – da wache ich nachts auf und kann mich an alles erinnern und spüre es wieder.»

Nach längerem Schweigen begann Landis wieder zu lächeln. «He, Sam, es freut mich jedenfalls, daß Sie nicht abgeschossen wurden!»

«Wurde ich aber. Über dem Hafen von Haiphong. Letzter Angriff des Krieges. Ich wurde rausgefischt.» Hollis zögerte und sagte dann: «Mein Kopilot war Ernie Simms. Ist er hier?»

«Nicht mehr.»

«Er war hier?»

«Ja.»

«Und?»

«Nun ja... mal sehen... das war 74. Er kam direkt aus Hanoi hierher. Ja, richtig, er sprach davon, daß er mit Ihnen zusammen war. Er wäre aus dem Wasser geholt worden, wüßte aber nicht, was aus Ihnen geworden wäre. Schlagader angeritzt, aber die Gelben haben ihn wieder zusammengeflickt, und als er zu uns kam, war er gut in Form.»

«Und was wurde hier aus ihm?»

«Man hat ihn erschossen.»

«Wieso?»

«Nun ja.» Landis schien sich plötzlich unbehaglich zu fühlen. «Er wollte nicht mitmachen. Er sagte unserem Obermacker, einem Miesling von der Roten Luftwaffe, dessen Namen ich nicht mehr weiß, daß er auf keinen Fall mitspielen würde. Und da hat man ihn erschossen.»

Hollis nickte.

«Damals bekamen sie jede Menge Piloten von den Viets. Wenn man sich querstellte, kam man an die Wand. Dann ging der Krieg zu Ende, und im Lager kam das KGB ans Ruder. Sie wissen darüber Bescheid?»

«Nein, aber lassen Sie uns das ein andermal besprechen.»

«Okay. Tut mir leid um Simms. Aber wir haben wahrscheinlich noch mehr hier, die Sie von früher kennen.» Er zählte etwa ein Dutzend Namen auf, von denen Hollis drei oder vier wiedererkannte. Sie begannen Erinnerungen an die Kampfzeit in Vietnam auszutauschen, und es kam eine kameradschaftliche, leicht nostalgische Stimmung auf.

«Ach», sagte Landis in einer Gesprächspause, «haben Sie wohl mal von meiner Frau gehört – von Maggie?»

«Nein, leider nicht.»

«Ich hatte zwei Söhne, Timothy... und Josh. Die sind ja längst erwachsen. Tim ist dreißig und Josh vierundzwanzig. Ich hoffe wirklich, daß sie es geschafft haben. Und daß Maggie neu geheiratet hat.» Landis' Augen wurden feucht.

Hollis hatte plötzlich ein flaues Gefühl im Magen. «Hören Sie, Tim, ich glaube, unser Besuch regt Sie ein bißchen auf...»

«Nein, nein. He, ich stelle solche Fragen nicht mehr. Sie beide sind vermutlich selbst ziemlich durcheinander. Kommen Sie, ich möchte Ihnen Jane vorstellen. Das ist meine Frau hier. Sie ist Russin, mag aber den Namen Jane.»

Lisa und Hollis zögerten und tauschten Blicke. Dann folgten sie Landis zum Haus. «Sie kam vor etwa fünfzehn Jahren her. War eine Zeitlang mit allen möglichen Männern zusammen – wir haben damals zu Anfang ziemlich häufig gewechselt. Im Laufe der Jahre taten sich aber die meisten mit einem bestimmten Partner zusammen.»

Landis öffnete die Tür und rief: «Darling, wir bekommen Besuch.»

«Oh... aber Tim, es ist schrecklich unaufgeräumt!» antwortete eine Stimme in nicht ganz reinem Englisch.

Hollis und Lisa schauten sich an und wußten nicht, ob sie lachen oder gehen sollten.

Landis zeigte den Weg zur Küche. Die Wohnzimmereinrichtung war schlicht und sah nicht sonderlich amerikanisch aus: helles Holz, altmodisches Design, das aus Skandinavien kommen mochte. Der Boden war mit Lärchenholz ausgekleidet, der Teppich stammte aus einer der östlichen Sowjetrepubliken. Hollis bemerkte einen modernen Fernseher mit Videorecorder, daneben einen Stereoturm.

In der gut ausgestatteten und ziemlich modernen Küche mit Frühstückstheke hatte Hollis eher das Gefühl, sich in Amerika zu befinden. Offenbar fehlte nur der Geschirrspüler. Auf der weißen

Kunststoffanrichte brodelte Kaffee in einer Kaffeemaschine. Mrs. Landis stand an der Spüle und schabte Rüben.

«Jane», stellte Landis vor, «dies sind unsere neuen Nachbarn Lisa Rhodes und Captain ... nein, Colonel Sam Hollis, ein alter Kampfgefährte.»

Jane Landis wischte sich die Finger an der Schürze ab und gab beiden die Hand. «Hallo.»

Hollis schätzte sie auf etwa vierzig. Sie wirkte gepflegt, und Hollis fand sie recht attraktiv. Das grausträhnige Haar trug sie in einer Art Pagenfrisur. Gekleidet war sie in Rollkragenpullover, Faltenrock und bequeme Schuhe. Hollis hatte plötzlich eine friedliche herbstlich-winterliche Szene irgendwo im Nordosten der USA vor Augen. Es war Sonnabendnachmittag, der Hausherr stapelte Kaminholz, während seine Frau Kaffee kochte.

«Die Schweinehunde haben Sie also beide entführt?» fragte Jane Landis.

Hollis lächelte sie an und bekämpfte den Drang, sie in den Arm zu nehmen. «Ja, die Schweinehunde haben uns entführt.»

«Weshalb denn? Ach, die brauchen gar keinen Grund. Setzen Sie sich, trinken Sie einen Kaffee.» Sie stellte vier Becher auf den Tisch, der bis in die kleine Vorbaunische reichte, und verteilte Zucker und Sahne. «Und was bringt uns Ihre Anwesenheit? Sind wir gerettet oder gänzlich zum Untergang verurteilt?»

«Weder noch, glaube ich», antwortete Hollis und setzte sich. Gleichzeitig reckte er den Daumen zur Decke, eine Geste, die sofort von ihr verstanden wurde.

«Ach», sagte sie, «ich glaube nicht, daß man sich nach fünfzehn Jahren noch darum schert, was wir hier sagen. Wir wissen ja nichts, was man oben nicht auch wüßte. Aber vielleicht fängt man wieder an zu lauschen, wo Sie nun hier sind.» Sie schenkte Kaffee aus.

Landis setzte sich Hollis gegenüber. «Irgendwann bringt sie ihre Unvorsichtigkeit noch mal in Schwierigkeiten. Stimmt's Jane?»

«Die können mich mal! Ich hoffe, sie hören zu. Ich habe zwei Jahre im Kandalakscha-Lager bei Murmansk in der Nähe des Polarkreises gesessen. Weil ich in einem Brief an Breschnew dagegen protestiert habe, daß mit Hilfe unserer Soldaten ein Aufstand in Polen niedergeschlagen wird. Das war im Dezember 1970. Ich habe einen Mann und zwei Töchter. Sie wurden verständigt, ich wäre in Kandalakscha gestorben. Ich werde sie nie wiedersehen.»

«Das tut mir leid.»

«Ja. Das tut uns allen leid. Es tut mir leid, hier zu sein. Wäre ich in Kandalakscha geblieben, wäre ich längst tot. Mir kommt die Galle hoch bei dem Gedanken, daß ich noch immer für sie arbeite. Die Amerikaner, Tim eingeschlossen, hassen die Scheißkerle, aber auf amerikanische Weise, nur sporadisch und mit idiotischem Galgenhumor. Sie begreifen nicht, wie ein Russe seinen Staat hassen kann.»

Lisa bemerkte auf russisch: «Meine Großmutter war Russin. Ich glaube, ich kann Sie verstehen.»

In Janes Augen trat ein Funkeln. «Ah», antwortete sie auf englisch, «wir werden Freundinnen sein.»

«Sie sollten nicht russisch sprechen», sagte Tim Landis zu Lisa. «Das ist hier ein schlimmes Vergehen.»

«Ich finde das ziemlich widersinnig», antwortete Lisa.

«Das ist eine der Methoden, mit der man die Grenzsoldaten von den Amerikanern isoliert. Man fürchtet eine Ansteckung durch westliche Einflüsse.» Jane lachte.

«Aber traut man den Studenten?» wollte Lisa wissen.

«Es gibt keine andere Möglichkeit – in gewissem Maße. Und bestimmt gibt es Mittel und Wege, sie in den USA unter Kontrolle zu behalten.» Sie fügte hinzu: «Soweit ich weiß, kommen die Burschen verdammt oft unter den Lügendetektor, ehe sie hier rausdürfen. Bei der geringsten Unstimmigkeit wird der Student ausgesiebt.»

Tim Landis klopfte auf den Tisch und deutete zur Decke.

«Die können mich mal», sagte Jane achselzuckend.

Nach längerem Schweigen fragte Lisa: «Dieses Haus – ist es nur für Sie, oder wird es zur Ausbildung benutzt... wie würden Sie das nennen?»

«Ja, genau richtig», entgegnete Jane. «Wir haben im Augenblick zwei Untermieter – so sollen wir sie nennen. Zwei junge Schweine, die bei uns wohnen. Wir bekommen sie einige Monate, bevor sie in die Welt hinausgehen; wir haben also nicht immer jemanden hier.»

«Jane kocht und wäscht für sie», erklärte Tim. «Sie helfen bei Reparaturen und schwereren Hausarbeiten. Dabei lernen sie ein bißchen über das Leben in einem amerikanischen Haushalt.»

«Wo sind sie jetzt?» fragte Lisa.

Landis schaute auf die Uhr. «Sie hatten Fahrstunde. Hin und her auf der Hauptstraße. Die Sowjets kaufen die alten Wagen eurer Botschaft auf und bringen sie her.»

Hollis nickte. «Ich hatte mich immer gewundert, was sie damit machten. In Moskau tauchten sie nämlich nicht wieder auf.»

«Die meisten Sowjetbürger können nicht fahren», erklärte Landis. «Das gilt auch für unsere jungen Leute wie unsere beiden. Sie müßten bald zurück sein, Sonny und Marty heißen sie.»

Hollis trank einen Schluck Kaffee und schaute aus dem Fenster. Er versuchte sich in Tim Landis hineinzuversetzen, versuchte sich vorzustellen, wie es in einem nordvietnamesischen Kriegsgefangenenlager gewesen wäre, dann die Verlegung in ein Lager der Roten Luftwaffe zur Pilotenausbildung, später die Umwandlung dieses Lagers zur «Fabrik der Spione». Und noch später eine Frau. Fast zwei Jahrzehnte. Wer war Tim Landis heute? Das wußte nicht einmal er selbst. Wollten diese Menschen eigentlich noch nach Hause?

Wie würde Maggie Landis reagieren? Sie hatte vor etwa zehn Jahren neu geheiratet. Hollis wußte das von einem Offizier, der nach San Diego zur Hochzeit geflogen war. Und wenn diese Menschen freikamen, sollten sie ihre neuen Frauen mitnehmen? Mit jeder Stunde, die er an diesem Ort verbrachte, kamen Hollis mehr Fragen in den Sinn, auf die er keine Antwort wußte.

Tim Landis stand auf, holte Bleistift und Papier und schrieb: «Wissen Sie was von Major Dodson? Hat er es in die Botschaft geschafft?»

Hollis schrieb darunter: «Wir haben von ihm gehört, indirekt. Dodsons Aufenthalt noch immer unbekannt.»

Landis las den Text, nickte und wandte sich ab. Hollis hatte den Eindruck, daß er Tränen in den Augen hatte. Er knüllte das Stück Papier zusammen und steckte es in die Tasche.

Jane Landis wollte etwas sagen, da ging die nach hinten führende Küchentür auf und ließ zwei Männer herein, die etwa Mitte Zwanzig waren. «Hallo», sagte einer. «Was ist denn hier los?»

Tim Landis schien sich wieder im Griff zu haben und übernahm das Vorstellen. Marty war muskulös gebaut und trug einen grauen Trainingsanzug und darüber einen Skiparka. Er hatte ein freundliches, offenes Gesicht, und Hollis fand ihn ziemlich harmlos. Sonny sah ungewöhnlich gut aus und hatte dunkles, lockiges Haar, dunkle Augen und einen spöttischen Ausdruck um den Mund, den manche Frauen sinnlich finden mochten.

Sonny lächelte Lisa an. «Es freut mich sehr, Sie kennenzulernen. Hier redet ja schon jeder von Ihnen.»

«Ach, wirklich?»

Sonny blickte ihr tief in die Augen. «O ja. Wir haben hier bloß sechs andere echte Amerikanerinnen. Sagen Sie, haben Sie und Sam etwas miteinander, wie es so heißt, oder sind Sie nur locker befreundet?»

«Laß das, Sonny», sagte Marty.

Lisa erwiderte Sonnys Blick. «Das geht Sie einen verdammten Scheißdreck an.»

«O doch. Ich würde gerne mal mit einer echten Amerikanerin schlafen, ehe ich rübergehe.» Er lächelte.

Hollis' Schlag erwischte ihn im Magen und ließ ihn zusammenklappen. Würgend und gurgelnd torkelte er auf die Knie.

«Ich hoffe, das bringt Ihnen keine Schwierigkeiten», sagte Hollis zu Tim und Jane Landis.

Tim schüttelte den Kopf. «Das war mehr als überfällig. Ich regle das mit seinem russischen Kontrolloffizier.»

Jane Landis fügte hinzu: «Eine wichtige Lektion für ihn. Er scheint nicht zu wissen, wie man mit einer Frau flirtet.»

Marty half Sonny hinaus. «Der Bursche muß aufpassen, daß er in den Staaten nicht von irgendwelchen eifersüchtigen Ehemännern oder Freunden umgelegt wird», meinte er grinsend.

Hollis stand auf, und Lisa erhob sich mit ihm. Die lockere Stimmung war verflogen, und sie verabschiedeten sich ohne viele Worte von ihren Gastgebern.

Draußen gingen sie eine Weile stumm nebeneinander her. «Möchtest du lieber allein sein?» fragte Lisa schließlich.

«Nein, bleib bei mir. Unterhalte dich mit mir.»

«Okay... eine Frage. Hast du Sonny geschlagen, weil er Russe war oder weil er mich anmachen wollte?»

«Ach, ich weiß nicht. Hat wohl hauptsächlich mit meinem männlichen Ego zu tun. Es fällt mir ehrlich schwer, mir diese Burschen als Russen vorzustellen. Im Grunde habe ich wohl nur den jungen Schnösel gesehen.»

«Er sieht nicht übel aus.»

«Scheusal!»

Lächelnd griff sie nach seinem Arm. Sie umarmten und küßten sich.

«Sam... Sam...» murmelte Lisa. «Du darfst mich nicht verlassen. Ich würde sterben. Und sollten wir bleiben, nimm keine russische Frau.»

«Wir wär's mit einer Freundin?»

«Mach dich nicht über mich lustig!»

«Entschuldigung.»

Sie machten sich auf den Rückweg.

«Wie heiraten die Leute hier?» wollte Lisa wissen.

«Ich glaube, sie verkünden das einfach.»

«Würdest du mich heiraten?»

«Ja. Heißt das, daß du hier arbeiten willst?»

«Ich werde hier wohnen. Und gegen sie arbeiten. Eines Tages werden wir frei sein. Das weiß ich genau.»

32

Hollis und Lisa saßen auf dem kleinen Sofa vor einem knisternden Kaminfeuer. Im Fernsehen lief ein Videofilm. Sie hatten die höchstmögliche Lautstärke eingestellt. Es war später Abend.

«Wie war's denn bei Suzie?» fragte Hollis leise.

«Schrecklich. Ich habe es nicht bis zum Schluß ausgehalten. Sam, hier gibt es außer mir noch sechs Amerikanerinnen. Zwei wurden entführt, während sie in Finnland Skiurlaub machten, eine Frau namens Samantha wurde gekidnappt, während sie die rumänischen Karpaten bereiste. Die anderen drei sind angeblich bei Schwimmunfällen ums Leben gekommen; zwei im Schwarzen Meer, eine in der Ostsee vor der DDR. Es waren noch zwei mehr, aber die haben Selbstmord begangen.»

Hollis schwieg.

«Sam, ich hätte mich beinahe nicht beherrschen können. Wie können diese Ungeheuer so etwas tun? Diese Menschen ihren Familien entreißen, ihrem Leben?»

Hollis schaute eine Weile ins Feuer. «Man nennt uns hier den Hauptfeind. In Großbuchstaben. Man glaubt in einem Kampf auf Leben und Tod gegen uns zu stehen.»

Lisa schüttelte ratlos den Kopf. Sie starrte eine Zeitlang auf die Flammen und stand schließlich ruhelos auf. Ihr Blick fiel auf einen Stapel Zeitungen und Zeitschriften, die neben der Tür auf einem Stuhl lagen. Es waren ausschließlich amerikanische Blätter. Mit einem Aufschrei stürzte sie darauf zu. «Wo kommen die denn her?»

«Burow war vorhin da und hat sie gebracht. Hast du Lust, deinen Nachruf zu lesen?» fragte Hollis.

Lisa betrachtete ihr Bild im «Newsday» von Long Island, daneben die Schlagzeile: *Lisa Rhodes, Unfallopfer.* Sie mußte sich räuspern. «Das Bild scheint von meiner Mutter zu stammen. Sie hat es immer gemocht.» Eine Träne fiel auf die Zeitung. Hollis stand auf, goß zwei Cognac ein und reichte ihr ein Glas.

Lisa trank und atmete durch. «Meine Familie hat mich begraben... Armer Paps. Ich kann mir vorstellen, wie er sich Mühe gegeben hat, nicht zu weinen.» Sie schaute Hollis an. «Und du? Deine Familie?»

Hollis schlug die «Washington Post» auf. «Ich wurde mit militärischen Ehren in Arlington beigesetzt. Wahrscheinlich haben meine Eltern gemeckert, daß sie von Japan extra herfliegen mußten.»

Lisa überflog den Text. «Ich wußte gar nicht, daß du so wichtig bist.»

«Interesse haben vor allem die Umstände unseres Todes erweckt. Hier...» Er öffnete eine spätere Ausgabe der «Washington Post» und las einige Passagen vor:

«Aus dem Außenministerium verlautete gestern, die Erklärungen der Sowjetunion zum Tod zweier Amerikaner, die letzte Woche beim Absturz eines sowjetischen Militärhubschraubers unweit der russischen Stadt Minsk ums Leben kamen, seien ‹im wesentlichen zufriedenstellend›. In einer Presseerklärung, die hier und in Moskau herauskam, nannte das Ministerium den Absturz einen ‹tragischen Unfall›. Es bestehe kein Anlaß, andere Hindergründe zu vermuten.

Ein hoher Beamter der Moskauer Botschaft, der die Absturzstelle besuchte, kommentierte gegenüber Geraldine Callahan von der Moskauer Redaktion der ‹Post›, daß der Hubschrauber ‹mit erstaunlicher Heftigkeit› gebrannt habe. Das Feuer sei so heiß gewesen, daß die vier Insassen völlig verbrannt seien. ‹Außer Asche und Knochenstücken, die sich nicht identifizieren lassen, ist nichts übrig›, sagte der Beamte.

Das Pentagon gab keinen Kommentar zum Zustand der Leichen ab. Doch äußerte gestern ein Sprecher dieses Ministeriums, General Earle Vandermullen, daß der Hubschrauber der Roten Luftwaffe ein Turbojet gewesen sei und ein Feuer von extremer Heftigkeit bei diesem Flugzeugtyp nicht überraschen könne, besonders wenn die Treibstofftanks voll waren.

Das Außenministerium und die Sowjets stellten den Unfall folgendermaßen dar: Hollis und Rhodes nahmen letzten Montag den Flug PanAm 415, der von Moskau direkt nach Frankfurt führen sollte. Das Flugzeug mußte in Minsk notlanden, nachdem sowjetische Behörden dem Piloten über Funk mitgeteilt hatten, daß sich in der Maschine eine Bombe befinde. Da Hollis und Rhodes mit Diplomatenpässen reisten, sollten sie vom Minsker Flughafen mit einem Militärhubschrauber nach Moskau zurückgebracht werden, wo sie eine Lufthansa-Verbindung nach Frankfurt hätten erreichen können.

Den Berichten zufolge stürzte dieser Hubschrauber etwa eine Viertelstunde nach dem Start ab.

Mike Salerno, Moskauer Korrespondent des «Pacific News Service», der während des Flugs gegenüber von Hollis und Rhodes gesessen hatte, berichtete, beide hätten die Gelegenheit, mit dem Hubschrauber nach Moskau zurückzukehren, begrüßt.

Ein Sprecher der Fluggesellschaft PanAm führte aus, die sowjetischen Behörden hätten die Maschine bis zum nächsten Vormittag in Minsk festgehalten und die Passagiere in einem Hotel am Ort untergebracht. Die Sowjets wollten sich nicht zu der Frage äußern, ob eine Bombe gefunden worden war.

Hollis, ein hochdekorierter Vietnam-Veteran, kam 1962 zur Air Force und besuchte mit Erfolg die US Air Force Academy. Er war zuständig für die Verbindung zur sowjetischen Luftwaffe in allen Fragen gegenseitigen Interesses für beide Länder. Col. Hollis war verheiratet, lebte aber seit etwa sechs Monaten von seiner Frau Katherine getrennt, wie von einem Freund der Familie zu erfahren war. Katherine Hollis nahm gestern, von London kommend, an der Beerdigung teil, äußerte sich aber nicht vor Journalisten.

Rhodes wurde letzte Woche in Sea Cliff, N.Y., beigesetzt. Ihre Mutter Eva Rhodes beschrieb sie als energische Frau, die ‹auf ihre Arbeit stolz› war und ‹die russische Sprache und Kultur liebte›. Ein Sprecher von USIS bezeichnete Rhodes als ‹sehr einsatzfreudig› und sehr interessiert an russischer Geschichte. Sie habe sechs Jahre für USIS gearbeitet, davon die letzten beiden Jahre in Moskau.

Aus dem Außenministerium verlautete, man sehe die Angelegenheit als abgeschlossen an, es sei denn, es gebe ‹wesentliche neue Erkenntnisse› im Hinblick auf den Absturz.»

Lisa starrte lange in die lodernden Kaminflammen. Hollis stand auf und füllte Cognac nach. Ihre Wangen waren feucht von Tränen. «Man weiß nichts von der Wahrheit.»

«Nicht nach außen hin.»

«Aber Seth –»

Hollis unterbrach sie leicht gereizt: «Ja, Seth dürfte Bescheid wissen.»

Sie schien seine Gefühle zu erraten. «Wir brauchen ihn nicht, um hier herauszukommen. Wir schaffen das allein. In Moschaisk hast du uns auch herausgehauen.»

«Richtig. Wir überlegen uns etwas.»

Ihr Blick wanderte über die Zeitungen, die auf dem Couchtisch lagen. Plötzlich raffte sie sie zusammen und warf sie in den Kamin. Die hochschießenden Flammen erhellten das Zimmer. Hollis betrachtete Lisas Gesicht in ihrem Schein. Sie schien langsam wieder zu sich selbst zu finden. Aber sie sah müde aus. Müde und erschöpft. Er nahm ihre Hand, zog sie neben sich auf die Couch und bettete ihren Kopf an seine Schulter. Über den Bildschirm flimmerte ein Film, das Feuer flackerte, und der Cognac zeigte Wirkung. Nach einiger Zeit schliefen sie ein.

Hollis wurde durch ein Klopfen geweckt. Das Videoband war abgelaufen, das Feuer glimmte nur noch. Die Kaminuhr zeigte 22.15 Uhr an. Hollis stand auf.

Lisa erwachte ebenfalls. «Wohin gehst du?» murmelte sie.

Das Klopfen wiederholte sich. Hollis öffnete die Tür. Draußen stand ein etwa fünfzigjähriger Mann in einem Parka. «Es tut mir leid, wenn ich Sie störe, Colonel. Ich heiße Lewis Poole. Darf ich einen Augenblick hereinkommen?»

«Gehören Sie nicht eher zu Burows fliegenden Würmern?»

Commander Poole lächelte. «Ich kann Ihnen fünfzig Burschen zeigen, die mit mir im Hanoi-Hilton waren.»

«Kommen Sie rein.»

Poole begrüßte Lisa, stellte sich vor das Feuer und streckte die Hände aus, um sich zu wärmen. «Könnten wir ein bißchen Musik anmachen?»

Lisa schob eine von Dodsons Kassetten in ein tragbares Abspielgerät. Gospelgesang tönte durch den Raum.

«Mit Wanzen im Haus hält man sich inzwischen zurück, weil wir die meisten aufspüren und kaputtmachen. Außerdem lassen wir Musik laufen, oder wir unterhalten uns schriftlich oder benutzen die Zeichensprache.»

Hollis schenkte dem Besucher einen Cognac ein.

Poole trank einen Schluck und fuhr fort: «In acht nehmen müssen Sie sich draußen vor den Richtungsmikrofonen. Die sind in den Wachtürmen installiert. Am besten geht man an tiefe Stellen, in Senken und Mulden, und schwenkt beim Sprechen Äste hin und her.»

«Wir können hier bestimmt noch viel lernen.»

«Ja. Ich kann in den nächsten Tagen eine kleine Einweisung arrangieren.»

«Nett von Ihnen, Commander.»

«Nennen Sie mich Lew. Ich möchte mich noch ein wenig genauer vorstellen. Ich bin Adjutant von General Austin. Kennen Sie den Namen?»

«Natürlich. Er war Commander der Achten Taktischen Einheit in Cu Chi. Der einzige General der US Air Force, der abgeschossen wurde. Vermißt, vermutlich tot.»

«Ja. Aber in Wirklichkeit ist er bei bester Gesundheit. Nach den Vorschriften hier im Lager gibt es unter uns keinen Ranghöchsten noch sonstige Kommandostrukturen. Aber wir sind alle Militärs, und wir haben unter der Hand eine Lagerorganisation geschaffen, wie wir es für den Fall der Kriegsgefangenschaft gelernt hatten. Sie verstehen?»

Hollis nickte.

«Es mag Sie überraschen zu hören, Colonel Hollis, daß nach beinahe zwei Jahrzehnten noch immer der Geist des Widerstandes herrscht. Aber ich hoffe, daß Sie davon *nicht* überrascht sind.»

Hollis antwortete nicht.

«Allerdings muß ich ganz offen zugeben, daß wir kaum mehr erreicht haben, als so oft wie möglich den Lehrplan zu sabotieren. Was die eigentlichen Ziele angeht – natürlich Ausbruch –, so ist Jack Dodson erst der zweite erfolgreiche Versuch. Das Fluchtkomitee hat praktisch alles versucht, was in Gefangenenlagern je erprobt worden ist, einschließlich Aufstieg mit einem Heißluftballon. Aber entweder haben wir Verräter in unseren Reihen, oder es sind die russischen Frauen, die eigentlich von Fluchtplänen nichts wissen dürften. Vielleicht leistet das KGB auch nur gute Arbeit. Was immer es ist, wir sind verdammt erfolglos gewesen.»

«Was wurde aus dem ersten Mann, der fliehen konnte?» fragte Lisa.

«Das war Gene Romero, ein Captain der Air Force. Er wurde gefangen und auf dem Sportplatz erschossen – mit fünf anderen zur Abschreckung. Das war vor neun Jahren.»

«Und Dodson?» fragte Hollis. «Wie ist der rausgekommen?»

«Ich bin nicht ermächtigt, Ihnen das zu sagen.»

«Bitte sehr.»

Poole schaute zwischen Hollis und Lisa hin und her und fuhr fort: «Ihr Auftauchen hat neue Hoffnungen geweckt. Mit Berechtigung?»

Hollis antwortete: «Ich kann im Augenblick nichts darüber sagen.»

Poole schien die Antwort positiv zu werten. «Nun ja», fuhr er fort, «ich bin gekommen, um Sie zu einer Zusammenkunft mit General Austin einzuladen.»

«Sofort?»

«Ja.»

Hollis überlegte kurz und sagte dann: «Ist Ihnen klar, daß ich die Autorität General Austins unter den gegebenen Umständen nicht akzeptieren kann?»

«Irgendwie kann ich das verstehen. Wenn Sie wollen, bitte ich ihn, hierherzukommen.»

«Das wird nicht nötig sein.» Hollis nahm seinen Parka vom Haken. «Gehen Sie voraus, Commander.»

Hollis, Lisa und Poole wanderten in die kalte Nacht hinaus. Poole leuchtete mit einer Taschenlampe.

«Gibt's hier keine Ausgangssperre?» fragte Hollis.

«Nein. Früher hatten wir viele Vorschriften; die sind aber inzwischen auf sehr wenige zusammengestrichen worden. Die Russen denken zwar manchmal ein bißchen langsam, aber ihnen ist schließlich aufgegangen, daß totalitäres Gehabe ihnen hier nichts nützen kann und viel Zeit kostet. Den Rest des Landes beherrschen sie mit Angst und Schrecken, aber so viele Freiheiten wie auf diesen vier Quadratkilometern gibt es in der ganzen Sowjetunion nicht wieder.»

«Verstehe. War das Burows Idee?»

«So ungefähr. Er hat einige Jahre in Skandinavien gelebt und dort erfahren, daß eine wohlgenährte, freie Bevölkerung ebenso kooperativ und produktiv sein kann wie ein terrorisiertes Volk. Das ist ein großer Fortschritt für einen Russen.» Poole lachte freudlos.

In der Nähe des Veteranenhauses bogen die drei nach rechts auf die Hauptstraße ein und gingen in östlicher Richtung zum Hauptquartier. «Wir verfolgen alle Ereignisse in der Welt sehr aufmerksam», fuhr Poole fort, «und sind vermutlich über die sowjetisch-amerikanischen Beziehungen besser informiert als der Durchschnittsamerikaner zu Hause. Garantiert wissen wir mehr als jeder Russe, soweit er nicht in hohen Kreml-Sphären arbeitet.»

Scheinwerfer tauchten auf der Straße auf. Der Wagen fuhr langsamer, hielt an und strahlte die drei an.

Hollis, Lisa und Poole verließen die helle Zone zur Fahrerseite hin, und Hollis erkannte, daß es sich bei dem Fahrzeug um einen Pontiac TransAm handelte. Am Steuer saß Colonel Burow. «Guten Abend, Ms. Rhodes, Commander Poole, Colonel Hollis.»

Nur Poole erwiderte den Gruß des Lagerkommandanten.

Die Windschutzscheibe des TransAm war heil, die Karosserie schien in Ordnung zu sein.

«Ja, Mr. Fishers Wagen», sagte Burow. «Der junge Mann ist wohl doch nicht in einen Unfall geraten. Jedenfalls nicht mit seinem Wagen.» Burow tätschelte das Steuerrad. «Hübsches Maschinchen.» Er richtete den Blick auf Hollis. «Sie wollen vermutlich General Austin einen Höflichkeitsbesuch abstatten. Oder geht es zum Pilzesuchen?»

«General Austin», sagte Hollis. «Nehmen Sie uns ein Stück mit?»

Burow lachte. «Da wäre wohl die Versuchung zu groß, etwas Dummes zu tun. Sie und Ms. Rhodes sind ziemlich hinterlistig, wie ich feststellen mußte.» Er hob die rechte Hand, in der er eine Automatic hielt. «Sie müssen also zu Fuß gehen. Ist gut für Ihr Herz. Guten Abend.» Burow legte den Gang ein, gab Gas und fuhr mit durchdrehenden Reifen los. Hollis schaute den Rücklichtern nach.

«Gespenstisch», sagte Lisa. «Fährt mit dem Wagen eines Mannes herum, den er umgebracht hat. Der Kerl ist krank.»

«War das der Wagen des Amerikaners, der bei einem Unfall gestorben ist?» fragte Poole. «Fisher?»

«Ja.»

«Wir haben in den amerikanischen Zeitungen darüber gelesen. Und Landis hat uns erzählt, Sie hätten durch Fisher von Jack Dodson erfahren. Die beiden sind sich begegnet? Und Fisher verständigte die Botschaft?»

«Ich kann das jetzt nicht mit Ihnen besprechen», sagte Hollis.

Poole nickte. «Wo befinden wir uns hier eigentlich genau? Ein paar Kilometer nördlich vom Schlachtfeld Borodino?»

Hollis nickte.

Poole fuhr fort: «Der Flug, mit dem wir aus Hanoi kamen, ließ schon erkennen, daß wir in der europäischen Sowjetunion landen würden. Unsere astronomischen Berechnungen haben das bestätigt. Außerdem weist das Klima nicht auf Sibirien, sondern allenfalls auf Mittelrußland hin. Der wichtigste Hinweis sind die Flugzeuge, die wir im Südosten runterkommen sehen. Der Verkehr hat im Laufe der Jahre sehr zugenommen. Wir dachten, das müßte Moskau sein.»

«Und Borodino?»

«Böllerschüsse», erklärte Poole. «Jeden 7. September und 15. und 16. Oktober wird wenige Kilometer südlich von hier einundzwanzigmal Salut geschossen. Das sind die Jahrestage der beiden Borodino-Schlachten. Stimmt's?»

Wieder nickte Hollis. Im letzten September hatte er sogar an den Feierlichkeiten teilgenommen.

Sie kamen am großen grauen Hauptquartier vorbei. «Sie waren ein Weilchen im hinteren Teil eingesperrt, nicht wahr?» fragte Poole.

«Nach russischen Verhältnissen nicht lange», gab Hollis zurück. «Von uns hat beinahe jeder mal hinter Gittern gesessen. Aber nicht nur das. Da es Burow wenig bringt, Ausbilder einzusperren, nimmt er russische Frauen oder Freundinnen, sobald einer von uns die Vorschriften mißachtet. Da fällt es schwer, etwas zu unternehmen.»

Die Straße beschrieb eine Kurve und wurde abschüssig. Hollis blickte zum Himmel auf, sah aber nur Schwärze.

«Das Tarnnetz», erklärte Poole. «Über und zwischen den Bäumen.»

«Schau mal, Sam!» rief Lisa.

Im Licht schwacher Straßenlaternen erblickte Hollis weiter vorn einen Parkplatz mit weißen Leitlinien. An der hinteren Seite wurde der Platz von etwa zehn dunklen Läden begrenzt, die sehr an ein amerikanisches Einkaufszentrum erinnerten. Der Hauptladen gehörte nach seinem weiß-grün-roten Schild zur «7-Eleven»-Kette.

«Unglaublich!» sagte Lisa staunend und ging auf die Geschäfte zu. Hollis und Poole folgten.

Links an den Supermarkt schlossen sich an eine Wäscherei, eine Filiale der Bank of North America mit echtem Firmenschild, «Sweeneys Getränke», ein Friseur und ein Schönheitssalon mit dem Namen «Tresses». Rechts vom «7-Eleven» lagen «Krugers Eisenwarenladen», ein Schreibwaren- und Tabakgeschäft, ein Drugstore und ein Buchladen, in dem auch Musik- und Videokassetten angeboten wurden. Das Ende der Reihe bildete eine Art Straßencafé.

Hollis ging an dem Café vorbei und schaute in den Buchladen.

«Die Geschäfte sind mehr oder weniger richtig in Betrieb», sagte Poole. «Bis auf den Buchladen braucht man zum Einkaufen überall Lagergeld. Musikkassetten, Videobänder und Lesestoff kann man nur ausleihen, auch wenn der Laden aus didaktischen Gründen zum Verkaufen eingerichtet ist. Die Auswahl ist groß.»

Lisa entdeckte in der Auslage neue amerikanische und englische Romane und Sachbücher. «Manche Titel gab's nicht mal im Buchladen der Botschaft», bemerkte sie. Ihr Blick fiel auf ein Exemplar von Johns Barrons «KGB» und auf Arkadij Schewtschenkos «Mein Bruch mit Moskau». «Und man läßt Sie und die sogenannten Studenten solche Bücher lesen?»

«Es bleibt ihnen doch gar nichts anderes übrig, oder?» erwiderte Poole. «Wenn die Leute die Sachen nicht hier lesen, dann drüben in den Staaten, wo sie vielleicht übermäßig beeinflußt werden. Besser die Kandidaten bereits hier mit der Wahrheit zu impfen.»

Hollis inspizierte die Schaufenster des Drugstore und des Schreibwarenladens. «Hier fehlt es offenbar an nichts.»

«Materiell gesehen nicht, Colonel. Was uns wirklich fehlt, wissen Sie.»

Hollis antwortete nicht, sondern wanderte zum Eisenwarenladen weiter. «Fast nur amerikanische Marken.»

«Ja», antwortete Poole. «Die meisten Werkzeuge und Haushaltsgeräte kommen aus den USA. Da bleibt alles auf einer Linie und läßt sich leicht reparieren. Deswegen funktionieren hier auch die Abflüsse.»

«Sie reparieren alles selbst?»

«Ja, mit unseren Studenten. Viele sowjetische Männer sind, das wissen Sie, nicht sehr geschickt. Liegt wahrscheinlich daran, daß die meisten in regierungseigenen Wohnungen wohnen, die sowieso heruntergekommen sind. Wir bringen den Leuten bei, sich am Wochenende als Handwerker zu betätigen.» Poole lächelte. «Damit sie nicht gleich den Klempner rufen, wenn ihre amerikanische Frau herumjammert, sie hätte vom undichten Geschirrspüler die Nase voll.»

Mit Blick auf den Supermarkt fuhr Poole fort: «Die meisten abgepackten Lebensmittel kaufen wir hier. Vieles stammt aus Amerika und aus Finnland, einiges auch aus der Sowjetunion. Das ist unterschiedlich. Frisches Fleisch und Obst und Gemüse kaufen wir in einem Laden in der Nähe des Haupttors, dabei wird rationiert. Darin unterscheiden wir uns nicht vom Rest des Landes.»

«Aber Sie werden hier richtig bezahlt?»

«Ja. Mit solchen Wertmarken ...» Poole nahm einen Fünfdollarschein aus der Brieftasche.

Hollis und Lisa untersuchten das Pseudogeld im schwachen Schein einer Laterne. Der Schein war die einseitige Farbfotokopie einer echten Fünfdollarnote.

«Das gehört zu den psychologischen Tricks, mit denen verhindert werden soll, daß wir total verblöden. Jeder von uns muß mit seinem Geld haushalten. Auch die Studenten. Die müssen zum Beispiel für ihre Unterkunft bei uns bezahlen. Der Bankverkehr und das Geldwesen gehören zu den wichtigsten Themen des Lehrplans. Es ist schwerer, als Sie sich vorstellen können, diesen Menschen ein Gefühl finanzieller Verantwortung zu vermitteln. Sie sind es gewöhnt, einen ganzen Monatslohn im Handumdrehen für die ersten Konsumgüter, die sie auf dem Heimweg sehen, auszugeben.» Poole fügte hinzu: «Ganz realistisch ist unser kleines Wirtschaftssystem hier nicht. Zum Beispiel zahlen wir keine Steuern.» Er lächelte.

«Und woher kommen all die amerikanischen Firmenschilder und Ladeneinrichtungen?»

«Das ‹7-Eleven-Schild› stammt aus dem Requisitenlager der Mosfilm. Ebenso die Embleme der Bank of North America. Kleinere Geräte und Waren erreichen uns durch die Diplomatenpost oder durch das Internationale Handelszentrum in Moskau. Übrigens: Die Schüler, die hier fertig sind, bekommen als kleines Präsent einen Aufenthalt im Hotel vom Handelszentrum geschenkt. Einen Monat lang können sie dort auf großem Fuß leben und sich unter Geschäftsleute und VIPs aus dem Westen mischen. Eine Art Grenzstation, ehe sie dann in den Westen reisen.»

Hollis blieb vor «Sweeneys» Getränkeladen stehen und schaute sich interessiert die ausgestellten Flaschen an. Fast alles kam aus dem Westen.

«Da gibt es doch sicher noch andere Ausbildungsstätten», sagte er. «Büros, Handwerksbetriebe, Küchen ...»

«Ja sicher, die liegen direkt unter uns. Eine große unterirdische Anlage. Die Treppen befinden sich hinter den Läden. In einer Büroetage mit Empfangszimmer sollen sich die Studenten mit den entsprechenden Umgangsformen und Geräten vertraut machen: Computer-Textsysteme, Fotokopierer, Wasserspender, elektrische Hefter. Alles vorhanden. Dort unten gibt's auch ein Kino für ganz neue Filme, die noch nicht auf Video zu haben sind, zwei moderne Privatküchen, eine umfangreiche Bibliothek mit Nachschlagewerken, eine Anmeldung für Hotel und Motel, einen Zollschalter, wie man ihn am Flughafen findet, eine Annahme für Autoreparaturen. Außerdem werden da Häuser versteigert, Anstellungsgespräche geführt und so weiter.» Nach kurzem Schweigen fügte er hinzu: «Unsere beliebteste Freizeitbeschäftigung wird vom Börsenhändler E. F. Hutton ermöglicht ...»

«Spekulationen?»

Poole lächelte. «Das höchste kapitalistische parasitäre Geschäft. Jeder hier spekuliert mit – Studenten, Ausbilder, Ehefrauen. Die Russen liefern ein Videoband der Wall-Street-Kurse, allerdings mit zwei Tagen Verspätung. Der Crash von 1987 hat uns alle sehr getroffen.» Poole lachte freudlos. «Ich habe aber schon wieder sechstausend Dollar rausgeholt.»

Hollis und Lisa schauten sich an. Sie waren sprachlos.

«Der Lehrplan hier ist sehr vielseitig», fuhr Poole fort, «aber abgesehen von der Sprache und den Alltagsgewohnheiten kann man nicht in die Tiefe gehen. Es ist unmöglich, einem fünfundzwanzigjährigen Russen innerhalb von dreizehn oder vierzehn Monaten das Wissen und die Lebenserfahrung eines gleichaltrigen Amerikaners zu vermitteln. Länger sind die Studenten nicht hier. Natürlich besitzen die Anfänger bereits gute Englisch- und USA-Kenntnisse. Jeder von ihnen hat die Moskauer Geheimdienstschule der Roten Luftwaffe und das Institut für Kanadische und Amerikanische Studien besucht.»

Hollis nickte. Als Fachmann erkannte er, daß hier ein gutes Programm geschaffen worden war. Während die amerikanischen Geheimdienste ihre Aufmerksamkeit von den Spionen auf Satelliten, statistische Analysen und andere passive Methoden der Informationsbeschaffung verlagert hatten, glaubten die Sowjets nach wie vor an den menschlichen Faktor – ein beinahe ironischer Sachverhalt angesichts des unterschiedlichen Wertes, den die beiden Gesellschaftsformen dem Individuum beimaßen. Doch hielt er den sowjetischen Weg für tauglicher. Auch Alevy glaubte an die Informationsbeschaffung durch den Menschen – was nach Hollis' Ansicht der Grund war, warum er und Lisa sich hier im Lager befanden.

Lisa betrachtete die Auslagen des Friseurs und Schönheitssalons und fragte Poole: «Lassen sich die Frauen aus dem Lager hier wirklich die Haare machen?»

«O ja. In beiden Läden arbeiten Friseure aus dem Gulag. Übrigens kommen alle hiesigen Angestellten aus Lagern; es sind vorwiegend Frauen, und die meisten von ihnen sind jetzt mehr oder weniger eng mit Amerikanern liiert. Eine seltsame kleine Welt, vorwiegend gutbürgerlich, wohl weil die meisten von uns aus diesem Milieu stammen.»

Nach kurzem Nachdenken fuhr Poole fort: «Wir zählen etwas über eintausend Einwohner. Nach letzter Zählung zweihundertzweiundachtzig ehemalige amerikanische Piloten und etwa die gleiche Zahl russische Frauen. Kinder gibt's hier übrigens nicht. Dafür hat Burow von Anfang an gesorgt. Dann die sechs entführten Amerikanerinnen – jetzt sieben –, russisches Dienstpersonal, Ärztinnen und Krankenschwestern, ebenfalls aus dem Gulag. Dann natürlich die Studenten – pro Kurs etwa dreihundert. Außerdem ungefähr fünfzig sowjetische Proktoren, wie wir sie nennen, eigentlich Kontrolloffiziere, jeweils einer für sechs Studenten. Das sind KGB-Offiziere, die englisch sprechen. Das KGB-Grenzschutz-Bataillon – ungefähr sechshundert Mann, die vorwiegend in ihrem eigenen Lager leben und unseren Zaun bewachen – rechnen wir eigentlich nicht zur Lagerbevölkerung, denn wir haben mit ihnen nichts zu tun, und sie dürfen keinen Kontakt zu uns aufnehmen.»

Poole räusperte sich und atmete tief durch. «Das wär's, tausend Seelen auf diesen wenigen Quadratkilometern, tausend Leute, die sich jeden Tag etwas vormachen. Sich etwas vormachen, bis die Illusion als Wirklichkeit erscheint und die Wirklichkeit, über die wir lesen und die wir auf Videobändern sehen, wie Meldungen von einem Doppelgängerplaneten anmutet. Ich kann Ihnen sagen, manchmal habe ich das Gefühl, den Verstand verloren zu haben; dann wieder halte ich die Russen für verrückt.» Er ließ den Blick von Hollis zu Lisa wandern. «Sie sind ganz neu hier. Was meinen Sie?»

Hollis räusperte sich. «Ich finde es nicht wichtig, ob Sie alle verrückt sind oder nicht. Ich sehe das Problem eher darin, daß der ganze Laden funktioniert.»

Commander Poole nickte. «Das tut er in der Tat. Wir haben Tausende von kleinen Ungeheuern ausgebrütet.»

Sie gingen quer über den Parkplatz zur Hauptstraße zurück.

«Ich würde gern etwas wissen, Commander», sagte Lisa. «Hatten Sie je das Gefühl, daß Ihre Studenten von unserer Art zu leben in Versuchung geführt werden?»

Poole winkte seine Begleiter dichter heran. «Ja», sagte er leiser. «Aber wohl nur an der Oberfläche. So wie sich ein Amerikaner von Paris oder Tahiti reizen ließe. Viele sind zwar äußerlich ansprechbar, doch haben die meisten einen dunklen Kern in sich, eine unnahbare Mitte, die das Licht nicht hereinläßt. Egal, wie viele Bücher sie lesen, wie viele Aufzeichnungen sie sich anschauen. Sie hören nichts, sie sehen nichts. Natürlich gibt es einige, die an den Eindrücken zerbrechen – ich schätze den Anteil auf fünfundzwanzig Prozent. Diese Leute werden allerdings schnell von den Proktoren aufgespürt. Und schon holt das KGB sie ab. Vielleicht ist es uns gelungen, ein paar Studenten zu bekehren. Aber ich glaube nicht, daß sie durch die mündliche Prüfung gekommen sind – so nennen wir die ausgedehnten Sitzungen unter dem Lügendetektor, die jeder Absolvent zu überstehen hat. Wir haben immer die Hoffnung, daß einer der Burschen mal in die USA reist und sofort zum nächsten FBI-Büro geht – mit der Spionagegeschichte des Jahrhunderts.» Er zögerte und fragte: «Ist das vielleicht schon geschehen?»

Hollis schüttelte den Kopf.

«Unglaublich.»

«Wie viele von unseren Leuten haben hier gesessen?» fragte Hollis.

«Schwer zu sagen. Ganz zu Anfang, zwischen 1965 und dem Ende des Luftkrieges über Nordvietnam kamen Hunderte von Männern hier durch. Die meisten sind tot. Wir haben eine Liste von etwa vierhundertfünfzig Piloten und Besatzungsmitgliedern, von denen wir wissen, daß sie erschossen wurden, an Unterernährung starben oder sich umbrachten. Eine sehr turbulente Zeit, und wir konnten keine genauen Unterlagen führen.» Poole flüsterte: «Aber wir haben die Liste. Mehrere Kopien davon sind an verschiedenen Stellen im Lager versteckt.»

Hollis blieb stehen. «Kann ich eine haben?»

«Ja, natürlich.»

«Und eine Aufstellung der Männer, die heute noch hier sind?»

«Ja.»

«Hatte Jack Dodson diese Informationen bei sich?»

«Gewiß. Sehen Sie etwa eine Möglichkeit, sie aus dem Lager zu schmuggeln?»

«Behaupten möchte ich das nicht, aber ganz bestimmt werde ich es versuchen.»

Poole nickte. «Sie wissen noch nicht alles. Nach dem Pariser Friedensvertrag und nachdem alle Kriegsgefangenen angeblich frei waren, trafen hier Ende der siebziger Jahre immer noch US-Piloten aus nordvietnamesischen Gefängnissen ein. Wie Sie sich denken können, waren diese Männer – insgesamt etwa fünfzig – in unglaublich schlechtem Zustand. Von ihnen wissen wir, daß es in Nordvietnam noch immer US-Kriegsgefangene gibt. Wir haben auch eine Liste dieser Gefangenen.» Poole blickte zwischen Hollis und Lisa hin und her. «Es wäre sehr gut, wenn wir diese Beweisdokumente nach Washington schaffen könnten.»

Hollis nickte. Es gab Leute, die das ganz und gar nicht gut finden würden.

Poole fügte hinzu: «Ich selbst bin seit Juni 1971 hier. Als wir aus dem vietnamesischen Lager geholt wurden, dachten wir zuerst, die Russen wären eine Art Verbindungsstelle zu den Amerikanern. Als wir dann begriffen, daß wir hier Piloten der Roten Luftwaffe ausbilden sollten, war uns klar, daß wir mit diesem Geheimnis nie davonkommen würden.»

Sie waren inzwischen am Ende eines Waldweges angekommen. Dort stand eine heruntergekommene Hütte. Ein Fenster war schwach erleuchtet, Rauch stieg aus dem Schornstein. «Eine der letzten ursprünglichen Lagerhütten», erklärte Poole, «General Austin wohnt lieber hier als in einem sogenannten amerikanischen Haus.» Sie näherten sich der Tür, und Poole fuhr fort: «Der General hat keine russische Frau genommen. Er sagt, er wäre noch mit Mrs. Austin verheiratet. Ich glaube, er ist ihr treu geblieben.» Er fügte hinzu: «Er hat einen stärkeren Willen als ich. Sie müssen außerdem wissen, daß der General sich weigert, Unterricht zu erteilen.»

Hollis fragte: «Warum hat das KGB ihn nicht beseitigt?»

«Wir haben keinen Zweifel daran gelassen, daß wir dann streiken oder einen Aufstand anzetteln würden. Wir haben hier einen gewissen Wert. Außerdem scheint man uns diesen kleinen Sieg zu gönnen.» Poole klopfte.

Die Tür wurde von einem etwa siebzigjährigen Mann geöffnet. Er hatte graue, kurz geschnittene Haare und stahlgraue Augen und sah sehr fit aus. Seine Haut wirkte bleich, aber nicht weil er kränkelte, sondern weil er wohl zu wenig an der Sonne gewesen war. Er sah aus wie ein Mann, der zu lange eine zu große Last getragen hatte – allein.

General Austin musterte seine Besucher und winkte sie wortlos herein. Dann ging er zu einer Stereoanlage und legte eine Platte auf. Vivaldis «Vier Jahreszeiten» erklangen. Austin deutete auf zwei Holzstühle vor einem abbröckelnden Steinkamin, und Hollis und Lisa nahmen Platz.

Die Balkenwände umschlossen einen Raum so groß wie die Küche von Pawel und Ida in Jablonja, der aber womöglich noch kärglicher eingerichtet war. Bis auf einen Schaukelstuhl und die Stereoanlage gab es keinerlei Komfort, nicht einmal einen Teppich und auch keine Kücheneinrichtung. Dafür waren mehrere Leselampen im Raum verteilt. Neben einem Klappbett stand ein glühender elektrischer Heizofen, und Stapel von Büchern und Zeitungen lagen herum.

«Nett, daß Sie gekommen sind, Colonel, Ms. Rhodes», sagte General Austin so leise, daß er durch die Musik kaum zu verstehen war.

Commander Poole meldete: «Colonel Hollis möchte klarstellen, daß er freiwillig gekommen ist.»

Austin nickte. «Sie wissen von Major Dodson?»

Hollis bejahte.
«Und haben Sie mir etwas Neues über ihn mitzuteilen?»
«Nein, General.»
«Was wird unsere Regierung Ihrer Ansicht nach unternehmen, sollte Major Dodson Kontakt zur Botschaft oder zur westlichen Presse aufnehmen?»
«General, ich kann mich mit Ihnen, einem Mann, den ich eben erst kennengelernt habe, nicht auf solche Gespräche einlassen. Bitte haben Sie Verständnis.»
Austin schaukelte vor und zurück und starrte eine Weile ins Leere. «Ich verstehe Ihre Zurückhaltung», sagte er schließlich. «Doch hatte ich zumindest eine Botschaft von draußen erwartet.»
«Ich bin kein Bote. Ich bin Geheimdienstoffizier und habe die Instruktion, mit niemandem über Dinge zu sprechen, die der Betreffende nicht zu wissen braucht, ungeachtet seines Ranges.»
«Ich glaube, ich kann besser als Sie beurteilen, ob ich diese Dinge wissen muß.»
«General, Burow hat mich unter Druck gesetzt und verhört, und ich habe bis jetzt nicht mehr verraten, als ich mußte, um mich bei ihm als möglichen Verräter zu legitimieren. Das ist der Grund, warum ich jetzt hier sitze und nicht in einer Zelle. Was immer ich wissen mag, kann Ihnen sowieso nichts nützen.»
«Können Sie uns wenigstens sagen, ob unsere Regierung weiß, daß wir hier sind?» fragte Poole.
«Nein, das kann ich nicht. Aber ich möchte von Ihnen hören, wie Dodson aus dem Lager gekommen ist.»
«Darin sind nur wenige eingeweiht», antwortete Austin. «Und wenn ich mir Ihre Argumente zu eigen mache, dann brauche ich es Ihnen eigentlich nicht zu sagen.»
Poole fügte hinzu: «Sollte Jack Dodson erwischt werden, wird man ihn foltern und zwingen, die Namen der Männer preiszugeben, die ihm zur Flucht verholfen haben. Zu diesen Männern werden ich und General Austin gehören. Unter Zwang werden wir dem KGB vielleicht sagen müssen, daß Sie das Geheimnis auch kennen. Wenn Sie also immer noch wissen wollen, wie Jack Dodson das Lager verlassen hat, sollten Sie das bedenken.»
Lisa nickte, als Hollis sie fragend anschaute.
«Na gut», sagte Austin. «Mit einem Katapult. Wir sägen unser Kaminholz selbst. Dabei haben wir ein Katapult entworfen, die Teile vorbereitet und im Wald verteilt. Einige Wochen, bevor die Kälte

einsetzte, bauten wir das Ding zusammen, wickelten Major Dodson in gefütterte Decken und schossen ihn über den Stacheldraht. Wir wollten noch drei weitere Männer hinterherschicken und das Katapult anschließend in den Häusern verbrennen, als eine motorisierte Patrouille kam. Wir konnten zwar ungesehen verschwinden, aber das Katapult mußten wir zurücklassen. Es gab Großalarm, und wir sahen für Jack Dodson keine große Chance.» Austin schaute von Hollis zu Lisa. «Die Lagerführung hat natürlich erraten, wie wir ihm zur Flucht verholfen haben.»

«Und das Katapult», schaltete sich Poole ein, «steht zur Zeit hinter dem Hauptquartier und wird rund um die Uhr bewacht. Niemand hat uns den Grund verraten, aber da wir uns inzwischen mit der russischen Denkart auskennen, können wir es uns ausmalen. Sie auch, Ms. Rhodes?»

Wieder herrschte Schweigen, und Poole fuhr fort: «Wenn man Dodson erwischt, kommt er als erster auf das Katapult – diesmal ohne Polsterung. Erwischen die Sowjets ihn nicht und stellen sich die Fluchthelfer nicht, greifen sie sich willkürlich zehn Mann heraus. Auch wenn Sie uns als Verräter oder Mitläufer verachten mögen – und ich habe das Gefühl, Hollis, daß Sie uns nicht ganz unvoreingenommen gegenüberstehen – dürfen Sie nicht glauben, daß wir uns schon zu Haustieren haben degradieren lassen. Wir haben etwas getan, wofür wir zu sterben bereit sind.»

Hollis entgegnete zögernd: «Ich maße mir kein Urteil über Sie an. Ich muß Sie aber daran erinnern, daß Sie den Verhaltenskodex für Kriegsgefangene verletzt haben, indem Sie mit dem Feind zusammenarbeiteten. Und was die Verpflichtung zur Flucht angeht: Ich finde, zwei Mann in zwei Jahrzehnten sind nicht sehr eindrucksvoll.»

Poole lief rot an. «Colonel, ich glaube, Sie –»

«Der Colonel hat recht», warf Austin ein. «Die Russen haben alle, die nicht mitmachen wollten, im Laufe der Jahre umgebracht. So haben Sie es jetzt hier nur noch mit den sogenannten Verrätern oder Mitläufern zu tun, Colonel Hollis und Ms. Rhodes. Nur deshalb leben wir noch. Und nur deshalb ist unter anderen Ernie Simms tot. Stimmt's, Colonel?»

«Durchaus, General.»

Poole stand auf. «Lassen Sie mich ein paar andere Vorschriften in Erinnerung rufen – nämlich die Verpflichtung der Heimatregierung, Gefangene nicht zu vergessen, sie aufzuspüren und nach Möglichkeit freizubekommen. Schauen Sie mir in die Augen, Colonel, sagen Sie mir ganz klar, daß meine Regierung ihre Verpflichtung uns gegenüber eingehalten hat. Versichern Sie mir, daß wir nicht vergessen und aufgegeben worden sind. Bestätigen Sie mir, daß man drüben von unserer Existenz lediglich nichts weiß.»

Hollis erwiderte Pooles Blick. «Wenn man wüßte, daß Sie hier sind, Commander, hätte man etwas unternommen, um Sie herauszubekommen.»

Poole atmete tief durch. «Dann will ich Ihnen sagen, was wir anstelle von Fluchtversuchen unternehmen. Wir sabotieren den Lehrplan bei jeder Gelegenheit. Wir rechtfertigen unsere Existenz mit dem Argument, wenn wir nur lange genug lebten, um *einen* Mann herauszubekommen, könnten wir unser Land über dieses Lager informieren. Und darin steckt Wahrheit, Colonel. Denn wir haben es hier nicht mit einem Kriegsgefangenenlager zu tun. Bei uns gelten andere Vorschriften. Wir haben versucht, unsere Integrität und Offiziersehre zu bewahren. So kann ich Ihnen garantieren, daß keiner unserer Männer je zum Lockspitzel geworden ist. Wir können uns gegenseitig vertrauen und haben zu keinem Russen freundschaftliche Beziehungen angeknüpft. Eine sehr bizarre Situation, mit der wir nach besten Kräften fertig zu werden versuchen. Zum Beispiel hat General Austin ein Komitee für ethische Fragen gegründet.» Pooles Blick wanderte von Hollis zu Lisa. «Ich hoffe nicht, daß Sie ebenfalls zwanzig Jahre hier verbringen müssen; und wenn doch, dann wünsche ich Ihnen, daß Sie sich wie wir ein gewisses Pflicht- und Ehrgefühl bewahren können.»

«Mit anderen Worten», sagte Hollis, «Sie möchten, daß ich meine Äußerungen gefälligst zurücknehme.»

«Richtig», antwortete Poole gepreßt.

Hollis stand auf. «Nun ja, vielleicht kommt das noch. Sie brauchen sich nicht vor mir zu rechtfertigen, nur vor einem ordnungsgemäß einberufenen Untersuchungsausschuß, sollten Sie jemals nach Hause kommen.»

Austin schien mit seinen Gedanken plötzlich ganz woanders zu sein. «Nach Hause», sagte er. «Wissen Sie, wir haben in den Zeitungen Aufnahmen gesehen, wie die Gefangenen aus Vietnam nach Hause kamen. Dabei sahen wir Männer, die wir kannten, vereinzelt sogar unsere Frauen und Familien, die an der Freude anderer Familien teilhaben wollten.» Austin blickte von Hollis zu Lisa. «Ich glaube, die Sowjets hätten sich keine schlimmere Folter ausdenken können.»

Lisa drehte sich um und eilte aus der Hütte.

General Austin fuhr fort: «Wir haben auch über die Bemühungen gelesen, weitere Kriegsgefangene ausfindig zu machen – meistens kamen diese allerdings von seiten privater Gruppen und Familien, nicht von der Regierung. Können Sie sich vorstellen, wie frustrierend das für uns ist? Und warum war bisher niemand so schlau, eine Querverbindung zu sehen? Mein Gott, die Russen und Nordvietnamesen waren verbündet! Warum ist niemand darauf gekommen, daß wir *hier* sein könnten? In der Sowjetunion?» Austin blickte Hollis durchdringend an. «Oder *ist* man längst darauf gekommen? Ist das die Wahrheit? Colonel?»

«Ich kann auf keine dieser Fragen antworten», erwiderte Hollis und fügte hinzu: «Aber Sie haben mein persönliches Wort, daß ich alles in meiner Macht Stehende tun werde, um Sie alle nach Hause zu holen. Guten Abend, General, Commander.»

Lisa wartete draußen auf dem Weg. Sie hatte geweint.

«Du warst grausam», sagte sie. «Dabei haben diese Männer so viel durchgemacht.»

«Was sie getan haben, kann ich nicht gutheißen.»

«Ich verstehe dich nicht. Ich verstehe diesen Verhaltenskodex nicht, ebensowenig deinen – »

«Das brauchst du auch nicht. Dies ist meine Welt, nicht die deine.»

«Verdammt! Aber deine Welt hat mich hierhergebracht!»

«Nein. Das war das KGB.» Leiser fügte er hinzu: «Hier sind viele Fehler wiedergutzumachen, Lisa. Ich bin weder Richter noch Geschworener, doch immerhin Zeuge. Ich weiß, was ich sehe und daß ich nicht zu den Verbrechern gehöre. Bitte denke daran.»

Lisa spürte, daß das Gespräch ihn tief aufgewühlt hatte. «Du hast dich an ihrer Stelle gesehen, nicht wahr?» fragte sie. «Es waren früher deine Leute. Du siehst sie nicht mit Zorn und Verachtung, sondern empfindest Mitleid, so tiefes Mitleid, daß du das Gefühl gar nicht begreifst. Ist es das?»

Hollis nickte und legte ihr den Arm um die Schultern. «Ich kann diesen Menschen keine Hoffnung machen, Lisa. Das wäre grausamer als alles andere. Und sie wissen das.»

Sie drückte ihn an sich. «Ernie Simms ist tot und begraben, Sam. Jetzt mußt du noch mit dir selbst ins reine kommen.»

33

Hollis und Lisa joggten die Hauptstraße entlang. Andere Jogger, meistens Männer, kamen ihnen entgegen oder überholten sie. Alle grüßten freundlich.

«Wohin wollen wir?» fragte Lisa, während sie ein Stück im Schritt gingen, um zu Atem zu kommen.

«Wir besuchen Burow zu Hause.»

«Das kannst du ohne mich tun.» Sie wollte sich abwenden, aber Hollis hielt sie fest.

«Er hat uns zu sich gebeten.»

«Warum willst du gehorchen?»

«Ich habe eine Aufgabe. Ich muß sehen, was es zu sehen gibt.»

«Und wozu?»

«Das weiß ich auch nicht genau, aber ich will nicht unvorbereitet sein auf das, was noch geschieht.»

Lisa schwieg. Dann folgte sie ihm in der eingeschlagenen Richtung.

Die Hauptstraße endete an einem großen Platz, an dessen hinterem Ende sich ein Wachgebäude und ein hoher, stacheldrahtbewehrter Zaun befanden. Zwei KGB-Grenzwächter schauten den beiden Ankömmlingen entgegen. Einer nahm das Gewehr von der Schulter und klemmte es unter den Arm.

«Stoi!»

Hollis sagte auf russisch: «Wir haben eine Verabredung mit Oberst Burow. Ich bin Colonel Hollis.»

Der Wächter musterte sie von Kopf bis Fuß und fragte dann auf russisch: «Seid ihr die neuen Amerikaner?»

«Ja.»

Der Posten machte kehrt und telefonierte von seiner Wachstube aus. Dann winkte er Hollis und Lisa durch das Tor. Die beiden folgten einem Asphaltweg, der für ein Auto gerade breit genug war. An das Wachhaus schloß sich ein Zwinger mit sechs Schäferhunden an.

Burows Haus stand zwischen hohen Kiefern, die gelichtet worden waren, um dem Grundstück Helligkeit zu geben. Das Haus war holzverschalt, hatte zwei Stockwerke und wirkte mit seinen Panoramafenstern ziemlich modern. Unter einem Schutzdach stand der Pontiac TransAm.

Hollis klopfte an die Haustür, die sofort aufging. Ein KGB-Grenzsoldat winkte die Besucher herein. Durch einen Vorraum mit Schreibtisch, Stuhl und Garderobenständer wurden sie in ein gemütliches Wohnzimmer geführt, dessen Wände mit intensiv gemasertem Kiefernholz verkleidet waren.

Burow stand in der Mitte des Raums. Er trug Uniformhosen, Stiefel und Hemd, aber keine Jacke. «Guten Morgen.»

Hollis schaute sich um. Die Einrichtung war russisch, stand in der Qualität aber weit über dem, was die Masse der Bevölkerung kaufen konnte: kompakte, solide gearbeitete Möbel aus den dreißiger Jahren in einem Stil, den man im Westen Art Deco hätte nennen können, der von den Sowjets aber offiziell Sozialistischer Realismus und vom Volk Stalin-Stil genannt wurde. An den Wänden hingen großflächige Bilder mit gutaussehenden Bauern, fröhlichen Fabrikarbeitern und Soldaten der Roten Armee, die sich auf einen Kampf vorbereiteten. Was in diesem Museum der dreißiger Jahre noch fehlte, war ein Bild des lächelnden Stalin.

«Sind Sie Stalinist, Oberst?» fragte Hollis trocken.

«Wir benutzen dieses Wort hier nicht», antwortete Burow. «Aber tatsächlich habe ich den Mann bewundert, wenn auch nicht alle Methoden, die er angewandt hat. Setzen Sie sich.» Er deutete auf eine Stahlrohr-Sitzgruppe am anderen Ende des Raums, dicht neben einem alten russischen Porzellanherd, in dem ein Holzfeuer knisterte. Es war das einzige antike Stück im Zimmer.

«Na, wie ist es Ihnen ergangen?» fragte Burow und setzte sich auf ein Sofa.

«Wir sind im Gefängnis», antwortete Hollis. «Wie soll es uns da gehen?»

«Sie sind nicht im Gefängnis», widersprach Burow knapp. «Was halten Sie bis jetzt von unserer Schule?»

«Ich bin beeindruckt.»

Burow nickte, als wisse er das bereits. «Erstes Thema. Warum haben Sie Sonny geschlagen?»

«Warum besprechen wir nicht erst mal, wieso Wiktor, Wadim und Sie Ms. Rhodes und mich geschlagen haben?»

«Das waren keine Schläge. Das war Dienstsache. Außerdem war das, ehe Sie zum Schulbetrieb stießen. Warum also haben Sie Sonny geschlagen? Weil er Ms. Rhodes beleidigt hat?»

«Nein, es war aus meiner Sicht Dienstsache.»

«*Ich* mache hier die Regeln, Colonel Hollis! Punkto Gesetz und Ordnung bin ich sehr streng. Und sehr fair. Ich habe Studenten wegen Streitereien, Diebstahl oder Belästigungen von Frauen ins Gefängnis gesteckt. Einmal habe ich einen Mann erschossen – wegen Vergewaltigung. Wenn dieses Lager funktionieren soll, müssen Gesetz und Ordnung herrschen. Im Gegensatz zu Amerika.» Burow fügte hinzu: «Wenn Sie sich zum Bleiben entschließen sollten, werde ich eine Untersuchung veranlassen.»

«Die Landis' haben jedenfalls keine Schuld», sagte Lisa. «Es ging nur mich und Sonny an. Der Mann ist ein Schwein.»

«Ach? Er war ein braver Junge, bis er amerikanische Filme sehen durfte.» Burow lachte.

Lisa stand auf. «Guten Tag.»

«Nein, bitte. Genug Wortgefechte. Ich habe etwas mit Ihnen zu besprechen.» Burow schaute seine Besucher an. «Wahrscheinlich haben Sie inzwischen so einiges über mich gehört und fragen sich jetzt, was mich motiviert. Leute wie Sie stellen solche Überlegungen an, wenn sie einer starken Persönlichkeit begegnen. Und ich will Ihnen sagen, was meine Motive sind.»

«Da bin ich aber neugierig», bemerkte Hollis.

Burow lächelte schwach. «Sie mit Ihrem Sarkasmus. Haben Sie nicht mehr zu bieten? Ich hasse diese dummen Sprüche. Ich hasse den Westen. Dieser Haß hat sich komischerweise erst entwickelt, seit ich mit Hunderten von Amerikanern direkt zu tun habe: mit ihrer dummen Kultur, ihren schmutzigen Büchern und Zeitschriften, ihren oberflächlichen Filmen, ihrem Egoismus, ihrem Mangel an Gefühl für Geschichte und Leid, ihrem ungezügelten Konsum nutzloser Güter und Dienstleistungen und vor allem mit ihrem Glück, mit dem sie bisher der Katastrophe entgangen sind.»

Hollis lächelte. «Das ist ja ein ziemlich umfassendes Bild.»

Burow lehnte sich zurück und schlug die Beine übereinander. «Mein zweites Motiv ist rein intellektueller Art. Simpel ausgedrückt, fasziniert mich die Aufgabe, Russen in Amerikaner zu verwandeln. Ich glaube nicht, daß so etwas in diesem Umfang schon einmal versucht worden ist. Außerdem interessieren mich die Auswirkungen für die Zukunft. Können Sie mir folgen?»

«Ich fürchte, ja.»

«Richtig. Es befinden sich weitere Schulen in Vorbereitung.»

«Und woher wollen Sie die Ausbilder nehmen?»

«Durch Entführung, allerdings größeren Stils. Ich nehme an, wir werden ganze Schiffsladungen von Vergnügungsreisenden mit U-Booten aufbringen.» Er lächelte. «Vielleicht im Bermuda-Dreieck.»

«Wie können Sie darüber lächeln?» fragte Lisa. «Das ist so ungeheuerlich!»

«Wir stehen im Krieg», antwortete Burow. «Wir wissen das. Sie nicht. Innerhalb von zehn Jahren werden wir Schulen für jede wichtige Nation der Welt haben. In ganz Europa, Südamerika, Kanada, Südafrika, Australien, Neuseeland – überall, wo Russen als Einheimische durchgehen können – setzen wir diesen Nationen unsere Leute ins Fell. Gegen Ende des Jahrhunderts haben wir den Erdball mit Männern und Frauen überzogen, die wie Deutsche, Franzosen, Engländer aussehen und handeln, aber in Wirklichkeit für Moskau arbeiten.» Burow wandte sich an Hollis: «Was halten Sie davon?»

«Sehr ehrgeizig für ein Land, das siebzig Jahre brauchte, den neuen Sowjetmenschen hervorzubringen, dies aber nicht geschafft hat.»

Burow beugte sich vor. «Sie haben eine viel zu flinke Zunge.»

«Ich weiß. Sie bringt mich immer wieder in Schwierigkeiten.»

Eine ältere Frau trat ein und brachte ein Tablett mit Tee.

«Greifen Sie zu», forderte Burow sie auf.

«Wenn die Frau eine Gefangene ist, Ihre Sklavin, rühre ich nichts an!» sagte Lisa energisch.

Burow schnalzte mit der Zunge. «Was für Skrupel Sie doch haben! Die Frau ist zufällig meine liebe Mutter.» Er stand auf und schenkte drei Tassen Tee ein. «Ja. Ich habe eine Mutter. Und eine Frau und meinen kleinen Liebling Natalia.» Er reichte Lisa und Hollis den Tee. «Ich habe mich gefragt, Lisa», fuhr er fort, «ob Sie nicht gern hier arbeiten würden. In diesem Haus. Um meiner Natalia Englischunterricht zu erteilen. Sie ist zehn Jahre alt. Vielleicht könnten Sie eine Art Gouvernante sein.»

«Colonel Burow, Sie müssen scherzen.»

«O nein. Möchten Sie Natalia kennenlernen?»

«Nein.»

«Finden Sie uns denn alle so widerlich?»

«Ich habe viele russische Freunde. Sie gehören nicht dazu.»

Burow zuckte die Achseln. «Wir werden sehen. Die Zeit heilt viele Wunden.»

Hollis stellte seine Tasse neben dem Stuhl auf den Boden. «Haben Sie uns deshalb herbestellt?»

«Nein. Leider hat sich etwas ergeben. Meine Vorgesetzten in Moskau waren nicht mit meiner Entscheidung einverstanden, Ihnen eine Woche Bedenkzeit zu geben. Ich brauche Ihre Entscheidung also sofort. Ich nehme an, Sie ziehen diesen Ort einem namenlosen Grab vor...»

Hollis stand auf. «Meine Antwort ist nein.»

Burow schaute ihn ungläubig an. «Sie wollen nicht hier arbeiten?»

«Genau das habe ich gesagt.»

«Dann wird man Sie gründlich verhören und erschießen.»

«Dann habe ich nichts zu verlieren, wenn ich Sie auf der Stelle umbringe.»

Burow wich vor Hollis zurück. Er schien nicht recht zu wissen, ob er die Wache rufen sollte. «Sind Sie bewaffnet?» fragte er.

«Ich brauche keine Waffe, um Sie zu töten.»

«Ach? Halten Sie sich für so stark? Ich bin auch fit.»

«Gut. Das dürfte die Sache interessant machen.» Hollis trat einige Schritte vor.

«Bleiben Sie, wo Sie sind!» fauchte Burow.

«Sam, bitte!» sagte Lisa und wandte sich an Burow: «Ich arbeite für Sie. Bitte, Sam. Unser Leben ist das nicht wert. Sag ja. Bitte!» Sie umfaßte seinen Arm. «Was kann es schon ausmachen, wenn im Lager zwei Ausbilder mehr arbeiten.» Sie schaute wieder zu Burow zurück. «Er macht es. Lassen Sie mir Zeit.»

Burow schien nachzudenken. «Ich habe Anweisung, heute Ihre Antwort einzuholen. Wenn Sie bis achtzehn Uhr nicht zugestimmt haben, kommen Sie ins Gefängnis. Verstanden?»

Lisa nickte.

«Ich bin gut gelaunt und will Ihnen auch den Grund verraten. Major Dodson ist wieder in Gewahrsam. Er war keine zweihundert Meter von der Westmauer Ihrer Botschaft entfernt. Für welche Seite hat sich also das Schicksal entschieden?»

Wortlos wandte sich Hollis zur Tür.

«Ja, Sie dürfen gehen», sagte Burow. «Melden Sie sich um achtzehn Uhr bei mir im Büro.»

Hollis und Lisa kehrten ins Foyer zurück, wo der Wächter ihnen die Tür öffnete. Sie folgten dem Weg zum Drahttor, wo sie von einem KGB-Beamten verabschiedet wurden. Auf der Hauptstraße sagte Lisa: «Du willst Zeit gewinnen, stimmt's?»

Hollis nickte. «Was du getan hast, war wirklich nicht nötig.»

«Ich hab's für dich getan, Sam. Dein Selbstwertgefühl begann dein Denken auszuschalten. Ich hätte es nie für möglich gehalten, daß du so die Beherrschung verlierst.»

«Mit mir war alles okay, als ich hinging. Aber ... all das Gerede. Danke, daß du die Situation gerettet hast.»

«Sie haben Dodson», sagte Lisa schließlich.

Hollis nickte. «Wirklich Pech für den Mann. Aber vielleicht befreit das Burow von der Notwendigkeit, das Lager zu verlegen.»

«Wenn dir daran gelegen ist, daß das Lager hier bleibt, nimmst du offenbar an, daß jemand uns holen kommt.»

«Eine gute Schlußfolgerung. Du beginnst wie ein Geheimdienstler zu denken.»

«Und du redest wie einer. Beantworte mir die Frage, Hollis.»

Er lächelte. «Ich finde, falls ein Rettungsversuch unternommen wird, ist es besser, wenn wir hier sind und nicht irgendwo anders.»

Alevy mußte wissen, daß er und Lisa entführt worden waren; er mußte sogar damit gerechnet haben, sonst hätte er in einer untypischen Gefühlsaufwallung nicht versucht, Lisa von dem Flug abzuhalten. In den beiden nächtlichen Gesprächen, die er mit ihm geführt hatte, war schon eine Art «Operation Fabrik» umrissen worden. Vielleicht wollte man zwei oder drei Mann als Beweis herausholen. Deshalb hatte Alevy ihm wohl auch so viele Fragen über den sowjetischen Mi-28-Helikopter gestellt.

Andererseits hatte Alevy auf dem Scheremetjewo-Flughafen einen Austausch angedeutet, nachdem er nun die Möglichkeit hatte, die dreitausend Absolventen der «Fabrik» in den USA aufzuspüren. Alevy log niemals Kollegen an; er gab nur zehn richtige Antworten auf dieselbe Frage.

Lisa unterbrach Hollis' Gedanken. «Was machst du bis sechs Uhr?»

«Ich laufe rum und schaue mir alles genau an. Bist du fit für einen langen Tag?»

«Aber ja. Ich schaue dir gern bei der Arbeit zu. Du faszinierst mich.»

Hollis legte ihr den Arm um die Schulter. Sie passierten Einkaufszentrum und Hauptquartier und näherten sich dem Veteranengebäude. «Ich bin um zehn mit Poole verabredet», erklärte Hollis. «Wir wollen uns wie zufällig begegnen.»

Im Aufenthaltsraum saßen etwa ein Dutzend Ausbilder und doppelt so viele Studenten. Vier Mann spielten Billard, eine Gruppe saß vor dem Fernseher und schaute sich «Platoon» an.

Poole pokerte mit drei Studenten. Er hatte einen großen Stapel Chips und Lagergeld vor sich liegen. Einer seiner Mitspieler war Jim Hull, der junge Mann, den Lisa in der Turnhalle in Verlegenheit gebracht hatte.

Poole schaute von seinen Karten auf. «Hallo, Colonel, Ms. Rhodes. Möchten Sie mitmachen?»

«Nein, vielen Dank. Man hat mir gesagt, daß Sie im Feuerholzkomitee sitzen.»

«Ja, richtig. Moment noch, ich komme gleich.»

Hollis und Lisa setzten sich an den Nachbartisch.

Die Männer spielten die Runde zu Ende, und einer der Studenten gewann mit Assen und Sechsen. «Sie haben mit einem Totenblatt gewonnen», sagte Poole.

«Wieso?»

«Wild Bill Hickcock hatte genau diese Karten, als er in Deadwood in den Rücken geschossen wurde», erklärte Poole. «Ein Pechblatt, selbst wenn man damit gewinnt. Asse und Sechsen. Legt jemand diese Karten beim Poker vor, sagt man ‹Totenblatt›.» Poole stand auf. «Ich bin gleich wieder da. Klaut mir nicht mein Geld.»

Die drei jungen Männer lächelten.

Poole führte Hollis und Lisa vor das Haus auf die Veranda.

«Das ‹Totenblatt› sind aber Asse und Achten», bemerkte Hollis.

«Ach, wirklich? Wie dumm von mir!» Poole grinste und flüsterte: «Ich muß die Leute mindestens einmal am Tag ein bißchen reinlegen, sonst bin ich deprimiert.»

«Sind Sie dabei noch nie erwischt worden?»

«O doch. Etwa ein dutzendmal. Dann muß Lena – meine Frau – eine Woche lang in den Kahn.» Er schaute von Hollis zu Lisa. «Ihr ist es egal. Sie ist stolz auf mich, wenn man sie abholt. Sie war vier Jahre in einem Straflager, da ist die Zelle hier die reinste Erholung.»

«Aber man könnte doch auch mal Schlimmeres gegen sie unternehmen.»

«Gewiß. Aber damit hält man sich zurück. Im Augenblick ist mehr Zuckerbrot angesagt als Peitsche. Ich ahne allerdings, daß bald wieder eine Peitschenphase beginnt.»

«Und würden Sie den Lehrplan trotzdem weiter sabotieren?» fragte Lisa leise.

«Unbedingt. Wissen Sie, Ihnen mag das alles nicht weiter großartig erscheinen – die kleinen Lügen wie das mit den Assen und Sechsen. Aber ich stelle mir diese kleinen Dinge als Silikon-Chips vor. Unsere Aufgabe ist es, diese Chips in unserem Unterricht mit den richtigen Schaltungen zu versehen, damit sie in den großen Computer, das Gehirn des russischen Studenten, passen. Wir bringen aber kleine Kratzer an, kleine Fehler, die der Qualitätskontrolle entgehen. Und irgendwann einmal, in der richtigen Situation, kann sich dieser Fehler fatal auswirken – wenn zum Beispiel einer der Kerle da drinnen mal mit einem CIA-Mann Poker spielt und den falschen Spruch über die Asse und Sechsen losläßt. Wir versuchen es eben.»

«Ich verstehe.»

«Also – rauchen Sie kubanische Zigarren?»

«Nein.»

«Ab sofort aber doch.» Poole zog zwei Aluminiumröhrchen aus der Brusttasche seiner Trainingsjacke und reichte sie Hollis, der sie sofort wegsteckte. «Alle Namen der Amerikaner, die in diesem Lager waren und sind», erklärte Poole. «Unterschriften, wo immer sie zu bekommen waren, Datum der Ankunft, Todesdatum, soweit zutreffend. Wenn Sie das in die Botschaft schaffen könnten, wär's ein Haufen Dynamit.»

«Ich weiß.»

«Aber vielleicht will man gar kein Dynamit in der Botschaft haben.»

«Vielleicht nicht. Aber man wird tun, was man tun muß.»

«Ach, wirklich? Haben Sie denn eine Hoffnung ... Also, ich frage nicht weiter danach. Wie haben Sie den Vormittag verbracht?»

«Sie wissen sicher, daß wir Burow besucht haben.»

«Ja. Hier bleibt wenig verborgen. Können Sie mir sagen, was er wollte?»

«Genaugenommen wollte er uns erschießen. Aber er wird sich damit zufriedengeben, daß wir hier arbeiten.»

Poole nickte. «Wenn man sicher sein könnte, daß er Sie nur erschießt, würde ich Ihnen raten, hart zu bleiben. Aber vermutlich will er Sie einem Verhör unterziehen, selbst wenn Sie für ihn arbeiten, und das wäre nicht sehr angenehm.»

«Damit rechne ich auch. Und dann könnte er Dinge von uns erfahren, die ich ihm lieber vorenthalten würde.»

Poole schaute von Hollis zu Lisa: «Gehören Sie auch zum Geheimdienst?»

«Ja, aber erst seit kurzem. Vorher habe ich Presseerklärungen geschrieben.»

Hollis fuhr fort: «Ich muß ihm bis sechs antworten. Wir werden zustimmen, aber bis zum Lügendetektortest und dem Verhör muß ich dann noch möglichst viel Zeit herausschinden.»

Poole blickte ihn erstaunt an. «Wozu denn?»

Hollis wich der Antwort aus, indem er sagte: «Burow sagt, man hätte Dodson erwischt.»

«Dodson erwischt?»

«Behauptet Burow.»

Poole schien wie betäubt zu sein. «Jetzt geht das Blutbad los», sagte er.

«Ich spreche heute abend mit Burow. Mal sehen, was ich erreichen kann.»

«Bestimmt nichts.»

«Ich werde mir größte Mühe geben.»

«Na gut... Heute abend ist eine idiotische Party. Um sieben. Es müssen alle teilnehmen, mit Frauen.»

«Wir unterhalten uns dann weiter.» Aufmunternd fügte er hinzu: «Commander, trinken Sie einen, oder ist es dafür noch zu früh?»

«Normalerweise schon. Aber heute mache ich eine Ausnahme.» Poole entfernte sich wie in Trance.

34

Sam Hollis und Lisa Rhodes saßen in Colonel Burows Büro.

«Wie haben Sie sich entschieden?» fragte Burow.

«Wir arbeiten hier», antwortete Lisa.

«Gut. Und werden Sie sich beide einem Verhör mit Wahrheitsdrogen und Lügendetektoren stellen?»

«Ja.»

«Gut. Sie werden von der ersten Frage an die Wahrheit sagen. Wenn Sie zum erstenmal lügen, verpassen wir Ihnen Elektroschocks. Beim zweiten Mal stelle ich Sie vielleicht an die Wand. Verstanden?»

«Ja.»

«Ich möchte Ihnen zunächst einige Fragen ohne Unterstützung stellen. Ihre Antworten sollten sich in Ihrem Interesse als wahr erweisen, wenn Sie später an der Maschine hängen. Erstens: Wissen die amerikanischen Geheimdienste von den allgemeinen Zielsetzungen dieses Lagers? Colonel?»

«Ja», antwortete Hollis.

Burow musterte ihn kurz und fragte dann: «Man weiß, daß hier amerikanisches Flugpersonal festgehalten wird?»

«Ja.»

«Und weiß man, wieviel?»

«Nein.»

«Was will man wegen der Amerikaner hier unternehmen?»

«Das ist mir nicht bekannt.»

«Ach? Ich wünsche Ihnen, daß diese Antwort die Nadel des Lügendetektors nicht ausschlagen läßt, sonst werden Sie feststellen, wie schmerzhaft ein Elektroschock sein kann, der durch die Genitalien fährt. Wußten Sie und Alevy, daß man Sie möglicherweise entführen würde?»

«Nein.»

Burow fixierte Hollis und blieb lange stumm. Dann fragte er: «Ist eine amerikanische Geheimdienstaktion gegen diese Anlage geplant?»

«Nicht, daß ich wüßte.»

«Wissen Sie, Hollis, wenn ich herausbekomme, daß Sie mich eben mindestens zweimal angelogen haben, kommen Sie direkt an die Wand, dann erspare ich Ihnen den Elektroschock. Hat Alevy nicht einmal indirekt angedeutet, daß eine bewaffnete oder geheime amerikanische Mission gegen dieses Lager geplant ist?»

«Nein.»

Burow wandte sich an Lisa. «Sie haben Colonel Hollis' Antworten gehört. Waren sie nach Ihrem besten Wissen und Gewissen zutreffend?»

«Ja.»

«Gut. Nächste Frage, Ms. Rhodes. Haben Sie und Colonel Hollis sich vorgestern abend mit General Austin unterhalten?»

«Ja.»

«Haben Sie bei der Gelegenheit auch mit Commander Poole gesprochen, und heute früh noch einmal vor dem Freizeithaus?»

«Ja.»

«Wurde bei diesen Anlässen über einen Fluchtplan oder eine Rettungsaktion geredet?»

«Nein.»

«Nein? Nun ja, wir werden sehen, wie sehr die Nadeln ausschlagen, wenn wir Sie an den Lügendetektor anschließen. Morgen früh kommen zwei Verhörspezialisten aus Moskau. Der eine kennt sich mit Lügendetektoren und Drogen aus, der andere ist Elektroexperte. Er haust im Keller des Lubjanka und hat Dinge gesehen, bei denen uns dreien übel werden würde.» Burow fügte hinzu: «Zum Glück liegt die Wahl bei Ihnen, nicht bei mir.»

«Wir haben uns entschieden», stellte Lisa fest.

Burow musterte sie eingehend. «Ich frage mich, was aus Ihrem Kampfgeist geworden ist.» Er zuckte die Achseln. «Jedenfalls beglückwünsche ich Sie zu Ihrer weisen Entscheidung.»

«Was wird aus Major Dodson?»

«Oh, Sie wissen, daß das nicht in meiner Macht liegt.»

«Warum nicht? Wer kommandiert dieses Lager?»

Burow schien sich zu ärgern. «Sie müssen begreifen, Colonel Hollis, daß Dodson nicht nur ein Kapitalverbrechen begangen, sondern zwischen hier und Moskau viel zuviel gesehen hat. Er darf sein Wissen auf keinen Fall an andere weitergeben. Der Mann wird hingerichtet.»

«Wann?»

«Morgen früh. Es darf nicht sein, daß Angehörige dieser Schule ausbrechen. Das könnte alles zunichte machen – für uns. Für den Weltfrieden. Und für die Amerikaner hier im Lager. Sie würden wahrscheinlich an einen anderen Ort geschickt und erschossen werden. Ihnen ist klar, wie wichtig das alles ist.»

«Mir ist nur klar», antwortete Hollis, «daß man Sie an die Wand gestellt hätte, wenn Dodson durchgekommen wäre. Ich bin Zeuge eines Systems, das gezielt Grausamkeit und Terror als Führungsinstrumente einsetzt.»

Burow zuckte die Achseln. «So haben wir das hier immer gehandhabt, seit Menschengedenken. Ich terrorisiere meine Untergebenen und werde meinerseits vom Lubjanka unter Druck gesetzt. Terror bringt immer neuen Terror hervor. Na und? Das System funktioniert. Mein Kopf ist mir wichtig – Major Dodsons Kopf nicht so sehr. Ich habe eine Familie zu ernähren.»

«Können Sie Major Dodson nicht einfach nur einsperren?»

«Nein, wir müssen dem Lager ganz offen zeigen, wie wir mit solchen Leuten umgehen.»

«Wenn Sie ihn umbringen, könnte es hier Probleme geben», wandte Hollis ein.

«Ach? Haben Sie das gehört? Na, sagen Sie Ihren Landsleuten, daß ich so viele von ihren Frauen oder Freundinnen töten werde, wie ich muß, um die allgemeine Ruhe wiederherzustellen. Geben Sie das bitte weiter, Colonel Hollis?»

«Gewiß, Colonel Burow. Ich habe aber auch an Ihre Landsleute gedacht, die jungen Studenten. Wie würde sich die Hinrichtung auf ihre neugewonnene amerikanische Sensibilität auswirken?»

«Kommen Sie mir nicht von der Seite, Hollis. Meine Studenten werden sich von Major Dodsons Hinrichtung in keiner Weise beeinflussen lassen.»

«Ich bitte Sie ja nur, an alle möglichen Folgen Ihres Handelns zu denken, Colonel Burow.»

«Eher hätten Dodson und seine Freunde an die Folgen denken müssen.»

Hollis atmete tief ein. «Können wir gehen?»

«Gleich. Melden Sie sich morgen nach der Hinrichtung im Hauptquartier zum Rapport. Die Hinrichtung ist eine öffentliche Veranstaltung. Auf dem Fußballfeld, um acht Uhr früh. Sagen Sie überall Bescheid. Wer nicht erscheint, dem wird die Frau erschossen. Zweihundert bewaffnete Grenzwächter haben Dienst. Sagen Sie das General Austin. Wir wollen versuchen, ein Blutbad zu vermeiden. Okay?»

«Wird mehr als einer hingerichtet?»

«Ja. Außer ihm zehn Personen. Major Dodson wird zur Zeit über seine Komplizen verhört. Wenn er keine Namen preisgibt, suche ich mir zehn Personen heraus, auch Frauen.» Burow fügte hinzu: «Die brauchen Ihnen nicht leid zu tun. Sie kannten die Regeln. Ich bin sicher, daß es mindestens zehn Jahre lang keinen Fluchtversuch mehr gibt. Guten Abend.»

Hollis und Lisa standen auf.

«Sie nehmen heute abend an der Party teil. Das gesamte Lager hat sich morgen früh um acht auf dem Fußballfeld einzufinden. Sie können jetzt gehen.»

Hollis hatte sich die ganze Zeit noch nie so deprimiert gefühlt wie jetzt. Er dachte an die Geheimnisse, die er schützen mußte. Er mußte Surikow decken, für den Fall, daß der General noch nicht aus dem Land war. Er durfte nicht verraten, daß die dreitausend Absolventen des Lagers in Kürze enttarnt und gegen Burows dreihundert Amerikaner ausgetauscht werden würden. Er mußte Burow außerdem in dem Glauben lassen, daß Alevy nichts gegen das Lager unternehmen würde. Tragisch war, daß Burow mit Hilfe von Drogen, Knüppeln, Elektroschocks oder sonstigen miesen Methoden alles erfahren würde, was er wissen wollte. Anschließend würde er das Lager evakuieren und das KGB würde seine dreitausend Agenten in Amerika alarmieren. Damit wäre das Unternehmen beendet, und die letzten amerikanischen Vermißten wären für immer verloren.

Lisa sah man die Verzweiflung an. Sie ging stumm neben ihm her. Schließlich sagte sie: «Nina Sturges und Mary Auerbach.»

«Wer?»

«Die beiden Amerikanerinnen, die hier Selbstmord begangen haben.»

Hollis schwieg.

«Sam ... ich habe überlegt ... wenn wir heute ins Bett gingen und einfach weiterschlafen ... wir beide ... bis in alle Ewigkeit. Wäre das nicht besser?» Sie fügte hinzu: «Sie haben's mit dem Propanheizofen gemacht.»

Er schaute sie an. Und er wußte, daß er noch nie in seinem Leben eine Frau so wie sie geliebt hatte. Sie war unendlich tapfer – aber er war für sie beide verantwortlich, und er wollte die Verantwortung tragen. «Lisa», sagte er. «Es hat in meinem Leben viele Sonnenaufgänge gegeben, auf die ich mich nicht gefreut habe. Aber den nächsten werden wir erleben. Gemeinsam! Ich möchte nichts mehr davon hören.»

«Es tut mir leid ... ohne dich möchte ich es nicht tun ... Aber es wird eine lange Nacht werden.»

«Vielleicht bringt uns die lange Nacht auch eine Lösung.»

35

Seth Alevy zog den Trenchcoat an, ergriff seinen Aktenkoffer und verließ das Zimmer im zwölften Stockwerk des Hotels, das zum Gebäudekomplex des Internationalen Handelszentrums gehörte.

Trotz des späten Abends wimmelte es in der großen Lobby von Menschen, vorwiegend westlichen und japanischen Geschäftsleuten. Alevy begab sich in den Einkaufsbereich, eine mit dicken Teppichen ausgekleidete Zone, die von sechs Berioska-Läden gesäumt war. An den sauberen Ladenscheiben klebten die Zeichen von American Express, Eurocard und fünf anderen großen Kreditkarten-Organisationen.

Alevy suchte den Juwelier auf und ließ sich eine Bernsteinkette zeigen. Er kaufte sie mit einer auf den Namen Thornton Burns ausgestellten Eurocard. Die Verkäuferin legte die Kette in ein mit Samt ausgekleidetes Kästchen, das sie in eine bunte Papiertüte steckte. «Noch einen schönen Abend», wünschte sie auf englisch, doch hatte Alevy das Gefühl, daß sie die Worte von einem Schild an der Wand ablas. Er schaute auf die Uhr. Es war halb zehn. Die Berioskas würden bald zumachen. Eine abschüssige Passage brachte ihn zum Lebensmittelgeschäft, das gut frequentiert war: Hotelgäste, Diplomaten und ihr Anhang aus jeder Botschaft in Moskau, hochstehende Parteifunktionäre, die Zugang zu harter Währung hatten, sowie Schwarzhändler, die hier Westgeld umsetzten, auch wenn sie damit zwei bis fünf Jahre Sibirien riskierten. Es gab ausreichend europäische Konserven, Fleisch und Fisch, sowjetisches Treibhausgemüse und tropisches Obst – Dinge, die die meisten Moskauer allenfalls aus Büchern oder Filmen kannten.

Alevy kaufte etwas Schweizer Schokolade, amerikanisches Kaugummi und finnische Bonbons. Er bezahlte in Dollar und kehrte auf den breiten Gang zurück. Weiter unten lag hinter einer Glaswand der Intourist-Schalter. Alevy zeigte Paß, Visum und Flugschein vor und sagte auf englisch: «Ich möchte gern meine Hubschrauberbuchung nach Scheremetjewo und meinen Flug nach Helsinki bestätigen.»

Die attraktive blonde Frau schaute ihre Unterlagen durch und antwortete in ausgezeichnetem Englisch: «Ja, alles in Ordnung. Ihr Hubschrauber ist bereits hier, Mr. Burns. Start in einer Viertelstunde. Gehen Sie ins Foyer und sprechen Sie mit dem Chef der Pagen. Von der Finnair sind bisher keine Probleme gemeldet worden.»

«Vielen Dank.» Alevy suchte seine Sachen zusammen, kehrte ins Foyer zurück und entdeckte sein Gepäck, das man aus dem Zimmer heruntergeholt hatte.

Alevy ging zum Portier. «Helikopter?» Er machte eine kreisende Bewegung mit dem Finger. *«Helikopter?»* fragte er lauter, denn ihm war eingefallen, daß Amerikaner in dem Ruf standen, Sprachbarrieren mit Lautstärke überwinden zu wollen.

Der Portier deutete durch die Glastüren auf einen kleinen weißen Aeroflot-Bus.

«Prima.» Alevy zeigte auf sein Gepäck und schwenkte die Hotelrechnung mit der Zimmernummer.

Der Mann nickte und rief einen Pagen herbei.

Alevy folgte dem jungen Mann nach draußen, bestieg den Minibus und nickte drei anderen Männern zu, die bereits Platz genommen hatten. Der Page verstaute Handgepäck und Koffer hinten im Wagen. Den Aktenkoffer behielt Alevy bei sich. Der Fahrer ließ den Motor an.

Der Mann auf der anderen Gangseite sprach Alevy an: «Amerikaner?»

«Ja.»

Der Mann lächelte. «He, kaum zu glauben – ein Hubschrauberzubringer in Moskau. Das gab's noch nicht, als ich vor fünf Jahren hier war.»

Der Mann hinter Alevy fügte hinzu: «Und auch das Hotel ist unglaublich. Beinahe wie im Westen.»

Alle lachten.

Der Bus verließ die Auffahrt, und die vier Amerikaner plauderten über ihren Aufenthalt in Moskau. Dabei ergab sich, daß alle den Finnair-Flug um Viertel vor elf nach Helsinki gebucht hatten, den letzten Flug des Tages in den Westen.

Der Mann vor Alevy sagte, er reise regelmäßig nach Moskau. «Trotzdem bin ich jedesmal froh, hier wieder rauszukommen», fügte er hinzu. «Ich habe die Landebahn in Helsinki schon so oft geküßt, daß meine Lippen allmählich schwarz anlaufen.»

Die Männer lächelten verständnisvoll.

Der Bus brachte sie westlich vom Hotel zu einer Betonfläche dicht an der Moskwa-Uferstraße. Ein Mi-28-Hubschrauber wartete auf dem angestrahlten Startplatz und ließ die Turbinen warmlaufen. Wie die meisten sowjetischen Hubschrauber stand die Maschine nicht auf Landekufen, sondern auf Rädern. Sie verfügte über fünf Hauptrotoren, angetrieben von zwei 400-PS-Isotow-Turbinen. Der Mi-28 kam beim sowjetischen Militär, aber auch bei der Aeroflot als VIP-Taxi zum Einsatz. Eine schnelle, bequeme und zuverlässige Maschine.

Der Bus hielt zehn Meter vor dem Hubschrauber, und die vier Amerikaner räumten, unterstützt vom Fahrer, ihr Gepäck um. Der Pilot öffnete die Kabinentür und verstaute die Gepäckstücke in dem schmalen Raum hinter den letzten beiden Sitzen. Die Passagiere gaben dem Busfahrer Trinkgeld in Rubeln und gingen an Bord.

Alevy saß direkt hinter dem Piloten. Der Kopilotensitz war leer, wie meistens bei den kurzen Flügen nach Scheremetjewo.

Die anderen Männer verteilten sich auf den restlichen Sitzen. Der Mann, der öfter in Moskau war, sagte: «Um diese Zeit könnten wir mit dem Taxi in dreißig Minuten am Flughafen sein. Die Rußkis halten uns vermutlich für verrückt, so viel Geld auszugeben, damit wir es in zehn Minuten schaffen.»

Ein anderer bemerkte: «Man weiß hier allmählich, wie man uns die grünen Scheine abnimmt. In zehn Jahren gibt's an der Gorki-Straße Striplokale für Westgeld.»

Alle lachten.

Der Hubschrauber hob ab. Alevy beugte sich vor und schaute auf das Instrumentenbrett, dessen Skalen rötlich schimmerten. «Sprechen Sie Englisch?» fragte er den Piloten.

Der Pilot schaute kurz über die Schulter. *«Tschto?»*

«Angliiski?»

«Njet.»

Alevy nickte und lehnte sich zurück. Er sagte zu den anderen: «Tank ist voll.»

Der Mann neben Alevy, Captain Ed O'Shea, nickte. «Vorschrift. Wie ich schon sagte. Alle Flugzeuge, auch Zivilmaschinen müssen stets zur sofortigen Mobilisierung bereit sein.»

«Gute Vorschrift», bemerkte Alevy. «Bis jetzt alles klar», überlegte er. «Ein Pilot, volle Tanks.» Er, sein Stellvertreter Bert Mills und Hollis' Adjutant O'Shea waren in der letzten Woche nach Helsinki geflogen und einzeln nach Moskau zurückgekehrt – mit neuen

Pässen und gefälschten Sowjetvisa. Sie hatten im Handelszentrum residiert. Offiziell waren sie nicht im Lande, und der Botschaft erwuchsen daher keine Schwierigkeiten, sollte die Sache schiefgehen.

Der hinter Alevy sitzende Mann, Bill Brennan, kam direkt von seinem Genesungsurlaub in London. «Ich möchte Ihnen für die Gelegenheit danken, eine Rechnung zu begleichen», sagte er.

«Ich dachte mir gleich, daß Sie sich in London langweilen würden», antwortete Alevy und fügte hinzu: «Die Nase hat man Ihnen aber ziemlich unglücklich zurechtgeflickt.» Er schaute aus dem Fenster und sah rechts voraus Scheremetjewo näher kommen. «Also, meine Herren, sind wir bereit?»

Die anderen bekundeten Zustimmung. Bert Mills beugte sich vor und fragte Captain O'Shea: «Können Sie das Ding vom Kopilotensitz aus fliegen?»

«Wird schwierig», antwortete O'Shea, «aber wir versuchen es mal.»

«Okay», sagte Alevy. «Es geht los.» Er holte aus einem luftdicht versiegelten Päckchen ein chloroformgetränktes Stoffkissen, griff dem Piloten über die Schulter und drückte ihm das kleine Kissen auf den Mund. Gleichzeitig stieg O'Shea nach vorn auf den Kopilotensitz und übernahm die Steuerung des schwankenden Hubschraubers.

Der Pilot begann zu strampeln, trat in die Pedale, zerrte am Steuerknüppel. Der Helikopter geriet in eine gefährliche Schieflage, ehe O'Shea seiner Herr wurde. «Nach hinten mit dem Kerl!» brüllte er.

Alevy stand auf, streifte dem Piloten die Kopfhörer ab und zerrte ihn mit Brennans Hilfe nach hinten. Ächzend sackte der Pilot zu Boden und rührte sich nicht mehr.

Alevy atmete tief durch und beugte sich vor. «Okay, Captain. Die Maschine gehört Ihnen.»

«Okay.» Behutsam drosselte O'Shea den Antrieb, woraufhin die Maschine zu sinken begann. Er schob sich seitlich in den Pilotensitz, angelte mit den Füßen nach den Pedalen und übernahm gleichzeitig die Steuerung. Der absinkende Hubschrauber pendelte und rollte, ehe er wieder in eine ruhige Lage kam. O'Shea gab mehr Gas und ließ die Maschine steigen. «Okay, okay.»

Alevy rutschte auf den Kopilotensitz, und auch Bert Mills und Bill Brennan rückten weiter nach vorn. «Na, läßt sich das Ding so einfach fliegen, wie es aussieht?» fragte Alevy.

O'Shea lächelte verkniffen. «Ein ziemlich harter Brocken. Ich habe seit zehn Jahren keine Rotoren mehr geflogen. Bei sowjetischen

Helikoptern dreht sich der Hauptrotor andersherum als bei uns; da wirken die Seitenruderpedale genau entgegengesetzt.»

«Sausen wir deshalb im Zickzack herum, Captain?»

«Ja. Dauert ein Weilchen, bis man dran gewöhnt ist.»

O'Shea bewegte den Steuerknüppel nach Backbord und bediente die Ruder, die die Maschine in Längstrimmung hielten. In weitem Bogen bewegte sich der Helikopter nach Westen, weg von Moskau. «Ich muß noch eine Viertelstunde herummanövrieren, bis ich mich einigermaßen sicher fühle.»

«Versuchen Sie mit zehn Minuten auszukommen. Wir brauchen jeden Tropfen Treibstoff. Hat Ihnen das Trainingshandbuch nicht geholfen?»

«Doch, aber nichts geht über die Praxis. Alles in Ordnung, Männer. Entspannt euch. Ich schaffe es.»

Alevy setzte die Kopfhörer auf und begann den Funkverkehr des Tower Scheremetjewo abzuhören. «Nicht zu weit nach Westen», sagte er zu O'Shea. «Ich muß noch mit dem Tower sprechen.»

«In Ordnung.»

Alevy sah die hellen Lichter Moskaus am östlichen Horizont. Der Himmel war ungewöhnlich klar und sternenübersät, doch leuchtete der Mond nur als schmale Sichel, und das war gut so. Im Westen berührte der dunkle Himmel den schwarzen Horizont. Bald würden sie in diese Leere fliegen. Obwohl er die Angst ringsum förmlich riechen konnte, erschreckte Alevy am meisten der Gedanke, daß sie zu spät kommen könnten.

Bert Mills schaute auf die Uhr. «Wir sind in Scheremetjewo jetzt etwa fünf Minuten überfällig.»

«Okay», sagte Alevy zu O'Shea. «Machen wir alle Lichter aus.»

O'Shea starrte auf die Instrumententafel und versuchte sich zu orientieren.

«Hier», stellte Alevy fest. «Hier steht ‹Navigationslichter›.»

«Genau. Das ist der Schalter.»

Alevy legte den Schalter um. Die Außenlichter verlöschten. «Konzentrieren Sie sich aufs Fliegen.» Er fand auch den Schalter für die Innenbeleuchtung. Nun warfen nur noch die Instrumente einen hellroten Schimmer auf Alevy und O'Shea und verbreiteten eine etwas unheimliche Atmosphäre. Nach einem letzten Blick auf die Instrumente drückte Alevy den Sendeknopf am Steuerknüppel. Auf russisch rief er in das Kehlkopfmikrofon seines Kopfhörers: *«Kontroler! Kontroler!»*

Wenige Sekunden später meldete sich der Kontrollturm Scheremetjewo: *«Kontroler.»*

Erregt stotterte Alevy auf russisch: «Hier Aeroflot P eins-eins-drei – verlieren Motorkraft...» Er hörte auf zu reden, drückte aber weiter auf den Knopf, wie es jeder Pilot getan hätte, der den Boden auf sich zurasen sieht. Dann schrie er auf russisch: «Gott...!» nahm den Finger vom Knopf und hörte den Tower Scheremetjewo in den Ohrmuscheln: «...eins-eins-drei, melden, melden...» Alevy war mit seiner Leistung zufrieden, schaltete die Funkanlage aus und setzte den Kopfhörer ab. «Daran dürften sie zu knabbern haben – an der Suche nach dem Wrack *und* an der Tatsache, daß ein Mensch in der letzten Sekunde seines Lebens göttlichen Beistand erfleht hat. Okay, Captain O'Shea, jetzt nach Westen.»

Der Mi-28 stand in einem tiefen Steinbruch. Langsam liefen die Rotoren aus, und der aufgewirbelte Staub begann sich zu senken. Links neben Raupen und Schaufelbaggern waren einige Holzhütten zu sehen, doch schienen darin keine Arbeiter oder Wächter zu hausen. «Wie sieht's aus, Ed?» wandte sich Alevy an O'Shea. «Kriegen Sie die Sache langsam in den Griff?»

O'Shea atmete tief durch und nickte. Er wischte sich die verschwitzten Hände an der Hose ab. «Es wird, es wird.» Es war ein scheußlicher Landeanflug gewesen, und er hatte mit der Maschine große Mühe gehabt.

Brennan öffnete die Schiebetür und trug mit Mills den bewußtlosen Aeroflot-Piloten ins Freie. Sie zerrten den Mann durch den Schotter, zogen ihm die Uniform aus und fesselten ihn an Händen und Füßen.

Währenddessen luden Alevy und O'Shea das Gepäck aus und stapelten es ein Stück vom Hubschrauber entfernt auf. Alevy öffnete einen Koffer und nahm drei KGB-Grenzschutz-Uniformen heraus, mit schwarzen Stiefeln, Mützen, Pistolen und KGB-Mänteln. Im Koffer lagen außerdem vier sowjetische Uhren. Alevy, Mills und Brennan zogen die KGB-Uniformen an, während O'Shea in die Uniform des Aeroflot-Piloten stieg.

Mills schaute auf seine Uhr. «Wenn das Ding funktioniert, haben wir jetzt 22.32 Uhr. Wir verpassen unseren Flug nach Helsinki...»

Brennan lachte leise vor sich hin, während er sich einen Ledergürtel umschnallte, in dessen Halfter eine 9-mm-Makarow-Automatic mit Schalldämpfer steckte. Alevy und Mills bewaffneten sich auf gleiche Weise, während O'Shea die Automatic in die Tasche steckte. Die Männer stellten ihre Uhren auf die gleiche Zeit ein und legten Zivilkleidung, Pässe, Visa, die Brieftaschen und ihre westlichen Uhren oben auf das Gepäck. Aktenkoffer und Berioska-Einkaufstaschen bildeten den Abschluß. Das Kästchen mit der Bernsteinkette steckte Alevy in die Außentasche seines KGB-Mantels.

Brennan griff in den offenen Koffer und nahm die letzten beiden Objekte heraus: zwei zylindrische Phosphorbrandsätze mit Zeitschaltern. Er stellte die Zündung auf drei Stunden ein und schob die Granaten in den großen Haufen aus Gepäck und Kleidung.

«Das wär's», sagte Alevy. Die Männer kehrten zum Hubschrauber zurück und nahmen ihre Plätze wieder ein.

Alevy fragte O'Shea: «Wieviel Flugzeit haben wir maximal drauf?»

O'Shea überlegte kurz. «Das läßt sich bei einem Hubschrauber sehr schwer berechnen. Einfluß haben Wind, Lufttemperatur, Beladung, Flughöhe und alle Manöver, die wir durchführen müssen. Auf der Stelle schweben kostet sehr viel Treibstoff.» Er schwieg längere Zeit, rechnete und sagte dann: «Schlimmstenfalls zwei Stunden, bestenfalls etwa vier.»

«Und was für eine Distanz wäre das?»

«Grob gerechnet... bei etwa hundertsechzig Kilometer die Stunde – dreihundert bis knapp fünfhundert Kilometer.»

«Selbst wenn wir beste Verhältnisse annehmen, wird das verdammt knapp», sagte Bert Mills.

Brennan, der sich für das Thema Treibstoff nicht zu interessieren schien, überprüfte seine Makarow-Automatic. Er ließ das Magazin einschnappen und wieder herausgleiten und bewegte den Schlitten wie ein Mann, der mit fremder Leute Waffen schon schlechte Erfahrungen gemacht hat. «Allgemeine Waffenüberprüfung», sagte er.

Die anderen kamen der Aufforderung nach, denn Brennan war der Waffenexperte des Unternehmens.

Anschließend wühlte Brennan in Alevys großer Tasche, die an Bord geblieben war, und nahm die Teile des Dragunow-Scharfschützengewehrs heraus, das er im Dunkeln zusammensetzte. Er befestigte ein Nachtzielfernrohr, das eine vierfache Vergrößerung brachte, auf der Waffe, lud sie, zielte damit durch die vordere Scheibe und schaltete die elektronische Vergrößerung ein. «Nicht schlecht für eine Waffe aus der UdSSR», meinte er.

«Darauf verstehen sie sich», bemerkte Mills.

Brennan schaltete das Teleskop aus und legte die Waffe quer vor seinen Sitz auf den Boden.

Alevy ließ sich von Brennan zwei Flugkarten aus dem Koffer geben und reichte eine an O'Shea weiter, der sie auf dem Schoß ausbreitete, um das Terrain zu studieren.

Brennan wühlte noch immer in der Tasche herum. «Phosphorgranaten, zusätzliche Munition, ein bißchen dies, ein bißchen das. Inventur abgeschlossen.» Er wandte sich an Alevy. «Es geht mich zwar nichts an, aber woher haben Sie die Uniformen und die Knarren? Und wie haben Sie verhindert, daß sich das Zimmermädchen alles angeschaut hat?»

«Der kleine Antiquitätenladen in der Arbat-Straße», antwortete Alevy, «hat im Keller eine Kostümabteilung. Die Waffen sind mit der Diplomatenpost ins Land gekommen. Was die neugierigen Zimmermädchen angeht, so ließ ich die Bordtasche und das andere Gepäck direkt ins Foyer des Hotels liefern, als der Aeroflot-Bus bereits fällig war.»

Sie schwiegen eine Weile. Dann sagte Brennan: «Damit Sie es wissen, Mr. Alevy: Ich habe großes Vertrauen in Sie und glaube wirklich nicht, daß wir hier eine Selbstmordtour planen. Außerdem mag ich Colonel Hollis. Er ist anständig. Und seine Freundin auch. Deshalb bin ich jetzt hier und nicht in London.»

Alevy nickte Brennan zu. Dann meldete sich O'Shea: «Niemand braucht sich wegen der Fliegerei Sorgen zu machen. Konzentriert euch auf eure Aufgaben. Ich kümmere mich um den Steuerknüppel.»

«Bill – da hinten muß noch eine blaue Berioska-Tüte sein», sagte Alevy ablenkend. Er spürte, daß die anderen nervös wurden. «Darin finden Sie Kaugummi und andere Süßigkeiten. Teilen Sie mal aus.»

Brennan versorgte sich mit Kaugummi. Mills nahm einen Schokoladenriegel, während Alevy einen Bonbon lutschte. O'Shea wollte nichts. Brennan blies den Gummi zu einer großen Blase auf und ließ sie platzen.

Die Minuten vergingen, und außer dem Knacken der abkühlenden Maschine und dem Ploppen des Kaugummis war nichts zu hören. «Ruhig bleiben», sagte Alevy zu seinen Leuten.

36

Im Saal des Veteranenhauses hielten sich etwa tausend Personen auf, aber es war die stillste Menschenansammlung, die Hollis je gesehen hatte.

Das Gebäude war von bewaffneten KGB-Grenzsoldaten umstellt, die vor Mitternacht niemanden hinausließen. Im eigentlichen Aufenthaltsraum, in den Bars und Nebenräumen unterhielten sich Männer und Frauen in unterdrücktem Zorn. Immer wieder war ein Schluchzen zu hören. Kaum jemand beachtete die bereitstehenden Speisen und Getränke, nicht einmal die Studenten, die sich sehr unbehaglich zu fühlen schienen. Burow war nicht in Erscheinung getreten.

Hollis, der genau wußte, daß er nicht zu den zehn willkürlich herausgesuchten Erschießungsopfern zählen würde, fühlte sich irgendwie schuldig, daß er sich nicht wie die anderen Sorgen um sein Leben machen mußte. Lisa ging es genauso.

Nachdem er Poole von Burows Hinrichtungsplänen erzählt hatte, hatten sie zunächst überlegt, ob man die Nachricht nicht geheimhalten sollte. Dann hatte sich aber doch die Erkenntnis durchgesetzt, daß die Lagerinsassen Bescheid wissen mußten.

Während der sogenannten Party hatte es schon mehrere Zwischenfälle gegeben. So hatte Jane Landis einem Studenten eine Ohrfeige versetzt, und eine der entführten Amerikanerinnen war mit Fußtritten auf die Stereoanlage losgegangen. Ein Faustkampf zwischen Captain Schuyler und einem Studenten war schnell beendet worden.

Die Studenten ließen die Beschimpfungen ihrer Ausbilder über sich ergehen und wirkten ziemlich hilflos. Nach diesem zornigen Abend würde es bestimmt Wochen, wenn nicht gar Monate dauern, bis die Schule den normalen Betrieb wieder aufnehmen konnte.

Hollis holte sich ein Bier von der Bar. Lisa tauchte neben ihm auf und umfaßte seinen Arm. «Sam, ich halte es nicht mehr lange aus.»

Hollis schaute auf die Uhr. «Noch ein paar Minuten. Um Mitternacht ist der Spuk vorbei.»

Hinter ihnen tauchte Commander Poole auf. «Die Männer und Frauen», sagte er, «sind bereit, zusammenzuhalten. Es wäre kein Problem, einen Aufstand losbrechen zu lassen. Wir könnten uns weigern, zu gehen, und die Studenten als Geiseln nehmen. Wir könnten zu Burows Haus marschieren. Oder das Haupttor stürmen. Vielleicht kommen einige durch und schaffen es bis zur Botschaft.»

Hollis schaute den anderen an, und beide wußten, daß Poole keine echten Möglichkeiten aufzählte, sondern nur verschiedene Methoden des Selbstmords. «Die Kerle haben die Waffen, Commander», sagte Hollis. «Darum geht es im zwanzigsten Jahrhundert nun mal. Wer die Schnellfeuerwaffen besitzt, hat das Sagen.»

Poole senkte den Kopf. «Wir sollen die elf Toten akzeptieren und die Sache auf sich beruhen lassen?»

«Ja. Wir müssen weiterleben, um es immer wieder zu versuchen. Irgend jemand wird es schaffen. Außerdem nehme ich an, daß hier im Lager nach dem heutigen Abend eine völlig neue Atmosphäre herrschen wird.»

«Allerdings», antwortete Poole nachdenklich. «Und wissen Sie was? Ich finde das gut so. Wir hatten uns schon viel zu gut mit diesen Leuten eingerichtet. Es fiel uns schwer, zornig zu werden und zornig zu bleiben. Das ist nun plötzlich anders geworden.» Er blickte von Hollis zu Lisa. «Ich glaube, Ihr Auftauchen hier erweckte uns aus unserer Lethargie.»

Hollis räusperte sich. «Möglich, daß ich bei General Austin harte Worte gebraucht habe, aber an meiner Meinung hat sich bis heute nichts geändert. Nur wollte ich nicht den Eindruck erwecken, als wäre es mir egal, wie es Ihnen geht.»

«Ich verstehe.»

Es wurde Mitternacht, und die ersten Gruppen verließen still den Saal.

Poole sagte: «Burow hat ab halb eins Ausgangssperre verhängt, so daß wir bis zum Morgen praktisch Hausarrest haben. Wir können uns nicht mehr treffen und die Sache besprechen. Wer unerlaubt draußen angetroffen wird, soll ohne Anruf erschossen werden. Ich wünsche Ihnen beiden eine gute Nacht. Wir sehen uns dann morgen früh auf dem Fußballplatz.» Er machte kehrt und ging.

Wenig später gingen auch Hollis und Lisa durch die kalte feuchte Luft nach Hause.

Sie schwiegen. Keiner wollte dem anderen seine Angst und Unsicherheit eingestehen. Wie um sich Trost zuzusprechen, hielten sie sich an den Händen. Im Haus angekommen, verriegelte Lisa die Tür, ließ sich in den Lehnstuhl sinken und starrte in den kalten Kamin. Schließlich raffte sie sich auf und begann sich auszuziehen.

«Laß uns schlafen gehen», sagte sie deprimiert.

«Geh nur», antwortete Hollis. «Ich muß ein Weilchen allein sein.»

Lisa küßte ihn und verschwand im Schlafzimmer.

Hollis schaltete das Licht aus und hing in der Dunkelheit seinen Gedanken nach. Nicht zum erstenmal mußte er daran denken, daß Alevy Lisa und ihn in letzter Konsequenz verraten und im Stich gelassen hatte. Dafür konnte sich Hollis durchaus dienstliche Gründe vorstellen – Alevy-Gründe. Andererseits hielt sich in Hollis das Gefühl, daß Alevy trotz seiner Gerissenheit eines solchen Verrats letztlich nicht fähig war. Es sei denn, er fühlte sich persönlich hintergangen. Eifersucht war ein starkes Motiv, so stark wie manch andere Kräfte, die Nationen und Könige gestürzt hatten.

Hollis starrte in die Dunkelheit. Die Zeit verstrich, doch obwohl er müde war, fühlte er keinen Drang, sich hinzulegen. Eine seltsame Zuversicht bemächtigte sich seiner. Er hielt es für gewiß, daß für das Lager der letzte Tag gekommen war...

37

In der Kabine des Mi-28 war es kalt geworden. Alevy, Mills, Brennan und O'Shea wanderten abwechselnd um den Hubschrauber herum und suchten mit dem Nachtzielfernrohr des Dragunow-Gewehrs den Rand der Kiesgrube ab. Mit schwarzem Klebeband hatte Mills die Identifikationsnummer der Maschine von P-113 in P-413 abgeändert – für den Fall, daß andere Flugzeuge oder das Lager den Funkverkehr über den Absturz der 113 mitgehört hatten.

Um halb zwei sagte Alevy: «Los geht's, Bill –», er gab Bill Brennan, der gerade Wache stand, ein Zeichen. Brennan faßte sein Gewehr fester und lief in die Dunkelheit, dorthin, wo das Gepäck neben dem bewußtlosen Piloten aufgestapelt war. Man hörte ein leises Plop. Brennan kam mit undurchdringlicher Miene zurück und bestieg den Hubschrauber, der kurz darauf in einer Wolke aus Staub senkrecht startete.

O'Shea überprüfte Drehmomentanzeige und Drehzahlmesser und ließ die Maschine aus der Grube in den Nordwind steigen.

Tief unten explodierten die Phosphorgranaten in hellem Schein und vernichteten Gepäck und Kleidung.

In achthundert Metern Höhe schwenkte O'Shea die Maschine nach Westen herum und ging auf Horizontalflug. «Bill und Bert», sagte er, «Sie achten auf andere Flugzeuge. Die können uns ohne Lichter nicht sehen. Seth, Sie suchen mir die Landstraße Minsk–Moskau oder die Moskwa.»

Alevy schaute durch die Frontscheibe. Der Himmel war weiterhin klar, die Sterne sorgten für ein kärgliches Licht, auch wenn der Mond beinahe schon untergegangen war. Alevy suchte das Gelände mit den Blicken ab und entdeckte schließlich die Moskwa, die sich wie ein dünnes Zinnband durch dunkle Felder und Wälder schlängelte. «Nach Süden über den Fluß», sagte er zu O'Shea.

Der Pilot steuerte die Maschine auf Südwestkurs.

Alevy starrte nach unten und meldete nach einigen Minuten: «Dort! Die Straße. Sehen Sie sie?»

O'Shea beugte sich vor. «Okay.» Er schwenkte den Hubschrauber nach Westen und begann der Straße zu folgen.

«Elf Uhr, gleiche Höhe!» rief Mills plötzlich. Von vorn näherten sich blinkende Navigationslichter. Die beiden Maschinen rasten aufeinander zu und schienen auf Kollisionskurs zu liegen. O'Shea riß den Mi-28 nach rechts herum und ließ das andere Flugzeug, einen riesigen Frachthubschrauber, an Backbord vorbeischießen. «Jesus...!» rief er, atmete durch und sagte zu Alevy: «Wenn der uns gesehen hat, meldet er, daß wir ohne Positionslampen fliegen. Mit Licht wären wir bestimmt unverdächtiger. Und wenn man nach uns sucht, Seth, dann bestimmt auch mit Bordradar.»

«Ich hoffe, daß man uns noch in den Wäldern bei Scheremetjewo sucht. Keine Lichter.»

O'Shea richtete sich nun nach dem Fluß und der Straße, die ungefähr parallel zueinander verliefen. Alevy sah auf den Geschwindigkeitsmesser, der hundertzwanzig Stundenkilometer anzeigte. «Wir müßten bald die Lichter von Moschaisk sehen.»

Mills beugte sich vor und deutete nach links. «Sind sie das?»

Alevy schaute in die angegebene Richtung. Etwa fünf Kilometer voraus schimmerten Lichter, die die Moskwa zu überqueren schienen. Wahrscheinlich die Brücke von Moschaisk. «Es gibt hier kaum andere Städte, also muß das Moschaisk sein.»

Minuten später machten sie das erleuchtete Zentrum der kleinen Stadt aus.

«Auf etwa fünfhundert Meter runter und dem Fluß folgen», befahl Alevy.

O'Shea verlor an Höhe und überquerte die Brücke. In dieser Höhe leuchtete der Fluß intensiver, das Wasser spiegelte das kalte Sternenlicht und den schwindenden Mondschein wider.

«Fluggeschwindigkeit drosseln», sagte Alevy.

O'Shea nahm das Tempo des Hubschraubers auf neunzig Stundenkilometer zurück.

Alevy schaute auf die Uhr und auf seine Karte und verkündete: «Meine Herren, wir landen bald.»

Niemand antwortete. Die Männer waren Profis. Jeder von ihnen hatte sich in Ausübung seines Berufes schon mehrmals auf sein Glück verlassen müssen. Sie hatten auch diesmal ihre Chancen berechnet und sie für etwas besser befunden als russisches Roulette mit einem fünfschüssigen Revolver. Jeder dieser Männer hatte Angst, war aber zugleich auch seltsam aufgekratzt. Alevy spürte förmlich, wie sie der

Entscheidung entgegenfieberten, ob der Reißbrettplan auch tatsächlich funktionieren würde.

Alevy suchte das Südufer des Flusses ab. «Unser Ziel liegt irgendwo in dem Kiefernwald. Tiefer gehen, Ed. Über den Wald einschwenken.»

«Okay.» O'Shea bog vom Fluß ab und ging, langsamer werdend, um zweihundert Meter herunter.

Alevy schaute nach hinten, wo Brennan und Mills aus den Seitenfenstern schauten. Er hatte sie nicht gefragt, warum sie mitgekommen waren, er hatte auch keine flammende Rede halten müssen. Sie waren einfach mitgekommen, nachdem er ihnen den Plan kurz beschrieben und gefragt hatte, ob sie ihn für machbar hielten und sich beteiligen wollten.

Plötzlich ging der Wald in hügeliges, offenes Terrain über, auf dem zahlreiche Gebilde verstreut lagen, die Alevy als Steindenkmäler erkannte: das Schlachtfeld von Borodino. «Wir sind drüber weg», sagte er zu O'Shea.

O'Shea ging in den Schwebeflug, zog den Helikopter um hundertachtzig Grad herum und flog wieder an. Dann sank er auf zweihundert Meter ab.

Mills sah es als erster. «Dort. Zehn Uhr, einen Kilometer voraus.»

Die Männer schauten nach Backbord und sahen einen freigeräumten Streifen zwischen den dicht stehenden dunklen Bäumen. Der Lagerzaun war nicht beleuchtet, was im Zeitalter der elektronischen Bewegungssensoren und Geräuschdetektoren, des Personenradars und der Nachtsichtgeräte wohl auch nicht nötig war. Gefängnismauern verfügten über die modernste Technik – besonders in der Sowjetunion.

«Bestimmen wir die Windrichtung», sagte Alevy zu Brennan.

Brennan griff in die Ledertasche und holte eine Rauchpatrone heraus. Er schob sein Plexiglasfenster hoch, zog die Nadel und warf die Patrone aus dem Fenster.

O'Shea ließ den Hubschrauber in zweihundert Metern Höhe schweben und beobachtete den weißen Rauch. «Wind aus Norden, etwa fünf Knoten. Das sind ungefähr acht Stundenkilometer.» Dann fügte er hinzu: «Vielleicht kann man von den Wachtürmen aus schon die Rotorblätter hören. Beim Landeanflug müssen wir Beleuchtung haben.»

«In Ordnung», antwortete Alevy und betätigte den Hebel für die

Navigationslampen und den Heckblinker. «Sie wissen, was zu tun ist.»

«Verstanden.» O'Shea ging wieder in den Geradeausflug, wobei er eine hohe Umdrehung fuhr und die Rotorblätter hoch anwinkelte, um bei geringem Tempo maximalen Auftrieb zu erzielen, ohne abzukippen. Er schwenkte nach Steuerbord herum und näherte sich dem Nordrand des Lagers auf parallelem Kurs von Westen nach Osten. Nun waren sämtliche Wachtürme, die in Abständen von zweihundert Metern den Todesstreifen säumten, zu sehen.

«Geben Sie mir die Kanister», sagte Alevy zu Brennan.

«Ich kann das übernehmen.»

«Geben Sie sie mir!»

Brennan nahm vier unbeschriftete Metallkanister aus Alevys Bordtasche und reichte sie nach vorn. Alevy untersuchte sie kurz, entfernte einen schützenden Plastikstreifen von der Oberseite und stellte überall die Zeitschaltung ein. Dann öffnete er sein Lüftungsfenster und warf den ersten Kanister etwa fünfhundert Meter vom Nordrand des Lagers entfernt ab. Er wartete einige Sekunden und ließ in gleichen Abständen die anderen Behälter folgen, den letzten etwa gegenüber dem Wachturm an der Nordostecke der Anlage. Von den Türmen war bestimmt nicht zu sehen, daß etwas abgeworfen wurde. «Okay, Captain O'Shea», sagte Alevy schließlich. «Ins Lager.»

O'Shea bog nach Steuerbord ab und überflog in hundertfünfzig Metern Höhe Wachtürme und Stacheldraht.

«Der Hubschrauberplatz liegt am westlichen Ende des Lagers. Kurs beibehalten», sagte Alevy und schaltete den Landescheinwerfer ein, den er mit einem Hebel bewegen konnte. Das grelle Licht huschte über die Baumwipfel. Inzwischen versuchten die Russen bestimmt Funkkontakt aufzunehmen, doch wußte Alevy die vorgeschriebene Frequenz nicht. Die Russen waren meist sehr nervös und neigten dazu, ihre gesperrten Flugzonen abzuschirmen; doch hoffte er, daß hier im Herzen Rußlands erst gefragt und dann geschossen wurde. Er hoffte auch, daß man die Rauchbombe, wenn man sie gesehen hatte, für eine Landehilfe hielt und nicht das wahre Motiv erriet, nämlich die beste Abwurfstelle für die Kanister zu ermitteln, damit das Gas später ins Lager wehen konnte...

Plötzlich zuckte etwa hundert Meter voraus ein Lichtstrahl auf, erfaßte die Maschine und damit auch das bekannte Aeroflot-Zeichen. Da Aeroflot und Rote Luftwaffe praktisch gleichzusetzen waren, durfte eigentlich kein Verdacht aufkommen. Der Scheinwerfer verfolgte den Hubschrauber auf seinem weiteren Weg. «Wahrscheinlich die Landeplatzbeleuchtung», meinte O'Shea.

«Okay.» Alevy richtete seinen eigenen Landestrahl auf die Lichtquelle am Boden und entdeckte knapp dreihundert Meter entfernt die große natürliche Lichtung. Er gab mit dem Schalter das internationale Lichtzeichen für «Funkversagen, erbitte Landeerlaubnis». Dann sagte er zu O'Shea: «Okay, Ed, runter damit.»

Langsam schwebte O'Shea der Landefläche entgegen.

Der Bodenscheinwerfer schwenkte auf die Graslichtung ab und zeigte den Weg.

Brennan schaute durch das Zielfernrohr des Gewehrs.

«Sehen Sie ein Begrüßungskomitee?» fragte Bert Mills.

«Auf der Lichtung ist niemand. Am Rand steht eine Blockhütte. Der Scheinwerfer ist auf einer fahrbaren Plattform montiert. Der Mann hat eine AK-47 neben sich liegen. Sonst nicht viel zu sehen.»

O'Shea legte die Maschine schräg nach rechts, um gegen den Wind landen zu können.

Alevys Herzschlag beschleunigte sich, der Mund wurde ihm trokken. Er räusperte sich und sagte: «Meine Herren, diese Operation bringt Ihnen weder Geld noch Orden noch Ruhm, auch keine offizielle Anerkennung und keinen Fototermin beim Weißen Haus. Dafür erwarten uns hier jede Menge Probleme und vielleicht ein namenloses Grab in diesem russischen Wald. Deshalb möchte ich Ihnen noch einmal für Ihr Mitmachen danken.»

Niemand antwortete.

Alevy blickte auf die Uhr. Es war drei Minuten nach zwei. Die Amerikaner lagen bestimmt in den Lagerbetten und hatten keine Ahnung, daß ihre lange Gefangenschaft bald zu Ende sein würde.

38

Der Hubschrauber stand mit laufenden Rotoren in der Mitte der freien Fläche. Brennan und Mills duckten sich, so daß sie von draußen nicht gesehen werden konnten.

Alevy sagte zu O'Shea: «Zwei Uhr null fünf. Um spätestens drei Uhr fünfundvierzig starten Sie, Captain, mit oder ohne Passagiere, womit ich auch jeden von uns dreien meine. Verstanden?»

«Verstanden.»

«Dann können Sie jetzt abstellen.»

Während der Hubschrauber jaulend auslief, streifte der Scheinwerferstrahl, der aus der Nähe der Funkhütte kam, das Cockpit und die Kabinenfenster und richtete sich schließlich auf die Registrationsnummer am Heckausleger.

Alevy sprang hinaus, setzte seine Offiziersmütze auf und ging mit energischen Schritten auf die Blockhütte zu.

Der Mann am Scheinwerfer schaltete das Licht aus, kam herunter und ging Alevy entgegen. Es war ein junger KGB-Grenzsoldat, der eine AK-47 quer vor der Brust hielt. «Halt! Identifizieren Sie sich!» rief er.

Alevy blieb stehen und rief barsch auf russisch: «Ich bin Major Woronin.» Dann baute er sich dicht vor dem Mann auf, der Haltung angenommen hatte, das Gewehr noch immer vor der Brust, den Finger am Abzug. «Ich bin hier, um Ihren Oberst zu sprechen», fuhr Alevy fort, der nicht wußte, welchen Namen Burow im Lager verwendete. Der Grenzsoldat schwieg verunsichert.

«Sind Sie taub, Mann?» fuhr Alevy ihn an. «Ich will Ihren Oberst sprechen.»

«Jawohl, Sir!»

«Hat er mir einen Wagen geschickt?»

«Nein, Major. Ich habe auch keine Anweisungen wegen Ihrer Ankunft, Major.»

«Wie bedauerlich für Sie», antwortete Alevy in sarkastischem Ton, der gut zu einem KGB-Offizier paßte. «Wie heißen Sie, Gefreiter?»

«Froljow.»

«Also, Froljow, besorgen Sie mir einen Wagen.»

«Jawohl, Major.» Froljow machte auf dem Absatz kehrt und marschierte zur Funkhütte, vorbei an der beweglichen Scheinwerferplattform, die mit einem Zugfahrzeug verbunden war. Alevy folgte ihm. Die Hütte hatte schlichte Balkenwände mit je einem Fenster und das übliche Wellblechdach. Durch das Dach ragten ein Ofenrohr und zwei Antennen. Zwei Kabel – Elektrizität und Telefon – führten zu einer nahen Kiefer.

Froljow öffnete die Tür und ließ Alevy vor sich in den einzigen Raum eintreten. Eine nackte Glühbirne beleuchtete zwei Männer – einen mehr, als Alevy erwartet hatte. Einer schlief auf einem Feldbett hinten an der Wand, ein Buch auf der sich rhythmisch hebenden und senkenden Brust. Der zweite, ein Feldwebel, hockte über einem Schachspiel. Froljow zog die Tür zu und brüllte: «Achtung!»

Der Feldwebel sprang auf, der Schläfer rollte von seiner Liege und nahm Haltung an.

Alevy schaute sich um. In der hinteren Ecke war ein Kachelofen, darauf ein dampfender Teetopf. Rechts stand ein langer Tisch mit UKW- und Kurzwellenfunkgeräten und zwei Telefonen.

Der nicht mehr ganz junge Feldwebel räusperte sich. «Entschuldigen Sie, Major, leider weiß ich nichts von Ihrem Kommen.»

Froljow sagte hastig: «Sergeant, dies ist Major Woronin, der Oberst Burow sehen möchte. Er braucht einen Wagen.»

Der Feldwebel nickte und sagte zu Alevy: «Major, wir konnten keine Funkverbindung mit Ihnen aufnehmen.»

«Wir auch nicht mit Ihnen. Sie werden mit meinem Piloten die Funkanlage überprüfen. Haben Sie den Diensthabenden von unserer Landung verständigt?»

«Nein, Major. Das mache ich sofort.» Er wandte sich an den Mann neben dem Feldbett: «Kanawski, rufen Sie Leutnant Tschelzow an.» Kanawski ging auf die Feldtelefone zu.

Alevy atmete unauffällig durch. Die Dinge standen gut. Vielleicht half ihm auch der lange Aufenthalt in diesem Land, vorauszusehen, wie die Menschen hier auf bestimmte Situationen reagierten. Der Feldwebel hatte den diensthabenden Offizier noch nicht angerufen. weil er ihn nicht aufregen wollte, denn der hätte vermutlich nur gebrüllt: «Was soll *ich* denn tun? Den Hubschrauber mit bloßen Händen verscheuchen? Stellen Sie fest, wer das ist, und rufen Sie wieder an.»

Unauffällig trat Alevy zur Seite, so daß er alle drei Männer im Blickfeld hatte. Kanawski griff nach dem Telefon und wollte die Kurbel betätigen.

Ohne abrupte Bewegung zog Alevy seine Automatic mit Schalldämpfer und schoß Froljow in die Brust. Der Mann zuckte zusammen, schien aber gar nicht gemerkt zu haben, daß er getroffen war. Alevy fuhr herum und traf Kanawski, der überrascht aufschrie, den Telefonhörer fallen ließ und sich an die Seite faßte.

Der Feldwebel zog hastig seine Pistole, aber Alevy war schneller und traf ihn in den Bauch. Der KGB-Offizier brach zusammen. Mit einem zweiten Schuß tötete Alevy ihn. Auch Kanawski und Froljow versetzte er den Todesschuß.

Dann hängte er das Telefon ein und trat ins Freie.

Brennan und Mills kamen ihm bereits entgegen. Brennan hatte das Dragunow-Gewehr im Anschlag, Mills schleppte die schwarze Bordtasche. «Bill», sagte Alevy leise, «Sie machen da drinnen sauber und halten die Stellung.»

«Soll ich nicht doch lieber mitkommen?»

Alevy mochte Brennan, der sehr mutig und begeisterungsfähig war, dessen Konzentrationsfähigkeit aber schnell nachließ. «Ich habe Ihnen schon gesagt, daß Captain O'Shea vorgewarnt werden muß, sollten die Dinge schieflaufen. Außerdem wissen wir nicht, ob hier regelmäßig Meldeanrufe einlaufen oder gemacht werden müssen. Wenn sich jemand meldet und einen Lagebericht haben will, sagen Sie einfach: *Netschewo* – nichts zu melden. Das ist die übliche Funkmeldung, wenn nichts Besonderes anliegt. *Netschewo.»*

«Netschewo.»

«Sagen Sie das gelangweilt und müde. Gähnen Sie dabei. Und will jemand plaudern, wiederholen Sie dasselbe Wort mit Nachdruck und legen wieder auf. Solche Anrufe gehen vermutlich vom Hauptquartier aus. Ich werde den Funker dort außer Funktion setzen und rufe dann selbst an. Sie melden sich mit *da.* Nicht mit *allo.* Einfach *da.»*

«Da. Netschewo.»

«In Ordnung. Und wenn jemand kommt, um die Wache zu inspizieren, lassen Sie ihn herein, aber nicht wieder raus.»

«Und sollte es richtig Ärger geben, verschwinden Sie mit dem Hubschrauber», fügte Mills hinzu.

Alevy klopfte dem anderen auf die Schulter. «Viel Glück, Bill.»

«Ihnen auch.»

Brennan nahm die Ledertasche mit in die Hütte, während Alevy und Mills dem schmalen Waldweg folgten, der von der Hubschrauberlichtung fortführte. «Sie sollten doch auf mein Zeichen warten, ehe Sie die Maschine verließen», sagte Alevy.

«Sie waren schon so lange fort. Hatte man das Hauptquartier schon verständigt?»

«Angeblich nicht.»

«Ist Brennan am Telefon gut plaziert?»

«Etwa so gut wie O'Shea am Steuerknüppel unserer Maschine.»

«Ach ja, manchmal ist man für einen Einsatz überqualifiziert. Das Problem haben wir diesmal nicht...»

Alevy lächelte grimmig vor sich hin. Sie waren mit einem Piloten unterwegs, der die Maschine nicht kannte, hatten einen Mann am Telefon sitzen, der kein Russisch konnte, und Bert Mills beherrschte weder die Sprache, noch sah er wie ein Russe aus. Eine bessere Mannschaft hatte Alevy so schnell aber nicht zusammenbekommen; die Schwierigkeiten, einen Einsatz mitten in der Sowjetunion vorzubereiten, waren auch so schon groß genug. «Wir müssen eben improvisieren.»

«Uns durchbluffen», bekräftigte Mills.

Die beiden Männer erreichten die asphaltierte Hauptstraße des Lagers, und Alevy orientierte sich mit Hilfe eines Kompasses. Rechts müßte das Haupttor liegen, dahinter das Schlachtfeld Borodino. Links führte der Weg ins Zentrum des Lagers. Auf den Satellitenfotos war ein großes Betongebäude zu sehen gewesen, hoffentlich das Hauptquartier. Hastig folgten sie der waldgesäumten Straße.

Kurze Zeit später entdeckten sie ein langes Holzgebäude und schlichen vorsichtig näher. Alevy deutete vielsagend auf die Veranda und den Cola-Automaten. Mills nickte.

Beide Männer stiegen auf die Veranda. Durch das Fenster blickten sie in eine Art Aufenthaltsraum, in dem etwa zwanzig jüngere Männer mit einigen Frauen saßen. «Studenten», sagte Alevy. Sein Blick fiel auf die riesige amerikanische Flagge an der Wand. «Bizarr», stellte er fest.

Sie wollten sich eben zum Gehen wenden, als die Tür aufsprang und ein älterer Mann in weißer Skijacke auf die Veranda stolperte. Er starrte Alevy und Mills an.

Einige Sekunden lang fiel kein Wort. «Sprechen Sie Englisch?» fragte der Mann schließlich auf englisch.

Alevy nickte.

Der andere räusperte sich und lallte: «Na, dann schießen Sie schon.»

«Schießen?»

Wieder ging die Tür auf, und ein junger Mann eilte heraus und sagte hastig auf russisch: «Ich übernehme die Verantwortung für diesen Amerikaner, Major.»

Alevy versuchte sich darüber klarzuwerden, was hier gespielt wurde und in welcher Sprache er antworten mußte.

Beide Männer waren offenbar ziemlich angetrunken.

«Ich heiße Marty Bambach», fuhr der Jüngere auf russisch fort. «Das ist Tim Landis. Ich wohne bei ihm zur Untermiete und bringe ihn jetzt nach Hause.»

Landis stotterte auf englisch: «Hab völlig die Zeit vergessen. Keine große Sache.»

Alevy blickte langsam durch. Landis war Amerikaner und hatte vermutlich eine Ausgangssperre übertreten, Bambach gehörte zu den russischen Amerikanern. Er sagte auf russisch zu Marty: «Wenn Sie die Verantwortung übernehmen, kann ich ausnahmsweise ein Auge zudrücken.»

«Danke, Major», erwiderte Marty in seiner Muttersprache und musterte Alevy im schwachen Licht. «Sind Sie neu hier?»

«Ja. Gehen Sie ins Haus. Ich will mit dem Mann sprechen.»

Marty zögerte. «Sein Russisch ist schlecht...»

«Gehen Sie rein.»

«Jawohl, Major!» Marty wandte sich zu Landis um. «Alles in Ordnung, Tim. Er will nur mal mit Ihnen reden. Ich bringe Sie dann nach Hause.» Sein Englisch war perfekt, was Alevy und Mills sehr überraschte. Schwankend kehrte Marty ins Haus zurück.

Landis torkelte zum Geländer der Veranda, öffnete die Hose und schlug sein Wasser ab. «Beschissener Laden!» Er zog den Reißverschluß zu und wollte wieder ins Haus.

Alevy faßte ihn am Arm. «Setzen Sie sich mal», sagte er. Sein Englisch hatte einen russischen Akzent.

«Lassen Sie meinen Arm los!»

«Hören Sie zu. Sind Colonel Sam Hollis und Lisa Rhodes hier?»

Landis schaute Alevy aus zusammengekniffenen Augen an. «Hollis... armer Kerl... davongekommen... jetzt steckt er in der Scheiße wie wir.» Er versuchte, abrupt zu salutieren. «Captain Timothy Landis, US Air Force, meldet sich dienstbereit, Major. He, wann ist dieser beschissene Einsatz endlich vorbei?»

«Bald.»

«Ach? Gut.»

«Wo steckt Hollis?»

«Oh...» Landis schaute sich um, als müsse er feststellen, wo er war. «Oh... man hat ihm Dodsons Haus gegeben. Da hinten. Zweihundert Meter.»

«Und die Frau? Lisa Rhodes?»

Landis musterte Alevy und Mills kritisch. «Wozu wollen Sie das wissen? Die beiden haben von eurer Scheiße wirklich genug!»

«Was für Scheiße?»

«Na, die Zellen. Ihr seid doch alle gleich. Ihr und Burow und die ganzen KGB-Mieslinge!»

«Ist Burow hier?»

«Wo soll er denn sonst sein?»

Mills legte Alevy eine Hand auf die Schulter. «Wir müssen weiter», flüsterte er.

Plötzlich sprang Landis auf und brüllte: «Los, Sie Schweinehund, erschießen Sie mich doch! Ich will sterben!» Er ließ sich gegen einen Verandapfosten sinken und bedeckte das Gesicht mit den Händen. Alevy und Mills hörten ihn noch im Gehen schluchzen: «Mein Gott, holt mich doch hier raus!»

«Mann, Seth...» sagte Mills leise.

«Mit einem Paradies hatte ich nicht gerechnet, Bert.»

Die beiden Männer folgten dem Weg, der hinter dem Freizeitgebäude entlangführte. Mills flüsterte: «Der andere Bursche, der sich Marty nannte, der war Russe. Sein Englisch war perfekt!»

Alevy nickte.

«Und er setzte sich für Landis ein.»

«Ich habe keine Ahnung, was für eine surreale Welt sich hier herausgebildet hat. Wir wissen jetzt aber, daß es im Lager Gefängnisse und Ausgangssperren gibt und daß das KGB das Sagen hat.»

Alevy holte einen Piepser aus der Manteltasche, schaltete ihn ein und zog die Antenne auf volle Länge aus. Er hob das Gerät ans Ohr und lauschte. «Wir haben das Signal. Hier irgendwo muß es sein.» Nach einiger Zeit hörte er das Signal lauter werden. Er schaute sich um und entdeckte das Holzhaus zwischen den Bäumen. Beim Näherkommen wurde das Funkzeichen immer deutlicher. Schließlich warf Alevy den Piepser in die Büsche und ging zur Vordertür. Der Türknauf ließ sich drehen, doch gab es innen eine Sperre. Alevy drückte mit der Schulter behutsam gegen die Tür. Sie gab nach, dann fiel etwas Metallisches zu Boden. «Bleiben Sie draußen», sagte er flüsternd zu Mills.

Alevy glitt in das dunkle Haus und schloß die Tür hinter sich. Er schaltete eine Infrarotlampe ein und ließ den Strahl über Wände und Möbelstücke gleiten. Rechts sah er durch eine offene Tür einen elektrischen Heizofen glühen. Der Lichtstrahl fiel auf die über dem Doppelbett hängende Ikone. Leise trat Alevy an das Bett und schaute auf Lisa Rhodes nieder, die unter den Steppdecken lag und schlief. Unwillkürlich streckte er die Hand aus, um sie zu berühren.

Im gleichen Augenblick fuhr ihm ein Arm um die Kehle, und ein langes Brotmesser wurde auf sein Herz gerichtet. Alevy drehte den Kopf, so gut es ging, und sagte leise: «Hallo, Sam.»

Hollis ließ ihn los. «Hallo, Seth.» Er deutete zur Tür. Die beiden Männer gingen ins Wohnzimmer, wo Hollis eine Tischlampe einschaltete. Alevy sah, daß der andere einen ähnlichen Trainingsanzug trug wie Landis und Bambach. Hollis rieb Daumen und Zeigefinger gegeneinander und schob eine Kassette mit Gospelgesängen in den Recorder.

«Es tut gut, Sie zu sehen», sagte Hollis. «Ich begann mir schon Gedanken zu machen.»

«Ich bin so schnell gekommen, wie es ging, Sam. Ich habe in Washington fünf Tage gebraucht, um die Aktion durchzubringen.»

«Was ist geplant?»

«Ich weise Sie sukzessive ein. Können Sie Lisa wecken?»

Hollis verschwand im Schlafzimmer. Alevy ging unterdessen zur Vordertür und verständigte Mills, der mit gezogener Pistole hinter einem immergrünen Busch hockte. «Sie sind hier», sagte Alevy. «Noch ein paar Minuten.» Er schloß die Tür und wanderte durch das Zimmer. Kopfschüttelnd betrachtete er die aufgestapelten Zeitungen und die Videobänder in den Regalen. «Unglaublich.»

Hollis kehrte zurück. «Sie kommt gleich.»

Alevy machte eine umfassende Handbewegung. «Nicht übel.»

«Aber auch nicht gut, Seth!»

«Wie man hört, hat man Ihnen das Leben schwergemacht.»

«Wo haben Sie das gehört?»

«Von einem gewissen Captain Landis. Kam mir ziemlich ausgebrannt vor, der Mann.»

«Das sind hier alle. Wie sind Sie Landis über den Weg gelaufen?»

«An dem Haus mit dem Cola-Automaten.» Alevy schilderte die Begegnung.

Hollis nickte. «Ich könnte Ihnen eine Woche lang über dieses Irrenhaus erzählen, aber vermutlich ist die Zeit knapp. Wie sind Sie hergekommen?»

«Ich habe mir am Internationalen Handelszentrum einen Aeroflot-Hubschrauber ausgeliehen. Mi-28.»

«Ach ja – über den hatte ich Sie ins Bild gesetzt. Wer fliegt?»

«Ihr Adjutant, Captain O'Shea.»

«Wer ist sonst noch dabei?»

«Mein Stellvertreter Bert Mills. Er wartet vor dem Haus. Und Bill Brennan.»

«Brennan? Ist der wieder da?»

«Nur für einen Tag.»

«Erklären Sie mir Ihren Plan.»

«Nun ja, ich habe vier Kanister THX abgeworfen – ein neues Schlafgas – »

«Sandmann.»

«Ja, das ist die Kodebezeichnung. Sehr wirkungsvoll. Die Kanister sind mit Zeitschaltungen versehen. Wir haben noch etwa fünfundsiebzig Minuten.»

«Wofür?»

«Für dieses und jenes.»

«Wen werden Sie mitnehmen?»

«Sie und Lisa und zwei andere. Mehr schafft der Mi-28 nicht, und mehr Beweise brauche ich nicht, um alle anderen freizubekommen.»

Hollis nickte. «Ich wäre bereit hierzubleiben.»

«Das weiß ich, Sam. Aber Sie wissen zuviel, ich kann Sie nicht in der Gewalt der Sowjets zurücklassen.» Nach kurzem Zögern fragte Alevy: «Hat man Sie durch die Mangel gedreht?»

Hollis nickte. «Burow selbst. Minimalschaden. Die Lubjanka-Experten kommen erst morgen mit ihren Lügendetektoren und elektrischen Apparaten.»

«Dann bin ich ja gerade rechtzeitig eingetroffen.»

«Stimmt. Sind Surikow und seine Enkelin aus dem Land?»

«Ja. Seit letztem Sonntag, über Leningrad.»

Hollis fixierte den anderen im schwachen Lampenschein. «Ganz sicher?»

«Ja.»

«Sie müssen Frauen und andere Personen in Ihre Verhandlungen mit einbeziehen, Seth.»

«Was sind das für Frauen?»

«Russinnen. Meistens politische Gefangene. Außerdem befinden sich im Lager sechs entführte Amerikanerinnen, und dann kommen noch andere Russen aus dem Gulag dazu. Zum Beispiel die Lagerärztin und ihre Krankenschwestern. Die werden in den Tausch gegen die dreitausend Maulwürfe mit einbezogen.»

Alevy musterte Hollis. «Wissen Sie, Sam, Sie sind ein echter Amerikaner. Sie wollen wirklich die Welt retten – oder wenigstens alle Bewohner, die Sie kennen und mögen. Na schön, nach heute abend haben wir eine ziemlich gute Verhandlungsposition.»

«Wie weit wollen Sie den Mi-28 fliegen – mit acht Leuten an Bord?» fragte Hollis.

«Das hängt vom Wind ab.»

«Seth, kein Mi-28 mit acht Personen schafft es von hier aus in die freie Welt. Haben Sie eine Auftankmöglichkeit, eine Ersatzmaschine –?»

In diesem Augenblick betrat Lisa den Raum. Sie trug ihren blauen Trainingsanzug und Turnschuhe. Sie zögerte kurz, dann eilte sie auf Alevy zu und umarmte ihn. «Seth! Mein Gott...»

Alevy löste sich von ihr. «Wir müssen schnell machen.»

Lisa nickte und nahm ihren Parka vom Haken. «Ich hole nur noch meine Ikone.»

Alevy hielt sie am Arm fest. «Das ist nicht deine Ikone.»

«Wie bitte?»

«Es ist eine Imitation, Lisa. Mit einem Peilsender. Mit deren Hilfe haben wir euch gefunden.»

Lisa blickte ihn unsicher an.

«Es war ein Plan für alle Fälle», erklärte Alevy. «Als wir das Lubjanka- und Lefortowo-Gefängnis überprüften, bekamen wir kein Signal.» Er fügte hinzu: «Ich hatte darauf gesetzt, daß man dir das verschandelte Bild lassen würde. Vermutlich nimmt man an, die Kellums hätten sich ausgetobt. Die echte Ikone ist in Sicherheit.»

Lisa blieb stumm.

«Bert Mills ist draußen», fuhr Alevy fort. «Er, ich und Sam müssen hier noch ein paar Dinge erledigen. Du mußt dich selbst zum Hubschrauberlandeplatz durchschlagen. Brennan sitzt dort am Funk und könnte eine kleine Russischlektion vertragen, falls er angerufen wird. Captain O'Shea wartet mit einem Hubschrauber auf der Lichtung. Wir kommen bald nach.»

«Das kannst du vergessen, Seth», sagte Lisa. «Sam und ich haben die Sache bis jetzt durchgestanden, wir trennen uns nicht mehr.»

«Spar dir deine Argumente», sagte Hollis zu Alevy, der ihn fragend ansah.

Alevy nickte, zog zwei Tokarow-Automatics aus der Brusttasche seines Mantels und gab sie Lisa und Hollis.

Hollis nahm seinen Parka und wandte sich zur Tür. Lisa schaltete Bandgerät und Lampe aus.

Draußen wurden sie von Bert Mills erwartet. «Hallo, Leute. Nun geht es endlich nach Hause.»

«Lisa begleitet uns», sagte Alevy.

Die vier schlugen den Weg zur Hauptstraße ein. «Richtmikros», flüsterte Hollis. «Leise sprechen und nur russisch.»

Alevy nickte. «Sind Patrouillen unterwegs?»

«Heute ja», antwortete Hollis und erklärte kurz, was es mit der Ausgangssperre auf sich hatte.

Alevy schüttelte den Kopf. «Dieser miese Kerl! Elf Leute will er erschießen? Da sind wir ja gerade noch rechtzeitig gekommen.»

«Wohin?» fragte Hollis an der Straße.

«Zum Hauptquartier», erwiderte Alevy.

Hollis führte die Gruppe nach rechts. Nach wenigen Minuten tauchte die beleuchtete Fassade des grauen Betongebäudes auf, und sie duckten sich in den Straßengraben. «Keine sowjetische Flagge», bemerkte Alevy.

«Wir befinden uns hier in Amerika», erklärte Lisa. «Drinnen sieht's allerdings anders aus.»

«Was haben Sie vor, Seth?» wollte Hollis wissen.

«Wenn die Sache klappen soll, müssen wir das Hauptquartier mit sämtlichen Kommunikations- und Peilanlagen außer Gefecht setzen. Dann brauchen wir zwei weitere Passagiere für den Hubschrauber.»

«Eine schwere Entscheidung, Seth. Ich habe einige Kandidaten für Sie.»

«Ich kann Ihnen die Wahl ein bißchen erleichtern. Ist Burow im Lager?»

Hollis musterte den anderen kurz und nickte. «Von der Sachlage her wäre das wohl das vernünftigste.»

Alevy nickte. «Als zweiten Mann möchte ich den ranghöchsten Amerikaner mitnehmen.»

«Das wäre General Austin», bemerkte Hollis.

«Gut. Erzählen Sie mir, wie's im Hauptquartier aussieht.»

«In dem Häuschen dort steht vermutlich eine Wache. Gleich beim Eingang sitzt der diensthabende Offizier hinter einem Schreibtisch.

Zur Kommunikationszentrale geht's links ab.» Hollis beschrieb Alevy und Mills den Grundriß des Hauses und sagte schließlich: «Die Zellen befinden sich im Erdgeschoß hinten. In einer dieser Zellen sitzt Jack Dodson, und er ist der Amerikaner, den ich mitnehmen möchte.»

«Nein», widersprach Alevy, «wir nehmen General Austin.»

«Falsch.»

«Seth», sagte Lisa, «ohne uns findest du weder Austin noch Burow. Wenn Sam Dodson mitnehmen möchte, nimmst du Dodson mit.»

«Auf keinen Fall, wenn er nicht auf den Beinen ist.»

«Wir nehmen ihn mit, solange er noch schnauft. Ich kenne den Mann nicht, Seth, und Sie auch nicht – aber wenn sich einer das Recht verdient hat, uns zu begleiten, dann er. Thema beendet.»

«Okay», sagte Alevy gepreßt. «Wie viele Männer befinden sich um diese Zeit im HQ?»

«Nach den Informationen, die ich habe, müssen wir rechnen mit Diensthabendem, Funker, Feldwebel im Wachraum bei den Zellen, ein oder zwei KGB-Grenzwächtern, außerdem ein oder zwei Fahrern, die sich im Gebäude aufhalten können oder auch nicht.» Er fügte hinzu: «Ferner sitzen sechs oder sieben Männer in der Lauschzentrale, in der sämtliche Geräuschsensoren und Abhörgeräte des Lagers überwacht werden. Vor allem diesen Sektor müssen wir dichtmachen, wenn wir uns frei im Lager bewegen wollen.»

«Wir machen das ganze Gebäude dicht», antwortete Alevy. «Ihr beide könnt natürlich nicht als KGB-Offiziere auftreten und bleibt daher –»

«Wir geben gute Gefangene ab», widersprach Lisa.

Hastig wurde der Plan durchgesprochen, dann richteten sich die vier auf und marschierten auf das Gebäude zu. Lisa und Hollis hatten die Hände auf den Rücken gelegt und gingen voraus.

Der Wächter nahm das Gewehr vor die Brust und verstellte ihnen den Weg.

Alevy deutete auf den Eingang. «Zwei für die Zellen. Aufmachen.»

Nach kurzem Zögern befolgte der Wächter den Befehl. Offensichtlich machte es ihm zu schaffen, daß er die beiden Offiziere nicht kannte. Alevy winkte ihn mit ins Haus. Mills bildete die Nachhut und schloß die Tür.

Hinter dem Tisch des Diensthabenden saß Leutnant Tschelzow,

der sofort aufsprang und Haltung annahm. Mit Blick auf Hollis und Lisa fragte er: «Schon wieder?» und schaute dann den Grenzsoldaten fragend an, der nur die Achseln zuckte.

Mills zog seine schallgedämpfte Automatic und schoß dem Grenzsoldaten eine Kugel in den Kopf. Leutnant Tschelzow wurde von Alevy mit einem Schuß in die Stirn getötet.

Lisa hob eine Hand an den Mund und wandte sich ab.

Alevy sagte zu den anderen: «Haupttür verriegeln, einen Moment warten, dann die Toten in die Funkzentrale schaffen.» Er durchquerte den Vorflur und öffnete die Tür zur Kommunikationszentrale. Der Funker saß an der Telefonvermittlung und las in einer Zeitschrift. Bei Alevys Anblick sprang er auf. «Ja, Major?» Sein Blick fiel auf die Automatic in Alevys Hand.

Alevy winkte ihn von der Telefonanlage fort und schoß. Der Mann prallte rücklings gegen die Funkkonsole. Er war augenblicklich tot.

Hollis und Mills öffneten die Tür, zerrten Leutnant Tschelzow und den Wächter herein und schoben alle drei Toten unter den Funkertisch.

Alevy schaute sich die Telefonvermittlung an, die von Hand bedient werden mußte. Ohne Telefonist würden keine Gespräche mehr zustande kommen. Die einzelnen Schalter waren mit Schildchen gekennzeichnet, und er fand einen mit der Abkürzung *Verto* für Hubschrauber. Er stöpselte ein und drückte den Rufknopf.

«*Da. Netschewo*», sagte eine Stimme, die gelangweilt und müde klang – und auch ein wenig nervös.

«Bill, ich bin's.»

«Das ist gut!»

«Hat sonst schon jemand angerufen? Gibt's was Besonderes?»

«Gott sei Dank nicht.»

«Okay, außer uns wird sich niemand mehr am Telefon melden.»

«Beide Funkgeräte quasseln ständig.»

«Moment.»

Alevy begab sich zur Funkkonsole und drehte die Lautstärke hoch. Nachdem er kurz zugehört hatte, sagte er zu Brennan: «Normaler Funkverkehr. Machen Sie sich deswegen keine Gedanken.»

«Okay. Haben Sie den Laden in der Hand?»

«Wir sind auf dem Wege. Beide sind bei uns.»

«Großartig. Bestellen Sie einen Gruß von mir.»

«Wird gemacht. Ich sag's Ihnen noch mal, Bill: Wenn's bei euch Probleme gibt, verschwinden Sie schleunigst mit O'Shea. Sollten wir um Viertel vor vier noch nicht aufgetaucht sein, starten Sie unbedingt. Sonst kommt das Gas! Verstanden?»

«Verstanden.»

«Bis auf weiteres besetzt Lisa die Telefonzentrale. Bis später.»

Alevy wandte sich an Lisa. «Du mußt Brennan eine Weile das Händchen halten. Wenn es Anrufe für ihn gibt, stellst du durch und hörst mit. Mit dem anderen Ohr horchst du in den Funkverkehr an beiden Geräten hinein. Okay?»

Lisa schaute zu Hollis hinüber, der ihr zunickte.

«Gut Sam –», fuhr Alevy fort, «bitte zeigen Sie mir die Lauschzentrale.»

Hollis drückte Lisa kurz die Hand, öffnete vorsichtig die Tür und schaute hinaus. «Freie Bahn.» Alevy und Mills folgten ihm.

Vom Vorraum aus führte Hollis die Männer in einen kleinen Korridor, der an einer schwarzen Metalltür mit der Aufschrift «Überwachungsstation» endete. Die drei Männer zogen ihre Waffen, und Hollis versuchte den Türknauf zu drehen. «Verschlossen», flüsterte er. Er wollte schon anklopfen, als sein Blick auf einen Klingelknopf fiel. Er drückte darauf.

Sekunden später fragte eine Stimme: «Wer ist da?»

«Tschelzow«, antwortete Hollis.

«Sofort, Leutnant.»

Hollis trat aus dem Blickfeld, und seine Begleiter steckten die Waffen fort. «Bleiben Sie hier», flüsterte Alevy Hollis zu.

Die Tür ging auf und zeigte einen jungen Mann in Hemdsärmeln. Er sah Alevy und Mills in ihren Uniformen, sprang hastig zurück und salutierte. Dabei wanderte sein Blick unruhig hin und her, offenbar auf der Suche nach Leutnant Tschelzow.

In dem kleinen fensterlosen Raum saßen sechs Männer mit Kopfhörern an verschiedenen Apparaten. An der hinteren Wand standen mehrere Aufnahmegeräte mit großen Bandspulen. Auf einer überdimensionierten Lagerkarte waren Ziffern eingezeichnet, vermutlich die Bezeichnung und Lage der Abhörgeräte.

«Kann ich Ihnen irgendwie helfen, Major?» fragte der junge Mann in Hemdsärmeln.

«Machen Sie weiter», antwortete Alevy gepreßt.

Der Mann eilte an sein Gerät und setzte den Kopfhörer auf. Die andern Lauscher hatten nicht einmal den Kopf gehoben.

Alevy und Mills blieben in der Mitte des Raums stehen und schauten sich um. «Wie machen wir das?» fragte Alevy leise.

Mills räusperte sich. «Sie sind unbewaffnet, Seth. Können wir sie nicht gewaltlos ausschalten?»

«Gern, Bert, wenn wir mehr Zeit hätten. Sie nehmen die drei dort, ich die anderen drei, wir treffen uns in der Mitte. Auf drei... eins, zwei, drei...» Alevy und Mills zogen ihre Waffen und begannen zu feuern.

Hollis, der vor der Tür wartete, griff nach der Klinke, als es drinnen still wurde. Mills kam als erster heraus. Er sah aus, als müsse er sich übergeben. Alevy folgte und schloß die Tür wortlos hinter sich.

Hollis führte die Männer in den hinteren Teil des Gebäudes, wo sich am langen Korridor die Zellen befanden. Hastig rüttelten sie an den Türen, bis sie eine fanden, die von außen verriegelt war. Drinnen lag ein Mann auf dem Boden. Trotz der schlechten Beleuchtung konnte Hollis erkennen, daß er zerfetzte Kleidung trug und ziemlich übel zugerichtet worden war.

«Das dürfte Dodson sein», sagte Alevy.

Hollis kniete nieder und fühlte dem Mann den Puls. «Er lebt.»

«Bringen Sie ihn in den Funkraum, und warten Sie dort mit Lisa auf uns», sagte Alevy.

«Und wohin wollen Sie?» fragte Hollis.

«Wo kriegen wir einen Wagen?»

«Hinten müßten ein oder zwei Sils stehen. Weiter durch den Gang.»

«Okay, wir fahren dann vorn vor», sagte Alevy. «Sam, wenn wir in zehn Minuten nicht dort sind, verschwinden Sie mit Lisa zum Hubschrauber. Okay? Belasten Sie sich nicht mit Dodson.» Nach einer winzigen Pause fügte er hinzu: «Sollte ich später nicht nachkommen – wo finde ich Burow?»

«Am Ostende der Hauptstraße», antwortete Hollis. «Ein großes Haus mit Wächtern und Hunden. Würde ich mir überlegen. Und vergessen Sie die Männer in der Wachstube hinten am Korridor nicht.»

Alevy öffnete die Tür mit der Aufschrift «Wache» und trat, begleitet von Mills, energisch über die Schwelle. Die Einrichtung bestand aus einem Schreibtisch mit Telefon und sechs doppelstöckigen Kasernenbetten. Der Raum war leer bis auf ein unteres Bett, in dem ein Mann und eine Frau lagen. Die Uniform eines KGB-Feldwebels und die Kleidung der Frau lagen auf dem Boden.

Der Feldwebel fuhr hoch und stieß sich dabei den Kopf. Hastig sprang er aus dem Bett und stand stramm, nackt wie Gott ihn geschaffen hatte. Die Frau zog sich die Decke über den Kopf.

«Feldwebel, wo sind die anderen Wächter und Fahrer?» fragte Alevy.

Dem Mann schien die Stimme zu versagen. Schließlich meldete er: «Ein Wächter mit Fahrer und Korporal der Wache auf Patrouille zu den Außenposten. Der andere Wächter ist mit Fahrer vorschriftsmäßig am Hintereingang postiert.»

«Befindet sich sonst noch jemand im Haus?»

«Der Diensthabende, der Funker und die Männer in der Lauschzentrale. Major, ich kann Ihnen erklären –»

«Auf der Stelle kehrt, Feldwebel!»

Der Mann gehorchte, und Alevy tötete ihn mit einem Genickschuß, während Mills drei Schüsse auf das Bett abgab. Die Frau zuckte unter der Decke und rührte sich nicht mehr.

Mills und Alevy kehrten in den Korridor zurück, fanden das hintere Foyer und öffneten eine Metalltür. Dahinter führte eine Rampe zu der Betonfläche hinab, auf der ein Sil-6 stand. Eine grelle Quecksilberdampflampe über der Tür erhellte den Hinterhof. Hinter dem Sil ragte ein Gebilde auf, das Alevy an ein mittelalterliches Katapult erinnerte. Ein KGB-Mann saß rauchend auf dem Autotrittbrett. Neben ihm stand ein muskulöser Grenzsoldat mit einer AK-47 über der Schulter. Die beiden Männer sahen die Tür aufgehen, und der Fahrer stand auf. Der andere drehte sich nur um.

Alevy ging auf die beiden zu. Sie nahmen beim Anblick seiner Rangabzeichen Haltung an. Alevy richtete das Wort an den Fahrer, der eine Pistolentasche am Gürtel hatte. «Ich bin Major Woronin aus Moskau, dies ist Hauptmann Moljow. Wir führen eine Sicherheitsprüfung durch.»

«Jawohl, Major.»

«Ist dies Ihre vorgeschriebene Wachposition?»

«Jawohl, Major.»

«Wie heißen Sie?»

«Strachow, Major.»

«Und Ihre Aufgabe?»

«Ich und Gefreiter Filenko sichern den Hintereingang des Hauptquartiers. Ich fahre den Feldwebel der Wache, wenn er mich braucht.»

Alevy musterte Filenko, der die AK-47 noch auf der Schulter

hatte, und wandte sich wieder an Strachow. «Wann kommt der andere Fahrer zurück?»

«Eine feste Zeit gibt es nicht, Major. Kommt darauf an, wie lange der Korporal der Wache bei jedem Posten verweilt.»

«Überprüft er auch die drei Mann am Hubschrauberplatz?»

Strachow antwortete nicht sofort. Offenbar begann er sich Gedanken zu machen. Alevys Russisch war einwandfrei, solange er sich auf kurze Bemerkungen beschränkte und keinen spezifischen Jargon benutzte. Allem Anschein nach fing er an, in seiner Rolle als KGB-Major unglaubwürdig zu wirken.

Zugleich fiel ihm auf, daß Filenko den Blick auf Mills gerichtet hatte, der als KGB-Hauptmann wohl noch unwahrscheinlicher wirkte. Alevy herrschte den Mann an: «Zeigen Sie mir Ihre Waffe!»

Filenko nahm das automatische Gewehr und hielt es vorschriftsmäßig quer vor sich. Alevy griff mit der rechten Hand nach dem Schaft, doch ließ Filenko nicht los. Die beiden Männer starrten sich kurz an, dann sagte Filenko: «Major, dürfte ich das Losungswort für heute wissen?»

Mills wußte nicht, wovon die Rede war, doch gefiel ihm der Tonfall ganz und gar nicht. Langsam näherte sich seine Hand der Pistolentasche.

Plötzlich sprang die Tür hinter ihnen auf, und ein Lichtstreifen fiel über den Beton. Auf der Schwelle stand eine nackte, blutüberströmte Frau. Torkelnd und weinend kam sie die Rampe herab, deutete auf Alevy und Mills und rief auf russisch: «Mörder! Mörder!»

Ehe Alevy reagieren konnte, riß Filenko die AK-47 fort und preßte ihm die Mündung in den Bauch. «Hände auf den Kopf!» brüllte er.

Alevy gehorchte, und Mills folgte seinem Beispiel, als Strachow seinen Revolver zog.

Die Frau brach in die Knie und verkrallte sich in Mills' Mantel. Sie war offenbar am Gesäß und in der Nierengegend getroffen und ein Schuß hatte ihre rechte Schläfe gestreift. Mills war kreidebleich. Die Frau sank vor ihm zusammen.

«Wer sind Sie?» fragte Strachow.

Mills, der kein Wort verstand, starrte den Mann nur an.

«Antworten Sie, sonst erschieße ich Sie!» Er zielte auf Mills' Gesicht.

«Er kann nicht reden», sagte Alevy. «Eine Kehlkopfoperation.»

«Auf die Knie!» brüllte Strachow.

Alevy gehorchte, und Mills machte es ihm nach. Strachow sagte zu

Filenko: «Behalten Sie sie im Auge. Ich hole Leutnant Tschelzow.» Mit der Pistole in der Hand lief er die Rampe hinauf und verschwand im Gebäude.

Hollis hatte sich Dodson über die Schulter geworfen und schleppte ihn in den vorderen Flur. Er kam zur Tür des Funkraums und sagte warnend: «Lisa, ich bin's.»

Die Tür ging auf, und Lisa trat zur Seite. Sie hielt die Pistole in der Hand.

«Sam... ist das Jack Dodson?»

«Allerdings.»

«Man hat ihn ja... gefoltert! Wird er es überstehen?»

«Burow hat ihn bestimmt noch so weit am Leben gelassen, daß sich die Hinrichtung lohnt. Wahrscheinlich hat man ihn schwer unter Drogen gesetzt, damit er nicht Selbstmord begeht. Er wird schon durchkommen. Wir nehmen ihn jedenfalls mit nach Hause.»

Lisa nickte. «Sam, laß uns von hier verschwinden!» sagte sie beschwörend.

«Bald. Wie geht es Brennan?»

«Ich habe eben mit ihm gesprochen.» Sie mußte lächeln. «Er sagt, er langweilt sich.»

«Gut. Was gibt's im Funk?»

«Nicht viel. Bisher ganz normales Gerede. Wachtürme, die miteinander plaudern, motorisierte Patrouillen, die Kontakt halten.»

«Hat uns jemand angefunkt?»

«Ich habe keine Meldung ans Hauptquartier gehört.»

Hollis nickte. Beim Militär war es üblich, daß das HQ sich bei den Wachposten meldete und Lagebericht abforderte. Die Posten meldeten sich nur, wenn es Ärger gab. Er hätte zu gern gewußt, wann der tote Funker sich das nächstemal bei den Türmen, beim Haupttor und den anderen Wachposten hätte melden müssen. «Gab es Telefonanrufe?»

«Nein, an der Zentrale tut sich nichts.»

«Gut.» Der Einsatz schien unter einem guten Stern zu stehen.

«Wo sind Seth und Bert?» fragte Lisa.

«Sie holen ein Auto. Müßten gleich vorn sein. Ich schließe schon mal auf und schau mich um. Du bleibst hier. Ich kann deine Tür im Auge behalten. Atme tief durch und denk... an den Herbst in New York.»

«Mit dir.»

Hollis drückte ihr beruhigend die Hand, ging dann in den Vorraum hinaus und entriegelte die Haupttür. Plötzlich hallten schnelle Schritte durch den Korridor und ein KGB-Grenzsoldat stürzte in das Foyer. In der Hand hielt er eine Waffe. Ohne Hollis zu sehen, rief er: «Leutnant Tschelzow!» Erst dann entdeckte er den blutbefleckten Stuhl und die roten Spuren, die zum Funkraum führten. Und danach fiel sein Blick auf Hollis.

Hollis zielte mit seiner Automatic, obwohl er wußte, daß die Entfernung zu groß und das 6.35-Kaliber zu klein war, um einen genauen Schuß anzubringen. «Waffe fallen lassen!» forderte er auf russisch.

Der Mann fuhr herum und lief zurück zum Korridor. Hollis gab zwei Schüsse ab, die die Betonmauer über dem Kopf des Mannes trafen. Er rannte hinter dem Russen her, der im Korridor beinahe zehn Meter Vorsprung hatte und zur hinteren Wachstube lief. Hollis gab zwei weitere Schüsse ab, und der Mann erwiderte das Feuer, ehe er im Quergang verschwand. So schnell er konnte, rannte Hollis um die Ecke in den schmaleren Korridor. Er sah den Mann geduckt in die Wachstube stürmen und hörte ihn rufen: «Feldwebel! Feldwebel!»

Hollis prallte mit der Schulter gegen die halb geöffnete Tür und ließ sich in eine liegende Schußstellung abrollen, während der Mann herumwirbelte und auf die Tür feuerte. Hollis gab seine letzten zwei Schuß auf die Brust des Russen ab. Dieser torkelte rückwärts wie von einer großen Hand gestoßen. Er richtete die Waffe auf Hollis' Gesicht, schien dann aber plötzlich das Gleichgewicht zu verlieren und fiel nach hinten. Er war tot.

Hollis lud die Magazine um, wandte sich ab und eilte durch den Gang.

Filenko rollte die nackte Frau auf den Rücken. «Die Freundin des Feldwebels. Warum haben Sie sie erschossen? Sie!» brüllte er Alevy an. «Anworten Sie!»

«Filenko, ich lasse Sie erschießen!» drohte Alevy.

«Mund halten! Sie sind kein Russe. Woher kommen Sie?»

«Aus Estland.»

«Dann sprechen Sie estnisch. Ich kenne ein paar Worte.»

«Bitte sehr.» Ohne den Blick von Filenko zu wenden, sagte Alevy auf englisch: «Bert, bei drei! Eins, zwei –»

Wieder ging die Tür oben auf, aber Filenko wandte den Blick nicht von Alevy und Mills. «Sergej!» rief er. «Hast du –?» Plötzlich ging ein doppelter Ruck durch seinen Körper, er ließ das Gewehr fallen und sank zu Boden, die Hände an die Seite gepreßt.

Hollis eilte die Rampe herab. Mills schnappte sich Filenkos Gewehr, und Alevy sagte zu Hollis: «Einer ist reingelaufen.»

«Schon erledigt.»

«Gut. Schaffen wir die beiden ins Haus. Die Frau auch. Die ist nur bewußtlos. Und deckt sie um Himmels willen zu.»

«Wir bringen sie in die Zellen», sagte Hollis.

«Wissen Sie zufällig, was das ist?» fragte Alevy und deutete auf das Katapult.

«Ja, damit ist Dodson aus dem Lager gekommen», erklärte Hollis. «Burow wollte morgen früh ihn und zehn andere hinrichten – vermutlich genau damit.»

Alevy nickte. «Den Burschen kaufe ich mir.»

Hollis trug die Frau in eine Zelle und deckte sie mit einer Decke zu. Mills und Alevy zerrten die beiden Männerleichen an den Armen hinter sich her und schlossen sie in einer anderen Zelle ein.

Dann sagte Alevy zu Mills: «Gehen Sie in den Funkraum. Rufen Sie Brennan noch einmal an, legen Sie dann den Funk lahm und zerstören Sie die Telefonanlage. Sam, Sie begleiten mich, wir bringen den Sil vors Haus. Los.»

Hollis und Alevy eilten mit gezogenen Waffen zurück zum Außenposten. «Ich gehe voraus», sagte Alevy. «Geben Sie mir Deckung.» Er lief zum Wagen und schob sich hinter das Steuer. Wie bei den meisten Militärfahrzeugen gab es keinen Zündschlüssel. Alevy drückte den Starterknopf, und der Motor sprang sofort an. Hollis stieg ein, Alevy legte den Gang ein und fuhr um das Gebäude herum.

Mills betrat den Funkraum und schloß die Tür hinter sich.

«Wo ist Sam?» fragte Lisa.

«Bei Seth. Die beiden fahren einen Wagen vor das Haus.»

Mills kniete neben Dodson nieder und betrachtete das übel zugerichtete Gesicht. «Mein Gott... Ich kann verstehen, warum Sam ihn mitnehmen will, Lisa, aber eigentlich ist der Bursche ein Hindernis, auf das wir verzichten sollten.»

«Trotzdem – wenn Sam ihn heraushaben will, nehmen wir ihn mit.»

Mills streifte sie mit einem Blick und stand auf.

«Wieso hat es da hinten so lange gedauert?»

«Es gab Schwierigkeiten» antwortete Mills. «Jetzt ist alles klar.»

«Bert... all die Toten... mir ist schrecklich mies.»

«Wir sprechen darüber, sobald wir die Sache hinter uns haben. Mir ist auch ziemlich flau.» Mills setzte sich den Kopfhörer der Telefonvermittlung auf und drückte den Rufknopf. Eine Stimme meldete sich: «*Da. Netschewo.*»

«Bill, hier Bert Mills.»

«Ach... alles klar?»

«Bis jetzt ja. Und bei Ihnen?»

«Ich weiß nicht recht...»

«Was ist los?»

«Na, eben hat einer der Wachtürme den Scheinwerfer kurz auf den Hubschrauber gerichtet. O'Shea ist bestimmt schon ziemlich nervös. Aber das war dann alles. Ich höre noch immer allerlei Funksprüche – alles böhmische Dörfer für mich.»

«Geben Sie mir die Funkfrequenzen durch.»

«Moment.» Kurze Zeit später machte Brennan die erbetenen Angaben. «Im Augenblick herrscht Ruhe.»

Mills vergewisserte sich an seinen Funkgeräten, daß die Frequenzen identisch waren. «Okay, Bill, ich störe jetzt beide Apparate, und Sie machen dasselbe. Dann schlage ich die Telefonzentrale kaputt. Dies ist also die letzte Verbindung. Wir sehen uns später.»

«*Da*», sagte Brennan und lachte leise.

Mills zielte mit der Automatic auf die Telefonzentrale und schoß. Funken sprühten, und der Geruch schmorender Isolierungen erfüllte den Raum. Dann ging er zu den beiden Funkgeräten, die vor sich hin plapperten, und drehte bei beiden die Lautstärke hoch. «Was wird gesagt?» fragte er Lisa.

Lisa konzentrierte sich auf den Lautsprecher des Kurzwellengeräts, aus dem eine Stimme tönte. «Jemand, der sich ‹Turm Eins› nennt, ruft den Hubschrauberlandeplatz.»

«Das hatte ich befürchtet.»

Mills griff in die Tasche und zog die Klebebandrolle hervor, mit der er die Identifikation des Hubschraubers verändert hatte. An beiden Funkgeräten klebte er einen Streifen über die Sendeknöpfe.

«Die Geräte sind jetzt gestört?»

«Nur auf diesen Frequenzen.»

Er musterte beide Apparate und deutete schließlich auf ein Metallschild. «Was steht dort?»

«Auto-Sucher... oder so ähnlich.»

«Genau das Richtige.» Mills legte bei beiden Geräten den Hebel über dem Schild auf die andere Seite, und sofort begann die Frequenzanzeige zu wandern. «Diese Einrichtung benutzt man», erklärte er, «um den stärksten Sender der Gegend herauszufinden, ähnlich wie bei Autoradios. Ist dabei das Mikro eingeschaltet, wandert der Apparat ständig zwischen den Frequenzen hin und her. Das dürfte den Funkverkehr ziemlich durcheinanderbringen.»

«Aber es kann die anderen auch warnen, daß etwas nicht stimmt», gab Lisa zu bedenken.

Mills hatte das unbehagliche Gefühl, daß die KGB-Grenzsoldaten längst mißtrauisch geworden waren.

Hollis und Alevy stellten den Sil vor dem Hauptquartier ab und betraten den Vorraum. Alevy rief: «Wir kommen», und öffnete die Tür zum Funkraum. Lisa stürzte in Hollis' Arme.

Alevy kniete neben Dodson nieder und untersuchte ihn. Der Trainingsanzug des Bewußtlosen war zerrissen und blutbefleckt, der Körper verdreckt, das Haar verfilzt. Dodsons unrasiertes Gesicht zeigte sich aufgedunsen und blau angelaufen. Die Nase war offenbar gebrochen. Alevy hob ein Augenlid. «Schlimm, schlimm.»

«Immerhin war er zwei Wochen lang im Freien unterwegs und ist einige Tage lang gefoltert worden. Aber in erster Linie steht er unter Drogen. Er schafft es schon. Wir nehmen ihn mit.»

Alevy stand auf. «Na gut. Verschwinden wir.»

«Zum Hubschrauber?» fragte Lisa.

«Nein», antwortete Alevy. «Wir schnappen uns noch Burow.»

«Warum das, Seth?»

«Weil ich deswegen hier bin.»

«Ach, nur deswegen?»

«Also ... ich bin wegen dir und Sam hier. Aber –»

«Seth, hier wimmelt es von Russen.» Lisa blickte hilfesuchend auf Hollis. «Sam, wie viele sind es? Sechs- oder siebenhundert?»

«Was macht das für einen Unterschied?» fragte Alevy. «Ich habe nicht die Absicht, mich auf ein Feuergefecht einzulassen. Ich will hier raus sein, ehe die Leute aufwachen. Zum Diskutieren habe ich keine Zeit. Warum schafft ihr beide Dodson nicht ins Auto und fahrt zum Hubschrauber?»

«Wir bleiben bei Ihnen», sagte Hollis und wandte sich an Lisa. «Alles in Ordnung?»

«Ich hab eine Scheißangst.»

«Also, ich auch», bemerkte Alevy unerwartet offen. «Bringen wir es hinter uns.»

39

Der Sil glitt die dunkle Straße entlang.

«Seth», sagte Lisa von hinten, «wir brauchen Burow nicht. Nimm doch noch einen Amerikaner. General Austins Haus liegt hier gleich rechts. Ursprünglich wolltest du doch ihn.»

«Und ihr wolltet Dodson. Wir haben nur noch für einen Platz – und das ist Oberst Burow. Stimmt's, Sam?»

Hollis antwortete nicht.

«Seth, am Landeplatz wird's kritisch», sagte Mills und schilderte den Vorfall mit dem Scheinwerfer und den Versuch des Wachturms, Funkkontakt aufzunehmen.

Nach kurzem Schweigen sagte Alevy: «Nicht nervös werden. Wir brauchen nur noch zuzupacken, dann haben wir die Befreiungsaktion des Jahrhunderts geschafft. Was meinen Sie, Sam?»

Hollis fand, jeder vernünftige Mensch müßte merken, daß das Unternehmen aus dem Ruder lief. Alevy aber war wie besessen.

«Sam?»

«Ich finde, die Zeit wird knapp», sagte Hollis. «Bert? Was meinen Sie?»

Mills war hin und her gerissen zwischen seiner Vernunft und der Loyalität gegenüber Alevy, die sich im Augenblick gegenseitig ausschlossen. Er musterte seinen Vorgesetzten von der Seite. «Seth, wir haben Sam und Lisa, wir haben einen Amerikaner. Der Hubschrauber ist voll. Vielleicht wär's ganz gut, wenn wir Schluß machten.»

Alevy schaute nach hinten. «Sam, Sie können bestimmen. Möchten Sie an Burow ran, oder soll er weiterleben? Vielleicht bringt er morgen zwanzig Amerikaner um...»

Hollis warf einen Blick auf Lisa, schwieg und sagte dann: «Fahren Sie weiter.»

«Ich glaube, wir haben uns gegenseitig durchschaut», bemerkte Alevy.

Lisa hockte auf dem Boden des Wagens mit dem Rücken zur Tür und starrte Hollis an. Er erwiderte den Blick gedankenvoll.

«Bleiben Sie bei etwa fünfzehn Stundenkilometern, dann fallen wir nicht auf», sagte er zu Alevy.

Hinter einer Kurve flammten plötzlich Scheinwerfer auf. Ein Truppentransporter war auf ihre Straße eingebogen und in Richtung Hauptquartier unterwegs.

Alevy gab Gas, fuhr um die Kurve und folgte dem Transporter. Im Licht der Scheinwerfer zeichneten sich auf der Ladefläche etwa zwanzig Mann mit AK-47-Gewehren ab. Alevy hupte und ließ seinen Scheinwerfer aufblitzen. Der Fahrer des Transporters streckte den Arm aus dem Fenster und bremste. Er stieg aus und kam auf den Pkw zu. «Strachow?» rief er.

Alevy raunte nach hinten: «Unten bleiben!» Er stieg aus und winkte Mills hinter das Steuer. Dann ging er auf den Fahrer des Transporters zu, der im Licht der Scheinwerfer schützend eine Hand vor die Augen hielt. «Wer sind Sie?»

«Major Woronin.»

Der Mann nahm Haltung an.

«Wohin bringen Sie die Männer?» fragte Alevy.

«Zur Wachablösung – an den Türmen eins und zwei, Haupttor, Hauptquartier und Hubschrauberlandeplatz. Die Ablösung an der Datscha ist schon erledigt.»

«Oberst Burows Datscha?»

«Jawohl, Major.»

«Wie viele Wächter haben Sie dort abgelöst?»

«Drei.»

Alevy blickte zu den zwanzig Bewaffneten hinten im Lastwagen, die ihn neugierig anstarrten. «Die Besatzungen im Hauptquartier und am Hubschrauberlandeplatz haben wegen Bummelei zwei Stunden zusätzlichen Dienst.»

«Jawohl, Major. Auf wessen Veranlassung, Major?»

«Die meine, Korporal. Fahren Sie direkt zu den Türmen und zum Haupttor, schaffen Sie die übrigen dann ins Wachhaus zurück.»

«Kaserne, Major.»

«Ja, die Kaserne.» Alevy spürte, daß ihm eine Schweißperle über die Stirn lief. «Wegtreten.»

Der Fahrer zögerte, salutierte und machte auf dem Absatz kehrt.

Alevy ging zum Sil zurück und stieg auf der Beifahrerseite ein. «Wenden, Bert.»

Mills hatte Schwierigkeiten, den Rückwärtsgang zu finden. Der Truppentransporter verharrte massig auf der Straße. Niemand sagte etwas. Mills wendete ungeschickt und fuhr langsam in die alte Richtung.

Hollis sagte zu Alevy: «Ich habe das meiste mitbekommen; ich glaube nicht, daß er Ihnen die Geschichte abgenommen hat.»

«Sie verstehen das russische Denken nicht.»

«Ich kenne mich mit dem militärischen Denken aus. Männer akzeptieren Befehle von ihren Offizieren, aber nicht ohne weiteres von Offizieren, die sie nicht kennen.»

«Ich scheine mich aber ganz gut zu halten», bemerkte Alevy. «Wollen wir umkehren oder weiterfahren?»

«Weiterfahren.»

Lisa stöhnte erschrocken und resigniert auf.

Eine Minute später deutete Alevy nach vorn: «Ist das die Wache der Datscha?»

Hollis schaute mit zusammengekniffenen Augen durch die Windschutzscheibe. «Ja. Die Datscha ist von Stacheldraht umgeben. Innerhalb der Umzäunung laufen Schäferhunde frei herum. Zwei KGB-Wächter am Tor, einer im Haus. Aber man weiß nie.»

«Der Fahrer hat von drei Mann gesprochen.» Alevy wandte sich an Mills. «Sie übernehmen den Wächter, der zum Wagen kommt, ich den anderen.»

«Okay.»

«Hinten alles runter.»

Mills stoppte ruckend und würgte den Motor ab. «Verdammte Knüppelschaltung!» knurrte er und legte sich die Waffe schußbereit in den Schoß.

Einer der Wächter kam zur Fahrerseite. «Ja, Hauptmann?»

Mills jagte ihm einen Schuß zwischen die Augen. Alevy öffnete seine Tür und stellte sich auf das Trittbrett. Der zweite Wächter war noch im Wachhäuschen, und Alevy sah, wie er energisch die Kurbel des Feldtelefons drehte und gleichzeitig nach einem Gewehr griff. Alevy stützte sich auf dem Autodach ab und feuerte alle acht Schüsse in das Häuschen. Glas und Holz splitterten, der Mann sackte zu Boden.

Mills schaltete die Scheinwerfer aus.

Hollis stieg aus und packte Alevy, der zum Tor laufen wollte, an der Schulter. «Er gehört mir.»

Alevy nickte. «Einverstanden. Aber Sie töten ihn nicht.»

«Ich weiß.»

«Noch vierunddreißig Minuten, bis wir am Hubschrauber sein müssen», verkündete Alevy nach einem Blick auf die Uhr.

«Laß mich mitgehen, Sam», sagte Lisa. «Ich kann euch helfen, den Wächter im Haus hereinzulegen.»

Hollis nickte und öffnete das Drahttor. «Links vom Haus steht Greg Fishers TransAm. Damit fahren wir weiter.»

«Fishers TransAm?» fragte Alevy überrascht. «Hier?»

«Burow fährt damit herum. Die Schlüssel dürften stecken.»

Alevy nickte. «Eine gute Idee, Sam. Vielleicht ist der Sil inzwischen doch bekannt geworden. Und wenn der TransAm Burow gehört, läßt man sich vielleicht täuschen.»

«Außerdem ist er schnell und leichter zu handhaben», warf Mills ein.

Hollis nahm Lisa am Arm und lief mit ihr auf die Datscha zu.

Plötzlich hetzten zwei Schäferhunde aus unterschiedlichen Richtungen heran. Hollis stieß Lisa zur Seite, ließ sich auf ein Knie fallen, zielte sorgfältig und feuerte auf den Hund, der ihm am nächsten war. Die schallgedämpfte Automatic stieß ein leises Keuchen aus; der Hund heulte nicht einmal auf. Hollis rollte auf die andere Seite und konnte den zweiten Hund im letzten Augenblick mit einem Schuß in das offene Maul erledigen.

Hollis half Lisa hoch und führte sie zum Eingang. Sie drehte am Türknauf, steckte ihre Pistole in den Parka und schlüpfte ins Haus.

Der Wächter saß in der großen Vorhalle. Es brannte nur eine schwache Lampe. Er zielte mit dem Gewehr auf sie. Lisa schloß die Tür halb hinter sich und blieb stehen.

«Wer sind Sie?» wollte der Wächter wissen.

Lisa legte den Finger an die Lippen und flüsterte auf russisch: «Ich bin Lisa Rhodes, die neue Amerikanerin. Der Oberst möchte mich sprechen.»

«Davon hat er mir nichts gesagt.»

«Die Männer draußen wußten Bescheid.»

«Und was mag der Oberst um diese Zeit von Ihnen wollen?»

«Sex.»

Der Mann grinste und legte das Gewehr auf den Tisch. «Da muß ich nach oben und ihn holen.» Er zog die Stiefel aus. «Geh schon ins Wohnzimmer. Er wird dich wohl da treffen, denn oben ist seine Alte.»

Lisa zog die Tür auf und sprang zur Seite.

Hollis stürmte ins Haus und feuerte, während der Mann schon wieder nach seinem Gewehr griff. Er konnte ihn auffangen, ehe er zu Boden glitt.

Dann schob er Lisa zur Tür. «Keine Widerworte – du verschwindest.»

«Bitte ... Sam, sei vorsichtig ...»

Hollis öffnete die Tür und drängte sie hinaus, dann huschte er zur Treppe.

Eine Stufe knarrte. Eine Frauenstimme fragte: «Natalia, bist du das, Liebling?»

Hollis blieb stehen. Er hörte Schritte, dann die Frauenstimme: «Petr, Natalia ist in ihrem Zimmer.»

«Dann muß es der Wächter sein», meldete sich Burow. «Komm wieder ins Bett.»

Hollis hörte Schritte, dann ging irgendwo eine Tür zu. Er huschte in die obere Etage. Von einem großen Flur gingen links zwei halb offene Türen ab, hinter denen vermutlich Burows Tochter Natalia und seine Mutter schliefen. Rechts befand sich eine geschlossene Tür, hinter der das Schlafzimmer liegen mußte. Hollis lauschte kurz, drehte den Kopf, öffnete die Tür und ließ sich über die Schulter abrollen. In Schußstellung kam er hoch und zielte auf das Bett: «Keine Bewegung!» Im Zimmer leuchtete nur der kleine rote Stern auf dem Holzmodell des Spasski-Turms aus dem Kreml. Hollis fand das ziemlich seltsam – aber noch seltsamer war das schmale leere Bett, auf dem nur eine Puppe lag. Als Hollis die Wahrheit begriff, war es bereits zu spät.

Er hörte hinter sich den Hammer eines Revolvers klicken. «Waffe fallen lassen», sagte Burow.

Hollis gehorchte.

«Nicht aufstehen. Auf die Knie und umdrehen!»

Langsam drehte sich Hollis herum. Burow schaltete das Deckenlicht ein. Er stand barfuß an der Tür und zielte mit einem großen Revolver auf den Eindringling. Er trug einen Schlafanzug aus Flanell.

«Manche Familien üben den Feueralarm. Wir haben hier andere Vorsichtsmaßnahmen. Was wollen Sie?»

«Sie umbringen!»

«Nein – denn dann hätten Sie einfach auf das Bett gefeuert. Sie haben aber gesagt: ‹Keine Bewegung!› Also wollen Sie mich gefangennehmen. Woher haben Sie die Waffe?»

«Geht Sie nichts an!»

«Sind Sie allein? Wahrscheinlich nicht. Haben Sie die Wächter getötet?»

«Ja.»

«Und meine Hunde?»
«Die auch.»
Burow nickte nachdenklich. «Das Telefon funktioniert nicht, und ich glaube, Sie haben unten Unterstützung. Wir sind also beide in keiner guten Lage.»
Hollis schwieg.
«Gibt es einen Aufstand? Das wäre Wahnsinn. Wir können sechshundert bewaffnete Grenzsoldaten aufbieten. Wollen Sie mir Dodsons Leben abpressen?»
«Ich möchte Ihnen demonstrieren, wieviel Macht von einer Waffenmündung tatsächlich ausgeht. Das hängt nämlich von anderen Faktoren ab. Waffen allein begründen noch keine Macht. Lernen wir dazu?»
«Auf alle viere runter und zur Tür kriechen!» brüllte Burow.
Hollis gehorchte und kroch an Burow vorbei.
«Nach rechts!» befahl dieser und versetzte Hollis gleichzeitig einen Tritt an die Schläfe. «Ich zeige Ihnen, wer hier das Sagen hat! Aufstehen!»
Burow führte Hollis in ein großes Schlafzimmer. «Auf den Rücken legen!»
Hollis kam der Aufforderung nach, gleichzeitig versetzte ihm Burow einen Tritt ins Gesicht.
«Jacke und T-Shirt ausziehen. Hosen ganz herunter!»
Hollis richtete sich langsam auf und tat, was ihm gesagt worden war. Burow entriß ihm die Jacke.
«Wieder hinlegen!» befahl er. «Hände unter den Hintern.» Dann durchsuchte er Hollis' Parka. Er warf ein Ersatzmagazin zur Seite und bekam die Aluminiumröhrchen in die Finger. «Was ist denn das?»
Hollis antwortete nicht, woraufhin ihm Burow wieder gegen den Kopf trat. «Was ist in diesen Zigarrenhülsen, Hollis? Namen ... ah, Klassenverzeichnisse, Lebendige und Tote. Wohin wollen Sie damit?»
«Eine Kopie geht nach Washington, eine nach Moskau.»
«Ach, wirklich? Ich glaube nicht.»
Hollis hatte das Gefühl, daß Burows Stimme sehr nervös klang. Er hörte ihn auf die andere Seite des Zimmers gehen und folgte ihm mit den Blicken. In einer Nische am Fenster stand ein Funkgerät. «Ich alarmiere jetzt die Grenzschutztruppe», sagte Burow und griff nach dem Handmikrofon.

«Wo befinden sich Ihre Frau, Tochter und Mutter?»

Burow schaute sich um. «Warum fragen Sie?»

«Das Haus ist umstellt, und es wird eine Schießerei geben. Ich kann den dreien sicheres Geleit garantieren.»

«Du kannst überhaupt nichts garantieren, du Scheißkerl!»

«Noch können sie das Haus verlassen. Bevor Sie Alarm geben.»

Burow kam auf Hollis zu, ohne das Mikrofon loszulassen. «Das Haus ist nicht umstellt», sagte er und trat erneut zu.

«Sie müßten es besser wissen. Die Wächter sind tot, das Telefon ist stumm.»

«Aber nicht das Funkgerät.»

«Dann geben Sie doch Alarm, Sie Idiot, und zum Teufel mit Ihnen, Ihrer Frau, Ihrer Tochter und Ihrer häßlichen alten Mutter!» fauchte Hollis.

Wieder trat Burow ihm ins Gesicht. Er hob das Handgerät ans Ohr und lauschte auf die immer wieder aufwallenden Störgeräusche der Funkgeräte im Hauptquartier und am Landeplatz, die er nicht identifizieren konnte. Er fluchte leise, ging zum Funkgerät und schaltete auf Alternativfrequenz. Es waren nur Gesprächsfetzen zu hören, immer wieder unterbrochen von Störimpulsen. Nach kurzem Blick auf Hollis sagte Burow auf russisch ins Handmikrofon: «An alle Posten, hier spricht Oberst Burow. Großalarm, Großalarm! Ein Trupp Wächter sofort zu meinem Quartier! Auf bewaffnete Gefangene achten!»

«Studenten!» brüllte Hollis. «Studenten!»

«Halten Sie Ihr verdammtes Maul!»

«Warum beherzigen Sie das nicht für sich? Es kann Sie sowieso niemand hören. Merken Sie nicht, daß der Funk gestört ist?» Auf russisch fügte er hinzu: «Verstehen die Russen denn gar nichts von Elektronik?»

Burow ließ das Handgerät fallen und stürmte auf Hollis zu. Dieser rollte sich blitzschnell zur Seite und ließ den Angriff ins Leere gehen. Burow verlor das Gleichgewicht, Hollis stemmte sich hoch, schnellte die Beine herum und riß dem KGB-Mann die Beine unter dem Körper weg. Seine rechte Hand umklammerte Burows Revolver, hielt den Zylinder fest und verhinderte auf diese Weise einen Schuß. Gleichzeitig stieß er Burow die Finger der linken Hand in die Augen, dann gegen den Kehlkopf. Burow japste, ließ den Revolver aber nicht los. Hollis mußte zwei mit links geführte Handkantenschläge gegen den Hals hinnehmen, ehe er Burows Arm in den Griff bekam. Die beiden Männer rollten eng umschlungen auf dem Boden herum, wobei Hollis Burows Revolver und Handgelenk nicht losließ. Beide versuchten, mit den Knien zu stoßen, beide wußten, daß der andere die gleichen tödlichen Tricks kannte. Hollis schlug mit der Stirn zu und hörte Burows Nase brechen. Gleichzeitig schlug Burow die Zähne in Hollis' Wange. Hollis riß sich los, bohrte dem anderen einen Daumennagel in die weiche Seite des Handgelenks und riß eine Vene auf. Kein Wort, kein Schmerzenslaut war zu hören.

Hollis mußte erkennen, daß Burow im Hinblick auf seine körperliche Verfasssung nicht gelogen hatte, während er selbst nicht mehr ganz so fit war wie noch vor einigen Wochen. Er begann zu ermüden und hatte Burow nicht mehr so fest im Griff. Burow lag schwer auf ihm und schien allmählich die Hand mit der Waffe freizubekommen. Die beiden Männer starrten sich im schwachen Licht in die Augen. «Ich schieße dir die Eier weg!» drohte Burow leise.

In dem Moment ließ Hollis die Waffenhand los und versetzte dem anderen mit der freien Hand einen Karateschlag in den Nacken, griff um Burows Kopf herum, faßte sein Kinn mit der Hand und zerrte den Kopf zur Seite, bis er den Knorpel knacken hörte. Burow versuchte Hollis' Hand abzustreifen, bevor ihm das Genick gebrochen wurde. Aber Hollis erhielt den Druck aufrecht. Burow trat die Zunge aus dem Mund, die Augen quollen hervor. Mit der freien Hand zerrte er an Hollis' Arm. Hollis erkannte, daß seine Gegenwehr erlahmte und hieb ihm zweimal das Knie in den Unterleib. Vergeblich. Statt dessen ließ Burow unvermutet die Pistole los, drehte sich blitzschnell aus Hollis' Würgegriff und rollte auf den Rücken. Sofort sprang er auf.

Hollis sprang ebenfalls hoch. Schwer atmend standen sich die beiden Männer gegenüber. Hollis ließ Burows Revolver zu Boden fallen. «Nun komm schon.»

Aber Burow rührte sich nicht. Offenbar war er mit den Kräften am Ende. Seine Augen waren blutunterlaufen, und er atmete stockend und rasselnd. Aus der Nase und der Wunde an der Hand floß Blut. Hollis trat zwei Schritte vor und sagte: «Für Dodson, Fisher, die Piloten, ihre Frauen und Kinder.» Mit voller Wucht schlug er dem anderen die Faust ins Gesicht und hörte Zähne splittern.

Burow kippte nach hinten und rührte sich nicht mehr. Hollis sank in die Knie und drehte dem anderen das Gesicht zur Seite, damit er nicht im eigenen Blut erstickte. Dann riß er den Kragen von Burows Schlafanzugjacke und verband die offene Wunde am Handgelenk.

Schließlich hockte er auf dem Boden und versuchte seine Gedanken zu ordnen und zu Atem zu kommen. Mit der Hand betastete er die rechte Wange, die Burow aufgerissen hatte. Ein stechender Schmerz durchzuckte ihn.

Plötzlich erschien Alevy an der Tür. Hinter ihm kam Lisa die Treppe herauf. Hollis versuchte aufzustehen, aber Alevy drückte ihn wieder hinunter. Er nahm den Revolver auf und ging zu Burow.

Lisa kauerte sich neben Hollis nieder. «Alles in Ordnung, Sam?»

Er nickte. «Funkgerät!» sagte er zu Alevy und deutete auf die Nische.

Alevy riß das Kabel heraus und zerschmetterte das Mikrofon. «Hat er einen Funkspruch durchbekommen?»

«Ich glaube nicht.» Hollis zog seine Hose an. Lisa half ihm bei Hemd und Parka und mußte ihm schließlich die Turnschuhe zubinden. Schwankend stand er auf und steckte die Papiere ein, die aus den Zigarrenröhrchen gefallen waren.

Alevy drehte Burow herum. «Ihr beide mögt euch nicht», stellte er fest.

«Was haben Sie mit meinem Vater gemacht?»

Alle schauten zur Tür. Ein etwa zehnjähriges Mädchen im Nachthemd starrte erschrocken ins Zimmer. Hinter ihr stand eine nicht mehr ganz junge Frau in einem wattierten Morgenrock, und auch die alte Dame, die Burow als seine Mutter bezeichnet hatte, war da.

Burows Frau schaute von Hollis zu Lisa und Alevy, der noch seine KGB-Uniform trug. «Ist mein Mann tot?»

«Nein», antwortete Alevy auf russisch, «nur bewußtlos.»

«Aber ich verstehe nicht, was hier geschieht!» rief sie und begann zu weinen.

Alevy und Hollis wechselten einen Blick. «Ihr bringt sie nicht um!» sagte Lisa auf englisch.

«Wir können sie nicht mitnehmen und nicht zurücklassen», sagte Alevy auf englisch.

«Nein, Seth!» rief Lisa.

«Burow soll wissen, daß sie am Leben sind», sagte Hollis. «Das könnte später nützlich sein.»

Alevy nickte. «Na schön.» Auf russisch sagte er zu Burows Frau: «Sie alle bleiben im Haus, sonst fallen die Hunde über Sie her. Bald kommen Soldaten.» Alevy wollte Burow aufheben, aber Hollis schob ihn zur Seite und warf sich den Bewußtlosen nicht ohne Mühe über die Schulter.

Burows Frau und seine Mutter wollten Hollis nach unten folgen, doch Alevy hielt sie zurück. «Machen Sie sich keine Sorgen. Es wird alles gut.»

Lisa und Alevy folgten Hollis ins Erdgeschoß.

Der TransAm stand mit offener Ladeklappe vor der Tür. Mills stieg aus und half Hollis, den Bewußtlosen neben Dodson zu verstauen. Hollis betrachtete die beiden. Dodson im zerrissenen Trainingsanzug, Burow im blutbefleckten Pyjama. Beider Gesichter waren völlig entstellt. Der Kreis schloß sich. Die Ereignisse, die mit Dodsons Katapultflug begonnen hatten, gingen ihrem Ende entgegen.

«Ich fahre, Bert», sagte er. «Sie geben mir Mantel und Mütze und setzen sich hinten zu Lisa. Los jetzt, schnell.»

Alevy sprang auf den Beifahrersitz, Hollis legte den Gang ein und fuhr in hohem Tempo durch das Tor auf die dunkle, gewundene Straße.

«Noch zweiundzwanzig Minuten», sagte Alevy, als sie am Einkaufszentrum vorbeikamen. «Genug Zeit.»

Hollis steigerte das Tempo wortlos auf hundert Stundenkilometer.

Sie waren kurz vor dem Hauptquartier, als die Sirene losging. «Vermutlich hat das mit uns zu tun», bemerkte Alevy trocken.

Vor dem erleuchteten Gebäude standen mehrere Autos. Ein Dutzend KGB-Grenzsoldaten lief durcheinander. Einer trat an den Straßenrand und winkte den TransAm zum Parkplatz herüber.

Hollis trat das Gaspedal durch und raste vorbei.

«Was der Kerl wohl wollte?» fragte Alevy.

«Keine Ahnung.» Der Tacho stand auf hundertdreißig. Sie schossen am Freizeitgebäude vorbei. «Paßt auf, daß wir die Abzweigung nicht verpassen.»

«Die haben noch nicht kapiert, was hier läuft», meinte Mills.

«Hoffentlich kommen sie auch erst drauf, wenn wir abgeflogen sind», antwortete Alevy.

Hollis schaute in den Rückspiegel. «Zwei Fahrzeuge hinter uns.»

«Denen zeigen wir's», sagte Alevy und gab Mills seine Mütze. «Nehmen Sie die.»

«Verstanden.» Mills löste eine Phosphorgranate aus ihrem Klettverschluß an seinem Knöchel, stellte den Timer auf Null und legte die Granate in die Mütze. «Wie lange für Null?»

«Sieben Sekunden.»

«In Ordnung. Würden Sie mal die Tür einen Spalt öffnen?» Mills machte die Granate scharf, indem er das Rädchen der Zeiteinstellung herauszog, zählte bis vier und schob dann die Mütze zum Türspalt hinaus. «Fünf, sechs.»

Das vorderste Fahrzeug, ein Sil-6, lag etwa zweihundert Meter zurück und hupte und blinkte unentwegt.

«Sieben.»

Der Phosphor explodierte unter dem ersten Verfolgerfahrzeug, das sofort von der Straße abkam und krachend zwischen den Bäumen landete. Gleich darauf explodierte der Benzintank. Lodernde Phosphorbrocken wirbelten in hohem Bogen durch die Luft und setzten Bäume in Brand. Der zweite Wagen, ein robuster Truppentransporter, setzte die Verfolgung fort. Schüsse wurden noch nicht abgegeben. «Der macht sich jetzt Gedanken über uns», bemerkte Mills. «Hat keine Lust, das Feuer auf den Wagen des Obersten zu eröffnen.»

«Sam!» rief Lisa. «Da ist die Straße zum Landeplatz!»

Hollis stieg auf die Bremse und zog das Steuer herum. Der TransAm geriet ein wenig ins Schleudern, brach aber nicht aus. Hollis schaltete herunter und gab auf dem schmalen Kiesweg sofort wieder Gas. Aufheulend raste der TransAm durch den Wald und kam schnell wieder auf hundert, dann auf hundertzehn Stundenkilometer.

Etwa zweihundert Meter weiter vorne tauchte die Funkhütte auf. Ein Fenster war schwach beleuchtet. Hollis konnte auch einen Teil der Lichtung erkennen, nicht aber den Hubschrauber.

Die Sirene jaulte immer noch, und nun suchten die Scheinwerfer der Wachtürme den Wald außerhalb des Todesstreifens ab. Das Lager war zum Leben erwacht, die sechshundert Grenzsoldaten wurden munter. «Wir können Brennan im Vorbeifahren an Bord nehmen.»

Alevy schaute nach hinten. «Der verdammte Transporter bleibt dran. Halten Sie hier, wir müssen ihm den Weg versperren, sonst folgt er uns bis zum Hubschrauber.»

«Verstanden.» Hollis trat auf die Bremse und brachte den TransAm rutschend zum Stehen. Er zog den Zündschlüssel ab und löschte die Beleuchtung. Alle stiegen hastig aus.

Der nachfolgende Sil stoppte etwa hundert Meter entfernt. Seine Scheinwerfer beleuchteten die Szene. Alevy trug Dodson, Hollis hatte sich Burow übergeworfen. «Lisa», befahl Alevy, «du läufst voraus und gibst Brennan Bescheid.»

Lisa zog ihre Pistole und lief los.

Hollis zählte etwa zehn schemenhafte Gestalten, die aus dem Transporter sprangen und vorzurücken begannen. Jemand rief auf russisch: «Identifikation!»

«Halten Sie sie ein paar Minuten auf, Bert», befahl Alevy.

Gebeugt von ihrer Last, eilten Alevy und Hollis auf die Hütte zu. Mills stützte seinen Arm ab und verfeuerte die acht Schuß seiner schallgedämpften Pistole. Ein Mann schrie auf, und sofort füllte sich die Luft mit dem hohlen Schmettern der automatischen AK-47. Es klang, als würden ganze Ketten von Knallkörpern gezündet. Die Fenster des TransAm zerplatzten, grüne Leuchtspurmunition zog ihre Bahn durch die Dunkelheit. Mills lud nach und gab weitere acht Schuß ab.

Hollis und Alevy liefen in geduckter Haltung und versuchten auf dem lockeren Kies Halt zu finden. Ihre Last wurde immer schwerer. Hollis konnte den Hubschrauber nicht auf dem Landeplatz ausmachen.

Lisa hatte sich der Hütte auf etwa zwanzig Meter genähert und rief: «Bill! Bill Brennan!»

«Lisa Rhodes?» antwortete eine Stimme. «Kommen Sie! Laufen Sie!»

Lisa sprintete die letzten zwanzig Meter und fiel Brennan in die Arme. «Okay, okay», sagte er. «Kommen Sie erst mal zu Atem. Was ist los?»

Sie zeigte zum Weg. «Seth und Sam... sie schleppen Dodson und Burow.»

«Wen? Ach ja. Gut. Und Mills?»

«Hängt weiter zurück. Sie kommen. Man hat uns verfolgt.»

«Das ahnte ich schon. Okay. Zum Hubschrauber mit Ihnen –»

«Nein, ich warte.»

«Na, dann bleiben Sie halt, und behalten Sie den Kopf unten. Bin gleich wieder da.» Brennan lief schon Alevy und Hollis entgegen. Eine MG-Salve fetzte durch die Bäume über den drei Männern, die sofort zu Boden gingen. Mit Blick auf Burow und Dodson fragte Brennan: «Verwundet?»

«Nein», antwortete Alevy. «Müde. Lisa...?»

«Ja. Sie ist in der Hütte.»

«Okay, Sie übernehmen Dodson und kehren zur Hütte zurück.»

Brennan stützte sich auf ein Knie, und Alevy rollte ihm Dodson auf den Rücken. Die AK-47-Geschosse der Verfolger ließen über ihnen Äste und Kiefernzapfen herabregnen. Hollis konnte nicht ausmachen, ob Mills das Feuer erwiderte, doch schienen die Grenzsoldaten näher zu kommen.

Brennan lief geduckt zur Hütte.

«Los, jetzt Sie, Sam», sagte Alevy. «Für Mills bin ich verantwortlich. Verschwinden Sie.»

Hollis lud sich Burow auf die Schulter und folgte Brennan so schnell er konnte.

Alevy kniete hinter einem dicken Baum am Wegrand nieder, zog seine Waffe und feuerte ziellos. Plötzlich gab es eine Explosion, und ein Feuerball stieg empor. Der TransAm war explodiert. Alevy rief Mills' Namen, bekam aber keine Antwort. Hastig schob er das letzte Magazin in die Pistole und begann sich schießend zur Hütte zurückzuziehen.

Hollis hatte es geschafft. Brennan nahm ihm Burow ab und legte den Bewußtlosen hinter der Tür neben Dodson nieder. An der Wand lagen drei uniformierte Tote übereinander. Lisa hockte unter einem Fenster. «Sam –» Sie schrie fast. «Ist alles in Ordnung?»

«Bestens. Bleib unten.» Hollis zog seinen KGB-Mantel aus und deckte damit Dodson zu.

Brennan schaute durch das Zielfernrohr seiner Dragunow. «Auf dem Weg sind weder Alevy noch Mills zu sehen», meldete er, «dafür bewegen sich Gestalten zwischen den Bäumen.» Er zielte und schoß, und die Mechanik des schallgedämpften Gewehrs war lauter als der eigentliche Schuß. Er gab einen zweiten Schuß ab. «Ein hübsches Gewehr, aber die Zieloptik ist nicht so scharf wie unsere.»

Hollis griff sich eine von den drei AK-47, die neben einer Metallkiste mit Magazinen an der Wand lehnten. Er kniete nieder und schlug das Fensterglas ein.

«Noch nicht schießen, Colonel», sagte Brennan. «Sie haben uns noch nicht im Visier.»

«Okay. Dann gehe ich raus und hole Seth und Bert.»

Lisa packte seinen Arm. «Und ich?»

Brennan rief: «Einer von euch sollte mal schauen, ob O'Shea noch im Lande ist! Er muß wissen, was hier läuft!»

Hollis nahm Lisa bei der Hand und führte sie zur Tür. «Tief bücken.» Er zog sie von der Hütte fort zur Lichtung und duckte sich mit ihr im kniehohen Gras nieder. Etwa hundert Meter entfernt konnte man den hellen Hubschrauber vor der schwarzen Baumfront auf der anderen Seite der Lichtung erkennen. Durch die Schüsse war das Jaulen der Turbinen zu hören. «Siehst du ihn?»

«Ja.»

«Sag O'Shea, daß es uns gutgeht und daß wir kommen.»

Sie schaute ihn an. «Du kommst mit!»

«Später.»

«Nein, gleich!»

Hollis packte sie an den Schultern und schaute ihr tief in die Augen. «Es ist wichtig, daß du zum Hubschrauber gehst und O'Shea sagst, daß wir kommen, sonst startet er vielleicht. Ich muß mich um die anderen kümmern. Lisa!»

«Ich springe wieder runter, Sam, das schwöre ich! Wenn du nicht kommst, springe ich wieder runter...» Sie hatte Tränen in den Augen und begann zu zittern.

Hollis drehte sie zum Hubschrauber herum. «Lauf! Duck dich. Mach schon.»

Sie schaute zu ihm zurück und setzte sich gehorsam in Bewegung, doch drehte sie sich zwischendurch immer wieder um.

Hollis lief zur Hütte zurück und sah Alevy auf sich zukommen. Das Schießen war lauter geworden, und man sah Leuchtspurgeschosse durch den Wald kurven.

«Ich hole Burow», sagte Hollis. Er und Alevy sprinteten zur offenen Hüttentür und rollten sich hinein. «Es sind schon viel mehr», meldete Brennan. «Sie sind im Wald ausgeschwärmt und rücken von Baum zu Baum vor. Sie sind sehr vorsichtig, dürften aber in zehn Minuten hier sein. Wenn sie drüben aus dem Wald kommen und den Hubschrauber sehen, gibt's Probleme.»

«Wir müssen sie aufhalten», sagte Alevy nickend, schnappte sich eine AK-47, schob den Lauf durch ein Fenster und feuerte zwischen die Bäume, bis die dreißig Schuß aufgebraucht waren.

Der Beschuß aus dem Wald ließ einige Sekunden lang nach, während die Grenzsoldaten Deckung suchten. Als das Feuer wieder zunahm, schien es sich auf die Hütte zu konzentrieren. Hollis hörte den dumpfen Aufprall der Kugeln im Holz, und ab und zu fegte ein grünes Leuchtspurprojektil durch die zerstörten Fenster herein, bohrte sich in die gegenüberliegende Wand, schimmerte kurz und brannte aus. Geschosse durchschlugen das Wellblechdach und ließen die Tragbalken splittern.

Alevy lud nach. «Bill, Sie nehmen Burow und verschwinden zum Hubschrauber.»

«Nein», widersprach Hollis. «Zuerst Dodson. Ich nehme Burow.»

Alevy nickte Brennan zu und ließ sich das Scharfschützengewehr geben. «Sie können die Angreifer durchs Zielfernrohr aufs Korn nehmen», sagte Brennan. «Der Schuß ist lautlos und ohne Mündungsfeuer. Erst wenn die anderen ganz nahe sind, sollten Sie die AK nehmen. Eigentlich wäre es aber besser, wenn wir alle jetzt gleich von hier verschwänden.»

Alevy schob das Gewehr über das Fensterbrett, zielte auf ein Mündungsfeuer und gab einen Schuß ab. «Ich warte noch ein bißchen auf Bert. Bis später.»

Brennan warf sich Dodson, der noch immer bewußtlos war, über die Schulter und ging zur Tür, die vom Wald aus nicht direkt zu beschießen war. «Okay, wir sehen uns dann an Bord», sagte er ohne rechte Überzeugung. Hollis sah ihn mit seiner Last in der Dunkelheit verschwinden.

Er kniete neben Burow nieder und überprüfte Puls und Atmung. «Alles in Ordnung.»

Im gleichen Augenblick begann sich Burow zu rühren und versuchte den Kopf zu heben, doch Hollis schob ihn zurück.

Alevy zog die schwarze Tasche, die sie bei der Landung in der Hüte deponiert hatten, heran, entnahm ihr eine Spritze und injizierte Burow eine Dosis Pentothal. Dann sagte er zu Hollis: «Also, Sam, jetzt sind Sie dran. Schaffen Sie Ihre Beute nach Hause.»

«Warum kommen Sie nicht mit?» fragte Hollis. «Mills ist tot.»

«Darum geht's nicht.»

Die beiden Männer schauten sich kurz an, dann sagte Alevy: «Gleich geht das Schlafgas hoch. Ich schaffe es schon. Hauen Sie ab!»

Hastige Schritte waren zu hören, und die Männer griffen nach ihren Waffen. Eine Stimme rief: «Ich komme rein!»

Kopf voran warf Mills sich durch die Tür und rollte gegen Burow, der aufstöhnte. Schwer atmend blieb Mills am Boden sitzen. «Sie sind verdammt dicht dran. Keine hundert Meter mehr!» Er schaute auf die Uhr. «Himmel... wir müssen los!»

Er blutete an der Hand und am Nacken und roch nach verbranntem Benzin. Seine Kleidung war angesengt.

«Alles in Ordnung mit mir. Worauf warten wir noch?»

«Auf Sie», antwortete Alevy. «Nehmen Sie Burow. Wir geben Ihnen Deckung.»

Hollis hievte Mills den bewußtlosen Burow auf den Rücken, während Alevy einen Rauchkanister aus der Ledertasche nahm. Er baute sich seitlich von der Tür auf und spähte um die Ecke. «Sie sind wirklich verdammt nahe.» Er zog die Nadel des Behälters und schleuderte ihn hinaus. Schwarzer Rauch wallte auf und wehte den vorrückenden Grenzsoldaten ins Gesicht. Alevy ließ einen Behälter mit CS-Gas folgen, das mit dem Rauch vom Wind abgetrieben wurde. «Okay, Bert, bis gleich.»

Zwischen vereinzelten Schüssen war nun Würgen und Husten zu hören. «Viel Glück!» sagte Mills, faßte Burow fester und lief, geschützt von dem Rauch, aus der Hütte. Hollis hatte sich mit einer AK-47 in die Tür gelegt, bestrich in weitem Bogen den Waldrand und zog nur wenig Feuer auf sich. Er schaute in die andere Richtung und sah, daß Mills verschwunden war. Dann eröffnete Alevy das Feuer durch ein Fenster. Leere Geschoßhülsen fielen klappernd zu Boden, Korditgeruch füllte die Hütte.

«Okay, Mills und Burow sind an Bord», sagte Hollis. «Wollen Sie als erster gehen? Ich gebe Ihnen Feuerschutz.»

Alevy schaute auf die Uhr. «Nein, gehen Sie. Wir haben noch ein paar Minuten.»

Hollis kroch zur Tür und schaute zum anderen zurück.

«Los, los», sagte Alevy lächelnd.

Von der Lichtung tönte das Jaulen der Hubschrauberturbinen herüber. «Er startet gleich. Kommen Sie!»

Alevy saß mit dem Rücken zur Wand neben der Tür und antwortete nicht. Er schien sehr entspannt zu sein, sehr mit sich im reinen – eigentlich zum erstenmal, seit Hollis ihn kannte.

«Sie haben kein Schlafgas abgeworfen, nicht wahr?» fragte er.

«Nein», sagte Alevy.

«Nervengas?»

«Ja. Sarin. Tabun wäre auch gegangen, aber –»

«Warum? Warum, Seth?»

«Verdammt, das wissen Sie ganz genau.»

«Aber... Himmel Herrgott, Mann... Fast dreihundert Amerikaner... Frauen...»

«Sie können nicht mehr nach Hause, Sam. Nie mehr. Sie haben kein Zuhause mehr. *Dies* ist ihr Zuhause. Das wissen Sie doch!»

Der schützende Rauchwall begann sich aufzulösen. Hollis wühlte die Ledertasche durch und schleuderte die letzten Rauch- und CS-Granaten hinaus. Es wurde nur noch vereinzelt auf die Hütte geschossen; ringsum war vor allem das Würgen, Ächzen und Stöhnen der Soldaten zu hören.

«Das Außenministerium und das Weiße Haus haben sich also

durchgesetzt! Dieses Lager hat es nie gegeben. Und Sie haben da mitgemacht?» Hollis wußte nicht, was er sagen sollte.

Alevy schaute auf die Uhr. «Verschwinden Sie, Sam. Ich verlange nicht von Ihnen, daß Sie hier sterben.»

«Werden *Sie* hier sterben?»

Alevy antwortete nicht direkt. «Ich bin im Begriff, tausend Menschen zu ermorden. Das Giftgas war mein Vorschlag. Für unser Land wird die ganze Operation einen Kompromiß bringen. Zum Ausgleich dafür, daß die CIA und der Pentagon die Friedensinitiativen und all den anderen Unsinn nicht stören, können wir von den Maulwürfen, die wir in Amerika aufspüren werden, so viele behalten, wie wir wollen. Den Rest können wir ohne lästige Prozesse ausschalten. General Surikows Dokumente haben uns entscheidend weitergebracht. Wir gründen unsere eigene ‹Fabrik› in den Vereinigten Staaten. Verstehen Sie?»

«Ich fürchte ja.»

«Tun Sie nicht so unschuldig. Wir drehen die Geheimdienstoffensive um. Wir gründen eine erstklassige Schule für unsere Agenten, und Burow und Dodson werden dort so etwas wie Dekane sein. Saubere Sache, finden Sie nicht?»

«War das auch Ihr Vorschlag?»

«Natürlich. Aber etwas anderes ist nicht auf meinem Mist gewachsen. Weder Sie noch Lisa sollten hier lebend herauskommen. Ihre eigenen Leute vom Militärgeheimdienst waren damit einverstanden, wenn auch etwas widerstrebend, muß ich sagen. Allen voran General Vandermullen.»

«Warum also ...?»

«Ach, ganz so unmenschlich bin ich nun wirklich nicht, Sam. Würde ich es fertigbringen, Sie hier sterben zu lassen?»

«Bei Ihnen würde mich nichts mehr überraschen, Seth.»

«Vielen Dank. *Das* hätte ich aber doch nicht fertiggebracht. Was Sie betrifft... also, Sie gefallen mir, und da gebe ich Ihnen die Chance zu verschwinden.»

Hollis hörte die Turbinen des Hubschraubers aufjaulen. «Was ist mit Surikow und seiner Enkelin, Seth? Haben Sie mich da belogen?»

«Leider ja. Die beiden bleiben noch ein Weilchen in Moskau. Es geht nicht anders, sonst wüßte das KGB sofort, daß Surikow der Verräter war. Er muß sich gedulden, bis das FBI bereit ist, alle Maulwürfe auszuheben.»

«Sie sind ein fieser Kerl.»

«Ich bin Patriot.»

Wieder prallten die Geschosse gegen die Holzwände, und Hollis hörte das tiefe Schnattern eines schweren MG. Holz begann zu splittern, und Hollis warf sich flach auf den Boden. «Runter!»

Alevy schien sich nicht dafür zu interessieren. Er blieb mit dem Rücken zur Wand sitzen und sagte: «Um das Maß vollzumachen, Sam, werden meine Leute die Kellums aus dem Land schleusen. Sie kriegen Lehrerposten in unserem amerikanischen Lager. Anscheinend sind sie ziemlich helle und bereit mitzumachen, damit wir sie nicht in die Moskwa werfen.»

Hollis lud zum wiederholten Male nach. «Was für ein unglaubliches Durcheinander! Die Leute, die Sie hier retten sollten, werden sterben ...»

«Richtig. Aber ganz schmerzlos. Sarin wirkt schnell.»

«Und Lisa und ich sollten mit ihnen umkommen. Dagegen bleibt Sadist Burow am Leben, ebenso die verdammten Kellums. Surikow und seine Enkelin, die für uns ihr Leben riskiert haben, sitzen fest, und Dodson, den ihr alle umbringen wolltet, um ihm die Lippen zu versiegeln, wird von einem quasi-toten Dasein ins nächste wechseln – in Ihr verdammtes neues Lager ...» Hollis musterte Alevy in der Dämmerung. «Begreifen Sie überhaupt, wie ungeheuerlich das alles ist?»

«Durchaus. Aber ist Ihnen auch klar, wie brillant es zugleich ist? Die klassische Umkehrung einer massiven Spionageoffensive, die nun in einer Katastrophe für die Gegenseite endet. Wir haben dem vollgefressenen, dekadenten Westen Luft verschafft, weitere Jahre, in denen er neue Designer-Jeans produzieren, Demokratie spielen, über Frieden und Verständnis reden, Diätbücher schreiben kann –»

Hollis warf sich quer durch den Raum auf Alevy und schleuderte ihn zu Boden. «Begreifen Sie eigentlich, was Sie da *getan* haben? Sind denn in Washington alle total verrückt geworden?»

«Die Leute sind außer sich vor Angst, das ist es!» brüllte Alevy. «Kommen Sie von Ihrem hohen Roß herunter, Hollis. Hier geht's ums nackte Überleben!» Er schob ihn zur Seite und richtete sich auf.

«Dann seht ihr alle an der verdammten Hauptsache vorbei!» schrie Hollis. «Wir können nicht überleben, wenn wir wie sie werden. Ich habe gerade zwei Wochen beschissenen Totalitarismus hinter mir. Seth, Sie und ich leben seit zwei Jahren in diesem Land. Mein Gott, haben Sie denn nichts dazugelernt ...?»

Alevy zog seine Pistole und richtete sie auf Hollis. «Ich will mir hier keinen dämlichen Vortrag von Ihnen anhören. Ich weiß verdammt gut, was ich gemacht habe.»

Draußen wurden die Schüsse lauter. Männer brüllten Befehle. Vermutlich holten die Sowjets zum letzten Sturm auf die Hütte aus. Hollis atmete tief durch. «Na schön... ich verstehe. Verdammt! Verdammt!» Er schwieg hilflos.

Alevy warf die Pistole fort und ergriff ein Gewehr, das auf dem Boden lag. Er stand am Fenster und schoß, bis die Waffe heiß wurde und Ladehemmung bekam. Er bückte sich nach einem anderen Gewehr; im gleichen Augenblick fegte eine Salve durch das zerbrochene Fenster.

Hollis ergriff die letzte AK-47 und zertrümmerte mit dem Kolben das einzige unzerstörte Fenster auf der dem Feuer abgewandten Seite.

«Wohin wollen Sie?»

«Nach Hause.»

«Nein!» Alevy riß seine Waffe herum und zielte auf Hollis. «Sie wissen jetzt zuviel.»

«Deshalb will ich ja nach Hause.» Hollis schwang sich auf das Fensterbrett. «Verschwinden wir.»

Alevy jagte einige Schüsse in die Wand über Hollis' Kopf. «Halt!»

«Nein, ich regele die Sache auf meine Weise, Seth. Nicht wie Sie wollen.»

«Sie schulden mir was, Sam. Weil ich Lisa gerettet habe. Geben Sie mir Deckung.»

«Ich schulde Ihnen gar nichts. He, Seth?»

«Ja?»

«Geben Sie *mir* Deckung. Okay?»

Alevy musterte den anderen quer durch den dunklen Hüttenraum. «Klar. Habe ich doch immer getan.»

«Danke, Seth.»

«Ja, ja – Ihnen auch. Ich bin dicht hinter Ihnen, Sam. Wir sehen uns an Bord.»

Hollis ließ sich aus dem Fenster rollen und verharrte kurz am Boden. Da setzte verstärktes Gewehrfeuer ein. Offenbar rückten die Soldaten jetzt über das freie Gelände gegen die Hütte vor.

Hollis rannte über die Lichtung, wobei er die kompakte Hütte zwischen sich und den Angreifern wußte. Links und rechts sirrten vereinzelte Schüsse vorbei, doch achtete er nicht darauf. Alevy folgte ihm, stolperte aber plötzlich und blieb im hohen Gras liegen. Hollis hörte ihn fallen, drehte sich wie in Trance um und lief auf ihn zu.

Alevy kroch auf allen vieren und griff haltsuchend nach seiner Hand. Hollis riß seine Jacke auf und sah den dunklen Fleck, der sich rasch ausbreitete. «Verdammt, Seth!»

Alevy ließ sich auf den Rücken rollen, und Hollis drückte die Hand auf die Brustwunde. «Still liegen, Seth. Nur ganz flach atmen.» Doch schon trat blutiger Schaum auf Alevys Lippen. «Ganz ruhig. Es wird alles gut.»

Alevys Blick war verhangen, und er atmete keuchend. Seine Stimme aber klang noch ganz klar. «Geh ... geh ... sie warten ... laß sie nicht warten.»

Hollis hörte nicht hin, sondern machte Anstalten, Alevy hochzunehmen. Da spürte er, wie der andere erschlaffte. Er schaute in Seth Alevys tote Augen und ließ ihn sanft wieder auf den feuchten russischen Boden gleiten. «Ich glaube, du wirst mir fehlen, mein Freund», sagte er und atmete tief ein.

Hinter ihm stieg der Hubschrauber senkrecht empor. Es war drei Uhr achtundvierzig. Die anderen hatten gewartet – aber nicht lange genug. Vermutlich hatten O'Shea, Brennan und Mills dafür gesorgt, daß Lisa die Maschine nicht wieder verließ. Trotzdem wollte er nachschauen, ob sie sich nicht vielleicht doch dort auf der dunklen Lichtung herumtrieb. Er hängte sich das Gewehr um und ging auf die Stelle zu, wo der Hubschrauber gestanden hattet.

Ein Geräusch ließ ihn herumfahren. Die Funkhütte stand in Flammen. In ihrem Licht sah er KGB-Grenzsoldaten in seine Richtung vorrücken.

Er setzte seinen Marsch fort, auch wenn mit jedem Schritt seine Gewißheit wuchs, daß Lisa ihn dort nicht erwarten würde.

Er erreichte die flachgedrückte Stelle im Gras, wo die Maschine gewartet hatte, die am dunklen Himmel nun schon nicht mehr auszumachen war.

Jenseits der Lichtung bewegte sich eine zweite Kette von Männern auf ihn zu. Zwei Suchscheinwerfer tasteten die freie Fläche ab. Es dauerte nicht lange, bis ein Lichtstrahl ihn eingefangen hatte.

Von der Hütte rief eine Stimme auf russisch: «Ergeben Sie sich! Sie sind umstellt. Heben Sie die Hände!»

Hollis ließ sich auf ein Knie fallen und schoß auf die Stimme, dann fuhr er in die andere Richtung herum und beharkte auch diese Seite. Die Angreifer warfen sich zu Boden, doch konnten sie seine Schüsse nicht erwidern, da sie sich damit gegenseitig gefährdet hätten. Hollis sah die Soldaten durch das kniehohe Gras sprinten und dann wieder

Deckung suchen. Der Scheinwerfer ließ ihn nicht los, und er feuerte darauf, bis das Licht erlosch.

«Kapitulieren Sie! Stehen Sie auf!»

Hollis schoß das Magazin leer, dann zog er die Pistole und wartete. Die KGB-Soldaten waren beidseitig keine fünfzig Meter mehr entfernt und verständigten sich mit Zurufen. Jemand gab einen Befehl, und die Gruppe, die von der Lichtung her anrückte, ließ sich mit angeschlagenem Gewehr zu Boden fallen. Die andere Reihe kniete mit erhobenem Gewehr nieder – aber nichts geschah. Die knienden Männer waren nicht mehr zu sehen. Offenbar hatten sie sich zum Schießen ebenfalls hingelegt. Er rief auf russisch: «Ich ergebe mich nicht! Holt mich!»

Er wartete, erhielt aber keine Antwort. Er hörte, wie sich jemand übergab, ein anderer aufstöhnte. Plötzlich begriff er. Das aus dem Norden herbeiströmende Nervengas hatte die erste Angreifergruppe erreicht, ehe er erschossen werden konnte. Nun fiel ihm auch auf, daß die Scheinwerfer der Wachtürme sich nicht mehr bewegten, sondern starr zum Himmel zeigten.

Hollis schaute zu den Soldaten, die von der Hütte her vorrückten, offenbar im Windschatten, denn sie bewegten sich noch. Er selbst stand mit gezogener Waffe im Gras und wartete auf das Nervengas oder auf die restlichen Grenzsoldaten. Es machte letztlich keinen Unterschied mehr, wer oder was ihn zuerst erreichte.

Der Himmel war klar, und aus Norden wehte ein leichter Wind. Er hatte keine besondere Angst vor dem Sterben, denn er wußte tief drinnen, daß er, wenn einige entscheidende Minuten in der Bucht von Haiphong anders verlaufen wären, vielleicht schon die letzten fünfzehn Jahre hier verbracht hätte. In Arlington existierte bereits sein Grab; vermutlich war es nicht weiter wichtig, wem die darin ruhende Asche gehörte. Er hatte sich auf Alevys Spiel eingelassen, und jetzt war es richtig, daß er bei den Männern blieb, die niemals nach Hause zurückkehren würden.

Ihm war durchaus klar, daß er die Hütte zwei Minuten früher hätte verlassen können. Doch aus Gründen, die Alevy besser bekannt waren als ihm selbst, war er geblieben; er hatte sich zu sehr zu Alevy hingezogen gefühlt, war zu sehr verwickelt gewesen in den verführerischen Wahn dieses Mannes.

Hollis schloß die Augen und beschwor ein Bild von Lisa herauf, wie er sie zum erstenmal ganz bewußt wahrgenommen hatte: in ihrem Büro am Abend von Fishers Verschwinden. Rückblickend erkannte er, daß es schon damals zwischen ihnen gefunkt und er gewußt hatte, wie es weitergehen würde; gleichzeitig hatte er geahnt, daß der Fall Fisher und Dodson ihn irgendwann in die jetzige Situation bringen würde. Da diese Vorahnungen sich aber gegenseitig ausschlossen, hatte er versucht, Lisa nicht zu nahe zu kommen. Wenn er sich in diesem Augenblick etwas wünschte, dann, daß er sie mehr geliebt hätte, daß er ihr mehr von dem gegeben hätte, was sie ihm so rückhaltlos geschenkt hatte.

Der Wind frischte auf, und Hollis atmete tief ein. Er spürte leichte Übelkeit aufsteigen und ein seltsames Kribbeln auf der Haut. In der Ferne schrie ein Mann auf, ein anderer stöhnte. Er fragte sich, wie es kam, daß das Gas schon auf der windabgewandten Seite wirkte, ohne ihm zu schaden.

Irgendwo im Hintergrund seines Bewußtseins vernahm er ein gleichmäßiges Schlagen, als bewegten sich die Flügel schwarzer Engel, die seine Seele holen kamen. Er öffnete die Augen. Der Himmel über ihm war pechschwarz, und er sah die Schwärze wie etwas Greifbares niederstoßen. Dann machte er die wirbelnden Flügel des Engels aus und begriff, daß es keine Halluzination war, sondern der Hubschrauber, der die Luft rings um ihn reinigte und inmitten des tödlichen Gases eine kleine Zone des Lebens freihielt.

Der Hubschrauber glitt ein wenig zur Seite, und Hollis sah drei Meter über sich Lisa in der offenen Tür knien. Sie streckte eine Hand aus. Neben ihr kauerte Brennan, und durch das Fenster war Mills zu sehen. O'Shea bediente die Steuerung mit mehr Geschicklichkeit, als er sich selbst zugetraut hatte.

Brennan zog Lisa zurück und warf Hollis eine Leine mit Schlinge zu.

Der Hubschrauber verharrte auf der Stelle, geschüttelt vom eigenen Aufwind. Hollis schob sich die Schlinge unter die Arme und merkte, wie er hochgerissen wurde und durch die Luft pendelte. Dann merkte er gar nichts mehr.

40

Sam Hollis spürte, wie sein Körper durch eine schwarze Leere pendelte. Das Gefühl war angenehm und beruhigend, und er wünschte, es würde noch lange andauern. Allmählich wurde ihm aber bewußt, daß er gar nicht mehr schwebte, sondern saß.

Er öffnete die Augen und gewahrte in einer abgrundtiefen Schwärze ferne Lichter, die schließlich näher kamen und die vertrauten Konturen eines Armaturenbretts annahmen. Er konzentrierte den Blick auf ein Zifferblatt und sah, daß es beinahe sechs Uhr war. Er drehte den Kopf und erblickte O'Shea im Pilotensitz neben sich. «Wohin fliegen Sie, zum Teufel?»

O'Shea streifte ihn mit einem Blick. «Hallo. Wie geht's?»

«Bestens. Beantworten Sie meine Frage, Captain.»

Lisa beugte sich zwischen den Sitzen nach vorn und küßte ihn auf die Wange. «Hallo, Sam.»

«Hallo, du. Und ihr anderen. Wohin fliegen wir? Die Botschaft ist nur zwanzig Minuten –»

«Wir können mit dieser Ladung nicht zur Botschaft fliegen, Colonel», meldete sich Bert Mills, der hinter Hollis saß. «Captain O'Shea, Bill und ich sind offiziell in Washington. Sie und Lisa sind offiziell tot. Dodson ist vor beinahe zwanzig Jahren gestorben, und Burow brächte nur Komplikationen.»

Hollis nickte. «Wir fliegen zur Ostsee.»

«Jawohl, Sir», antwortete O'Shea. «Zum Finnischen Meerbusen. Wir haben dort ein Rendezvous mit einem Schiff.»

«Wie fühlen Sie sich körperlich?» wollte Mills wissen.

Hollis bewegte Beine und Arme und hatte keine Koordinationsprobleme. Sehen konnte er auch gut, und die anderen Sinne schienen ebenfalls zu funktionieren. In der rechten Wange hatte er ein taubes Gefühl. Die Wunde war verbunden, und die Taubheit ging vermutlich auf eine örtliche Narkose zurück und nicht auf Nervengas. «Alles klar.» Er drehte sich zu Mills um. «Sie haben mir Pralidoxim gegeben?»

Mills' Nicken bestätigte, daß er wußte, daß von einem Mittel gegen Nerven- und nicht gegen Schlafgas die Rede war.

Hollis schwieg und blickte sich in der dunklen Kabine um. Lisa hockte zwischen den Sitzen auf dem Boden, Mills saß hinter Hollis, Brennan schlief hinter O'Shea. In den beiden hintersten Sitzen wurden Dodson und Burow von den Sicherheitsgurten aufrecht gehalten.

«Dodson kommt durch», sagte Mills. «Dem fehlen nur ein paar ordentliche Mahlzeiten. Was Burow angeht... nun ja, dem muß man das Gesicht zurechtrücken. Ich hoffe, er hat keinen Gehirnschaden.»

«Den hat er schon seit Geburt», erwiderte Hollis grob. Er spürte, wie Lisa ihm die Hand drückte und erwiderte die Geste. Er hatte nicht vergessen, was ihm durch den Kopf gegangen war. «Es ist schön, dich wiederzusehen.»

«Wir haben auf dich gewartet, aber...»

«Das solltet ihr eigentlich nicht – und auch nicht zurückkommen und alles aufs Spiel setzen.»

«Wir haben abgestimmt», erklärte Mills, «und ich bin überstimmt worden. Nehmen Sie's nicht persönlich. Ich wollte es nur gesagt haben.» Er fügte hinzu: «Sie und Seth hätten eigentlich ja auch nicht auf mich warten dürfen. Trotzdem vielen Dank.»

Hollis schaute nach vorn auf den Treibstoffmesser. «Wie weit noch bis zum Meer?»

«Ungefähr hundertfünfzig Kilometer. Ich habe eine Karte für die Landnavigation, kann unten aber nichts erkennen. Wir haben Kurs auf Leningrad. Sobald wir die Lichter der Stadt sehen, gehen wir auf neuen Kurs.»

Hollis studierte Geschwindigkeits- und Höhenmesser. Die Maschine bewegte sich mit hundertfünfzig Stundenkilometern in 1600 Metern Höhe. Er kontrollierte das Drehzahlmoment, Öldruck und Öltemperatur, Batterie- und Turbinenaustrittstemperatur. Trotz der Überladung schien alles in Ordnung zu sein. Das einzige Problem war der Treibstoffvorrat. Der würde knapp werden. Hollis klopfte gegen das Glas, um zu sehen, ob die Nadel sich vielleicht unkontrolliert bewegte. «Sie haben zuviel Treibstoff verbraucht, um mich zu retten.»

O'Shea antwortete nicht.

Eine Zeitlang herrschte Stille in der Kabine. Hollis vermutete, daß seine Begleiter sich in Gedanken mit dem Lager und dem, was vor ihnen lag, beschäftigten. Er sagte zu Mills: «Wenn ich Sie richtig verstanden habe, sind Sie, Brennan und O'Shea eigentlich noch in Helsinki und werden Ihren Dienst in Moskau voraussichtlich nicht wieder antreten?»

«Davon kann man ausgehen.»

«Und Burow und Major Dodson sollen in der amerikanischen ‹Fabrik für Spione› verschwinden?»

Mills nickte schwach.

«Und Lisa und ich werden durch die Medien gezogen. Ich weiß von Alevy, daß wir beide eigentlich gar nicht hier an Bord sein sollten. Aber wo wir es nun einmal sind...»

«Nun ja, vermutlich kann man sagen, bei dem Absturz hätte es eine Verwechslung gegeben. Ich denke schon, daß wir Ihre Wiederauferstehung hinkriegen.»

«Vielen Dank. So wie Sie schon unseren Tod geregelt hatten.»

Lisa schaute zwischen den beiden Männern hin und her. «Wie immer weiß ich nicht recht, wovon hier gesprochen wird.»

Hollis klärte sie auf: «Es war kein Betäubungsgas, sondern Nervengas. Gift.»

«Was...?»

«Es wird keine Verhandlungen geben, keinen Austausch. Alle im Lager sind tot, auch Seth.»

«Nein!»

«Doch. Du und ich sollten eigentlich auch zu den Opfern gehören.»

«Aber warum?» Sie schaute Mills an. «Seth ist tot? Das ist unmöglich! Sie sagten doch, man würde ihn gefangennehmen und gegen Burow austauschen. Das sagten Sie doch, Bert?»

Mills stand auf. «Setzen Sie sich.» Er zog sie am Arm auf seinen Sitz. Dann hockte er sich auf den Boden und atmete tief durch. «Das ist sehr schwer zu erklären, Lisa.»

«Nein, finde ich nicht», warf Hollis ein. «Die Sache ist ganz einfach. Sie wollen sie nur nicht offen aussprechen.» Er richtete das Wort an Lisa. «Das Außenministerium, das Weiße Haus, der Pentagon-Geheimdienst und die CIA haben einen Handel verabredet. Die ‹Fabrik für Spione›, Abteilung UdSSR, wird für immer geschlossen. Dafür eröffnet in Kürze die ‹Fabrik für Spione›, Abteilung USA.»

«Ich finde, Sie sollten darüber schweigen», wandte Mills ein. «Seth hätte bestimmt nicht gewollt, daß sie davon erfährt.»

Hollis beachtete ihn nicht. «Wir hatten es mit zwei scheinbar unlösbaren Problemen zu tun. Erstens mußten die nach Amerika eingeschleusten Russen enttarnt werden, zweitens müssen wir uns um die in der Sowjetunion gefangenen Amerikaner kümmern. Ein gewisser General Surikow lieferte uns die Lösung zum ersten Problem, und das versetzte Seth in die Lage, seine Lösung des zweiten Problems durchzusetzen.» Hollis erzählte Lisa, was Alevy ihm offenbart hatte.

Lisa starrte auf Hollis' Spiegelung im Plexiglasfenster. Als er fertig war, fragte sie mit überraschend fester Stimme: «Und das war alles Seths Idee?»

Hollis nickte. «Doch brachte er es nicht übers Herz, dich in den Tod gehen zu lassen. Auch mir gegenüber war er bis zum Schluß unentschieden. Ich sollte eigentlich den Mund halten, aber im Grunde hast du das Recht, alles zu erfahren.» Er fügte hinzu: «Das wolltest du ja immer.»

«Das ändert im Augenblick nichts an dem Gefühl, das ich für ihn empfinde.» Sie schloß die Augen. «Ich kann mir einfach nicht vorstellen, daß die vielen Menschen tot sein sollen ... die Männer, ihre Frauen, die entführten Amerikanerinnen ...» Lisa schüttelte den Kopf. «Ich kann nicht glauben, daß er uns mit dem Betäubungsgas und Gefangenenaustausch nur etwas vorgemacht hat.» Sie schaute Hollis an. «Wußtest du, daß er log?»

«Die ganze Sache erschien mir ein bißchen zu glatt, und manches paßte nicht zusammen.»

Lisa nickte stumm.

Hollis wandte sich an Mills: «Ich nehme an, ich und Lisa sind noch immer in Gefahr?»

Mills schien sich unbehaglich zu fühlen. «Die Gefahr geht nicht von mir aus. Wir arrangieren uns schon irgendwie.»

«Na, wie denn? In Form eines lebenslangen Lehrerpostens im neuen Lager?»

«Ich glaube, Seth wollte von Ihnen beiden nichts anderes als das Versprechen, bis in alle Ewigkeit den Mund zu halten.»

Er sprach in getragenem Ton wie von einem gerade verstorbenen Helden. «Die Legendenbildung fängt bereits an.» Hollis drehte sich zu Lisa um. Sie hatte die Hände vor das Gesicht geschlagen. Tränen rannen ihr über die Wangen.

Er richtete den Blick wieder nach vorn und konzentrierte sich auf das dringendste Problem. Die Instrumente zeigten einen Temperaturanstieg bei gleichzeitigem Druckabfall an. Die Treibstoffanzeige stand bereits im roten Bereich, doch leuchtete noch keine Warnlampe. «Wir verbrauchen zuviel Treibstoff. Gehen Sie doch mit der Geschwindigkeit herunter», sagte er zu O'Shea.

«Geht nicht.»

«Warum?»

«Nach meinem Marschbefehl, den ich erst in der Luft geöffnet habe, muß das Rendezvous mit dem Schiff vor Beginn der Morgendämmerung stattfinden. Bei Tag gibt sich unser Kontakt nicht zu erkennen, denn es könnten sowjetische Marine- und Handelsschiffe in der Nähe sein.»

«Verstehe.»

«Da oben beginnt der Tag erst um sieben Uhr zweiundzwanzig. Doch beim jetzigen Tempo und Gegenwind wird das knapp.»

Hollis nickte und schaute nach vorn. Dünne Wolken huschten herbei, und von Zeit zu Zeit spürte er die Windstöße, gegen die die Maschine ankämpfen mußte.

Weiter oben erstreckten sich dichtere Wolkenschichten, die kein Sternenlicht durchließen. Unten war kein einziges Licht auszumachen. Er war schon mehrmals mit der Aeroflot nach Leningrad geflogen und kannte diesen Teil Rußlands: vorwiegend Wälder, kleine Seen und Sümpfe mit geringer Bevölkerung. Keine gute Gegend, um mit dem Hubschrauber notzulanden.

«Haben Sie's schon mal höher versucht?»

«Nein, Sir», antwortete O'Shea. «Ich wollte für den Aufstieg nicht zuviel Treibstoff verbrauchen.»

Hollis griff nach der Steuerung. «Machen Sie mal Pause. Strecken Sie sich.»

O'Shea ließ los und begann Arme und Beine zu entspannen. Hollis wußte, daß ein Hubschrauberpilot ständig konzentriert sein mußte und oft schon nach einer Stunde erschöpft war. O'Shea saß schon fast zwei Stunden am Knüppel – allein mit dem sinkenden Treibstoffanzeiger.

«Gehen wir mal rauf», sagte Hollis. Bei dreitausend Metern beendete er den Steigflug und ließ das Tempo wieder auf hundertfünfzig Stundenkilometer steigen. Hier oben war praktisch kein Gegenwind zu spüren. «So ist's besser», sagte er befriedigt.

«Man kennt sich eben nie genau aus, wenn man vom Turm nicht die Wetterprognose kriegt», sagte O'Shea.

«Genau.» Hollis machte sich mit den verfügbaren Daten vertraut: Geschwindigkeit, Flughöhe, Ladegewicht, Treibstoff, bisherige Flugzeit, ungefähre Entfernung bis zum Ziel. Doch ließ sich daraus nicht mit Sicherheit ableiten, ob sie den Finnischen Meerbusen vor Sonnenaufgang sichten würden – oder ob sie den Morgen überhaupt noch erleben würden.

O'Shea schien sich ähnliche Gedanken zu machen. «Sobald wir irgendein Wahrzeichen ausgemacht haben, läßt sich die restliche Strecke schätzen. Ich weiß nur nicht recht, was ich von der Treibstoffanzeige halten soll.»

«Unsere Geschwindigkeit reicht aus, um rechtzeitig am einzigen Landepunkt zu sein, den wir haben», sagte Hollis. «Wir können im Augenblick nichts weiter tun.»

Mills, der dem Gespräch aufmerksam gefolgt war, beugte sich vor. «Würde es weiterhelfen, wenn wir leichter wären?»

«Ich nehme an, Sie haben bereits Ballast abgeworfen.»

«Klar», antwortete O'Shea. «Schon ganz zu Anfang. Mäntel, Gepäck, Trinkwasser, Waffen und so weiter. Etwa hundert Pfund.»

«Ich dachte an etwas anderes», bemerkte Mills.

«An *wen* dachten sie?» fragte Hollis.

«Ich will nichts von weiteren Morden wissen!» schrie Lisa auf.

Es trat ein längeres Schweigen ein, in dem nur die Turbinen und Rotorblätter zu hören waren.

«Irgendwelche Flugzeuge in Sicht?» fragte Hollis schließlich.

«Nein, Sir», antwortete O'Shea.

Hollis nickte. Er nahm nicht an, daß im Lager noch jemand in der Lage gewesen war, Informationen hinauszufunken. Trotzdem konnten die Sowjets bereits entdeckt haben, daß ihre «Fabrik» ausgelöscht war, und vielleicht sahen sie sogar eine Verbindung zwischen dem fehlenden Aeroflot-Hubschrauber und der Katastrophe im Lager. Und wenn man schon zwei und zwei zusammengezählt hatte, dachte man bestimmt auch an den einzigen sicheren Ort neben der amerikanischen Botschaft, den ein Mi-28 anfliegen konnte: den Finnischen Meerbusen.

Hollis drehte sich zu Mills um: «Haben Sie auch mit Leuten von der Air Force gesprochen, als dieser Plan zusammengezimmert wurde?»

«Natürlich», erwiderte Mills leicht gekränkt.

«Wie wollte man dem sowjetischen Radar entkommen?»

«Nun ja», antwortete Mills, «die Air-Force-Leute, mit denen wir gesprochen haben, meinten, wir könnten aus dem Moskauer Radarbereich heraus sein, ehe man dort auf dumme Gedanken käme. Mit ausgeschalteten Navigationslichtern wären wir auf keinen Fall auszumachen. O'Shea, Sie haben doch detaillierte schriftliche Befehle dazu, oder?»

«Danach sollte ich dem Luftradar entwischen, indem ich tief hinunterging und mich mit den Signalen vom Boden vermengte», antwortete O'Shea. «Außerdem sollten wir das Meer auf Ausweichkurs ansteuern. Aber ich meinte, daß dafür der Treibstoff nicht reichen würde.»

«Damit hatten Sie recht», antwortete Hollis. «Und selbst wenn man uns jetzt noch nicht sucht, werden wir beim Eintritt in die Flugkontrollzone Leningrad auf irgendeinem Bildschirm auftauchen.»

«Dann müssen wir sofort runter, unter das Radar.»

«Da hat wohl jemand die Radarüberwachung der sowjetischen Flotte vergessen, die den gesamten Meerbusen erfaßt. Wenn die uns gezielt sucht, findet sie uns auch. Ich gehe allerdings davon aus, daß man dort die Verbindung zwischen einem vermißten Mi-28-Aeroflot-Hubschrauber und dem Nervengasangriff auf das Ausbildungslager bei Borodino nicht sieht.»

«Wir verlassen uns darauf», warf Mills ein, «daß die Auslöschung des Lagers erst bemerkt wird, wenn heute morgen jemand was liefern will oder Moskau Kontaktversuche macht. Was den Hubschrauber angeht – ich habe das Erkennungszeichen nochmals verändert, und vermutlich sucht man noch immer nach der Absturzstelle von P-113. Hier ist doch alles so streng abgeschottet, und Informationen strömen nicht unbehindert. Deshalb lassen sich Querverbindungen nicht so schnell erkennen. Das ist unser Vorteil.»

«Vielleicht haben Sie recht», antwortete Hollis und fragte O'Shea: «Wie soll das Rendezvous mit dem Schiff aussehen?»

O'Shea blickte auf ein Stück Papier, das er vor sich an die Instrumententafel geklemmt hatte. «Zuerst müssen wir den Flughafen Pulkowo finden, den wir aber sofort aus der Luft erkennen müßten. Etwa einen Kilometer südlich des Tower gehen wir auf Kurs dreihundertzehn Grad. Der führt uns westlich von Leningrad über die Küste. Wir fliegen weiter, bis wir den Leuchtturm auf der langen Pier erkennen. Direkt über dem Leuchtturm schwenken wir auf dreihundertvierzig Grad und halten zehn Minuten lang eine Geschwindigkeit von achtzig Stundenkilometern. Dann sollen wir irgendwo auf der Hauptschiffahrtsstraße drei gelbe Lichter sehen, die ein Dreieck bilden. Sie befinden sich auf dem Heck eines Frachters, der aus Leningrad kommt. Es sind keine Blinkleuchten und auch keine

Scheinwerfer, doch müßten sie hell genug sein, daß wir sie aus zweihundert Metern Höhe und fünfhundert Metern Radialdistanz sehen könnten, selbst wenn der Meerbusen mal wieder vernebelt sein sollte. Wir landen in der Mitte des Dreiecks und lassen den Hubschrauber über Bord gehen. Das Schiff bringt uns nach Liverpool.» O'Shea fügte hinzu: «Ich lade euch alle zum Abendessen ein, sobald wir in London sind.»

Hollis warf ihm einen Blick zu und blieb stumm.

In der nächsten Viertelstunde nahm die tatsächliche Geschwindigkeit wieder ab. Offenbar kam neuer Gegenwind auf. Die Nadel der Tankanzeige lag tief im roten Bereich. Hollis wußte aus dem Mi-28-Handbuch, daß man sich auf das Treibstoffinstrument nicht verlassen konnte. Tatsächlich hatte es trotz der roten Anzeige noch kein optisches Warnsignal gegeben.

Einige Minuten später meinte O'Shea: «Eigentlich müßte man schon die Lichter von Leningrad sehen.»

Mills fragte von hinten: «Werden wir gewarnt, ehe uns der Saft ausgeht?»

«*Wollen* Sie denn gewarnt werden?» fragte Hollis.

«Was meinen Sie?»

«Na, wollen Sie in der Sowjetunion runter?»

«Ich glaube, lieber nicht. Ich würde sagen, wir fliegen und fliegen – bis es nicht mehr geht...»

«Würde ich auch sagen», antwortete Hollis.

Fünf Minuten später flackerte die Warnlampe über der Treibstoffanzeige auf. Sekunden später meldete sich eine dünne Computerstimme auf russisch: «Treibstoffvorrat fast zu Ende.»

Hollis und O'Shea wechselten einen Blick.

«Was hat er gesagt?» wollte Mills wissen.

«Noch zweiundvierzig Tage bis Weihnachten», antwortete Hollis.

Lisa sagte zu Mills: «Der Treibstoff wird knapp.»

Mills nickte. «Das habe ich mir fast gedacht.»

Sie flogen weiter durch die schwarze Nacht. Niemand sagte etwas, und Hollis hatte fast das Gefühl, als warteten alle auf den Augenblick, da die Turbinen auslaufen würden. Schließlich beugte sich Lisa vor und legte ihm eine Hand auf die Schulter. «Wie geht's?»

«Gut.» Hollis tauschte über die Schulter einen kurzen Blick mit ihr aus.

Lisa konnte von der Seite nur seine Hände sehen, die die Steuerung bedienten. Vor ihr saß ein anderer Sam Hollis als der, den sie aus

Moskau oder dem Lager kannte. Dieser Sam Hollis gehörte irgendwie hierher. Er war Pilot. Unwillkürlich fiel ihr ein, was Alevy am Moskauer Flughafen über die Welt der Piloten gesagt hatte. Piloten waren anders – aber sie glaubte trotzdem, daß sie diesen Mann lieben konnte.

«Der Treibstoffvorrat ist fast zu Ende», wiederholte die Stimme. Dann: «Bereiten Sie sich darauf vor, den Flug zu beenden.»

Niemand sagte etwas; schließlich rief O'Shea: «He, kennt ihr den Witz von dem Aeroflot-Piloten, dem bei einer Atlantiküberquerung der Treibstoff knapp wurde und der Kerosin abließ, um Gewicht zu sparen?»

Niemand lachte, und O'Shea bemerkte: «Na, auf dem Boden hört sich das wahrscheinlich lustiger an.»

Hollis schaute auf die Uhr am Armaturenbrett. 6.59 Uhr. Sonnenaufgang in dreiundzwanzig Minuten, dann würde der Frachter die Positionslichter löschen und sich nicht mehr von den anderen Schiffen auf See unterscheiden. Mir der jetzigen Geschwindigkeit konnte die Maschine bis Sonnenaufgang noch etwa sechzig Kilometer zurücklegen. In den letzten zehn Minuten mußten sie das Tempo allerdings auf achtzig Stundenkilometer zurücknehmen.

«Wir haben zwei Möglichkeiten», sagte er zu O'Shea. «Entweder fliegen wir langsamer, sparen Treibstoff und schaffen es vermutlich bis zum Treffpunkt, allerdings ein bißchen nach Sonnenaufgang. Oder wir steigern Tempo und Treibstoffverbrauch, und das wäre die einzige Möglichkeit, das Rendezvous noch vor Beginn der Morgendämmerung zu schaffen. Was meinen Sie als Pilot dazu, Captain?»

O'Shea antwortete, als hätte er darüber bereits gründlich nachgedacht: «Ich möchte wetten, daß wir mehr Treibstoff haben, als wir glauben. Ist nur so ein Gefühl. Ich wäre für Vollgas.»

«Ich bin für langsames Tempo», meldete sich Mills. «Es ist nicht mehr unser wichtigstes Ziel, den Frachter vor Tagesanbruch zu erreichen, sondern aus der Sowjetunion herauszukommen, aus dem Machtbereich des KGB. Ich möchte sicher sein, daß wir das Meer erreichen. Lieber lande ich im Wasser, als daß die uns in die Finger kriegen. Wir wissen zuviel.»

«Sie haben hier keine Stimme, Bert», sagte Hollis. «Es geht um eine technische Frage. Aber wir nehmen Ihre Meinung zur Kenntnis. Lisa?»

«Ich bin Berts Ansicht. Lieber langsamer fliegen als über Land runtermüssen.»

Hollis nickte. «Wollen wir Brennan wecken und seine Meinung hören?»

Im gleichen Augenblick hörte er ein Kaugummi platzen und Brennan fragte: «Sind wir schon tot?»

«Wir arbeiten dran», bemerkte Mills.

Brennan reckte und räusperte sich. «He, Colonel, es freut mich ehrlich, Sie wieder munter zu sehen. Wie sieht's aus?»

«Haben Sie schon mitbekommen, welches Problem wir haben?»

«Ja, eine harte Nuß. Was immer Sie entscheiden, ist mir recht.»

Wieder sagte die körperlose Stimme: «Der Treibstoffvorrat ist fast zu Ende. Bereiten Sie sich darauf vor, den Flug zu beenden.»

«Na, dann volle Kraft voraus», sagte Hollis, drückte den Steuerknüppel nach vorn, brachte die Maschine in eine geneigte Stellung, gab Gas und justierte die Steuerung. Die Fluggeschwindigkeit stieg auf hundertachtzig Stundenkilometer. «Man sollte grundsätzlich keinem Russen glauben.»

Das Warnlicht der Treibstoffanzeige leuchtete gleichmäßig rot, und die Computerstimme wiederholte in gleichgültigem Ton ihre Warnungen.

«Seht!» rief O'Shea plötzlich.

Hollis, Mills, Lisa und Brennan blickten in die angegebene Richtung. Steuerbord voraus hatte der Horizont zu schimmern begonnen. «Leningrad», verkündete Hollis.

Er schaute auf die Uhr. Vier Minuten nach sieben. Noch achtzehn Minuten bis Sonnenaufgang. Wenn sie Pulkowo in sieben Minuten überflogen und dort den Kurs wechselten, war der Leuchtturm in weiteren fünf Minuten zu erreichen. Danach ein zehnminütiger Flug zum Treffpunkt mit dem Frachter. Das waren zweiundzwanzig Minuten.

«Jetzt gibt's einen Wettlauf mit der Sonne, Colonel», sagte O'Shea.

«Bringen Sie mich nicht durcheinander», antwortete Hollis. «Ich dachte, es wäre der Treibstoffvorrat.»

O'Shea lächelte grimmig.

Hollis steigerte die Geschwindigkeit auf zweihundert Stundenkilometer.

«Wir fliegen mit Vollgas, dabei haben wir schon einen langen Flug hinter uns. Können wir uns noch auf die Turbinen verlassen?» Das war eine eher theoretische Feststellung von O'Shea.

Hollis überflog die Instrumente. Die meisten Anzeigen standen inzwischen im roten Bereich. «Man sollte sich nie auf die Roten verlassen», meinte er sarkastisch. Dann rief er nach hinten: «Weshalb sind Sie überhaupt dabei, Bill?»

«Ach, ich weiß nicht. Seth Alevy sagte mir, Sie steckten in der Klemme. Deshalb hat sich auch Captain O'Shea gemeldet. Stimmt's, Captain?»

«Stimmt», antwortete O'Shea.

Der Mi-28 verlor an Höhe, gleichzeitig ließ die relative Geschwindigkeit nach. Bei fünfhundert Metern wurde noch eine Fluggeschwindigkeit von zweihundert angezeigt, während die reale Geschwindigkeit, auf die es ankam, keine hundertdreißig Stundenkilometer mehr betrug. Offenbar hatten sie einen jener berüchtigten Winterwinde gegen sich, die den Finnischen Meerbusen zuweilen so stark anschwellen ließen, daß der Meeresspiegel bis zu anderthalb Metern stieg und Leningrad überflutete. Hollis mußte an schwere Brecher und das auf und nieder stampfende Heck des Frachters denken...

Unten waren Hauptstraßen zu erkennen, auf denen sich Morgenverkehr auf die Stadt zu bewegte.

Leningrad. Die unrussischste Stadt der Sowjetunion. Eine Stadt mit Kultur, Stil und liberalen Vorstellungen. Zugleich eine Stadt, in der das KGB angeblich besonders unangenehm auftrat – als Gegengewicht zur westwärts blickenden Bevölkerung. Hollis hatte es in Leningrad gefallen. Es tat ihm leid, daß er die Stadt wohl nicht wiedersehen würde.

«Ich glaube, das da unten ist die Fernstraße nach Moskau. Pulkowo müßte also backbord liegen.»

«Ich habe schon längere Zeit keine Tonbandstimme mehr gehört», bemerkte Mills.

«Vielleicht hat sie es aufgegeben», sagte Hollis.

«Da unten?» fragte O'Shea und deutete durch das linke Fenster.

Hollis erblickte die vertraute blau-weiße Landbefeuerung. «Richtig. Erstklassige Navigationsleistung, Captain.»

«Vielen Dank, Sir. Ich habe versucht, die Winddrift einzubeziehen, wußte aber nicht, wie weit wir wirklich vom Kurs weg waren.»

«Offenbar nicht genug, um eine ganze Stadt zu verpassen.»

Hollis steuerte im Bogen nach links und ging gleichzeitig stärker hinunter. Bei zweihundert Metern beendete er den Sinkflug. An einer Position etwa einen Kilometer südlich vom Tower Pulkowo wählte er Kurs dreihundertzehn Grad. Er flog so tief, daß er die

Passagiere in einem Bus erkennen konnte. Fabriken huschten vorbei, ein Zug raste aus der Stadt. Das riesige Leningrad schien von Minute zu Minute heller zu werden.

«Ich glaube, ich sehe das Meer», sagte O'Shea.

Hollis entdeckte vereinzelte Lichter an der Küste, dann eine riesige schwarze Leere. «Noch ein paar Minuten. Haltet Ausschau nach dem Leuchtturm.»

In den nächsten Minuten wurde nicht gesprochen. Die Küste glitt vorbei, plötzlich hing die Maschine über dem Wasser. Hollis schaute auf die Uhr. Vierzehn Minuten nach sieben.

«Das wär's», sagte Mills. «Nun gibt's kein Zurück mehr.»

Hollis nickte. Wenn sie runtermußten und den Absturz überlebten, konnten sie sich vielleicht eine Viertelstunde am Leben halten; die Wassertemperatur lag um den Gefrierpunkt.

O'Shea deutete nach vorn. «Leuchtturm.»

«Schon gesehen.» Etwa einen halben Kilometer vom Leuchtturm entfernt, begann Hollis das Gas zurückzunehmen und zog den Bug hoch. Die Geschwindigkeit über Grund betrug achtzig Stundenkilometer, als er über das Ende der zwei Kilometer langen Betonpier glitt. Er zog die Maschine auf den neuen Kurs von dreihundertvierzig Grad. Siebzehn nach sieben. «Captain, melden Sie mir laufend die Zeit.»

«Jawohl, Sir.»

Hollis beobachtete den Kompaß und behielt den Nordwestkurs bei, war aber davon überzeugt, daß der Nordwind eine Abweichung erzeugen würde. Er versuchte zu berechnen, wieviel Abdrift eine Windgeschwindigkeit von dreißig bis vierzig Knoten während eines zehnminütigen Fluges bewirken konnte.

«Verdammt noch mal!» sagte eine Stimme auf russisch. «Ich bringe euch alle um!»

«War das eine Tonbandansage?» fragte Hollis.

«Ich glaube, unser Passagier ist aufgewacht», sagte Brennan.

«Ich lasse auch alle in die Zellen werfen!» murmelte Burow.

Plötzlich meldete sich wieder die Computerstimme, und Burow fuhr hoch und rief: «Hören Sie? Landen Sie sofort!»

«Halten Sie den Mund, Burow!» rief Hollis nach hinten. «Sonst lasse ich Sie über Bord werfen.»

Burow schwieg.

«Unser zweiter Pasagier scheint in Ordnung zu sein», meldete Mills, der Dodson untersucht hatte. «Noch immer bewußtlos.»

«Sieben Uhr neunzehn», meldete O'Shea. «Zwei Minuten sind rum.»

Mills schaute aus dem rückwärtigen Fenster nach Südosten. «Die Sonne geht auf. Bei Licht nimmt man uns nicht mehr an Bord.»

«Was haben wir denn für eine Wahl?» fragte Lisa.

«Das Schiff kann die Signallichter löschen», antwortete Mills. «Und dann wissen wir nicht mehr, was wir unter uns haben. Mir ist nur bekannt, daß es sich um einen Frachter handelt, sonst nichts, nicht einmal die Flagge. Aus Sicherheitsgründen dürfen wir solche Dinge nicht wissen; außerdem soll damit verhindert werden, daß wir bei Helligkeit landen und damit das Schiff in Gefahr bringen. Wir sollen nur nach drei gelben Lampen auf dem Heck eines Frachters Ausschau halten.»

«Vielleicht haben uns Ihre Washingtoner Freunde ein sowjetisches Schiff ausgesucht», bemerkte Hollis.

Mills lächelte schwach. «Das finde ich gar nicht komisch.»

«Hören Sie!» sagte Burow auf englisch. «Hören Sie. Landen Sie den Hubschrauber, lassen Sie mich laufen. Sie können dann fliehen. Ich garantiere Ihnen, daß den Männern und Frauen im Lager nichts passiert. Sie haben mein Wort.»

Schweigen herrschte in der Kabine, dann sagte Hollis zu O'Shea: «Übernehmen Sie.» Er kletterte nach hinten und beugte sich über Burow, der mit den Handgelenken an den Sitz gefesselt war. Die beiden Männer starrten sich an. «Soll ich Ihnen etwas gegen die Schmerzen geben?» fragte Hollis schließlich.

Burow antwortete nicht sofort und schüttelte dann den Kopf.

«Haben Sie Durst?»

«Ja, sehr.»

Hollis wandte sich um. «Haben wir irgend etwas?»

«Nur Cognac», sagte Mills und gab ihm eine Taschenflasche.

Hollis hielt Burow die Flasche an die blutverkrusteten Lippen. Burow blickte ihn starr an und öffnete schließlich den Mund. Er spuckte Blut, bekam aber den größten Teil des Cognacs herunter. Tränen traten ihm in die Augen, vermutlich brannte ihm der Alkohol auf den Lippen und am Gaumen. «Wir haben kein Wasser», erklärte Hollis.

Burow schwieg.

Hollis schraubte die Flasche wieder zu und sagte: «Für Sie ist alles aus. Innerhalb weniger Minuten sind Sie entweder auf einem Schiff gefangen, oder Sie liegen tot im Wasser.»

Burow nickte und ließ sich tiefer in seinen Sitz sinken.

Hollis warf einen Blick auf Dodsons verfärbtes Gesicht und wandte sich wieder an den Oberst. «Sie werden für vieles geradestehen müssen. Ich sorge dafür, daß Sie sich Major Dodson gegenüber für die anderen Piloten verantworten.»

Er beugte sich zum Backbordfenster und schaute nach Südosten. Ein schmaler roter Streifen hatte sich am flachen Horizont gebildet und warf rosa Zwielicht über Leningrad. Der eigentliche Meerbusen lag noch pechschwarz unter der Maschine. Hollis kehrte nach vorn zurück. «Ich übernehme wieder.»

Sieben Uhr einundzwanzig. Noch etwa sechs Minuten Flugzeit bis zum Treffpunkt, doch nur noch eine oder zwei Minuten bis zum Sonnenaufgang. Sie würden den Frachter vor Tagesanbruch nicht mehr erreichen.

O'Shea blickte aufmerksam nach vorn. Mills und Brennan überprüften die Backbordseite, Lisa hielt nach Steuerbord Ausschau auf das dunkle Meer. Viele Lichter waren dort unten auszumachen, Boote und Bojen – aber kein gelbes Lampendreieck.

Das Wasser wurde zusehends heller, und nach einiger Zeit konnte Hollis die Dünung erkennen, deren Wellen das zunehmende Licht reflektierten. Wenigstens würde er den neuen Tag noch heraufziehen sehen, immerhin ein besserer Tagesbeginn, als sie ihn im Lager erlebt hätten.

«Sieben Uhr siebenundzwanzig», verkündete O'Shea. «Zehn Minuten ab Leuchtturm.»

«Ich sehe ihn nicht», sagte Lisa.

«Vermutlich hat er die Laternen ausgemacht», sagte Brennan. «Warum suchen wir uns nicht einfach irgendein Schiff zum Landen aus? Vielleicht den großen Tanker dort, etwa zehn Uhr, einen halben Kilometer entfernt?»

Hollis sah das breite flache Deck im grauen Morgenlicht. Ein einladender Anblick, aber nicht unbedingt eine sichere Lösung. «Vielleicht ist es ein Schiff aus der Sowjetunion oder dem Ostblock. Wir können das von hier aus nicht erkennen.»

«Wir waren uns einig, daß wir den Sowjets nicht in die Hände fallen dürfen. Das schulden wir nicht nur uns, sondern auch unserem Land», warf Mills ein.

Brennan nickte. «Sie haben recht. Könnte ein kommunistisches Schiff sein. Von denen dürfte es hier jede Menge geben. Lieber ersaufe ich.»

Niemand reagierte.

Das erste Grau des Morgens hellte sich weiter auf. Hollis konnte nun die schwere Wolkenbank über ihnen ausmachen, und den Morgendunst über dem Wasser. Möwen und Seeschwalben zogen ihre Kreise, und in der Ferne ballte sich düster eine Regenzone. Ein typischer beklemmender Tag im Finnischen Meerbusen.

«Also, er hat die Lampen bestimmt längst ausgemacht», meinte Mills. «Er kann es nicht riskieren, daß ein sowjetisches Schiff beobachtet, wie ein Aeroflot-Hubschrauber auf seinem Deck landet. Und das kann ich ihm nicht verdenken.»

«Aber weit und breit ist nichts zu sehen, das wie ein Frachter aussieht», sagte Lisa. «Einige moderne Tanker, ein paar Fischerboote. Weiter hinten ein Kriegsschiff mit Kanonen. Wir haben den Frachter verpaßt.»

«Vielleicht liegt er noch in Leningrad und wartet auf Papiere zum Auslaufen», meinte O'Shea. «Vielleicht ist er vom Kurs abgekommen, vielleicht wir. Ein Luft-Meer-Rendezvous bei Funkstille ist eine kitzlige Sache.»

Hollis schaute auf das bewegte Meer hinunter. Schaumgekrönte Wellen bewegten sich von Norden nach Süden. Aus zweihundert Metern Höhe war sein Blickfeld so groß, daß er den Frachter hätte sehen müssen, selbst wenn er zwei oder drei Kilometer vom Kurs abgekommen wäre. Irgend etwas stimmte hier nicht; sofort kam ihm der Gedanke, daß Alevy sich vielleicht wieder einen seiner Tricks geleistet hatte, einen üblen Scherz aus dem Grab. Aber selbst wenn es Alevy darum gegangen wäre, O'Shea, Brennan und Mills zum Schweigen zu bringen, so hatte er doch offenbar zugesagt, Burow und einen weiteren Amerikaner zu Hause abzuliefern. Das konnte es also nicht sein. Hollis erkannte, wie sehr Alevys Art bereits auf ihn abgefärbt hatte, sonst wäre er gar nicht auf solche Gedanken gekommen. Er hätte aber wetten können, daß die anderen schon ähnliche Überlegungen angestellt hatten.

«Sehen Sie die Bojen?» fragte O'Shea. «Wir haben die Schiffahrtsstraße verlassen.»

Hollis nickte. Abrupt zog er die Maschine in eine steile Rechtskurve und flog auf südöstlichen Kurs zurück, in Richtung Leningrad, genau in die aufgehende Sonne.

«Was soll das?» fragte Mills.

Hollis leitete einen steilen Abstieg ein. Etwa fünfzehn Kilometer voraus waren die Lichter Leningrads zu sehen.

«Ich gehe von zwei Dingen aus», erklärte er. «Daß der Frachter den Treffpunkt nicht rechtzeitig erreicht hat und noch auf dem Weg aus dem Hafen ist. Und daß der Kapitän – wenn das stimmt – irgendwie das Gefühl hat, etwas wiedergutmachen zu müssen, und bei unserem Anblick das tut, was jeder Kapitän für ein gefährdetes Schiff oder Flugzeug tun würde: uns zu helfen.» Hollis beendete den Sinkflug bei unter hundert Metern und nahm die Geschwindigkeit auf vierzig Stundenkilometer zurück.

Sie flogen weiter auf Leningrad zu. Es wurde kein Wort gesprochen. Das gleichmäßige Pfeifen der Turbinen erfüllte die Kabine und ließ die Insassen nichts anderes mehr hören, so sehr erwarteten sie, daß das Geräusch plötzlich aufhörte.

O'Shea räusperte sich und sagte mit gepreßter Stimme: «Zwölf Uhr – einen Kilometer voraus.»

Brennan, Mills und Lisa standen auf und blickten durch die Frontscheibe. Ein mittelgroßer Frachter pflügte durch die See. Am Heck schimmerten drei gelbe Lampen.

Hollis schwenkte nach rechts, fort vom näher kommenden Schiff. Bei direktem Anflug über den Bug wäre es vermutlich mit dreißig Sekunden Flugzeit zu schaffen gewesen. Aber wenn im falschen Moment der Treibstoff ausging, stürzten sie über dem Frachter ab – und das hatten Schiff und Besatzung nicht verdient. Deshalb näherte er sich im rechten Winkel, flog in den starken Wind hinein, der ihm zusätzlichen Auftrieb gab. Die drei gelben Lampen waren erloschen. Also hatte man den Hubschrauber wohl gesehen.

«Colonel», sagte O'Shea, «wir brauchen Höhe, um steil runterzugehen.»

Hollis wußte, daß ein flacher Anflugwinkel aus hundert Metern Flughöhe nicht die ideale Methode war, um auf einem beweglichen Deck zu landen. Aber ein Absturz beim Steigflug war auch keine Kleinigkeit. «Atmen Sie durch», sagte er tonlos.

«Sie sitzen am Hebel.» O'Shea schaute auf die Instrumente, während Hollis sich auf die Außensicht konzentrierte. O'Shea meldete Geschwindigkeit, Tachometerzahlen, Drehmoment und Höhe. «Geschwindigkeit etwa dreißig», sagte er.

Hollis erkannte, daß das Heck des Frachters unter ihm weggleiten würde, ehe er es erreichte, und zog den Hubschrauber in einen Gleitflug nach Backbord, ohne den flachen Anflug zu beenden.

Er betätigte die Seitenruderpedale, um das verminderte Drehmoment auszugleichen; auf diese Weise hielt er den Bug des Hubschraubers weiter auf das Schiff gerichtet, während er seitlich flog. Die Entfernung zum Frachter betrug noch etwa hundert Meter, und Hollis schätzte, daß sein Gleitwinkel ihn über das Heck führen würde, auf dem er behutsam landen wollte.

Plötzlich begann etwas zu tuten. «Öldruck fällt», sagte O'Shea. «Eine Leitung oder Dichtung dürfte geplatzt sein.»

Die Computerstimme, die sich zum Treibstoff zuletzt seltsamerweise ausgeschwiegen hatte, sagte: «Maschinenversagen steht bevor! Vorbereiten auf Notlandung.»

Die Maschine war noch knapp zehn Meter vom Oberdeck des Frachters entfernt. Hollis zog den Bug hoch und brachte die Geschwindigkeit auf beinahe null. Das Schiff glitt unter ihm vorbei, und plötzlich hatte er das Achterdeck vor sich, eine rollende, auf und nieder stampfende Fläche, doch war ihm keine Landefläche je so einladend erschienen. Er tastete sich darauf zu, doch als er über das Deck schwebte, geriet die Maschine in den Einfluß ihres eigenen Boden-Luft-Polsters und wurde aufwärts gedrückt. «Verdammt!» Das Schiffsheck war vorbei, und Hollis hing wieder über dem Wasser. Das Luftpolster war verschwunden, der Hubschrauber sackte ab.

Hastig gab Hollis Gas, steigerte die Neigung der Rotorblätter und ließ die Maschine wieder aufsteigen. Er peilte erneut das Heck des Frachters an und versuchte im starken Querwind auf Kurs zu bleiben. Er kam sich vor wie ein Mann, der dem Bremserhäuschen eines fahrenden Zuges nachläuft.

In weißen Lettern stand der Name des Schiffes am Heck: «Lucinda».

«Maschinenversagen steht bevor», meldete die automatische Stimme. «Vorbereiten auf Notlandung.»

Hollis schob den Steuerknüppel nach vorn, gab Gas und stürzte förmlich vorwärts, wobei er die Heckreling nur um knapp einen Meter überflog. Er zog den Hubkrafthebel zurück, und der Hubschrauber sackte wenige Meter vor dem aufsteigenden Quarterdeck ab.

O'Shea stellte die Maschine ab, als die hinteren Räder auf das Deck prallten und der Mi-28 in die Luft hüpfte. Das schwankende, rollende Deck stürzte unter dem Hubschrauber hinweg, stieg dann wieder hoch, knallte gegen die beiden Steuerbordräder und ließ die Maschine beinahe umstürzen. Hollis zerrte den Bremshebel hoch und blockierte die Räder.

Schließlich kam der Hubschrauber auf dem schwankenden Deck pendelnd zur Ruhe. Hollis schaute zum Hauptmast des Schiffes empor und entdeckte den Union Jack.

Niemand sagte etwas. Das Jaulen der Turbinen, das Rattern der Rotorblätter verstummte allmählich und wurde vom Geräusch klatschender Wogen abgelöst. Salziger Meeresgeruch füllte die Kabine. Von der Besatzung war niemand zu sehen. Vermutlich waren alle Mann unter Deck befohlen worden.

O'Shea räusperte sich und sagte leise: «Ich mag Schiffe nicht. Ich werde leicht seekrank.»

«Verdammt, ich liebe Schiffe!» rief Brennan.

Mills meinte: «Sie beide haben hervorragende Arbeit geleistet. Wir stehen in Ihrer Schuld.»

«Bert, wenn mit ‹wir› Ihre Firma gemeint ist», antwortete Hollis gepreßt, «schulden wir Ihnen auch was.»

Lisa warf Hollis die Arme um den Hals. «Ich liebe dich! Du hast es geschafft! Ihr beide.» Sie umarmte auch O'Shea und gab ihm einen Kuß auf die Wange. «Ich liebe euch beide.»

O'Shea lief rot an und sagte ablenkend zu Hollis: «Kurz bevor ich die Turbinen abstellte ...»

«Ich hab's gehört.»

«Was denn?» wollte Mills wissen.

«Eine Turbine ist ausgegangen», antwortete O'Shea. «Wir dürften im Tank nicht mehr genug Benzin haben, um damit ein Feuerzeug zu füllen.»

«Na, wir brauchen auch keins mehr.» Mills griff unter seinen Sitz und zog eine Plastiktüte mit schwarzen Skimasken hervor. «Hier, jeder setzt sich so ein Ding auf. Kein Wort an die Besatzung, keine Namen.»

Mills ging nach hinten und schob Dodson eine Maske über das Gesicht. Dann schaute er Burow an und sagte: «Also, Oberst, die Guten haben gewonnen.»

«Ach ja?» fragte Burow und begann plötzlich zu lachen. «Die CIA stellt die Guten? Nicht einmal Ihre eigenen Landsleute glauben das, ebensowenig wie bei uns das KGB in gutem Ruf steht. Sie und ich sind Parias, Mr. Mills. Das sondert uns von der Menschheit ab.»

«Vielleicht haben Sie recht.» Mills nahm eine Spritze aus der Tasche und gab Burow eine Injektion in den Nacken. Dann schob er ihm eine Maske über das Gesicht. «So ist's gleich viel besser.»

Brennan zog die Tür auf, und ein kalter Windstoß jagte herein. Er sprang auf das bewegte Deck, Lisa, O'Shea und Hollis folgten. Mills verließ die Maschine als letzter. «Ich lasse Dodson und Burow ins Lazarett schaffen.» Mit Blick auf den Union Jack fuhr er fort: «Ich ahnte schon, daß es ein britisches Schiff sein würde. Bei unseren unerschrockenen NATO-Verbündeten gibt's nicht mehr viele, auf die man sich verlassen kann.»

«In dieser Sache würde ich nicht mal unseren Verbündeten in Washington trauen, Bert», bemerkte Hollis.

Die Tür zum Quarterdeck ging auf, und sechs dunkelgekleidete Seeleute erschienen, kamen auf den Hubschrauber zu und betrachteten neugierig die fünf Passagiere: vier Männer und eine Frau mit schwarzen Masken. Drei Männer trugen russische Uniformen, einer einen Trainingsanzug, die Frau einen Trainingsanzug mit Parka. An Bord des Hubschraubers waren außerdem zwei übel zugerichtete Bewußtlose, einer im Schlafanzug, der andere in einem zerfetzten Trainingsanzug. Einer der Seeleute machte eine schiebende Bewegung in Richtung Hubschrauber, als könne er sich nicht vorstellen, daß jemand Englisch spräche. Mills schüttelte den Kopf, hielt zwei Finger hoch und deutete zum Hubschrauber. Die sechs Männer gingen zur Maschine, holten Dodson und Burow heraus und legten sie auf das kalte, nasse Deck.

Hollis sprang ins Cockpit und gab die Bremse frei, dann half er O'Shea, Brennan und den sechs Seeleuten, den Hubschrauber zur Backbordreling zu rollen. Einer der Männer klappte die Gangway-Tür auf. Schließlich schoben alle mit voller Kraft und ließen den Mi-28 mit dem Bug voran über Bord kippen. Der Hubschrauber schwamm einen Augenblick auf den Wellen, bis diese durch die offene Tür ins Innere drangen und die Maschine mit dem Cockpit voran ins dunkle Wasser sank. Das Heck schien noch einmal zum Abschied zu winken. Hollis hob automatisch die Hand an die Schläfe und sah, daß O'Shea in gleicher Weise Abschied nahm.

Hastig sammelten die Seeleute die drei Nebellampen ein, die tragbar und mit losen Leitungen verbunden waren. Sie zogen die Stecker heraus und warfen alles über Bord. Hollis fand das beunruhigend. Es war nötig gewesen, den Hubschrauber loszuwerden. Aber daß nun auch die Lampen über Bord gingen, schien darauf hinzudeuten, daß der Kapitän mit einer Durchsuchung oder wenigstens einer Erkundung aus der Luft rechnete. Unwillkürlich fragte sich Hollis, welche anderen Beweise der Kapitän vielleicht noch loswerden wollte.

Im Süden sah man am fernen Horizont zwei Schiffe. Vielleicht hatten sie den Hubschrauber landen sehen und durch Ferngläser beobachtet, wie er über Bord geschoben wurde. Wenn es sich um sowjetische oder Ostblockschiffe handelte, setzten sie womöglich gerade eine Funkmeldung ab. Darüber hinaus hatte das Radar der Roten Marine vermutlich den unidentifizierten Flug registriert und die Flugmerkmale eines Hubschraubers ausgemacht. Auf dem Radarschirm war der Punkt zum Meer hin abgestiegen, und vielleicht hatte man daraus sogar geschlossen, daß die Maschine auf dem Schiff gelandet war, das ebenfalls auf den Schirmen zu sehen war. Ungeachtet der Dreimeilenzone beanspruchten die Sowjets diesen Teil des Meerbusens als ihr Privateigentum.

Mills schien Hollis' Gedanken zu ahnen. Mit einer Kopfbewegung deutete er auf die beiden Schiffe. «Deshalb wollten wir ja nachts landen.»

«Ja. Aber das Radar funktioniert auch bei Dunkelheit.»

«Man hat mir gesagt, auf dem Radarschirm würde es wie ein Absturz aussehen.»

«Möglich. Hängt aber von dem Iwan ab, der gerade vor dem Schirm sitzt.» Er wandte sich ab. Vier Seeleute hatten Tragbahren geholt und brachten Dodson und Burow unter Deck.

«Lazarett», sagte einer zu Mills.

Ein anderer Seemann führte die Maskierten zu einer Tür in den Aufbauten. Dahinter erstreckte sich ein schmaler Gang, auf dem kein Mensch zu sehen war. Der Mann führte sie ein Deck höher in einen weißgestrichenen Kartenraum hinter der Brücke. Als der Matrose gegangen war, nahm Hollis seine Skimaske ab. Lisa, O'Shea, Mills und Brennan folgten seinem Beispiel.

Die fünf schauten sich an und wußten nicht recht, in welcher Stimmung sie eigentlich waren. Hollis hätte es nicht überrascht, wenn alle vor Müdigkeit, Anspannung und Trauer so mitgenommen gewesen wären, daß sie sich auf den Kartentischen ausgestreckt hätten und sofort eingeschlafen wären.

Schließlich begann Mills zu grinsen und sagte triumphierend: «Also, meine Freunde, nächster Halt ist Liverpool!»

Brennan stieß einen schrillen Schrei aus und rief: «Wir haben's geschafft!»

Man schüttelte sich die Hände, schlug sich auf die Schultern, und Lisa wurde von Mills, Brennan und O'Shea abgeküßt.

«Sie sind ein verdammt guter Hubschrauberpilot, Colonel», sagte O'Shea überschwenglich. «Wo haben Sie das denn gelernt?»

«Irgendwo zwischen Nowgorod und Leningrad.»

Mills lachte. «He, da gibt's Kaffee und Brandy.» Er ging zu einem Kartentisch an der Steuerbordwand, auf dem eine Kaffeemaschine stand. Er schenkte fünfmal ein, gab zu jeder Portion einen Schuß Brandy hinzu und verteilte die Becher. Dann hob er sein Getränk. «Auf...»

«Auf Seth Alevy», sagte Hollis, «und auf die Männer und Frauen, die wir zurücklassen mußten.»

Die fünf tranken, doch drückte der Trinkspruch auf die Stimmung. Mills schenkte Kaffee und Brandy nach, und alle setzten sich bis auf Hollis, der zu einem der vier Steuerbord-Bullaugen ging und auf das Meer hinausstarrte. Er hatte den Finnischen Meerbusen noch nicht oft gesehen, doch hatte er jedesmal das Gefühl gehabt, geschmolzenes Blei vor sich zu haben, das sich in Zeitlupe bewegte wie auch jetzt: schweres, sämiges Wasser in unzähligen Grautönen, die Oberfläche seltsam stumpf. Ein dünner Nebel rollte von Norden heran und wurde plötzlich von einem Regenschauer durchbrochen, wie ein Gazeschleier, den man durch eine Rauchwolke zieht. Der graue Himmel, das graue Wasser, die angrenzenden Landmassen; eine eintönige Landschaft aus graugrünen feuchten Kiefernwäldern. Es war ein naßkalter öder Winkel der Welt, neben dem sich die Moskauer Gegend geradezu sonnig und malerisch ausnahm.

Hollis rieb sich die Augen und fuhr mit der Hand über die Bartstoppeln. Die Wirkung des Betäubungsmittels ließ nach, und seine Wange begann zu schmerzen.

Die Tür ging auf, und ein großer rotbärtiger Mann von etwa fünfzig Jahren trat ein. Er trug einen dicken weißen Pullover und Bluejeans. Er sagte nichts, sondern besorgte sich zunächst einen Becher Kaffee, dann setzte er sich lässig auf den Rand eines Kartentisches. «Willkommen an Bord der ‹Lucinda›», sagte er mit britischem Akzent. «Ich bin Kapitän Hughes. Wie Sie heißen, so hat man mir bedeutet, geht mich nichts an.»

«Ich möchte Ihnen danken, daß Sie die Lampen auch nach Sonnenaufgang noch brennen ließen», sagte Hollis.

«Dazu muß ich Ihnen sagen, daß sie schon aus waren», antwortete Kapitän Hughes. «Aber ich ließ eine Wache draußen, und der Mann hat Sie entdeckt. Da habe ich mit mir selbst einen kleinen Strauß ausgefochten und die Lichter wieder angemacht.»

«Das war sehr gut», sagte Mills.

Hughes zuckte die Achseln. «Wir waren selbst ein bißchen spät dran. Die verdammten Russen und ihr Papierkram! Außerdem kam das Lotsenboot nicht rechtzeitig.»

Kapitän Hughes ließ den Blick zwischen O'Shea, Mills und Brennan, die noch ihre KGB-Uniform trugen, hin und her wandern, dann wandte er sich an Lisa und Hollis. «Sieht so aus, als hätten Sie eine tolle Geschichte zu erzählen. Was die Landung angeht, so war das entweder die beste Luft-Schiff-Landung, die ich je gesehen habe – oder die schlechteste. Sie wissen vermutlich die Antwort.» Er fügte hinzu: «Wir haben Holz geladen, falls es Sie interessiert. Kiefern-, Birken- und Espenholz. Hingebracht haben wir frisches Gemüse. Kann nicht behaupten, daß mir der Handel mit diesen Leuten gefällt, aber Arbeit ist Arbeit. Das bringt mich zum nächsten Punkt. Man hat mir zehntausend Pfund gegeben, damit ich bei dieser Sache mitmache. Ich bekomme weitere fünfzigtausend, wenn ich Sie abliefere. Sie sind also eine sehr wertvolle Fracht.»

«Läßt sich am Radar erkennen, ob Schiffe näher kommen?» fragte Hollis.

«Nein, aber Sie können sich darauf verlassen, daß wir den Marinestützpunkt Kronstadt aufmerksam beobachten. Sobald wird dort vorbei sind und im breiteren Meerbusen stehen, kann ich aufatmen.»

«Wir auch.»

«Geld allein hätte nicht genügt, um mich zum Mitmachen zu bewegen», sagte Hughes. «Man hat mir versichert, daß die Sache außerdem für unsere beiden Länder wichtig ist.»

«Das ist sie wirklich.»

Hughes sagte: «Ehe ich heute früh Leningrad verließ, drückte mir ein Hafenarbeiter dieses Stück Papier in die Hand.» Er gab es Hollis.

Hollis faltete den Zettel auf, der sich als Verschlüsselungsformular entpuppte. Unter dem Datum und einer Frequenzangabe standen die Worte: «Lageber. z. Hd. C. B.»

Mills, der Hollis über die Schulter geschaut hatte, sagte: «Das ist unser diplomatischer Code.»

Hollis nickte und gab Hughes den Zettel zurück. «Kapitän, wären Sie so freundlich, Ihren Funker eine Nachricht nach diesem Formular verschlüsseln zu lassen. Text: ‹Zu Händen Banks. An dieser Stelle gelandet. Lagebericht folgt.› Ohne Unterschrift. Aussenden auf dieser Frequenz.»

Hughes nickte. «Ihre beiden Freunde im Lazarett haben keine Schmerzen. Der Arzt hätte aber gern ein paar Hinweise über ihren Zustand.»

«Beide haben offenkundig ein physisches Trauma erlitten. Beiden wurden kürzlich Natrium-Pentothal injiziert. Der Mann im Trainingsanzug ist unser Freund. Der im Schlafanzug nicht. Er muß für die Dauer der Reise in Sicherheitsverwahrung bleiben.»

Hughes ging zur Tür. «Ich lasse Ihnen durch den Steward ein Frühstück servieren und sorge für Ihre Unterbringung. Unterdessen können Sie diesen Raum benutzen, solange Sie wollen.»

«Vielen Dank.»

Hughes ging.

Hollis setzte sich an den Kartentisch und suchte Bleistift und Papier zusammen. «Ich schreibe Charles ein Briefchen», verkündete er.

Mills lächelte. «Behandeln Sie ihn nett. Wahrscheinlich hat er aus Sorge um uns die ganze Nacht nicht schlafen können.»

Hollis zog den Bogen zu sich heran und schrieb in ganz normalem Englisch, ohne Funkjargon:

Lieber Charles,
Diese Nachricht schickt Ihnen Sam Hollis, nicht aus dem Grab, sondern von Bord der «Lucinda». Bei mir sind Lisa Rhodes, Bill Brennan, Bert Mills und Captain O'Shea. Außerdem Major Jack Dodson, USAF, und Oberst Petr Burow, KGB, als unser Gefangener. Seth Alevy ist tot. Vor seinem Tod erzählte er mir von Ihrem Arrangement mit der CIA, dem Weißen Haus, dem Geheimdienst des Verteidigungsministeriums usw. Als Folge dieser Übereinkunft ist das Lager für immer geschlossen. Ich muß Ihnen sagen, Charles, ich halte Sie und Ihre Horde für weitaus verräterischer und kaltblütiger als mich oder Alevy oder irgendeinen General oder Spion, den ich je im Einsatz erlebt habe. Zu gern würde ich Sie eines Tages in einen aktiven Einsatz mitnehmen, um Ihren Horizont ein bißchen zu erweitern. Da mir dazu aber die Gelegenheit fehlt, verlange ich, daß Sie heute in vier Tagen persönlich mit uns in London zusammentreffen. Meine Begleiter sind überlebende Zeugen der Ermordung von beinahe dreihundert Amerikanern, und zwar durch ihre eigene Regierung. Wir müssen darüber sprechen, wie dieser Sachverhalt mit unseren persönlichen Moralbegriffen und den legitimen Bedürfnissen nationaler Sicherheit in Einklang zu bringen ist. Bereiten Sie sich auf lange Diskussionen vor.

(gez.) Hollis

Er gab Mills das Schreiben. Dieser las den Text, nickte und reichte ihn an die anderen weiter.

Hollis sagte zu O'Shea: «Captain, bitte gehen Sie in die Funkzentrale und verschlüsseln Sie den Text. Bleiben Sie beim Funker, bis der Spruch raus ist, und warten Sie auf Antwort.»

«Jawohl, Sir.»

Lisa legte Hollis einen Arm um die Schulter. «Können britische Kapitäne Ehen schließen?»

Hollis lächelte zum erstenmal. «Ja, aber die Ehe gilt nur bis zum Ende der Reise.»

«Das genügt mir.»

Sie schwiegen alle und hingen ihren Gedanken nach, bis schließlich O'Shea zurückkehrte und Hollis ein Stück Papier überreichte.

Hollis überflog den Text und las vor: «Von Charles Banks. ‹Erfreut, von Ihnen zu hören. Gratulation zu guter Arbeit. Sehr betrübt, von Seth Alevys Tod zu erfahren. Er wird uns fehlen. Sie werden in Liverpool abgeholt. Freue mich sehr darauf, Sie alle in London zu begrüßen. Getränke gehen auf meine Kosten. Besondere Grüße an Lisa.› Unterschrift: Charles.»

Hollis ließ den Blick in die Runde wandern. Der Funkspruch war dermaßen typisch für Banks, daß alle am liebsten gelacht hätten.

«Was für ein liebenswerter Schweinehund!» sagte Mills.

«Ich habe ihn immer irgendwie gemocht», sagte Lisa. «Daran hat sich nichts geändert. Aber ich traue ihm nicht mehr über den Weg.»

Hollis wußte, daß er Banks nie vertraut hatte. Das mußte er sich für London merken.

Ein älterer Steward brachte einen riesigen Krug Orangensaft und heißen Toast. Er stellte das Tablett ab und sagte: «Empfehlung von Kapitän Hughes. Der Erste Offizier stellt der Dame sein Quartier zur Verfügung. Für die Herren sind in der Offiziersmesse Betten aufgestellt worden. Der Kapitän läßt mitteilen, daß vom Radar keine ungewöhnlichen Aktivitäten gemeldet werden. Wenn Sie sonst noch etwas brauchen, geben Sie auf der Brücke Bescheid.»

Mills dankte dem Mann, der an der Tür grüßte und ging.

Alle setzten sich um den Kartentisch, und O'Shea sagte andächtig: «Echter Orangensaft.»

Mills kaute nachdenklich auf einem Toast. «Ich freue mich darauf, Burow und Dodson gründlich zu verhören. Der Auftrag dürfte interessant werden. Mal sehen, wie die beiden in anderer Umgebung miteinander auskommen.»

Lisa schaute in die Runde. «Daß mir niemand lacht – aber ich werde eines Tages nach Rußland zurückkehren. Ganz bestimmt.»

Niemand lachte. «Ich auch», sagte Hollis.

O'Shea stand auf und schaute Mills und Brennan an. «Warum gehen wir nicht in die Offiziersmesse und legen uns hin?»

Mills und Brennan erhoben sich ebenfalls. Mills sagte zu Hollis: «Ich schaue im Lazarett vorbei und halte den Kontakt zur Brücke wegen Funkverkehr und Radar. Aber ich habe das Gefühl, daß wir es geschafft haben. Wir haben gesiegt.»

«Das war auch mal nötig», meinte Hollis.

Mills setzte seine Skimaske auf und ging zur Tür. «Colonel, als Sie im Hubschraùber noch bewußtlos waren, haben Sie geschnarcht. Warum suchen Sie sich nicht ein anderes Plätzchen zum Schlafen?» Er verließ den Kartenraum.

Lisa und Hollis schauten sich über den Tisch hinweg an. «Du siehst traurig aus», bemerkte Lisa schließlich.

Hollis antwortete nicht.

«Wir sind alle traurig, Sam. Wir sind froh, daß wir davongekommen sind, aber traurig wegen der anderen.»

Hollis nickte. «Der absolute Verrat. Die Regierung hatte diese Menschen schon einmal verraten – und jetzt wieder. Wir haben die letzten Überreste dieses Krieges für immer unter den Teppich gekehrt.»

«Du wirst darüber hinwegkommen.»

«Ich werd's versuchen. Ich muß es versuchen.»

Lisa zog ein Kästchen aus der Tasche, legte es auf den Kartentisch und öffnete den Deckel. Sie schaute eine Weile auf den Inhalt und hob schließlich eine Bernsteinkette heraus. «Seth hat mir die Kette geschenkt, als wir vor Burows Haus auf dich warteten. Darf ich sie behalten?»

«Natürlich.» Hollis fügte hinzu: «Solange du sie nicht trägst.»

Lisa blickte ihn forschend an, konnte aber nicht erkennen, ob er es ernst meinte. Sie legte den Schmuck in die Schachtel zurück und ließ sie zuklappen.

Hollis zog zerknitterte Papiere aus der Tasche, breitete sie auf dem Tisch aus und legte bleierne Kartenbeschwerer darauf. «Die Namen aller Männer – die jemals lebend oder tot im Lager gefangen waren.»

«Die Liste von Lewis Poole?»

«Ja.» Er starrte auf die Papiere, die sich an den Ecken krümmten. «Simms... hier ist Simms...» Er schaute in die Ferne. «Am Vietnamdenkmal sind die Namen der Vermißten mit einem Kreuz gekennzeichnet.»

«Ja, das habe ich gesehen.»

«Bestätigt sich der Tod eines Vermißten, meißelt man einen Kreis um das Kreuz. Ich möchte, daß diese Männer jetzt offiziell als tot registriert und ihre Familien verständigt werden. Diesen Nutzen soll die Liste immerhin haben.»

Sie nickte. «Ist es gefährlich, diese Liste zu besitzen? Ich meine, das Lager soll es ja nie gegeben haben ...»

Hollis antwortete: «Es wäre wohl eher gefährlich, die Liste nicht zu haben. Sie ist der einzige konkrete Beweis, daß das Lager existiert hat. Gewissermaßen unsere Versicherungspolice.»

Lisa nickte.

«Ich schicke die Unterlagen an meinen Vater nach Japan», fuhr Hollis fort. «Den Brief wird ein Seemann aufgeben, ehe wir in Liverpool an Land gehen. In London besprechen wir dann alles mit unserem Mr. Banks.» Er schaute Lisa an. «Und was wünschst du dir nach alledem von der Zukunft?»

Sie lächelte. «Mein Wunsch ist schon erfüllt. Dich.»

Er erwiderte das Lächeln.

«Und wir haben Gregory Fishers Mörder, nicht wahr?» fuhr sie fort. «Ja, natürlich ist klar, daß Burow nicht der Alleinschuldige ist. Das ganze System mordet. Aber ein bißchen Gerechtigkeit hat sich doch durchgesetzt.»

Hollis trank einen Schluck Kaffee. Lisa gähnte. Vereinzelte Sonnenstrahlen brachen durch die Wolken und fielen durch die Bullaugen schräg auf den Tisch. Ein Matrose erschien an der Tür und meldete: «Kapitän Hughes läßt sagen, daß wir Kronstadt passiert haben. Wir befinden uns nun sicher in internationalen Gewässern.»

«Vielen Dank.»

«Ein weiterer Schritt nach Hause», sagte Lisa erleichtert.

«Wir schaffen es.» Hollis stand auf und schaute durch das Bullauge. Lange starrte er auf das Meer, dann drehte er sich um und sah Lisa dicht vor sich stehen. Ihre Blicke begegneten sich, und sie umarmten sich.

Lisa drückte den Kopf an Hollis' Brust. Sie stotterte beinahe vor Erschöpfung und Rührung. «Mein Gott, Sam, was bin ich müde ... ob wir uns jetzt lieben könnten ... Meine Eltern haben ihre Tochter begraben ... Sie werden außer sich sein, wenn sie mich wiedersehen... Begleite mich nach Hause... Ich möchte deine seltsame Familie kennenlernen... Sam, darf ich um Seth weinen?»

«Natürlich, Lisa, du zitterst ja. Ich bringe dich in deine Kabine.»

«Nein, halt mich fest! Sam, könnten wir nicht so tun, als wären wir nach dem Mittagessen im Arbat nach New York geflogen, als wäre nichts geschehen?» Sie fragte es ganz leise.

«Nein, das geht nicht. Aber wir können versuchen, den Dingen einen Sinn zu geben. Diesen ganzen Sumpf zwischen uns und der anderen Seite zu begreifen. Vielleicht bringe ich dir mal was über die Sowjetunion als Luftstreitmacht bei, und du erklärst mir, warum die Leute so gerne Gogol lesen. Da lernt jeder von uns Dinge, die dem anderen am Herzen liegen.»

Sie lächelte und verstärkte ihre Umarmung. Lange standen sie eng umschlungen und lauschten auf die Geräusche des Schiffes und der See, spürten das Rollen und das Stampfen des Frachters, der nach Westen fuhr, weg von Rußland.